高等院校经济学管理学系列教材
GAODENG YUANXIAO JINGJIXUE GUANLIXUE XILIE JIAOCAI

保险学

BAO XIAN XUE

（第二版）

徐文虎 陈冬梅 ◎主 编
方贤明 胡萍萍 张仕英 林 琳 ◎副主编

北京大学出版社

图书在版编目(CIP)数据

保险学/徐文虎,陈冬梅主编. —2 版. —北京:北京大学出版社,2014.11
(高等院校经济学管理学系列教材)
ISBN 978-7-301-25079-2

Ⅰ. ①保… Ⅱ. ①徐… ②陈… Ⅲ. ①保险学—高等学校—教材 Ⅳ. ①F840

中国版本图书馆 CIP 数据核字(2014)第 272098 号

书 名:	保险学(第二版)
著作责任者:	徐文虎 陈冬梅 主编
责任编辑:	朱 彦 杨丽明 王业龙
标准书号:	ISBN 978-7-301-25079-2/F·4090
出版发行:	北京大学出版社
地 址:	北京市海淀区成府路 205 号 100871
网 址:	http://www.pup.cn 新浪官方微博:@北京大学出版社
电子信箱:	sdyy_2005@126.com
电 话:	邮购部 62752015 发行部 62750672 编辑部 021-62071998
出版部 62754962
印 刷 者:	北京鑫海金澳胶印有限公司
经 销 者:	新华书店
	730 毫米×980 毫米 16 开本 20 印张 381 千字
2008 年 7 月第 1 版
2014 年 11 月第 2 版 2021 年 1 月第 2 次印刷
定 价:	46.00 元

未经许可,不得以任何方式复制或抄袭本书之部分或全部内容。
版权所有,侵权必究
举报电话: 010-62752024 电子信箱: fd@pup.pku.edu.cn

新 版 说 明

　　本书最早于 1994 年由上海人民出版社出版,历经 1997 年、2001 年、2004 年、2008 年的几次修订,受到保险学专业师生的欢迎。本书内容涵盖保险的基本特征、国内外保险业的发展、保险职能与作用、保险法、风险管理、保险承保、保险赔付、保险投资、保险监管、再保险以及各保险种类的阐述等。

　　本书定位于体现国际保险学教材的最新理念,反映蓬勃发展的中国保险市场动态,与时俱进。随着保险业持续高速发展,市场规模不断扩大,产品创新能力不断增强,投资渠道不断拓宽,《保险法》修订,一系列保险法规陆续出台,保险业法律环境进一步改善,民众保险意识逐步增强,本书此次再行改版,以便更好地适应保险业的快速发展和高等院校保险教育对保险学专业教材的需要。

目 录

第一章 导论 …………………………………………………… (1)
 第一节 保险学的研究对象 ………………………………… (1)
 第二节 保险学的研究内容 ………………………………… (2)
 第三节 保险学的研究方法 ………………………………… (4)
 第四节 西方保险学说简介 ………………………………… (5)

第二章 保险的基本特征 ……………………………………… (8)
 第一节 保险的概念 ………………………………………… (8)
 第二节 保险的基本特征 …………………………………… (9)
 第三节 保险与赌博、储蓄、救济的区别 ………………… (10)

第三章 保险的起源与发展 …………………………………… (13)
 第一节 古代保险思想的产生 ……………………………… (13)
 第二节 海上保险的起源与发展 …………………………… (15)
 第三节 其他保险的产生与发展 …………………………… (18)
 第四节 世界保险业发展的特点与趋势 …………………… (21)

第四章 中国保险业的创立与发展 …………………………… (25)
 第一节 中国近代保险业 …………………………………… (25)
 第二节 现代保险业的创立与中断 ………………………… (30)
 第三节 现代保险业的发展 ………………………………… (32)

第五章 保险基金 ……………………………………………… (36)
 第一节 保险基金建立的理论依据 ………………………… (36)
 第二节 保险基金建立的社会基础 ………………………… (38)
 第三节 保险基金运动规律 ………………………………… (39)
 第四节 社会后备基金的形式 ……………………………… (42)

第六章 保险职能与作用 ……………………………………… (45)
 第一节 保险职能 …………………………………………… (45)
 第二节 保险作用 …………………………………………… (47)

第七章 保险法 ………………………………………………… (51)
 第一节 保险法概述 ………………………………………… (51)
 第二节 世界保险法规的产生与发展 ……………………… (54)
 第三节 中国保险法规的产生与发展 ……………………… (58)

  第四节 中国现行保险法规 …………………………………… (61)

第八章 保险合同 ………………………………………………… (71)
  第一节 保险合同的概念 ………………………………………… (71)
  第二节 保险合同应遵循的基本原则 …………………………… (73)
  第三节 保险合同的形式 ………………………………………… (84)
  第四节 保险合同分类 …………………………………………… (86)

第九章 保险合同内容 …………………………………………… (90)
  第一节 保险合同的主体与客体 ………………………………… (90)
  第二节 保险合同基本条款 ……………………………………… (94)
  第三节 保险合同的订立、变更、终止与争议处理 …………… (96)

第十章 保险金额 ………………………………………………… (102)
  第一节 保险金额确定的原则 …………………………………… (102)
  第二节 保险金额确定的方法 …………………………………… (104)
  第三节 保险金额与保险价值 …………………………………… (106)

第十一章 保险费率 ……………………………………………… (109)
  第一节 保险费率厘定的原则 …………………………………… (109)
  第二节 财产保险费率的厘定 …………………………………… (111)
  第三节 人身保险费率的厘定 …………………………………… (115)

第十二章 保险核保与承保 ……………………………………… (119)
  第一节 保险业务争取 …………………………………………… (119)
  第二节 保险业务选择 …………………………………………… (120)
  第三节 保险核保 ………………………………………………… (121)

第十三章 风险管理 ……………………………………………… (128)
  第一节 风险管理任务 …………………………………………… (128)
  第二节 风险管理技术 …………………………………………… (135)
  第三节 保险与风险管理 ………………………………………… (141)

第十四章 保险赔偿与给付 ……………………………………… (145)
  第一节 保险赔偿给付的概念 …………………………………… (145)
  第二节 财产保险赔偿 …………………………………………… (146)
  第三节 人身保险给付 …………………………………………… (148)
  第四节 保险核赔与理赔 ………………………………………… (150)

第十五章 保险财务 ……………………………………………… (156)
  第一节 保险财务稳定 …………………………………………… (156)
  第二节 保险利润 ………………………………………………… (157)
  第三节 保险准备金 ……………………………………………… (158)

第十六章　保险投资 (161)
第一节　保险投资概述 (161)
第二节　保险投资原则 (162)
第三节　保险投资形式 (164)

第十七章　保险监管 (168)
第一节　保险监管概述 (168)
第二节　保险监管内容 (169)
第三节　保险监管组织与实施 (174)
第四节　外国保险业的监管 (178)

第十八章　保险市场 (182)
第一节　保险市场概述 (182)
第二节　保险需求与保险供给 (183)
第三节　国际保险市场 (188)
第四节　中国保险市场 (191)

第十九章　再保险 (196)
第一节　再保险概述 (196)
第二节　再保险的形式与种类 (199)
第三节　再保险市场 (204)

第二十章　人身保险 (210)
第一节　人身保险概述 (210)
第二节　人身保险种类 (212)
第三节　人身保险常见条款 (218)

第二十一章　财产保险 (225)
第一节　财产保险概述 (225)
第二节　企业财产保险与家庭财产保险 (226)
第三节　货物运输保险 (230)
第四节　机动车辆保险 (232)
第五节　工程保险 (238)
第六节　科技保险与核保险 (241)

第二十二章　海上保险 (244)
第一节　海上保险概述 (244)
第二节　海上货物运输保险 (248)
第三节　船舶与运费保险 (253)

第二十三章　责任保险 (256)
第一节　责任保险概述 (256)

  第二节 责任保险分类 …………………………………………（260）
第二十四章 信用、保证保险 ……………………………………（269）
  第一节 信用、保证保险概述 ……………………………………（269）
  第二节 信用、保证保险的种类 …………………………………（271）
第二十五章 农业保险 ………………………………………………（277）
  第一节 农业保险概述 ……………………………………………（277）
  第二节 种植业保险 ………………………………………………（279）
  第三节 养殖业保险 ………………………………………………（280）
  第四节 农业保险经营原则与实施方式 ………………………（281）
  第五节 其他国家农业保险及启示 ……………………………（283）
第二十六章 社会保险 ………………………………………………（287）
  第一节 社会保险概述 ……………………………………………（287）
  第二节 养老保险 …………………………………………………（292）
  第三节 社会医疗保险 ……………………………………………（299）
  第四节 失业保险 …………………………………………………（303）
  第五节 其他社会保险 ……………………………………………（307）

第一章 导 论

☞ **学习目的**

使学生了解保险学的概念及研究对象、研究内容及方法,了解保险教育体系以及西方的保险学基本学术观点。

第一节 保险学的研究对象

保险学的研究对象,决定着保险学研究的基本内容和发展方向。因此,准确地确定这门学科的研究对象是保险学研究的首要任务。

一、保险学研究对象的形成

保险学的形成与其他任何一门学科一样,都经历了实践、认识、再实践、再认识的过程。保险是商品经济的产物。伴随着商品经济的发展,保险在社会经济生活中的作用逐渐被人们认识。由于人们对保险认识的不断深化,并努力探索其发展和运动规律,使它逐步成为一门独立的经济学分支学科。

创立于14世纪后期的海上保险是一切保险的先驱。在地中海贸易的中心地区,它是作为船东、装卸业与保险人之间签订的合同开展工作的。因此,人们一方面要对合同进行实务上的解释,另一方面还要研究因合同而发生的各种诉讼和案件,而这些研究就成了法官和律师之间的重要课题。可以说,早期的保险学首先始于保险交易关系的需要,并以对实务和权利义务的解释为主要内容。为处理各种海事纠纷,以及贸易商人与保险人之间的经济问题,海上保险的合同条款逐步被法律化而成为海上保险的法规,初期海上运输的法规因此而产生。这些法规与保险有着密切的联系,许多人开始从事对海上保险法的研究。这一时期,保险学的研究对象主要是海上保险法,以解释合同条款为中心的保险法学成为普通法学的一部分。此时的保险学亦可称为"保险法学"。当时的一些保险学著作大都与此有关。到了17世纪,一些发达的资本主义国家开始建立以概率论"大数法则"和统计学为基础的人寿保险业,同时也产生了以保险数学为主要研究对象的保险统计学。大约在18世纪末19世纪初,英、法等国又出现了以保险经营技术为主要研究对象的保险学。此后,德国的保险业有了比较快的发展,不仅有海上保险、财产保险、人身保险,同时还推出了与国民经济和国家政策相关的社会保险。保险学的研究，除了原来的法律、数学、经营技术外，又增加了经济和医学，被称为"综合保险学"。20世纪初，美国、日本的经济学家相继开始研究保险与国民经济之间的关系，特别是保险在微观经济活动中的作用。他们认为保险是经济生活处于危险时期的一种对策，因而特别注重个别保险种类的研究。

二、保险学研究对象的表述

在漫长的保险学认识和形成过程中，人们从各自不同的角度，表达和反映了保险学研究的不同侧面。这本身是一种历史贡献，也符合保险发展史的逻辑。保险学作为一门独立的经济学分支学科，则是近代社会经济发展的结果。现在越来越多的经济学家和保险学家的认识趋于一致，认为保险学属于经济学的范畴，保险学的研究对象在宏观上与经济学的研究对象相吻合，是研究人与人之间的一种经济关系。但是，保险学作为一门独立的经济学科，在保险这一特定的研究领域，有其特殊的矛盾和研究对象，这就是保险的风险集中与分散及其经济运动规律的科学。保险的风险集中与分散，实质上是一个如何对剩余产品进行分配的问题，即人们在分摊和补偿损失过程中对社会剩余产品进行分配所产生的社会关系。研究不同社会制度下保险的特殊本质，揭示人们在分摊和补偿损失过程中对剩余产品进行分配所产生的人与人之间的关系，是保险学研究的重要使命。围绕着保险的风险集中与分散所产生的分配关系、社会关系、人与人之间的关系，实际上是一种社会经济关系。

规范保险学的研究对象，是为了把握保险这门科学的精髓，是为了学好保险学这门课程。

第二节 保险学的研究内容

一、保险学的研究范围

保险学作为一门独立的经济学科，不仅应该有其确定的研究对象，同时也应该有其确定的研究内容和科学的逻辑体系。这些研究内容和逻辑体系都是围绕着保险学的研究对象展开的。保险学的研究对象是通过其研究内容和逻辑体系实现的。因此，根据保险学研究经济关系这个原则，保险学的研究内容大体可分为：

（1）保险的基本原理，包括保险的本质、保险基金、保险职能、保险作用、保险合同等。

（2）保险的基础知识，包括中外保险发展历史、中外保险法律法规、中外保险市场等。

（3）保险经营管理，包括保险费率、保险理赔、保险组织、保险展业、保险投资、保险财务、风险管理等。

（4）保险的主要种类和主要险别，包括财产保险、人身保险、责任保险、涉外保险、社会保险、农业保险等。

（5）保险制度和保险监管，包括保险体制、保险市场中介、保险监管等。

二、保险学研究内容的独特性

与其他经济学科相比，保险学有其独特性，主要表现为多属性、广泛性、法律性和实践性。多属性是指保险学所研究的内容既有社会科学的，又有自然科学的。它是一门社会科学与自然科学相互交叉的综合学科。广泛性是指保险学所研究的内容涉及面十分广泛。这是因为保险的对象涉及社会生产的各个环节，各行各业都有对保险的需求。保险工作者除与各种自然灾害和意外事故打交道外，还帮助和配合被保险人做好防灾防损工作。此外，保险还参与国民收入再分配，具有融通资金的职能。因此，保险工作者需要具有广泛的知识性，保险机构需要有各种专业人才。法律性是指保险合同的订立和履行都是以民法、经济法和保险法等法规为依据，涉外保险业务与国际私法、国际商法和海商法有着密切的关系。因此，保险学中少不了法律的内容。实践性是指保险是一门应用经济学科，其中相当一部分内容是保险实务，必须通过实践才能熟悉和掌握。因此，国内外保险教育都非常重视理论与实践相结合，学校经常聘请有丰富实践经验的保险工作者参加教学工作，学生在学习期间要多次到保险有关部门参加实习。

三、保险教育的逻辑体系

国际上保险业发达的国家都十分重视保险教育，保险专业分工也很细。专门从事保险教育的学校和机构可以开设几十门保险专业课程。我国保险教育事业的发展也十分迅速，目前在保险教育方面已经编写和翻译的教材，除保险学外，还有保险学概论、保险学通论、保险学原理、保险总论、国际保险通论、保险经济学、保险经营学、保险数学、保险财务、保险法、保险企业管理学、中国保险史、英国保险史，以及财产保险、人身保险、责任保险和海上保险等几十种。国内外已经开设的保险专业课程，大体可分为保险理论教育、保险经营技术教育和保险分论教育三大部分。保险学的研究内容与保险专业教育的三大部分都有一定的联系。保险学的逻辑体系，就是按照保险学的内容及其论述的科学性予以编排的。

第三节 保险学的研究方法

研究保险学的方法论,是辩证唯物主义和历史唯物主义,理论联系实际,实事求是地把马克思主义的经济理论应用于我国的保险实践的研究。我们应借鉴国外保险成功的经验,阐述具有中国特色的保险理论,并注重运用现代科学研究手段,吸取保险相关学科的研究成果。

一、保险理论的继承与发展之间的关系

马克思主义的唯物辩证法认为,包括自然科学和社会科学在内的一切科学,都不可能脱离以往的历史和已有的科学研究成果而骤然兴起。恰恰相反,它们都是在继承以往成果的基础上,通过对实践中出现的新情况、新问题的研究而逐渐发展起来的。保险学在我国还是一门新兴的学科,当然应该总结我国以往保险发展历史的经验,吸取国外保险理论研究的方法和成果。保险学是一门应用经济学科,其中不少理论和方法带有普遍性。研究保险理论的正确态度,应当是以马克思主义的基本原理为指导,从我国实际出发,借鉴中外保险的历史经验教训,正确地吸收以往保险理论中的合理内容和科学方法,总结我国保险实践的经验,研究现实中出现的各种新问题,把继承和发展统一起来,逐步建立起具有中国特色的保险学。

二、保险理论与保险实务之间的关系

保险学属于经济学的范畴,主要进行保险经济制度的研究。理所当然,保险学应当侧重于保险理论的研究。然而,保险学在经济学范畴中属于应用经济学科,这就不同于一般的理论经济学。保险理论与保险实务有着紧密、具体和直接的联系。所以,对保险理论的研究,必须更多、更紧密地联系保险实务。这种联系必须恰到好处,因为保险学过多、过细地研究保险实务,会改变保险理论研究的方向,这也不符合保险学的研究宗旨。

三、保险学与相关学科之间的关系

在保险学形成和发展的历史过程中,其基础是一个多学科的综合体。最早的保险学注重法律研究,以后逐步增加了数学、社会学、管理学、经济学、心理学、行为学等学科的研究。现代保险学者把保险学划归经济学的范畴,主要是由保险的经济性质决定的。这不会也不应该影响保险学的研究。因为任何事物在社会生活中的存在都应该是立体的,这就决定了人们认识和研究问题要从多角度出发,全方位考察。对保险这种客观经济现象的研究也不例外,应当在保险学与

横向和纵向学科的联系中探讨其运动规律。保险学研究的基础和手段除了经济学以外，还应该包括风险管理学、保险数学、保险法学、计算机在保险中的运用等现代学科。只有这样，保险学的研究才会有一个比较厚实的基础。

第四节 西方保险学说简介

对"保险"一词内涵的认识，各国保险学者各抒己见，表达方法也各有千秋，归纳起来，大致上可分为三大流派，即"损失说""非损失说"和"二元说"。

一、损失说

该学说以损失概念为保险理论核心，具体可分为"损失赔偿说""损失分担说"和"风险转嫁说"三种分支学派。

1. 损失赔偿说

该学说的代表人物是英国学者马歇尔和德国学者马修斯。他们的基本观点是把保险看作一种损失赔偿合同，认为保险人与被保险人之间只是一种合同关系，保险人根据合同约定收取保险费，在被保险人遭受合同规定范围内的损失时，立即给予经济补偿。这种观点显然与早期的保险业务局限于海上保险和火灾保险有关。当人寿保险发展起来以后，这种观点就不能解释其给付保险金的特点。因为相当一部分人寿保险业务都具有储蓄性质，而人的生命和身体是不能用货币估价和赔偿的。

2. 损失分担说

这是19世纪末20世纪初由德国经济学家、柏林大学教授瓦格纳提出来的。他以经济学知识为基础，强调保险是众多人互相合作、共同分担损失这一事实，并以此解释各种保险现象。瓦格纳的学说对后人影响很大，当今许多美国保险学者依然强调保险是以分摊损失为特殊职能。从经济学角度阐述保险的作用，是瓦格纳对保险学的一大贡献。但是，也有相当一部分保险学者认为，用损失分担说解释所有的保险现象是不适宜的。

3. 风险转嫁说

这是由美国保险学者魏兰脱和休勃纳等人提出来的。他们强调保险就是风险转移，保险赔偿是通过众多的人把风险转移给保险人实现的。该学说的特点就是，把被保险人的风险转移给保险人视为保险的性质。应当承认，这种观点是对损失分担说的一种补充，同时也存在着与损失分担说一样的缺陷。

二、非损失说

该学说力图摆脱以损失概念解释保险的性质，具体又分为"技术说""需要说""财产共同准备说"和"相互金融机构说"四种分支学派。

1. 技术说

这是由意大利学者费芳德倡导的。他重视保险的计算基础,突出保险在技术上的特性。其理论依据是,保险基金的建立和保险费收取的标准是通过保险损失概率计算确定的,保险的性质归根到底是一种技术要素。该学说只重视保险的数理基础,而忽视了保险的经济价值和社会职能,其结果只能是一种片面的解释。

2. 需要说

该学说又称"欲望满足说"。这是由意大利学者戈比、马纳斯等人提出来的。该学说的核心是以保险能够满足经济需要和金钱欲望解释保险的性质。他们比较注重被保险人缴付少量保险费,在发生灾害事故后获得部分或全部的损失补偿。强调保费缴付与赔偿金额严重不等,用这种保险需要和金钱欲望满足解释保险,其结果是保险与赌博的意义难以区分,使保险带上唯心主义和功利主义的色彩。

3. 财产共同准备说

该学说的代表人物是日本学者小岛昌太郎和奥地利学者胡布卡。其核心内容是,在每个具体的事件上发生意外事故是偶然的,但在不特定的多数事件中,它的发生是必然的。保险即根据大数定律,集合多数经济单位,向其成员收取分摊金,积聚起财产共同准备金,委托保险人管理经营,由此形成的一种最经济的社会后备基金制度。

4. 相互金融机构说

该学说的代表人物是日本学者米谷隆三先生。他认为保险只不过是一种互助合作基础上的金融机构,与银行和信用社一样,都起着融通资金的职能。不可否认,保险与金融机构的职能十分明显,它既可以融通资金,又可以进行资金运用,保险机构确实是金融市场上的一个重要成员。但是,用保险某方面的职能和作用解释保险的性质,只能是误入歧途。

三、二元说

该学说又称"择一说",其代表人物是德国学者爱伦贝堡和英国学者巴倍基。他们认为财产保险与人身保险不可能作统一解释,应该分别给予不同的定义。保险合同不是损失赔偿合同,就是以给付一定金额为目的的合同。保险应当把"Insurance"和"Assurance"区分开来。"Insurance"是指任何不确定事件可能部分发生和部分损害的合同,而"Assurance"则是指必然发生或损害的寿险合同,两者只能择其一。据此,世界上许多保险业发达的国家如德国、法国、瑞士、日本等的保险合同法都分别给损害保险和人身保险赋予不同的定义。但是,世界上很多学者认为,损害保险和人身保险之间具有共性,应该给予统一的解释和定义。

以上各种保险学说,均不能完整地表述保险的本质,也不能为大多数人所接受。相比之下,损失说比较流行。这是因为,风险管理已成为一门科学,为越来越多的人所接受。保险作为对付损失风险的重要对策已得到公认。目前,在保险学界,对保险的定义和性质虽仍有争论,表述也有差异,但在认识上已经逐渐地趋于统一。英国的《不列颠百科全书》(第15版)中的保险定义为:"保险是处理风险的一种方法。一方面保险人向被保险人收取费用,另一方面,一旦被保险人在规定期限内发生某种意外事故而蒙受损失,保险人得按契约予以经济赔偿或提供劳务。"按此定义,保险应具有以下几个因素:(1)保险的本质是一种经济制度;(2)保险的目标是处理风险;(3)保险的机能是赔偿损失;(4)保险计算的基础是合理负担。

思考题

1. 保险学的研究对象是什么?
2. 为什么说保险学是经济学的一门分支学科?
3. 怎样学习和掌握保险学这门科学?
4. 概述西方各保险学说流派的特点、代表人物和缺陷。

第二章 保险的基本特征

☞ 学习目的

使学生掌握保险的概念及保险风险的含义,熟悉保险的基本特征以及保险的权利和义务的关系,了解保险与赌博、储蓄、救济的区别。

第一节 保险的概念

一、保险的一般定义

在日常生活中,"保险"一词被理解为"稳妥"或"有把握"的意思。在保险学中,保险有其特定、深刻和复杂的含义。它是由英语"Insurance"或"Assurance"翻译过来的,也是国际上通用的专业名词。保险(Insurance)源于"Sigurare"一词,为14世纪左右意大利沿海地区的商业文件中所使用。此词在14世纪后半期以前,含有"抵押""担保""保护""负担"的意思;到14世纪后半期以后,在海上商业活动中才演变为"保险"的含义,"Insurance"一词才开始出现。保险在这里的含义是"分担危险",即"少数人受损,多数人分担"。对受损失的人来说,保险就是"以一定的支出,保障不定损失的补偿"。据考证,最早把"Insurance"翻译为"保险"的是日本人,在19世纪中叶传入我国。早在1805年,英国人在广州开设了第一家保险公司①,当地人习惯称保险为"燕梳"(音译)。关于保险的定义,众说纷纭,迄今尚无举世公认的统一定义。我国保险学界普遍把保险的定义表述为:保险人通过签订保险合同的形式向投保人收取保费,以集中起来的保险费建立保险基金,用于补偿被保险人因自然灾害或意外事故造成的经济损失,或对个人因死亡、伤残、疾病、年老、失业等给付保险金的一种方法。应该说,保险定义的这种表述比较严谨和完整。

二、保险风险的减少与转移

现代保险学者认为,保险定义包含了两层意思:其一是风险的减少,其二是风险的转移。

从经济性质看,保险是以集中起来的保险费建立保险基金,一旦个人或企业

---

① 关于中国第一家保险公司成立的时间、地点、名称,均有不同说法。

受到保险责任范围内的损失,就可以获得保险经济补偿。这种经济补偿,对企业或个人来说,意味着风险的减少。因为原来企业或个人所遇到的各种风险,由保险人通过经济补偿的方法予以解决。这一方面增强了参加保险的企业和个人抵御自然灾害和意外事故的能力,另一方面相应减少了风险对参加保险的企业和个人的危害程度。

从保险合同行为看,经济补偿都是通过事先约定进行的。无论是保险基金还是经济补偿,都离不开保险当事人双方的契约行为,即在签订保险合同的过程中,保险人同意接受被保险人可能遇到的各种风险。被保险人通过购买保险单的方法,把自己可能发生的损失风险转移给保险人。

从经济角度和法律角度解释保险的定义,至少揭示了保险的三个基本特点:(1)保险是一种互助行为,保险损失应该由参加保险的人共同负担,这种共同负担是通过保险基金实现的;(2)保险是一种法律行为,双方的权利和义务都是通过签订保险合同加以规定的;(3)参加保险的最根本目的是在发生灾害事故后实现经济补偿,这也是保险合同最基本的内容。

第二节 保险的基本特征

任何事物都是由一定的物质内容构成的,并有其自身的特征。保险作为客观存在的经济行为,也有构成其自身的物质内容和基本特征。

一、特定风险事故的存在

保险是风险的专门承担者,分散风险,对风险所造成的损失给予经济补偿和保险金给付,是与风险既相互依存又相互排斥的辩证统一体。可以这样认为,没有风险,就没有保险。保险以风险的存在作为自身存在和发展的前提,离开这个前提,保险就没有存在的意义。但是,并不是世界上所有的风险都可以参加保险,能够构成保险要素的风险必须是一种特定的风险事故,其基本特点是确实存在、不一定发生和技术可行。换句话说,风险事故的发生是必然的,而风险事故发生的时间、地点和危害程度是不可预测和偶然的。假如风险都可以预测、预防,保险就没有存在的必要。从保险的可能性看,有些风险虽然存在着偶然性,但由于保险技术的制约而不能承保。有些偶然性的风险虽然在技术上可以保险,但是保险人没有足够的偿付能力,保险仍不能成立。总之,保险人可以承保的风险必须是有一定条件的。

二、多数经济单位的结合

风险集中的程度越高,风险造成的损失就越大。保险为了广泛分散风险,采取了损失分摊机制,即最大限度地集合被保险人,以集体的力量共同承担个别被保险人的损失。这种多数经济单位的结合是有条件的,即多数经济单位缴付的保险费是依据"大数法则"和概率论对风险事故测算形成的一种数理根据,保险费的收入能够抵补风险事故发生后保险金的支出和保险业务经营管理上所需费用的开支。保险费收入与支出的平衡公式为:

$$N \cdot P = R \cdot Z$$

N 代表参加保险的人数,P 代表每人缴付的保险费,R 代表遭受不幸事故的人数,Z 代表支出的保险金。

根据收支平衡原则,$\frac{R}{N}$ 的数值越小越好。$\frac{R}{N}$ 和 Z 的大小直接影响着 P,保险人通过对 $\frac{R}{N}$ 数值的反复观察和分析,从中找出风险事故发生的规律性,合理地计算出保险费率,以保证业务经营在经济上具有可行性。

三、保险权利和义务的对应

保险是一种法律行为,是根据保险行为当事人约定的条件,以保险合同的形式成立的。保险人有根据保险合同的规定收取保险费的权利。但是,保险人也有建立保险基金、分散风险、实现经济补偿和给付保险金的义务。被保险人有缴付保险费的义务,同时也有在遭受保险责任范围内的损失时向保险人要求经济赔偿的权利。保险费是被保险人转移风险、规避风险的代价。在保险合同中,保险人与被保险人权利和义务的转移,都是有偿的、相对应的。这种权利和义务的对应,是建立在具有法律效力的保险合同基础上的。

第三节 保险与赌博、储蓄、救济的区别

一、保险与赌博的区别

保险是对付风险的一种有效方法,赌博则产生新的风险。从有些人看,参加保险后的赔付,有赖于一种偶然的机会。有时付了保险费,因没有发生约定的灾害事故,得不到任何经济补偿;有时因突发的保险事故,获得成千上万倍的保险赔偿金。这使有些人对保险产生了一种误解,认为保险与赌博差不多,只需投入少量资金,有时有去无回,有时却可以获得比投入资金大得多的回报。这完全是一种表面上的巧合。其实,保险与赌博有本质上的区别,是性质根本不同的两回事。

保险的目的在于,当被保险人一旦遭受保险责任范围内的经济损失时,给予经济补偿或给付保险金,以保障被保险人生活稳定,进而维护社会的稳定;而赌

博则相反,它是以损人利己为目的,是一种投机取巧的行为,是社会的不安定因素。

保险的宗旨是使被保险人从保险人处获得与损失数额相等的保险赔款,绝无获利的可能,保险行为是为了减少危险的发生;而赌博所获取的都是非分之财、不义之财,只能给家庭、社会带来新的危险。

保险是国家法律保护的一种经济行为,符合社会经济发展的道德规范,它具有保障经济、稳定社会的功能,因此需要与社会经济同步发展;而赌博则迎合了一些人唯利是图的不健康心理,不符合社会道德规范,在我国要受到法律的制裁。

保险是把不确定的灾害事故所造成的意外损失化为小额的固定的保险费支出,有利于保持生产的持续进行,有利于被保险人生活的稳定;而赌博则把确定的资金化为不确定的支出,结果是把安定的生活变为不安定的生活。

二、保险与储蓄的区别

对个人和家庭而言,储蓄是一种应付自然灾害和意外事故的办法,即将生活费的结余存到银行,逐步形成一定数量的储金,作为个人和家庭的后备。如果个人和家庭有了相当数额的储蓄,可以保障个人和家庭正常的生活和工作。从这个意义上说,保险与储蓄有相同的一面。但是,不能由此而认为保险与储蓄就是同样的事情。

保险是一种互助行为,由众多人共同参加,缴付保险费,建立保险基金,帮助少数人解决遭受灾害事故后生活的困难。所有参加保险的人,既可能接受别人的帮助,也可能成为帮助别人的人。储蓄则只是个人行为,不具有保险的互助责任。

储蓄原则上是可以由存款人自由地、无条件地提取的,而保费原则上缴付后是不能由个人自由地提取的。虽然集中起来的保险费最终用于补偿个别人的保险事故损失,但是要受到保险合同的制约,由保险人审核后执行,个人没有行为自由。

存款人只能在存折的本金加利息的范围内动用储蓄。保险则不同,被保险人在没有遭受保险事故损失时,不会得到任何经济补偿;而一旦遭受自然灾害或意外事故,可能获得的保险赔偿往往会超过本人所缴付保险费的几倍、十几倍,甚至更多。

保险与储蓄各有许多长处,其作用也有所不同。保险的目的是稳定生活和工作,解除人们的后顾之忧。储蓄也有其特点,不管个人存了多少钱,存了多长时间,存在银行的钱总是自己的,还有一定的利息。一般的保险中,如没有发生保险责任范围内的事故,缴付的保险费是不能退还给个人支配的。随着保险业的发展,保险也兼有储蓄的优点。例如,人身保险已经有许多开办长期储蓄保险,到规定的年限,不仅可以还本,还可以有利息。在一定的条件下,可以免交保险费,同样获得保险保障。家庭财产保险也出现了还本保险,这更显示出保险的长处。

三、保险与救济的区别

救济是一种经济补偿,它是以货币或实物对遭受自然灾害或意外事故的人给予经济上的帮助。救济的目的是帮助受灾人维持最低水平的生活,尽快渡过难关。在形式上,保险与救济同属经济补偿制度,但两者却有着很大的区别。

在法律上,保险完全按照合同办事,一旦签订合同,对双方都有约束。对合同上任何一项内容的修订,或中止保险合同,都必须严格按照法律规定进行。可以这样认为,保险是一种法律关系,而救济是单方面的活动。救济方和被救济方不受任何限制,也没有合同制约。救济多少完全视救济人的财力、物力而定,双方都有很大的自由度和选择余地。

我国的经济尚不发达,救济一般只能维持在低水平上。至于救济对象,一般是由救济方自行确定,严格掌握。保险则不同,它的经济补偿和保险金的给付都是按合同予以计算的,与投保人缴付的保险费有一定的对应关系,不会受保险人资金和能力的影响。至于保险金领取的对象,在保险合同中都有规定,不能随心所欲。一般保险合同所承担的保险责任,都能够使被保险人在遭受灾害事故后重建家园和恢复生产、生活。

思考题

1. 保险的一般定义包含了哪几层意思?
2. 保险的基本特征是什么?
3. 保险的特定风险事故是指什么?
4. 为什么保险需要多数经济单位的结合?
5. 为什么说保险与赌博有本质上的区别?
6. 谈谈保险与储蓄、救济的区别。

第三章 保险的起源与发展

☞ **学习目的**

使学生了解中外古代保险思想及原始保险形态,以及古代保险思想与现代保险的区别;熟悉海上保险的起源与发展和劳合社的产生与发展;了解其他各种保险的产生,以及世界保险业发展的特点和趋势。

第一节 古代保险思想的产生

一、我国古代社会的后备与互助

人类为了弥补自然灾害和意外事故所造成的各种经济损失,使生产能够持续不断,生活有所保障,从上古社会开始,就出现了各种形式的后备与互助。据文字记载,我国最早的保险思想出现在距今四千五百多年以前,《礼记·礼运》中有这样的记载:"大道之行也,天下为公;选贤与能,讲信修睦,故人不独亲其亲,不独子其子;使老有所终,壮有所用,幼有所长,矜、寡、孤、独、废疾者皆有所养。"这是我国古代最早的谋求经济生活安定的一种社会保险思想。值得一提的是,《逸周书·周书序》称周文王曾在遭遇严重自然灾害的时候,召集文武百官商讨"救患分灾"①的对策。这里的"分灾"明显是指分散灾害的损失,它表明我国商周时期就有了分散风险和管理风险这种早期的保险观念。

与我国早期保险思想有关的是古代仓储制度,这在当时生产力水平低、抵御自然灾害能力微弱的情况下,确实起到了缓和阶级矛盾、保障生产力不断发展的作用。我国最早的仓储制度为"委积",少量为"委",大量为"积",大约产生于春秋战国时期。《逸周书·文传》记载:"有十年之积者王,有五年之积者霸,无一年之积者亡。"可见后备对于国家兴衰的重要性。武王克商后,即向周公姬旦问政,周公曰:"送行逆来,振(赈)乏救穷,老弱疾病,孤子寡独,惟政所先,民有欲畜。"②当政者把积蓄用于赈灾救穷被老百姓视为朝廷德政的先决条件。积蓄用于赈灾就是"仁政"的体现。《周礼·地官司徒》记载:"遗人掌邦之委积,以待施惠;乡里之委积,以恤民之艰阨;门关之委积,以养老孤;县都之委积,以待凶

---

① 《周礼·大宗伯》郑玄注。
② 《逸周书·大聚解第三十九》。

荒。"从这里可以依稀看出"委积"这种后备形式中的社会保障性质。

后来常见的仓储后备制度可以区分为官办的"常平仓"和官督民办的"义仓"两种。常平仓始于战国李悝推的"平籴"和西汉桑弘羊推的"平准",历代统治者都有类似设置。它的名称起自汉宣帝时的耿寿昌,最盛时期在北宋。其作用是调节灾害带来的风险,保障社会安定。义仓始于北齐,盛行于隋朝,发展健全、长期有成效则当推唐代。唐贞观年间,水旱灾害频繁,各地义仓的粮食储备对凶荒年岁的救灾起了很大的作用。虽然是官督民办,但历代封建财政对义仓的控制从没放松过。我国历史上的种种仓储赈济制度,客观上都起到了一种类似社会保障制度的作用,也为民间各种人身相互保险乃至财物的保险提供了实践经验与准备。

无论是我国早期的保险思想,还是历代王朝都沿用的常平仓和义仓制度,在世界人类文明史上都占有很重要的地位,对于研究早期保险的形成和发展也有十分重要的意义。

二、外国古代保险思想和原始保险形态

外国早期保险思想产生于东西方贸易要道上的文明古国,如古巴比伦、古埃及、古希腊、古罗马。英国学者托兰那利在1926年出版的《保险起源及早期历史》中说:"保险思想发源于巴比伦,传至腓尼基(现黎巴嫩境内),再传至希腊。"[1]早在公元前2500年,古巴比伦国王就命令僧侣、官员,以征收税资的形式,建立救灾后备基金。《汉谟拉比法典》是现存最完整、最全面的古巴比伦法律的汇编,其中首次出现了海上保险的萌芽。公元前1792年,古巴比伦六世汉谟拉比国王建立了对外贸易商队,用骆驼和马队进行长途物资贸易。根据《汉谟拉比法典》的规定,进行长途货物运输的商队,如没有把货物运送到目的地,承运人要被处以没收财产、扣押亲属,直至死刑。但是,货物在运输途中,如遇到抢劫,经过发誓,可以对货物和牲畜不负赔偿责任。

在古埃及王国,由于大规模的修建工程,许多石匠死伤于各种事故。为了得到适当的补偿和保障,在石匠中出现了一种互助组织,每个参加者要缴付一定的互助会费,用以支付会员在施工意外事故中受伤或死亡所需的各种补偿费用。在古希腊的一些政治宗教组织中,会员按规定缴付一定的会费,形成相当数量的公共基金,专门用于救济和补偿意外事故、自然灾害所造成的经济损失。古罗马在历史上曾出现过丧葬互助会,这是在士兵中形成的一种互助组织,收取一定的会费,作为战死士兵的丧葬费和家属的抚恤金。所有这些,都是原始的保险形态。

---

[1] 转引自施哲明:《保险发展简史》,载《保险研究》1982年第2期。

三、古代保险思想与现代保险的区别

从古代保险思想的产生和发展看,东方和西方有着诸多相似之处。但是,对早期保险思想的划分和认识,至今仍存在着许多不同的见解。有人认为,构成保险初级阶段的要素有三个:(1) 风险的存在;(2) 多数人的结合;(3) 建立保险基金。除此之外,都不能称为"保险"。也有人认为,古代保险思想的产生以及仓储后备制度,与现代意义上的保险应当有所区别。但是,这些思想和制度应该是现代保险的雏形。不管怎么认识和区分,有一点是共同的,即保险是商品经济的产物,它离不开社会经济的发展。现代保险是社会经济发展的一种必然结果,不能割断历史去研究保险。

第二节　海上保险的起源与发展

一、海上保险的起源

海上保险是各保险类别中发展最早的一种,与海上贸易发展早和海上风险比较大分不开。关于海上保险的起源,学术界迄今尚无定论,主要观点大体分为以下三种:

1. 共同海损说

即在海上,凡为共同利益而遭受的损失,应由得益方共同分摊。早在公元前2000年,地中海已有广泛的海上贸易活动,由于当时船舶构造简单,抵御海上风浪的能力十分薄弱,航海被认为是很大的冒险行动。要使船舶在海上遭遇风浪时不致沉没,最有效的抢救措施就是抛弃船上的部分货物,以减轻船的载重,求得平安。为了使被抛弃的货物能从各个方面获得补偿,当时地中海一带的商人都遵循这样一个原则:"一人为众,众为一人"。这个原则在公元前916年被《罗地安海商法》(后习惯称《罗德法》)正式采用,并明文规定:"凡因减轻船只载重投弃入海的货物,如为全体利益而损失的,须由全体分摊。"这条著名的"共同海损"原则一直沿用到今天。因此,有人认为,这和保险的含义相似,是海上保险的最初起源。持不同意见的人则认为,海上保险应该是共同海损的补偿,而不是简单的分摊行为。

2. 海上借贷说

即船主在出海前用船舶和货物作为抵押向商人借款,如船舶安全到达,本利均须偿还;如船舶在航行中沉没,债权随之消失。它由一种抵押贷款形式演变而来,即船舶在海上航行中,船长用船和货物向当地商人抵押借款,以获得进一步航行所需的资金。这种抵押贷款在公元前8世纪已十分流行。在古希腊雅典,

就曾经有不少的船舶抵押交易所。由于债主承担了航海中的风险,因此这种借款的利息比一般借款高得多。有人认为,这种高出正常借款的利息部分,就是最早形式的海上保险费。533年,《查士丁尼法典》对海上抵押借贷利息作了肯定和限制,规定船舶抵押贷款利率为12%,而一般的借款利率为6%。

3. 冒险借贷说

即贷款者提供金钱和商品,借款者提供劳力,共同经营海外贸易,贷款者获得利益并承担海上风险。由于这种贷款利息过高,贷款人攫取了90%以上的利润,1230年被罗马教皇九世下令禁止。冒险借贷消失后,商人们开始规避法律,采用虚假借贷的办法。所谓虚假借贷,是指在航运开始以前,双方订立合同,债权人向借款人"借入"款项,但并不实际借入。当船舶安全到达目的地时,事前所订立的所谓"借款合同"自动失效。如果船舶在海上发生海难,造成船货损失,贷款人要依双方合同的所谓"欠款"数额的一定比例"偿还"给船主。在订立所谓"借款合同"前,船主事先支付"危险分担费"给贷款人。在这个关系中,保险性质更加明显了,虽然还不能算是一种完整的保险关系,但已经比较接近现代意义上的保险了。这种借贷虽然不是原先的那种冒险借贷,但仍是它的延续。持这种观点的人认为,保险具有危险转移的功能。冒险借贷说与海上借贷说的区别在于,前者比较注重金融机能,后者比较注重危险的转移,将原来的海上风险转移给陆上贷款者承担,到"虚假借贷"时就更明确体现了这一点。

二、第一张保险单的出现

中世纪,十字军东征以后,意大利伦巴第商人基本上控制了东西方之间的中介贸易,他们所到之处均推行海上保险。目前世界上保存最古老的一张保险单是1347年10月23日由乔治·勒克维伦出立的,承保船舶"圣·克勒拉"号从热那亚到马乔卡的航程风险。保单的内容与借款合同相似,上面提到了"无偿借贷",规定了船舶安全到达后合同无效,如中途发生损失,合同成立,由资本所有人(保险人)给予一定赔偿。保险费是以定金的名义,在合同签订时缴付给资本所有人。合同规定,如船舶无故变更航向,则契约无效。这张保险单史称"热那亚保单"。这张保险单的出现,表明早期的海上保险已经向着现代意义上的海上保险转变。当然,说它是第一张保险单是从它的实际意义上说的,在保险单的格式上还说不上,因为上面还没有注明保险人(贷款人)应该担负的具体风险。所以,它与现代海上保险单还有一定距离。当时保险单的出立与其他商业合同一样,都是由专业撰状人草拟的。13世纪中叶,在热那亚一带就有200多名撰状人,有一个撰状人曾草拟了80份保险单。1384年,在意大利比萨签订的一张货物运输保险单(史称"比萨保单")上首次出现了承保内容。1393年,在佛罗伦萨签订的一张保险单(史称"佛罗伦萨保单")上明确写明了"凡海上灾害、天灾、火灾、抛弃、王子的禁制、捕捉"等,均属保险内容。这样,这张保险单已经具有现代保险单的格式。

1424年,在热那亚出现了第一家海上保险公司。随着海上保险的发展,保险纠纷也相应增多,许多人开始从事保险理论和保险法律的研究。1435年,世界上最古老的海上保险法《巴塞罗那法典》诞生,对海上保险作了规定,订立保险单便以法律的形式固定下来了。这部法典的精髓,成为1523年佛罗伦萨制定的条例的附则。意大利的《威尼斯法令》也对保险的经营作了规定。善于经商的伦巴第人后来移居英国,聚集在伦敦的伦巴第街,从事海上贸易和海上保险业务。1601年,英国女王伊丽莎白一世颁布了第一部有关海上保险的法律,规定在保险商会内设立仲裁机构,解决日益增多的海上保险纠纷案件。海上保险中心也由意大利北部的热那亚、佛罗伦萨、比萨和威尼斯等地转移到英国的伦巴第街。意大利伦巴第省经营保险的商人把保险的契约叫做"波力什",传入英国后叫做"波力息",直到现在保险单依然叫做"Policy",我国后来把它叫做"保险单"。

我国保险界普遍认为,《罗地安海商法》的分摊原则是海上保险的萌芽,冒险借贷是海上保险的雏形,意大利是海上保险的发源地,英国的伦巴第街是海上保险的中心。

三、劳合社的诞生

英国劳合社是当今世界上最具影响、规模最大的保险组织之一。1871年,英国国会批准《劳埃德法案》,使劳合社("劳埃德保险社"的简称)成为一个正式的社会团体。劳合社的前身是1688年爱德华·劳埃德开设的咖啡馆。这家咖啡馆位于泰晤士河畔,它的常客是一些船主、船员、商人、银行老板和高利贷者。由于当时通讯落后,准确的航运消息对商人来说是无价之宝。当地商品的价格、股票的涨跌,都与海船到来有关。1691年,劳埃德咖啡馆由伦敦塔街迁往伦巴第街。为招徕顾客,1696年,咖啡馆出版了一份单张小报《劳埃德新闻》,每周3期,着重报道客人们感兴趣的海事航运消息,并刊登将要在劳埃德咖啡馆进行拍卖的船舶消息。虽然小报只出了76期,但是咖啡馆已经成为传播航海消息的中心。1713年劳埃德去世后,他的女婿接管了咖啡馆,并于1734年出版了《劳合动态》,起先每周一期,后来改为每周二、五两期。该报成为英国报刊史上历史最悠久的报纸之一。

17世纪中叶开始于英国的工业革命为资本主义发展扫清了道路,大规模的殖民掠夺为英国商人开展世界性的海上保险业务提供了条件。1720年,英国女王特许伦敦保险公司和皇家交易所经营海上保险业务,但是并没有影响劳合社的个体保险人的经营。1771年,79名保险商人联合起来,合资寻找新址开设专门经营海上保险的机构。他们每人出资100英镑,存入英格兰银行,作为开辟新的办公场所的资金。1774年,该联合组织在皇家交易所租下办公用房,并仍然沿用"劳合社"的名称,专门经营海上保险。19世纪初,劳合社海上承保额已占伦敦海上保险市场的90%。在以后的日子里,劳合社经受住了竞争,以卓著的成就使英国国会在1871年通过了法案,宣布劳合社为正式的团体,从而打破了伦敦保险公司和皇家交易所专营海上保险的格局。

劳合社是一个特殊的保险市场。它包括数百个承保各类风险的组合,每个组合由许多会员组成,并有各自的承保人。传统上,会员对所在组合承保的业务承担无限责任。劳合社会员最多的时候达3.3万人,来自世界50多个国家。20世纪80年代后期,由于石棉案等巨额索赔,劳合社发生了严重亏损。90年代起,劳合社开始重建计划,会员不再承担无限责任。在长期的业务经营过程中,劳合社在全球保险界赢得了崇高声誉。劳合社曾创造过许多个"第一",设计了第一份盗窃保险单、第一份汽车保险单和第一份飞机保险单等。英国国会1906年通过的《海上保险法》规定的标准保单,又称为"劳合社船舶与货物标准保单",被世界上许多国家公认和沿用。今天,劳合社的承保范围包罗万象。可以说,除长期人身保险以外,世界上所有的保险业务种类,它都能够经营。劳合社由其成员选举产生一个理事会进行管理。2000年11月,劳合社正式在我国北京设立办事处。2006年5月,劳合社的中国子公司"劳合社再保险(中国)有限公司"正式在上海设立并开展业务。目前,劳合社在100多个国家和地区设有办事处。

第三节 其他保险的产生与发展

一、火灾保险的兴起

从中世纪起,欧洲的一些手工业行会内已经开展了火灾相互保险,在会员遭受火灾损失后,行会给予一定的经济补偿。其中,比较有影响的是1591年在德国汉堡市的酿造业中成立的火灾合作社。但是,这种相互保险带有很大的局限性,现在各国办理的火灾保险事业并不是按照这种模式发展的,因而并不被认为是火灾保险的起源。现代意义上的火灾保险起源于英国伦敦的一场大火。

1666年9月2日,英国伦敦的一家皇家面包房发生了一场大火。这场大火连续烧了五天五夜,烧毁了伦敦85%以上的房屋,13200户居民的房屋遭破坏,26万人无家可归,受灾面积436英亩,估计损失1000万—1200万英镑。这是一场罕见的大火,伦敦市内一片凄惨的景象。这场大火使人们深切认识到火灾损失补偿的重要性。在这场大火的影响下,20几岁的青年牙科医生尼古拉·巴蓬决定在伦敦经营房屋火灾保险事业。保险费的计算是根据房屋的租金和建筑的结构,即木结构比水泥结构的房屋的保险费增加一倍。这种按建筑结构分别厘定保险费率的原则至今仍在沿用。由于巴蓬个人的资金有限,业务受到很大限制。直到1680年,在别人的赞助下,他才创办了一家拥有4万英镑的火灾保险所。现在有把巴蓬称为"火灾保险之父"的说法。巴蓬火灾保险所在1705年改名为"菲尼克斯保险公司"(Phoenix)即凤凰保险公司并延续了100多年。

随着英、德、法、美等国资本主义工业革命的完成,物质财富大量增加和集中,原来单一的房屋火灾保险已不能满足客观的需求,在火灾保险的基础上,保险责任扩大到爆炸、雷击、山崩、地陷、海啸、地震等内容。

二、人身保险的产生

人身保险的产生与海上保险的发展是分不开的。15世纪末,欧洲已十分流行奴隶贩卖活动,许多奴隶贩子将奴隶作为货物投保海上保险。这就产生了以人的生命作为保险标的的保险。到16世纪中叶,德国纽伦堡市市长布鲁修耶尔创立了儿童强制保险。此后,乔治·奥布雷特在其故乡的斯特拉斯堡大学写出了子女人身保险方案。但是,他们的人身保险方案因为得不到大多数人的支持和赞成,都没有真正获得成功。以人身年金保险创始人而闻名于世的当属意大利银行家洛伦佐·佟蒂,他于1653年向法国政府提出一个著名的"联合养老保险法"(简称"佟蒂法")。30年后,法国的路易十四为解决财政困难而推行佟蒂法,获得巨大成功。

在人身保险的产生和发展过程中,英国数学家和天文学家埃德蒙·哈雷编制了第一张完整的人口死亡表,获得了极高的荣誉。1693年,他以布勒斯劳市的市民死亡统计为基础,运用先进方法,通过实际考察,精确地表示了每年的死亡率。这是在保险基础理论研究方面取得的突破性成果,使后人可以用概率论和数理统计的科学方法经营人身保险,从而奠定了人身保险的数理基础,使人身保险向更广阔的领域发展。

第一次世界大战以后,人身保险有了迅速的发展,因为它比其他保险更具有投资稳定和长期积累的特点。在西方的人身保险业务中,可以称得上无险不保、无奇不有,如芭蕾舞演员的脚尖保险、歌唱演员的嗓子保险、滑稽演员的酒糟鼻子保险,甚至英国大臣们的脚趾都可以保险。随着西方社会问题的日趋严重,目前绑架保险业务十分发达。

三、责任保险的起源

责任保险是一种以被保险人的民事损害赔偿责任为保险对象的保险。它是对无辜受害者的一种经济保障。早在19世纪初,《拿破仑法典》中就有责任赔偿的规定。1855年,英国开办了铁路承运人责任保险。以后,各国和地区又陆续出现了雇主责任保险、会计师责任保险和医生职业责任保险等。

责任保险在20世纪初才得到迅速的发展,在发展过程中曾遭到过许多非议。有人认为经营这种保险不符合社会公共道德标准,甚至有人把它说成是鼓励人们犯罪。进入20世纪以后,大部分资本主义国家对各种公共责任采取了强制保险的办法,有些国家对企业生产的各种产品实行严格责任制度。企业的产品无论是否有缺陷,只要造成他人人身伤亡或财产损失,都有赔偿责任。在西方,责任保险的赔偿已经远远超过一般财产保险的赔偿。责任保险已经成为制造商和医生、律师等专业人士不可缺少的一种保险,并且越来越显示出它的保险作用和地位。

四、保证保险的开展

保证保险是由保险人为被保证人向权利人提供担保的一种保险。当被保证人的作为或不作为致使权利人遭受经济损失时,保险人负经济赔偿责任。因此,保证保险实际上是一种担保业务。它是随着资本主义金融业发展和道德危险频繁而产生和发展起来的。保证保险根据投保对象不同,又可分为保证保险和信用保险两种。

1702年,英国首先创办了主人损失保险公司,开展诚实保证保险业务。它主要承保被保险人因雇员的不法行为,如盗窃、挪用公款等造成的经济损失,由保险人给予赔偿。1840年和1842年,英国又相继成立了保证社和保证公司。美国在1876年也开展了此项保险业务。保证保险开办以后,权利人只要支付少量的保险费,就可以从保险人那里获得十分可靠的保证。只要在保证保险的责任范围之内,权利人一旦发生经济损失,立即可获得保险人的经济赔偿。因此,保证保险正在不断地开辟新的市场。目前,世界上除了忠诚保证保险以外,还有合同保证保险、供给保证保险、出口信用保证保险等。

五、汽车保险的产生

汽车最早产生于1769年,用蒸汽动力驱动。1893年,美国生产了电火花单缸汽车。1894年,英国生产了第一辆专利机动车。1901年,美国第一辆商品汽车进入市场。几乎在汽车诞生的同时,汽车责任保险开始产生。1895年,英国的法律意外事故保险公司推出汽车第三者责任保险,第一单是10—100英镑保险,可以加保汽车火险。其雇员弗雷德里克·托雷斯拜伊帮公司设计出了机动车保险方案后便离职,于1903年创办了一家专营机动车保险的保险公司——汽车通用保险公司。1906年,成立于1901年的汽车联盟也建立了自己的"汽车联盟保险公司"。美国在1898年就开始全面推广这项业务,1902年开办了汽车车身保险业务,并且使汽车第三者责任保险业务成为责任保险市场的主要业务。

六、再保险的产生

随着海上保险的发展,产生了对再保险的需求。最早的海上再保险可追溯到 1370 年 7 月 12 日签发的一张保单,签发人是一个叫格斯特·克鲁丽杰的保险人,承保自意大利热那亚到荷兰斯卢丝之间的航程,并将其中一段经凯的斯至斯卢丝的航程责任转让给其他保险人。这就是再保险的开始。1861 年,法国首先公布法令,规定保险人可以将自己承保的保险业务向他人进行再保险。接着,德国、瑞典也分别于 1731 年、1750 年公布法令,准许本国保险公司经营再保险。但是,英国政府却认为再保险词义不明确,易与重复保险相混,于 1746 年出台法律禁止经营再保险,直到 1864 年才解除再保险禁令。

第四节 世界保险业发展的特点与趋势

一、保险经营全球化趋势

随着经济发展的全球化,世界经济已成为一个不可分割的整体。作为与经济生活有着密切关系的服务行业,世界保险业也正伴随着经济的一体化而呈现全球化、国际化的趋势。这主要表现在:跨国公司跨越国界的保险需求推动着保险国际化的进程;保险与再保险业务的国际性特点决定了保险全球化的发展;巨额保险标的的出现也是保险全球化、国际化的动力。另外,随着世界贸易组织的发展,保险经营全球化的速度也将大大加快。保险经营全球化的方式主要有三种:第一,通过在海外建立分公司或子公司的方式,投资国外保险市场,向海外保险市场渗透。这种方式是目前保险经营全球化的主流。第二,通过将保险公司的资金运用到国外资本市场,分散投资风险,寻求资本收益。第三,开放本国保险市场。通过完善保险法规,逐步开放本国保险市场,允许外国保险公司参与本国保险市场的竞争,促进国内保险市场经营主体的国际化和本国风险管理的国际化。

二、新险种不断涌现

随着生产技术的日新月异,尖端科学技术的不断运用,社会上出现了许多新的风险。传统的财产保险、人身保险、责任保险和保证保险等已不能满足时代发展的需求。特别是一些新行业的设施价值很高,危险相对集中,对保险提出了新的要求。保险从过去主要针对货物、船舶、汽车、飞机、房屋、人身、家庭财产等,发展到海洋石油开发、人造卫星发射、核能源污染等保险。新险种的开发,对保险技术的要求越来越高。过去被认为不可承保的风险,经过保险人的努力,成为可保对象。目前世界上推出的大多数新险种都有十分明显的针对性,深受保户的欢迎。保险范围的不断扩大,新险种的增加,已成为世界保险业发展的必然趋势。

三、巨额保险增多

保险经营的原则是分散风险,而随着现代保险业的发展,承保的财产价值越来越大,投保人为求得足额保障,投保金额也越来越高。一艘万吨油轮、一架大型波音客机、一颗人造卫星、一座核电站,它们的价值少则几千万美元,多则上亿乃至十几亿、几十亿美元。一旦发生保险责任范围内的事故,索赔金额自然十分巨大。特别是财产损毁后造成的责任赔偿,更使保险人望而生畏。面对如此巨额的保险标的,保险人只能借助于再保险市场,以保证自己业务经营的稳定。再保险业务已经不是一个国家内部交换保险业务的关系,它已超越国界,成为国际性的保险业务,发展越来越快。

四、保险业务竞争激烈

20世纪50年代以后,世界保险业发展迅速,逐渐出现了世界承保力量过剩的局面。80年代以后,世界范围内的保险投资总额已经超过万亿美元,保险出现供大于求的状况。在西方,保险人为招揽业务,不惜血本地降低保费,有些险种的费率已经低到令人难以置信的地步。从90年代起,西方国家的保费增长幅度放慢,保险业竞争更是日趋激烈。面对保险业激烈的竞争,一些发达国家的保险公司开始积极寻求出路,走出原始的保费竞争的格局。它们向海外扩张,积极寻求新的业务增长地区,并通过并购和重组增强其资金实力和扩大市场份额。同时,它们积极调整经营战略,一方面收缩非营利业务,另一方面积极开拓新的产品和销售渠道,探索对资产运营风险控制的新方法,以保持其业务的增长。

五、银保相互渗透、融合

长期以来,银行、保险、证券等严格实行分业经营。然而,近年来,随着市场环境的变化,这种状况正在逐渐被打破。特别是银行和保险相互渗透、融合,引人注目。

欧洲500家大银行中,有46%拥有专门从事保险业务的附属机构。保险公司也广泛涉足银行业务。英国有17家银行已被保险公司控制,而法国有9家保险公司拥有12家银行。由于立法限制,美国在这方面的发展稍逊于欧洲,但仍有4000多家银行已经开始从事保险业务。

目前,在法国、瑞典、西班牙等国,银行保险实现的保费已占寿险市场业务总量的60%,产险也占了总保费收入的5%—10%。

银保相互渗透、融合使得两者各自的服务范围都拓宽了,彼此可以利用对方的技术、经验、客户基础和分销渠道,产生协同效应,优势互补,共同得益。

六、电子化和互联网应用方兴未艾

随着信息技术的飞速发展,保险业已广泛运用电脑技术,新兴的互联网也已得到初步运用。1994年,伦敦保险市场开始运用电子承保系统ESP,极大地提高了工作效率。目前,在全球范围内,保险公司从内部文档处理、数据发送、储存、查询、修改到承保、理赔、资金周转、企业决策等环节,普遍采用了电子处理系统。近年来,迅猛发展的互联网技术给保险业带来了革命性的影响。保险公司不仅通过互联网开展公司形象宣传、保险知识推广、新产品介绍,还通过网络进行业务承保等。通过互联网,公司与客户之间、公司与公司之间的沟通更便捷、更迅速。随着网络技术的不断发展,保险业的面貌也将因此而改变。

七、风险管理创新层出不穷

20世纪80年代末以来,全球巨灾损失空前严重。2003年,全球巨灾造成的经济损失约为700亿美元。面对如此严重的巨灾风险,传统手段暴露出很大的局限性。于是,新型风险管理方法应运而生,如有限风险再保险(Finite Risk Reinsurance,FRR)、选择性风险转移产品(Alternative Risk Transfer Products,ART)、巨灾风险证券化(包括巨灾期权、巨灾风险债券、意外准备金期票)等。这些新型风险管理方法目前虽仍处于发展、完善阶段,但它们潜在的重要意义是毋庸置疑的。

八、发展中国家的保险业正在兴起

发展中国家的保险业,由于历史的原因和经济条件的限制,总的来说还处于落后的状态。但是,发展中国家已经充分认识到保险业发展对经济的重要作用,纷纷采取措施,振兴民族保险事业。它们颁布法令、条例,规定某些保险必须在本国进行,以保护自己的民族保险业。与此同时,发展中国家还联合起来,组织成立了许多跨地区、跨国家的保险集团和再保险公司,并陆续成立了第三世界保险会、亚非保险联合会、拉丁美洲保险会和东亚保险会等。这些保险组织和会议,对促进民族保险市场的形成和发育起到了重要的作用。民族保险市场在世界保险市场中的地位正在逐年提高。

思考题

1. 概述中国古代保险思想的产生。
2. 概述世界古代保险思想和原始保险形态。
3. 古代保险与现代保险有什么差别？
4. 海上保险起源于什么？
5. 简述劳合社的产生和发展。
6. 概述火灾保险、人身保险、责任保险、保证保险、汽车保险和再保险的产生和发展。
7. 世界保险业发展的特点和趋势是什么？

第四章　中国保险业的创立与发展

☞ 学习目的

使学生了解中国民族保险业的产生与发展的历程,熟悉新中国保险业的创立以及保险业在新中国建立后的曲折历程,掌握改革开放后中国保险业的新发展以及中国保险业发展进程中的经验教训。

第一节　中国近代保险业

一、外国保险业的渗入

19世纪初,以英国为代表的西方列强加紧对中国的商品输出。尤其是东印度公司,以孟买和加尔各答为基地,大量走私贩运鸦片。随着通商贸易和鸦片走私的日趋增加,海运量不断扩大,海上保险显得越来越重要。与此同时,西方现代形式的保险业开始向中国广州以及其他东南沿海地区渗透。

1805年,东印度公司鸦片部经理达卫森在广州设立谏当保险行,这是近代中国出现的第一家保险公司。第一次鸦片战争以后,清政府被迫签订了丧权辱国的《南京条约》,割让香港,开放广州、福州、厦门、宁波、上海为通商口岸。帝国主义用武力打开了中国的大门,伴随而来的是资本主义的经济侵略。1845年,英国又与清政府签订了《上海租地章程》,在上海划出土地为英国人租借居留地。这是帝国主义开始在中国强占租界的开始。上述通商口岸中,上海发展最快。到19世纪40年代末,上海开始逐渐取代广州成为全国对外贸易的中心。原先大量的保险都是通过代理进行的。洋行以贸易为主,辅以各种业务如货栈、码头、银行、保险等为一体的机构模式已经显得越来越不适应了。于是,保险便从其母体中脱离了出来,大量的外商保险公司开始在上海等地设立。1846年,英国人在上海设立永福、大东亚两家人寿保险公司。到19世纪70年代,在上海陆续出现了英商开办的扬子、保宁、香港、中华、太阳、巴勒等保险公司,同时还在怡和、太古两家洋行中设立了保险部。所有保险条款、费率均由英商控制的外国保险公司同业公会制定。20世纪前可以说是英国保险公司垄断了中国保险市场。

进入20世纪以后,美国、法国、德国、瑞士、日本相继在中国设立了保险公司或代理机构。外商保险公司凭借政治特权扩张业务领域,各行其是,为所欲为。

它们任意解释条款,推卸责任,无故拒赔,使中国的投保人无端蒙受经济损失而告状无门。鸦片战争后,公行制度被取消,外商完全是自己招募买办负责招揽保险业务,使得保险业务大增。据有关资料记载,谏当保险行9个月获得的保险之利已经超出其资本。它们对中国民族工商业实行高利盘剥,不仅保险期限短,而且保险费率高,如对中国船舶收取的保险费率高达10%。它们甚至在火灾保险中对华人和洋人实行两种费率和两种保险责任,公然歧视中国人。外商保险公司基本上控制和垄断了近代中国的保险市场,把保险变为攫取高额利润的工具。

二、民族保险业的创立

19世纪80年代,中国新兴的民族资产阶级提出了"商战"的口号,反对"困商"政策,要求清政府保护和发展民族工商业。

1872年,李鸿章在上呈清政府的奏折中指出:"各口岸轮船生意,已被洋商占尽。华商领官船另树一帜,洋人势必挟重赀以倾夺,则须华商自立公司,自建行栈,自筹保险。"1875年4月,轮船招商局"福星"号在黑水洋附近被洋行的"奥顺轮"撞沉,死63人,损失漕米7000余石及多宗其他物资。但是,由于该船船主逃走,轮船招商局不仅未追回一分赔款,反而为此支付了巨额抚恤费。遭此打击,轮船招商局认识到设立保险企业已经刻不容缓,自办保险迅速被提上日程。于是,李鸿章下令由轮船招商局总办唐廷枢、会办徐润等组"保险招商局"并总理其事。当年11月4日,唐廷枢、徐润与轮船招商局的其他12个分局联名在上海的《申报》上刊登《保险招商局公启》,宣布成立上海保险招商局及12个保险分局,并在汉口、天津、镇江、九江、宁波等国内10余个口岸和新加坡、吕宋、横滨等8个外国口岸设立分支机构。集资股本15万两白银,保险招商局于同年12月28日在上海设立,主要承保招商局的轮船、货栈以及货物运输保险。

保险招商局是中国近代第一家民族资本的保险公司[①]。它的创设,标志着近代民族保险业的诞生,受到了华商的普遍欢迎,深受国人和舆论界的赞许,外国保险公司垄断中国保险业的格局终于被打破了。

由于保险限额的关系,保险招商局承保船舶、货物的溢额还须向洋商保险公司转保或由轮船招商局自保,因此轮船招商局还是感觉风险太大。于是,轮船招

---

① 关于中国近代第一家民族保险公司成立的时间,有不同说法。有一种说法认为,中国民族资本的第一家保险公司是义和公司保险行。1865年5月27日,《上海新报》刊登了一个开业公告启事《新开保险行》,内云:"自通商以来设有保险之行,以远海重洋固能保全血本,凡我华商无不乐从而恒就其规也。由来虽久,如无言语不同,字样迥别,殊多未便。爰我华商等议开义和公司保险行,保字纸写一面番字,一面唐字,规例俱有载明,并无含糊,倘如贵客商有货配搭轮船,或是夹板往各口者,请至本行取保,绝不至误。特此布闻。同治四年五月初一日。上海德盛号内开设义和公司保险行启。"关于义和公司保险行,再无其他资料证实,因此这属于孤证。有人甚至认为义和公司保险行不是一家保险公司,而仅是外商保险公司的代理机构。本书还是采用保险招商局为中国民族资本的第一家保险公司的说法。

商局于1876年招集股份25万两白银,成立以海轮为主要对象的仁和水险公司,专保船舶水险。由于保险招商局、仁和水险公司只保船舶和货物运输,码头、栈房和货物的火灾保险还是要向外商保险公司投保,每年支出保险费甚巨,同样受制于外商,银两外流,利权外溢。为此,唐廷枢、徐润于1878年3月另行招股20万两白银,创设济和船栈保险局,主要保火险。华商保险公司在保障航运业务的正常发展的同时,不断地与外商保险公司进行斗争,在一定程度上抵制了外商对中国民族保险业的控制,打破了外商保险公司的保险垄断。

中国自办人寿保险公司的时间较晚。1912年6月,在英商保险公司做事的商人吕岳泉联合工商界募得股本20万两白银,在上海设立华安合群保寿股份有限公司(以下简称"华安")。这是旧中国保险市场上影响较大的民族资本的人寿保险公司。公司成立伊始,总部的很多关键岗位都由洋人主持。几年后,公司全部由华人打理,业务开始蒸蒸日上。华安1922年购下上海一块10余亩的土地,在静安寺路(今南京西路)104号建成华安大厦(现金门大酒店,曾经是华侨饭店),于1926年6月1日迁入办公。这是当时西区(西藏路以西)最雄伟华丽的高层建筑,天气晴朗时在楼顶都可以西望佘山。华安的影响日隆,逐渐成长为一个足以与外商人寿保险公司抗衡的著名华商人寿保险公司。

中国近代民族保险业创立初期,发展缓慢。到1912年,中国人自办的工厂有335家,银行16家,而保险公司仅7家。这说明,中国的民族资本还没有足够的资金投入近代保险事业。同时,中国也缺乏保险方面的管理人才和经营人才,使一些民族资本的保险公司经营状况不佳,起起落落十分普遍;特别是外国保险公司对中国保险市场的垄断,阻碍了民族保险业的发展。

三、民族保险业的发展

1914年,第一次世界大战爆发,西方各国忙于战争,无暇东顾,暂时放松了对中国的经济侵略,使中国的民族工商业得到了一个迅速发展的好机会。有人称这一时期为中国民族资本发展的"黄金时代"。中国的保险业在这一时期同样得到了发展。民族资本1916年开办了中国联保保险公司、永宁保险公司、华安保险公司等,1917年又先后成立了永安保险公司、先施保险置业公司等。但是,好景不长,西方各国战后很快又卷土重来,与中国有贸易关系的国家差不多都来开设保险公司、分公司或代理处。这些公司大多集中在上海、广州、天津等通商口岸,也有的渗入汉口等内地城市。1919年,美国人史坦尔在上海南京路开办美亚保险公司,业务发展迅速,他很快成为百万富翁。这个在上海发迹的保险公司,现在已经成为世界上著名的国际保险集团,即美国国际保险集团(AIG)。

五四运动后,马克思主义开始在中国传播,使国内民族意识不断提高,出现了几次抵制外货运动,促使中国的民族工商业有了进一步的发展。20世纪20年代,中国的民族保险公司已有30多家。由于竞争激烈,1926年以后,中国的银行业纷纷介入保险业,相继投资或开设保险公司,一时间保险公司的规模与数量都进入了一个新的阶段。当时银行业经营的贷款业务中,贷款户必须用动产或不动产抵押,这些抵押物也必须进行保险才能取得保证。为此,银行家认为保险业是有利可图的事业,纷纷投资保险业,使之成为自身的副业,而这些保险公司的负责人也多由银行业人士担任。1926年12月,东莱等银行投资100万元,开办了安平保险公司。1929年,金城银行也投资100万元,独资开设了太平水火保险公司,由该行总经理周作民兼任该公司的董事长和总经理。1933年,金城又联合交通、大陆、中南、国华、东莱等银行加入,增资至500万元,改名为"太平保险公司"。1927年和1930年,中国商业银行先后投资20万元,开设大华保险公司和中国第一信用保险公司。1933年,四明银行独家投资100万元,设立四明保险公司。

民营银行资本大量投资创办保险公司,吸引了国民党的官僚资本也渗入保险领域,官办银行和以官方股份为主的银行也开始兴办保险业:1931年,中国银行拨资200万元,创办中国保险公司;1935年,中央银行拨资500万元,设立中央信托局保险部;同是1935年,交通银行拨资50万元,设立邮政储金汇业局保险处,专门办理简易人身保险。同时,外商保险公司也与华商银行合资开设华商名义的保险公司。

为了与外商保险公司抗衡,一些中国民族资本的保险公司开始走联合的道路,旨在通过联合经营和管理,使自己的自留额增大,从而增大承保风险的能力。参加联合管理的保险公司平等互利,各自的盈利也有了一定的增加。1933年,太平水火保险公司联合大陆、盐业、交通、国华、中南等银行,合并安平、丰盛、天一等保险公司,组成了太平保险集团,资本增加到1000万元;同时,还专门设立了太平人寿保险公司,与瑞士再保险公司签订了分保合同。

一时间,在20世纪二三十年代,形成了我国保险发展史上的第一个高潮,无论是保险公司的数量还是保险公司资本金、保险费数额都有了很大的提高。从1926年到1936年,由于金融资本以其雄厚的资金投入保险业,进一步改善了保险业的经营管理,培养了一大批保险专业人才和高级管理人才,保险的险种得到了拓展,保险经纪人得到了发展;同时,由于利用了银行的信贷关系,还争取到了一大批工商业的保险业务。中国民族保险业迅速发展,呈现出一派新的景象。但是,由于民族保险业资本小,业务自留量有限,中国民族保险业仍然摆脱不了外商的控制和支配。据1935年《中国保险年鉴》统计,当时全国民族资本的保险公司有48家,外商保险公司有166家,分属美、英、德、日等16个国家,每年的保险费80%流入了外商保险公司。

抗战开始后,国民政府从南京内迁重庆。重庆成了陪都,是当时的政治、经济中心。整个西部,包括西南的四川、云南、贵州、广西、西康(1955年撤销,划入四川)等,西北的陕西、甘肃、宁夏、青海、新疆,以及湖南、湖北的西部地区,成了抗战的大后方,也就是国民党统治区(国统区)。

抗战爆发后,沿海地区的工厂纷纷内迁,经济中心开始从上海向西迁移,政府部门开始有计划、有步骤地将大量的官办工矿企业从沿海迁往西南、西北各地,一些民族资本的工矿企业也大量内迁。1937—1938年,除官办企业外,几百家民营企业内迁,几十万吨物资内迁。所有这些为大后方的保险业发展创造了物质条件。同时,保险业出现了根本性的变化。除了上海以外,保险机构、从业人员、资金力量和分保关系大量集中于重庆,形成了以重庆为中心,向西南、西北以至于辐射到整个大后方的保险市场,发展速度很快,保险业务日益繁盛,整个大后方保险业一派兴旺景象。

由于战争等原因,英、美、德、日、法等国的保险公司暂时退出了中国保险市场,民族保险业又有了一定程度的发展,国民党官僚资本也相继投资保险业。当时,大后方的保险市场主要有四大类保险机构:一是官办保险机构,包括由上海迁入的原有官办机构和后来兴办的保险机构,前者如30年代在上海设立的中国保险公司、后来分设的中国人寿保险公司以及也是30年代在上海设立的中央信托局保险部等,后者如资源委员会保险事务所、交通银行设立的太平洋保险公司、中国农民银行创办的中国农业特种保险股份有限公司等;二是地方政府办的保险机构,如聚兴诚银行创办的兴华保险公司和川盐银行保险部等;三是民营保险机构;四是少量外商保险代理机构。在这几大类保险机构中,官办保险机构始终占据主导地位,它们把持了大量的市场资源,瓜分了市场的主要份额。

大后方的保险业除了经营一般常见的保险品种外,还开办了一些专项保险。这些专项保险从适应战时和地方经济的需要出发,对鼓励沿海地区企业的内迁,保障后方生产、生活需要和物资的安全起到了重要的促进作用。在这些专项保险中,业务广泛、影响较大的主要是战时运输兵险、战时陆地兵险和川江盐运保险。

上海在1937年到1941年处于"孤岛时期"。原先上海集中了大量的保险公司,是全国的保险中心。日军的狂轰滥炸,使上海工矿企业损失十分惨重,保险业受到沉重打击。这一时期,上海还维持着其国际、国内贸易中心的地位,沦陷区的资金大量流入"孤岛"并纷纷投资于工商企业,以谋求立足之地。一时间,上海人口激增,资金充沛,附近沦陷区的金融机构也潜入上海租界发展,使"孤岛"经济畸形发展繁荣,保险业也得到复苏。但是,好景不长,太平洋战争爆发,日军全面进攻租界,苟安4年的"孤岛时期"结束。在日伪统治时期,投机风盛行,保险市场愈加混乱,广大保险业职工深受通货膨胀之下物价飞涨之苦,生活艰难。

抗战胜利后,许多保险公司将总部迁到上海,上海又成为金融保险中心。凭借美国政治上和经济上的优势,美亚保险公司首先复业,取代了英国保险公司的势力,承保了大部分进出口货物运输保险业务。由于国民党统治区的恶性通货膨胀,民族保险业受到严重摧残,许多保险公司的资产被消耗殆尽。部分保险公司为了资金保值,开始签发外币保险单和金银保险单。尽管如此,一些保险公司仍无法继续经营。

这一时期的民族保险业在数量上远远超过外国保险公司,占绝对优势。但是,民族保险业始终没有在中国保险市场上占有主导地位。在官僚资本进入保险市场以后,"中信局""太平洋""中保""中农"四家最大的保险机构也只能听命于洋人。主要原因是分保和制定各种保险条款之权都控制在外商保险公司手中,这也反映了近代中国保险业半殖民地半封建的特征。1949年,中国人民解放军胜利渡过长江,先后解放了南京、上海,开始了中国保险业的历史性转折。

第二节 现代保险业的创立与中断

一、保险市场的改造与整顿

解放后,军管会、人民政府相继接管了国民党政府在各地的官僚资本保险公司,同时改造与整顿了私营保险公司,为新中国保险事业的诞生与发展创造了一个新的历史环境。

1949年5月,上海解放。上海军管会财政经济接管委员会金融处即于当月30日发出第1号训令,令上海市各保险公司,限期填报相关资料,同时各军代表和联络员分别进驻被接管单位。当时被接管的官僚资本保险机构共24家,其中属全部官僚资本的有6家,属官僚资本企业中有私股成分的有18家。

与此同时,上海军管会开始颁布一系列管理法规,对市场进行整顿,着手进行对私营保险公司的改造。当时,华商对外分保关系中断。在上海军管会的支持和促成下,1949年7月20日,成立了民联分保交换处,以解决华商保险的分保问题。参加民联的华商私营保险公司共有47家。中国人民保险公司成立后,于1950年3月对民联进行了改组,此时起称为"新民联"。

运用国家投入资金的办法,引导私营保险业走上合并经营的道路,是实现对私营保险业社会主义改造的重要步骤。1951年11月,由太平、安平等12家上海私营保险公司和天津大昌、中安、中国平安3家私营保险公司组成了公私合营太平保险公司。1952年1月,由新丰、大安等另13家私营保险公司组成了公私合营新丰保险公司。1956年全国私营工商业全行业公私合营以后,两公司合并,发挥作为国营保险公司的助手作用。1956年8月,太平、新丰两家合营保险公司合并为公私合营太平保险公司,其总部随即迁往北京。这标志着中国保险业社会主义改造的完成。公私合营后,新民联的大部分成员分别归并太平、新丰两家公私合营保险公司。民联1952年1月底宣告工作结束,完成了历史使命。

全国解放后,政府对外国保险公司采取了限制和利用的政策,一方面允许其开业,并继续办理一些当时中国人民保险公司和私营华商保险公司一时不能开办的业务,如海运兵险、外国侨民外汇保险等;另一方面从维护民族保险利益出发,对它们的业务经营作了种种限制。同时,政府对于外商保险公司违反国家法令和不服从管理的行为,也进行了严肃查处,彻底改变了外商保险公司垄断中国保险市场的局面。外商保险公司不仅失去了依靠政治特权和投机行为攫取的高额利润,也失去了为数很多的分保收入,其直接业务来源越来越少。到1952年底,外国在华保险公司陆续申请停业,自动撤出中国保险市场。

二、现代保险事业的创立

1949年8月,在上海召开的第一次全国财经会议上,提出建立中国人民保险公司。经中央人民政府政务院批准,中国人民银行总行在9月25日召开了第一次全国保险会议,讨论成立中国人民保险公司的有关事宜,并确定了中国人民保险公司的基本任务是"保障生产,促进物资交流,保护国家财产,并提高劳动人民福利"。10月20日,位于北京西交民巷的中国人民保险公司正式挂牌开业。这标志着中国现代保险事业的创立,揭开了中国保险史上崭新的一页。

中国人民保险公司开业以后,强调保险必须与防灾相结合,并改革旧的保险单。公司初期经营的业务主要是火险和运输险,有计划地降低费率,并积极开拓新的业务,如团体与个人的寿险业务、汽车保险、旅客意外险、邮包险、航空险、金钞险、船舶险、渔业险等。同时,公司在东北、华北地区试办了养殖业保险,在华东、西北地区试办了种植业保险。1949年12月起,政务院连续颁布了一系列强制保险的决定和条例,如《关于实行国家机关、国营企业、合作社财产强制保险及旅客强制保险的决定》《铁路车辆强制保险条例》《船舶强制保险条例》等。保险业务的蓬勃发展,使保费收入迅速增长。至1958年底,中国人民保险公司已有机构4600多个,从业人员5万多人,累计收入保险费16亿元,支付赔款3.8亿元,上缴国库5亿元,积累保险资金4亿元,拨付防灾费用2300万元,结余资金都存入银行作为信贷资金。

现代保险事业创立初期,保险发展也出现过曲折。由于过分强调国家法定保险的作用,部分地区和一些群众对保险产生了逆反心理。在国家宏观调控下,保险公司贯彻自愿办理农业保险业务的要求,停办了部分强制保险,并在巩固的基础上试办新的险种,对工作中出现的问题及时进行总结和改进。这一时期保险业务的发展,对恢复国民经济起到了积极的作用。

三、现代保险业的中断

1958年10月,在西安召开的全国财贸会议上,有人错误地认为,人民公社化以后,实行"一大二公",人的生老病死和灾害事故都由国家包下来了,保险的历史作用已经完成。因此,国家决定除国外保险业务必须办理外,国内保险业务一律停办。从1959年5月起,对外挂中国人民保险公司的牌子,对内则成为中国人民银行总行的一个处的建制。但是,上海、哈尔滨等地由于企业和人民群众有需要等因素,国内保险业务一直断断续续地开展着,广州、天津等地的国内保险业务停办后又申请恢复。这说明,停办国内保险业务是违反社会经济发展的客观规律的,现代保险在社会主义经济建设中的作用和地位是无法取代的。

1966年"文化大革命"开始以后,保险业再次受到冲击,保险被认为是资本主义的产物,保险公司被认为是"剥削公司",应当被彻底砸掉。仅存的上海、哈尔滨等地的国内保险业务被迫停办,国外保险业务也受到很大冲击,在当时国务院领导的制止下才得以保留下来,但业务量已经大为萎缩。

国内保险业务在全国中断20年的结果是,大量的专业人员和宝贵资料散失,拉大了与国外保险同行的差距,给中国现代保险业的发展带来不可挽回的损失。这一历史教训,值得牢牢记住。

第三节　现代保险业的发展

一、保险业的拨乱反正

1978年12月,中共中央召开十一届三中全会,彻底纠正了过去"以阶级斗争为纲"的"左"的错误,作出把工作重点转移到以经济建设为中心的社会主义现代化建设上来的战略决策,提出全面进行经济体制改革的任务。

1979年2月,中国人民银行召开全国分行行长会议,提出恢复国内保险业务。4月,国务院国发〔1979〕99号文件批转了《中国人民银行全国分行长会议纪要》。该纪要指出:开展保险业务,为国家积累资金,为国家和集体财产提供经济补偿。今后对引进的成套设备、补偿贸易的财产等,都要办理保险。凡需赔偿外汇的保险业务,其保险费改收外币。保险公司所得利润,不再上缴财政,留作国家发展保险事业的基金。为了使社团发生意外损失时能及时得到补偿,而又不影响财政支出,要根据为生产服务、为群众服务的原则,通过试点,逐步恢复国内保险事业。

1979年10月,部分省市恢复办理以企业为主要对象的财产保险、货物运输保险、船舶保险、汽车保险等业务。国内保险业务恢复以后,过去企业发生意外损失统一由财政解决的做法作了相应改变。凡是全民所有制和集体所有制企业的财产,包括固定资产和流动资金,都可自愿参加保险。国家机关、人民团体、事业单位也可根据需要,自愿参加保险。全民所有制单位参加保险的财产一旦发生保险责任损失时,由保险公司按照保险合同的规定负责赔偿,国家财政不再核销或拨款。参加保险的单位,其保险费支出应分别按不同情况,列入有关成本费用,保险费一般根据保险财产的账面价值,参照保险公司规定的各种不同险别的保险费率计算。到1980年5月,国内业务除上海、天津两市全面展开外,四川、贵州、云南、广东、广西、江苏、浙江、福建、江西、山东、河北、辽宁、吉林、黑龙江、湖北15个省和自治区也陆续进行试点。到1980年底,中国人民保险公司在全国设立的各级机构达810个,有专职保险干部3423人,全年共收保险费4.6亿元,并在全国300多个大中城市和工商业比较集中的县恢复办理了以企业财产险为主的各项保险业务。

二、保险业务和保险机构迅速增长

正式恢复国内保险业务以后,中国的保险业进入了高速增长时期。保险费收入年均增长率远远高于同期GDP年均增长速度。开办的险种也由最初的单一财产险,扩展到财产险、人身险、责任险和信用保证保险四大类多达几千个险种。截至2008年3月,中国保险业总资产突破3万亿元。这标志着中国保险业发展上了新台阶。

保险机构的增长速度也很快。从1980年至1985年,中国人民保险公司是国内唯一的一家保险公司。1985年,国务院颁布了《保险企业管理暂行条例》。1986年以后,新疆兵团保险公司、中国太平洋保险公司、中国平安保险公司以及一些地方人寿保险股份公司相继成立,打破了保险业只有中国人民保险公司一家经营的垄断局面,初步形成了以中国人民保险公司为主的多元化市场格局。1992年,第一家外资保险企业美国友邦保险公司在上海开设了分公司,从此结束了中国保险业没有外资参与的历史。1995年,《中华人民共和国保险法》颁布,保险业开始实行产寿险分业经营、分业监管,各种内资、外资和中外合资保险公司相继在全国各地成立,中国保险市场进一步向多元化方向发展。

2001年12月11日,中国正式加入世界贸易组织(WTO)。根据WTO的相关协议,中国保险业进入了一个向世界保险市场全面开放的新阶段。截至2007年底,在中国开业的各类保险公司包括各类股份制保险公司、中外合资保险公司、外资保险公司、再保险公司、保险集团公司、保险资产管理公司等100多家,另外还有保险经纪公司、专业保险代理公司和保险公估公司等保险中介机构

2300多家,基本形成了包括产寿险公司、保险中介机构、保险集团公司、保险资产管理公司等结构合理,保险监管机构依法监管、管控有序的市场体系。

三、保险事业的总体发展

随着中国保险业的发展和市场多元化的形成,中国保险业进入了一个依法管理的新时期,对保险的监督管理与调控日趋重要。1998年11月18日,国家保险监督管理机构——中国保险监督管理委员会成立,标志着保险市场管理体制的形成。它的主要职责包括:拟定有关商业保险的政策法规和行业规划;依法对保险企业的经营活动进行监督管理和业务指导;依法查处保险企业的违法违规行为,保护被保险人利益;维护保险市场秩序,培育和发展保险市场,完善保险市场体系,推进保险业改革,促进保险企业公平竞争;建立保险业风险的评价和预警系统,防范和化解保险业风险,促进保险企业稳健经营,推动保险业务的健康发展;等等。

保险行业的自身管理不断加强。保险人为了共同的权益组织起来,通过行业内部协作、调节与监督,实行自我约束、自我管理、协调发展。在各地相继成立了保险同业公会的基础上,2000年,全国保险同业公会成立。随着中国保险业改革进程的加快,中资保险公司的增加,外资保险公司的不断加盟,中国保险同业公会的自律作用将越来越重要。

中国保险市场的中介机构迅速发展。专业代理机构和个人代理队伍不断扩大。中国现有保险代理形式主要有专业保险代理机构、兼业保险代理机构、寿险营销员、农村代办站(所)等。在保险代理人发展的同时,其他保险中介机构也获得了快速发展,如保险经纪公司、保险公估公司等。截至2007年底,中国有专业保险代理机构、保险经纪公司和保险公估公司2300多个,兼业保险代理和寿险营销员数百万。

与此同时,保险教育与理论研究也取得了很大进展。全国已有几十所院校开设了保险专业课程,其中不少院校设置了保险专业。中国已经培养出自己的保险硕士研究生和保险博士研究生,并陆续选派优秀人员出国进修学习。保险从业人员的专业素质得到提高,知识结构得到改善,与国外同行的差距正在缩小。广大保险理论工作者经过多年的耕耘,已经编纂了一批相当有质量的保险辞书和专业工具书,并出版了几百种保险专业所需的教材和书籍。中国现代保险业正呈现出一派蓬勃发展的气象。

思考题

1. 概述中国民族保险业的创立与发展。
2. 中国近代保险业与中国社会性质有什么联系?
3. 中国现代保险业创立的标志是什么?
4. 概述中国现代保险业发展的曲折道路。
5. 为什么说现阶段是中国保险业发展所遇到的最好时机?

第五章 保险基金

☞ **学习目的**

使学生了解保险基金建立的理论依据和社会基础,掌握保险基金运作规律以及后备基金的主要形式。

第一节 保险基金建立的理论依据

一、保险基金的一般定义

保险基金亦称"保险准备基金",它是社会后备基金的一种,是由社会总产品分配形成的,是以保险经济形式建立的一种具有特定用途的货币资金,用于补偿因自然灾害和意外事故所造成的经济损失,或因人身伤亡事故给付保险金的一种后备基金。各种形式的保险基金的建立都来源于社会总产品的分配,其用途是进行经济补偿,其目的是保障社会再生产的正常进行和经济生活的稳定。它既不同于一般社会补偿基金,也不同于扩大再生产的积累基金,通常不直接参与社会的生产与流通,而处于一种准备状态。保险基金是通过法定的或合同的方式,由各经济单位和个人在确定的条件下,缴纳规定数量的保险费而建立起来的。它是随着社会商品经济的发展逐渐形成的。在简单再生产条件下,生产力水平低下,社会总产品只能维持人们最基本的生活需要,几乎没有剩余,无法建立保险基金。随着社会生产力水平的提高,剩余产品逐渐增多,人们才有可能建立起以分散风险、实行经济补偿为职能的保险基金,保障社会再生产的正常进行。

二、建立保险基金的理论依据

马克思主义关于社会总产品的分配学说为建立保险基金奠定了理论基础。马克思在《哥达纲领批判》中提出:"如果我们把'劳动所得'这个用语首先理解为劳动的产品,那么集体的劳动所得就是社会总产品。现在从它里面应当扣除:第一,用来补偿消耗掉的生产资料的部分。第二,用来扩大生产的追加部分。第三,用来应付不幸事故、自然灾害等的后备基金或保险基金。"[①]

---

① 《马克思恩格斯选集》第3卷,人民出版社1995年版,第302页。

第五章 保险基金

马克思论述的社会总产品的第一次扣除就是当今社会理解的国民收入的初次分配。马克思认为，社会总产品不能不折不扣地全部分掉，首先要扣除三项：第一项形成补偿基金；第二项是积累基金的源泉；第三项是后备基金或保险基金，是社会总产品的一种必要扣除，主要目的是消除自然力和偶然事件所造成的破坏，补偿由此造成的经济损失。马克思主义关于在不同生产方式下必须提存保险基金的理论，在《资本论》中也有精辟的论述。马克思在分析资本主义生产方式下再生产过程时指出，剩余产品的一部分必须充当保险基金，"甚至在资本主义生产方式消灭之后，也必须存在的唯一部分"[①]。

根据马克思主义的经济理论，关于社会总产品分配，按照社会的需要，可以将其分割成不同的份额，主要包括：补偿基金、积累基金、后备基金和消费基金。

社会总产品是指社会在一定时期（通常为一年）内所生产的全部物质资料的总和，是由一个国家的各个物质生产部门的劳动者共同创造的。它既是生产过程的结果，又是再生产过程的条件，是整个社会存在和发展的物质基础。在商品与货币关系存在的条件下，社会总产品表现为两种形态，即实物形态和价值形态。

补偿基金是指社会总产品中用于补偿生产过程已经消耗掉的生产资料部分所需的资金。在商品经济条件下，补偿基金不仅具有使用价值形态，而且具有价值形态，是维持社会简单再生产所必须具备的条件。

积累基金是指国民收入中用于扩大再生产，或进行非生产性基本建设和建立物资储备所需的资金，它是社会发展的物质基础。

后备基金是维持简单再生产和扩大再生产的必要条件，它主要用于应付自然灾害和意外事故，保持国民经济发展的平衡。保险基金是社会后备基金的一个重要组成部分。

消费基金是指国民收入中用于满足社会成员个人的物质文化生活需要和共同需要的那部分资金。消费基金又可分为个人消费基金和社会消费基金两种，前者用于支付劳动者的报酬；后者用于国家的行政管理，包括文教卫生、社会保障和国防开支等，它是社会生产力发展的重要条件。

马克思关于保险基金本质的思想，是建立在自然灾害和意外事故的发生及其对社会经济生活所造成损失的不可避免性的基础之上的。然而，在现实经济生活中，不仅仅是生产资料，生活资料和劳动力也经常处于意外和危险之中。从作为生产要素的劳动力来看，不仅意外事故和自然灾害会对其造成损害，而且自然规律会使人生病、衰老、死亡，从而会使劳动能力减退或丧失劳动力，减少或断绝经济收入来源，影响社会生产的正常进行和社会生活的安定。对这些损失或

---

① 马克思：《资本论》第3卷，人民出版社1975年版，第958页。

损害的经济补偿或给付,也需要通过保险基金的形式实现。因此,保险基金的范围不仅仅限于对生产资料损失的补偿,它还应当包括:补偿自然灾害和意外事故所导致的生活资料的损失所需的基金,以及给付自然灾害、意外事故和自然规律所导致人身伤、残、病、退、死所需要的基金。

对马克思提出的"后备基金"或"保险基金",后人有不同的理解和解释。在现代保险的发展过程中,保险基金的建立来源于社会总产品分配的各个环节。保险保障经济和稳定社会的作用,已被越来越多的人认识并接受。

第二节 保险基金建立的社会基础

现代保险起源于商品经济的发展。因社会制度不同,保险经营的手段、方法和目的可以有差异。保险有其自身运动的规律和特点,它在社会经济发展中有着一定的地位和作用。因此,社会主义保险基金的建立不但有理论依据,而且还有深厚的社会基础。

一、自然灾害和意外事故的存在

在人类社会中,不论科学技术多么发达,都难免发生这样或那样的自然灾害和意外事故,在不同程度上给社会的物质财富造成破坏和损失,危害人类的生命和财产安全。自然灾害和意外事故的存在,是建立保险基金的基本条件。

在社会主义社会中,国家对自然灾害和意外事故尽可能地预防和控制。但是,地震、洪水、风暴等重大灾害事故还是难以完全避免的。每年总有大面积农田受害成灾,城市交通事故每时每刻都在发生,不仅造成经济损失,而且带来人身伤亡。随着经济的发展、科技的进步,新技术广泛运用,一方面造福于人类,另一方面新的风险也在增加。

二、商品生产和货币交换的存在

商品经济的充分发展,是社会主义经济发展不可逾越的阶段,是实现中国经济现代化的必要条件。经济体制改革的重要内容就是要大力发展市场经济,充分发挥市场和价值规律的作用。社会主义的各类企业应准确地核算企业的成本和经营成果,正确地反映产品的价值。除了对企业生产所需的成本进行正常计算外,这种核算还应当考虑到可能发生的危险因素,防止企业生产中断。要把可能发生的不确定风险用经济形式均衡地摊入产品的成本,最好的办法之一就是保险。保险可以把无形的、潜在的危险以固定的保险费的形式打入企业产品的成本之中。这样,既反映了商品客观的价值,也有利于商品在市场中的竞争。

三、按劳分配原则的实行

在社会主义条件下,各种不同性质的企业都实行按劳分配的原则,各类就业人员都必须做到生活自理。所以,每个人的生、老、病、死、伤残和个人财产的损失都会对本人和家庭带来一定的影响。在社会主义制度下,国家对上述问题可以给予一定程度的保障,但不能根本解决问题,而个人和家庭抵御自然灾害和意外事故的能力又十分有限。因此,需要有各种人身保险和家庭财产保险基金的建立,以此稳定社会和保障生活,这是一条行之有效的解决问题的途径。

四、发展对外经济交往的需要

在当今世界经济活动中,经济全球化与一体化已成为不可逆转的潮流。国家无论大小,制度无论异同,都离不开国际经济环境和经济交往。国际贸易、国际投资、国际旅游是各国经济发展的重要内容。所有一切国际经济、技术和金融活动都离不开保险,保险已经成为世界经济活动中不可缺少的一个环节。中国经济实行改革开放,无论是引进外资,还是联合开发,或者是劳务输出,都需要保险的保障和支持。国际经济和保险关系是以国际经济和保险为基础的,但是它可以促进国内经济和保险的发展。

世界经济的发展对保险的需求是广泛的,从人到物,从责任到信用,已达到对风险保障全面需求的地步。因此,很难想象,世界经济这个"庞然大物"离开保险将怎样运行。社会主义保险基金除了保障和促进对外经济交往外,还承担在国际范围内分散风险的职责。它可以通过再保险,把那些跨地区、跨国界的重大灾害事故带来的风险在国际上分散开来。

第三节 保险基金运动规律

一、保险基金自身运动规律

保险基金自身运动的一般规律为:铺底基金→保费收入→基金增值→补偿与给付。

与任何企业一样,保险企业开业也需要一定数量的铺底资金。不同的是,一般企业的铺底资金主要用于启动生产,而保险企业是为了建立保险基金,这也是保险基金自身运动的起点。

保险基金的主要来源是保险费收入,它是由投保人向保险人缴纳的费用形成的。保险人收取保险费的主要依据是保险费率。有人认为,保险费率是保险单的价格。但是,与一般商品价格的制定不同,保险费率不是按照生产的实际成本加利润形成的,而是根据保险损失概率厘定的。马克思在《哥达纲领批判》中阐述了保险基金扣除的数量:"从'不折不扣的劳动所得'中扣除这些部分,在经济上是必要的,至于扣除多少,应当根据现有的物资和力量来确定,部分地应当根据概率计算来确定。"[①] 马克思阐述了保险基金的扣除数量应当根据现有生产力水平所能提供的剩余产品的多少和根据概率论预测出来的几率确定。如果社会生产出来的产品仅仅能够维持简单再生产,那么保险基金就根本无从建立。在生产过程中,生产资料的价值分次或一次性转移到新产品中去,其消耗可以摊入生产成本,通过产品销售实现价值补偿,补偿标准为磨损程度或消耗程度;用于扩大再生产的追加部分,则须根据现有的经济力量扣除。对应付不幸事故、自然灾害的保险基金的扣除,不仅要考虑现有的经济力量,还要考虑保险事故发生的概率。这是因为,保险人无法事先知道风险带来的损失程度,也就无法决定其实际成本,只能用概率计算的方法。概率论是科学测定保险损失率的数理工具。根据灾害事故发生的概率计算出保险损失率,由此合理地确定保险费率,以免因保险基金扣除不足而影响补偿损失的能力,或因扣除的保险基金过多而影响扩大再生产的能力。

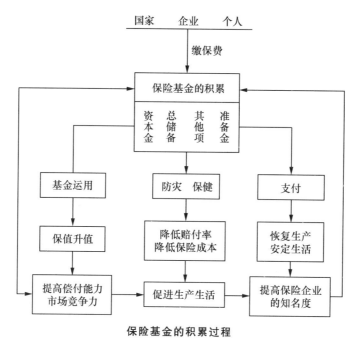

保险基金的积累过程

[①] 《马克思恩格斯选集》第3卷,人民出版社1995年版,第302—303页。

保险费是投保人预付的,而保险赔偿责任是在整个保险期限内履行的,这就有可能出现隔年赔付和巨灾赔付的现象。保险人必须提取各种准备金,以应付这些经营上的不稳定性。因此,保险人当年的保险费收入减去当年赔付、税金和各种费用开支后的结余并不等于当年的利润。提取的各种准备金有一个等待期,如何运用这些暂时闲置的资金,使其保值增值,成为保险基金运动的重要一环。

保险金的给付和履行经济补偿职能是保险基金自身运动的终点,它具体体现了保险资金的返还性。但是,它必须按照保险合同进行。只有在保险期限内被保险人遭受保险合同范围内的损失时,保险基金才负有返还的责任。返还金额必须根据保险标的的受损程度确定,这是一种有目的、有条件的经济返还。

二、保险基金的外部运动规律

保险基金的外部运动主要体现在与社会生产、分配和消费之间的关系上。

从企业看,缴付保险费意味着成本增加。在价格不变的情况下,成本增加就意味着利润减少。但是,从社会生产的总体看,企业保险费支出是维持简单再生产的必要条件,是一项必要的开支。因为企业一旦遭受自然灾害和意外事故,不能及时获得经济补偿,生产经营就无法稳定,甚至难以继续。在简单再生产条件下,社会总产品的价值补偿和物质补偿的实现,是两大部类在生产和流通协调发展的基础上实现的,其关键在于总供给与总需求的平衡。如果两大部类中的任一部类出了意外,或者两大部类之间的平衡出了问题,生产力遭到破坏,都会影响到两大部类之间的价值补偿和物质补偿的实现,甚至造成经济发展的比例失调。马克思关于简单再生产实现的条件,用公式表示为:$I(v+m) = IIc$。根据这一基本公式,可以引出另外两个条件:

(1) $I(c+v+m) = Ic + IIc$
(2) $II(c+v+m) = I(v+m) + II(v+m)$

两个条件的任何一边出现意外,公式都将出现 > 或 <,平衡被打破,简单再生产就无法实现。由此可见,保险基金担负的经济补偿职能是维持简单再生产的重要保证,企业保险费的支出不但必要,而且完全应当被列入成本。保险基金既不能作为收入消费,也不能作为积累基金的唯一部分,它只能用于补偿或给付。

保险基金的外部运动,除保证简单再生产的实现外,还参与国民收入的分配和消费。从形式上看,保险费的收取会减少一部分国家财政收入。但是,从总体上看,保险基金担负经济补偿职能,可以抵御各种自然灾害和意外事故造成的经济损失,起到减轻财政负担、稳定国家财政的作用。对家庭和个人在消费资金部分提取少量保险费,不但不会降低消费水平,反而能在遭遇灾害事故时及时获得补偿。这有利于家庭、个人生活的稳定,也有利于社会的和谐发展。保险基金的外部运动,对社会生产、分配和消费都能起到保障和稳定的作用,有利于简单再生产和劳动力再生产的实现,保证社会总供给与总需求的平衡,促进社会经济健康发展。

第四节　社会后备基金的形式

保险基金是社会后备基金的一种,它相对独立,既担负着社会后备基金职能,又有别于其他社会后备基金。社会后备基金的主要形式有以下三种:

一、集中形式的后备基金

这是指由国家或地区财政统一建立的后备基金。它既有实物形态,也有货币形态,是国家政权通过国民收入再分配实现的。

实物形态是指国家为保证社会再生产过程的顺利进行而建立起来的一种生产资料储备。实物形态的储备由于在国民经济中所处的地位和作用不同,又可以分为生产储备、流通储备和国家储备。生产储备是为保证生产领域内的正常秩序不间断运行而建立的原材料和机器等劳动资料的储备。流通储备包括产品储备和供销储备。国家储备是指为解决严重自然灾害和突发性事件所需,由国家建立起来的一种物资储备,包括当年和长期的物资后备。

货币形态是指在一定财政年度内,国家为应付重大自然灾害和意外事故造成的经济损失而建立起来的一种财政后备资金,包括总预备费、抚恤金和社会救济费等。

集中形式的后备基金是保证国民经济持续发展、保障人民生活安定的坚强力量。它一般用于宏观经济调控,如国民经济计划的失误、重大自然灾害和意外事故、外敌入侵、重大抢险等。对于个别企业、家庭或个人,集中形式的后备基金就不能超出按劳分配的原则给予全面补偿,而只能给予一定数量的社会救济。

二、分散自保的后备基金

这是指由经济单位自身提存,自留自用,解决本单位财产和其他损失的一种后备基金。它既有实物形态,又有货币形态,属于自给自足的一种经济补偿形式。从资金运动看,分散自保的后备基金有明显的局限性。因为每一个经济单位要自保,都需要搁置一部分资金,这显然不符合资金运用的经济原则。何况,任何一个单位都不可能储备与自身资产价值相等的货币资金。但是,对于小额经济损失,分散自保的后备基金仍有其优势。这是因为,对于小额经济损失,要完全依靠国家财政后备是不可能的,依靠保险也是不合算的,只会增加不必要的管理费用。所以,慎重地发展分散自保的后备基金至今仍有意义。

三、保险形式的后备基金

这种后备基金又称"保险基金",是指有相同风险顾虑的人根据约定的条件,依靠多数人的分担而集中起来的一种后备基金。这种基金不仅为生产提供保障,而且对消费和个人的生、老、病、死、伤残提供保障。它既包括商业保险,也包括社会保险和政策性保险。

保险形式的后备基金具有明显的资金来源分散和资金使用集中的特点。保险基金来源于社会分散资金,由保险人集中为雄厚的基金,解决经济单位或个人无法解决的损失补偿。保险的补偿责任可按参加者的需要,用合同的形式加以规定。只要发生保险责任范围内的损失,就能及时地获得经济赔偿。保险基金既有灵活性,又十分安全可靠。它具有分散自保的后备基金在使用上的灵活性,却无资金分散、力量有限的缺陷。同时,它又具有集中形式的后备基金力量雄厚的优势,却不受国家财力、物力多用途资金的约束。所以,建立保险基金是一种最经济、最合理、最有效的保障制度。随着市场经济的不断发展,保险基金在后备基金中所占的比重将不断增加,成为社会经济补偿制度体系中的主导形式。

四、社会后备基金总体系

多层次的社会后备基金总体系可表示如下:

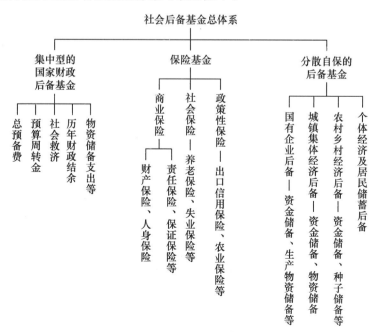

我国是一个人口众多、幅员辽阔的国家,经济正处在发展时期,各种自然灾害和意外事故发生的频率都比较高,建立多层次的保险防御体系,发挥各种后备基金的作用,显得十分必要。

社会后备基金总体系可以充分发挥各种后备基金的优势,同时相互弥补,克服有些后备基金的局限,在我国的经济发展中将会发挥重要的作用。

思考题

1. 保险基金的一般定义是什么?
2. 概述中国建立保险基金的理论依据和社会基础。
3. 概述保险基金自身运动规律。
4. 浅析保险基金的外部运动与社会生产、分配、消费之间的关系。
5. 简述后备基金三种形式的联系与区别。
6. 社会后备基金总体系包含哪些内容?

第六章 保险职能与作用

☞ 学习目的

使学生掌握保险的基本职能和派生职能,以及保险在社会生活中的作用。

第一节 保险职能

职能是事物本身所具有的内在功能,是事物本质的客观反映。保险职能是由保险本质决定的。保险本质上是一种经济补偿制度。这一制度通过对有可能发生的不确定性事件的数理预测和收取保险费的方法建立保险基金,以合同的形式将风险从被保险人转移到保险人,由大多数人分担少数人的损失。保险的职能可分为两类:基本职能和派生职能。

一、保险的基本职能

根据保险产生和发展的历史,保险的基本职能就是组织经济补偿和实现保险金的给付。在人类社会的历史进程中,自然灾害和意外事故总是客观存在的,社会生产与人们的生活始终面临遭到破坏的危险。面对惨重的损失,单靠某个企业或个人是难以承担的,有组织的经济补偿成为必要,保险形式应运而生。被保险人参加保险的目的是,在遭受灾害事故的时候能够获得保险补偿和保险金的给付。通过保险的补偿和给付,企业可以得到足够的资金,购买劳动资料、劳动对象,支付生产停顿期间所需的费用,把因生产中断造成的损失降到最低。保险对个人而言,可以免除或减轻不幸事故造成的经济损失,保障本人或家属的物质福利。为了实现经济补偿的目的,保险人必须根据合同或约定,收取一定的保险费,事先组织起保险基金,以便分散危险和分摊损失。一方面,保险人根据合同收取保险费以分散危险;另一方面,被保险人一旦遭受损失,可以通过保险基金实现经济补偿或保险金给付。保险的这一经济运动过程,不论在哪一种社会生产方式下都是存在的。离开保险的补偿和给付,保险就没有生命力。

保险组织经济补偿和给付保险金的功能不能等同于国家的财政职能,两者的社会属性不同,经济运动规律和方式完全不同,其担负的责任也有所差别。保险与财政是在社会后备基金总体系中的两个不同层次上运动的基金,任何忽视保险组织经济补偿和给付保险金职能,或把保险等同于财政的所作所为,都会对社会经济发展带来不良后果。

保险组织经济补偿也不能与社会救济混为一谈。保险是由保险人用科学的方法计算出保险费率,在收取保险费的基础上建立保险基金。保险之所以能成为经济发展的重要保障,关键在于它依靠精确计算,达到转移危险的目的,把原来不可预测的经济损失用保险费的方式固定下来。保险的补偿和给付完全依据保险合同履行,排除了社会救济的偶然性和不稳定性。保险组织经济补偿和给付保险金的职能,既是它固有的本质功能,也是其他基金所不能替代的。

二、保险的派生职能

对保险的派生职能,保险学界有着不同的认识,比较多的人赞同保险有防灾防损、融通资金和社会管理的职能。

减少灾害事故的发生,尽量避免保险财产遭受损失和人员伤亡,这是保险人与被保险人的共同利益所在。保险人为了提高经济效益、减少赔款、增加盈余,必然要与被保险人共同做好防灾防损工作。防灾防损必须具体地体现在保险制度、保险条款和保险费率上,提高被保险人遵守安全法规的自觉性,增强社会防灾防损的能力,防止或减少灾害事故的发生,保障被保险人的生命和财产的安全。

世界上许多国家都在保险条款中明确规定,被保险人应对保险财产妥为保管、爱护,在保险财产出现险情后有及时抢救和施救的义务。对被保险人的大宗易损物品,保险人实行监督装卸和监督安装。对于有防盗、防火装置的被保险人,保险人给予费率上的优惠。在美国,财产保险人资助"国家安全委员会""承保人实验所"和"公路安全保险协会"等防灾防损的专门研究机构。中国的保险人则有专门的防灾中心,并与地震局、气象局、公安部等有关部门开展大规模的防灾防损研究。

把防灾防损列为保险职能,有助于保险人把防灾防损放到一个正确的位置。从整个社会看,保险组织经济补偿只是分摊损失,社会财富和人员仍然会受到危害。防灾防损给社会带来的是减少损失,使至少一部分保险财产和人员可以免遭危害。因此,保险人应该既管赔又抓防。社会上专职的防灾防损部门很多,如公安消防、交通管理、安全生产、防震防汛等。保险既可以参与和配合有关部门的工作,又可以发挥保险防灾防损的优势。这种优势是由保险的经营性质决定的,保险人从日常业务中掌握了大量保险财产的位置和分布以及各种灾害事故造成损失的资料,对灾害原因也有确切的分析和结论,从而积累了丰富的防灾防损工作经验;同时,可以运用保险财力和专业人员的技术力量,提出和实施防灾防损方案。

保险的另一个派生职能是融通资金。保险的融资职能是指将保险组织的可运用资金重新投入社会再生产过程中,以便实现资金的保值和增值。由于保险人经营的连续性和保险事件发生的随机性,在保险人的业务经营中会有一部分保险资金处于暂时闲置状态,这部分资金构成了保险人的可运用资金。保险业越发达,保险投资就越重要,保险公司的投资渠道也越多。保险人通过保险资金的运用,取得盈利,加快保险基金的积累。有了雄厚的保险准备金,可以提高保险人应付巨灾危险的能力,增强保险人的财务稳定性,同时也突出了保险业在整个社会经济生活中的重要作用,使保险更好地成为"社会稳定器"。

社会管理是保险的又一派生职能。现代保险通过保障社会管理各项功能的发挥,能够促进、协调社会各领域的正常运转和有序发展,即起到"社会润滑剂"的作用。保险通过发挥经济补偿或给付功能,一方面使保险基金在广大被保险人之间实现了社会再分配,另一方面为社会经济发展和人们生活提供了强有力的经济保障,帮助遭受自然灾害或意外事故的企业及时恢复生产,帮助个人及时恢复身体健康,促进劳动力的正常再生产,短时间内恢复社会资源,保证社会和个人机体的正常运转。在发生经济危机时,保险还可以通过降低失业、保证政府税收和分担政府负担实现金融的稳定。随着我国保险市场对外开放的逐步推进,国内保险市场与国际保险市场的联系日益密切,保险可以在一定程度上防范和化解国际风险的冲击,维护我国金融市场稳定和国家经济安全;同时,熨平社会发展中的不安定因素,客观上起到"社会稳定器"的作用。具体来说,保险的社会管理职能主要表现在:

其一,社会保障管理职能。商业保险可以为城镇职工、个体工商户、农民和机关事业单位等没有参与社会基本保险制度的劳动者提供保险保障,有利于扩大社会保障的覆盖面。同时,商业保险具有产品灵活多样、选择范围广等特点,可以为社会提供多层次的保障服务,提高社会保障的水平,减轻政府在社会保障方面的压力,是对社会保障制度的重要补充和完善。

其二,社会风险管理职能。保险公司不仅具有识别、衡量和分析风险的专业知识,配合社会防灾防损部门开展防灾防损工作,而且积累了大量风险损失资料,为全社会风险管理提供了有力的数据支持。同时,保险公司能够积极配合有关部门做好防灾防损,并通过采取差别费率等措施,鼓励投保人和被保险人主动做好各项预防工作,实现对风险的控制和管理。

第二节 保险作用

保险作用是保险职能在具体工作中的表现。不同的社会形态和历史时期,保险职能的表现有所不同,因而它的作用也有所不同。随着社会经济的发展,保险经济活动已经渗透到国民经济和社会生活的各个领域。因此,保险的作用范围亦日益广泛,实际效果日趋显著。

一、有利于国民经济持续稳定发展

现代社会分工越来越细,各经济主体之间的联系越来越紧密。一家企业能否稳定生产,不仅对自身至关重要,而且对与之有密切经济联系的其他企业有非常重要的影响。整个经济就似一张错综复杂的网,任何一点受到震动会波及其他网点,局部的动荡会传递到经济的其他方面,将损失放大。随着生产力的发展,这种趋势会进一步加强。控制此类损失的最有效方法之一是提供保险保障。由于保险具有经济补偿和给付保险金的职能,任何企事业单位只要平时缴付少量的保险费,一旦发生保险责任范围内的灾害事故,就可以立即得到保险的经济补偿,消除因自然灾害和意外事故造成经济损失而引起的企业生产中断的可能性,从而把对自己及别的企业的影响降到最低点,保证国民经济持续稳定发展。

二、有利于社会的稳定

"天有不测风云,人有旦夕祸福",这是形容自然灾害和意外事故可能给人类带来突然的财产损失和人员伤亡。突如其来的灾害事故,完全有可能使企业生产和人民生活陷入困境,给社会带来许多不安定的因素。但是,有了保险保障,情况就会发生根本变化。

保险人是专业承担风险和管理风险的部门,保险人与被保险人在经济上有着共同的利益。因此,保险人对保险财产和人身安全有着不容推卸的防灾防损义务。保险人在大量日常赔案处理中,掌握了许多数据和防灾防损经验,并能拨出相当一部分资金增强防灾防损的能力,采取切实措施降低灾害事故发生的可能性和破坏性。从总体上看,灾害事故的发生是必然的,造成财产损失和人员伤亡也是一定的。但是,只要在保险的责任范围内,保险的经济补偿和保险金的给付是十分安全可靠的。保险能在最短的时间里帮助企业恢复生产,帮助居民重建家园,解除人们在经济上的各种后顾之忧。这是从根本上稳定企业、家庭,消除社会不安定因素。随着社会主义市场经济的不断发展,人们的养老、失业、医疗等方面的风险,将从计划经济模式逐步转变到市场经济模式,改变以往由国家财政统一包办的做法,很大程度上将由个人承担。除社会保险对这些风险给予最基本的保障外,个人将按自己的条件许可选择商业保险,从而解决个人的后顾之忧,安心生活,安心生产,为经济持续、稳定、健康、快速发展创造有利条件。

三、有利于科学技术的推广应用

科学技术是第一生产力。科学技术的进步能极大地推动生产力发展,促进国民经济的增长。但是,一项科学技术的产生和应用,通常会遇到各种困难和阻力。科学技术的发明者有人身安全问题,也有新技术试验的风险问题。许多科学技术即使试验成功,获得鉴定通过,要想推广应用,也会遇到阻力,如投资者顾虑重重。因为人们并不了解新的科学技术可能带来的财富和造成的风险。事实上,一项新的科学技术的开发应用,往往需要支付很大的费用。现代高科技的产生和应用,克服了传统生产技术上的许多缺点和危险,同时也会产生一些新的风险。风险发生的频率可能大幅度减少,但是一旦发生新技术的灾害事故,其破坏程度可能增加。例如,大型化工装置、核工业污染等。特别是现代卫星技术的应用,卫星制造商和发射商之间如果没有卫星保险,都将受到很大的限制。科学技术的产生和应用,有了保险保障,无疑会加快开发利用,造福于人类。

四、有利于对外贸易和经济交往,增加外汇收入

保险是对外贸易和经济交往中不可缺少的重要一环。在当今国际贸易中,无论进口商品还是出口货物,都必须办理保险。保险费、商品成本和运费是国际贸易商品价格的三个主要组成部分。保险开展得好坏,直接影响到一个国家的形象和信誉。没有保险的国际贸易,其风险由贸易商和国家承担,一旦发生经济纠纷,就会影响两国之间的正常贸易。有了保险,国际贸易中可能出现的风险转为由保险人承担,任何经济纠纷都不会影响国与国之间的关系。

我国正处于改革开放时期,无论是引进设备还是资金,都需要保险保障。国外投资者都有保险习惯,他们担心投资可能出现的各种不安全因素。为打消外商的疑虑,促进对外开放政策的落实,我国已经开办了一系列的涉外保险,以满足外商的需要。在对外经济文化交往中,保险也是必不可少的。无论是出国演出还是到国外办展览会,离开保险,都步履维艰。

保险是国家争取外汇资金的一个重要渠道。在国际上,一个国家要取得外汇,主要有两个渠道:一个是有形贸易,即通过出口商品换取外汇资金;另一个是无形贸易,即通过收取保险费、开展旅游业和劳务输出等换取外汇资金。保险费的外汇收入,特别是在一些经济发达国家,已经成为国际收支平衡的一个重要因素。在我国,保险费的外汇收入也是国家争取外汇资金的一个重要途径,它在国民经济建设中所占的比重和所起的作用将越来越重要。

思考题

1. 为什么说组织经济补偿是保险最基本的职能?
2. 保险的派生职能有哪些?
3. 为什么说保险有稳定经济的作用?
4. 保险是怎样起到安定社会的作用的?
5. 简述保险在对外经济交往中的作用。

第七章 保 险 法

☞ 学习目的

使学生掌握保险法的调整对象和基本内容,了解中国和世界保险法规的产生和发展,熟悉现行保险法律、法规及其主要特点。

第一节 保险法概述

一、保险关系是保险法的调整对象

保险法是以保险关系为调整对象的法律、法规的总和。因此,要掌握保险法的调整对象,就必须了解什么是保险关系。

保险关系是一种社会经济关系。这种社会经济关系是随着社会生产力的发展,社会分工日益趋细,商品经济发展到一定程度的必然产物。保险关系在社会再生产过程中,处于与生产、交换、消费相互联系和相互作用的分配环节,体现着保险人和被保险人之间、被保险人相互之间的一种特殊的经济利益关系。这种关系实质上是组织保险参与者之间相互分摊风险,对一部分社会总产品进行再分配的关系。在商品经济条件下,保险领域的经济关系是一种商品货币关系,它是由保险企业承担,一般都以保险公司的形式集散风险和筹措保险基金,并进行经济补偿和保险金给付实现的。

保险关系也是一种法律关系。保险关系是严格依据法律规定或者保险当事人双方约定,一方承担支付保险费的义务,换取另一方对其因意外事故发生或特定事件出现所造成的损失,负担经济赔偿责任的法律关系。这种法律关系是通过保险合同或双方事先约定的条件,使保险人和被保险人双方的权利和义务得到明确。保险合同一旦确立,就得到法律保障。如果缺乏这种法律关系,保险就不能成立。

凡是调整保险当事人权利义务关系和保险业行为规范的法律、法规,都属于保险法的范畴。保险法是调整保险关系的基本法。保险法不局限于以"保险"二字命名的法典,它还包括其他法律、法规中有关调整保险关系的具体内容。例如,我国原《经济合同法》中关于保险合同的规定;《外资企业法》和《中外合资经营企业法》中关于外资企业、中外合资经营企业应在中国境内投保的规定等。

目前,我国已经制定、颁布并修订了《保险法》。随着保险业组织网络的不断延伸、保险业务范围的不断扩大和社会主义法制建设的加强,以及其他条件的日趋成熟,我国将按照建立社会主义市场经济体制的要求,通过保险制度的改革,建立具有中国特色的社会主义保险法律体系,充分发挥保险法在我国经济建设中的积极作用。

二、保险法的基本内容

保险法主要包括保险业法、保险合同法和其他方面的保险特别法,它们分别调整不同领域和不同范围内的保险关系,并且构成保险法律体系。

保险业法是对保险企业进行管理和监督的法律、法规的总称。具体来说,保险业法是规范保险企业的组织形式,保险企业的设立程序和条件,保险企业的主管机关,保险资金的管理、使用和财务计算,保险企业的解散和清算,以及违章处理等内容和行为的法律、法规。目前,我国对境内保险企业进行管理和监督的主要法律依据是1995年6月30日颁布并于2002年、2009年修订的《保险法》以及2000年1月3日发布并于2004年修订的《保险公司管理规定》。这两部法律对我国保险企业的设立、保险公司的经营范围、保险企业的偿付能力、保险准备金和再保险等,都有具体规定和明确的法律要求。另外,中外合资保险公司、外商独资保险公司和外国保险公司在中国境内的分公司在其设立、业务范围与终止和清算上,还要符合《外资保险公司管理条例》及其实施细则的要求。

保险合同法是规范保险合同当事人权利义务关系的法律、法规的总称,是保险法的主要组成部分和基础。保险合同一般分为财产保险合同和人身保险合同。我国还没有保险合同法,但《保险法》中含有保险合同的规定,其主要内容有:保险合同的基本原则,保险合同订立、变更、转让的程序,投保人的资格,当事人各方的权利和义务,违反保险合同的责任等。在财产保险合同中,还需要有明确规定保险标的的坐落地点、保险金额、保险责任、除外责任、赔偿办法,以及保险费缴付办法、保险起讫期等条款。

保险特别法是规范某一保险种类保险关系的法律、法规的总称,主要是指国家关于法定保险的各种法律规定。例如,我国《海商法》中的海上保险内容是专门规范海上保险的法律规定,《简易人身保险法》是专门规范有关人身保险合同关系的保险特别法。早在1951年,我国政务院颁布《铁路旅客意外伤害强制保险条例》《轮船旅客意外伤害强制保险条例》《飞机旅客意外伤害强制保险条例》;1985年5月和1986年1月,国务院分别作出关于航空运输企业从事通用航空飞行的单位或个人,应当到中国人民保险公司投保机身险、承运人责任险和第三者责任险的规定;《中外合资经营企业法》《外资企业法》分别要求在华的外国独资企业、中外合资企业、中国境内的外国团体和个人的财产,应当向中国境内的保险企业投保;等等。这些都是关于国家强制保险方面的法律、法规条款,具有保险特别法的法律性质。

三、保险法是各国法律体系中的有机组成部分

在世界各国适用的保险法律中,有些国家制定了作为基本法的保险法,也有一些国家分别制定和采用保险业法、保险合同法和保险特别法等。当今世界大多数国家的保险法都是成文法,也有的国家采用与有关法律、法规不相抵触的保险习惯和保险判例以调整保险关系。

保险法在世界各国的法律体系中占有重要地位,是各国法律体系中的有机组成部分,它发挥着调节国民经济的重要作用和功能。

在民商统一的国家,保险法是民法中的一种特别法,或称为"特别民事法"。在这些国家,凡保险法有规定的适用保险法,保险法没有明确规定的适用民法。保险法与民法的关系是特别法与普通法的关系。在民商分立的一些国家,保险法与公司法、票据法、海商法等一起被纳入商法典,作为一种规范保险关系和保险企业组织的商事法。在我国,保险法是经济法体系中的一个组成部分,是以法律形式确定经济活动准则和经济生活规范的一个重要方面。这是因为,我国经济法是调整社会经济关系的法律规范,而保险法所调整的保险关系的主要内容均为国家保险管理监督机关与保险企业之间的管理与被管理关系、保险合同当事人之间的保险合同关系。这些关系从总体上看,都是一种社会经济关系,也是一种法律关系,可以被纳入经济法调整的范围。

虽然保险法被纳入各国法律体系的具体形式和方法不尽相同,但是保险业的存在和保险关系的发展都需要以保险法的存在、完善和健全为前提,保险法在各国国民经济中的地位和作用不容低估和忽视。随着各国国民经济的不断发展,保险法在世界各国法律体系中的地位将愈来愈重要。

四、保险法在宏观调控中的重要作用

现代市场经济是由国家宏观调控的一种经济活动形式,逐步健全以间接调控为主的宏观调控体系,是发展现代市场经济的总体要求。宏观调控是社会主义市场经济体制极其重要的组成部分,它是通过计划手段、经济手段、行政手段和法律手段共同进行的。其中,法律手段是宏观调控的一种重要手段,是市场经济健康发展、高效率运行的基本保证之一。在市场经济法律调控体系中,保险法是一个不可缺少的组成部分,它具有其他调控手段和法律、法规不能替代的地位和作用。市场经济作为法制经济,不能没有保险法。

保险是现代市场经济的组成因素,保险关系是市场经济关系的一个方面。现代市场经济中包含的保险关系是严格依据保险法规范和调整的,作为市场主体的国家保险监督管理机关、保险企业、投保人或被保险人参与保险市场的行

为,都是受到保险法保护和制约的法律行为。我国的保险法律、法规不仅是社会主义市场经济法律调控体系中的重要手段,而且也是在改革开放条件下适应保险市场管理法制化、规范化的迫切需要。

第二节　世界保险法规的产生与发展

一、《汉谟拉比法典》

随着古代与中世纪保险萌芽的产生,出现了调整保险关系的法律规范。早在公元前 18 世纪,在幼发拉底河岸竖立的 2.25 米高的黑色玄武岩石柱上,用楔形文字雕刻着法典。这是古巴比伦王国第六代国王汉谟拉比在位时(公元前 1792—前 1750 年)颁布的法律,史称《汉谟拉比法典》,又称《石柱法》。其内容分为前言、法律条文和结尾三部分,共 282 条。法典中首次出现了海上保险的法律条文。例如,第 100 条规定:"塔木卡(货主)以银交与沙马鲁(为货主服务的行商)经营买卖,令其出发,而沙马鲁应在旅途中[……]使委托之银获利,则应结算所取全部银额之利息,而后应计算自己的日期,以偿还塔木卡。"第 101 条规定:"倘在所到之处未曾获利,则沙马鲁应按所取银,加倍交还塔木卡。"第 102 条规定:"倘塔木卡以银贷与沙马鲁而不计息,而沙马鲁于所至之处遭受损失,则彼应以全部本金归还塔木卡。"第 103 条规定:"倘所运之一切于中途被敌人劫去,则沙马鲁应指神为誓,并免偿还责任。"可见,在古巴比伦时代,随着对外贸易的发展,已经出现了货主冒险雇用商队,与商队分享利润的情形:如果商队获利,应向货主支付所取全部银额之利息,约占一半的销货利润;如果商队未获利,应按所取银额加倍交还货主;如果商队不回来,或回来时无货无利,货主可将商队人员的财产归为己有,并可扣押其亲属作为债务奴隶,甚至判处死刑。商队的货物被强盗、原始人或半自治地区王子抢劫的,若当事人宣誓无纵容或过失等情况,可免除当事人的债务。法典对货主遭受风险损失由所收高额利息弥补的规定,实际上是海上保险法的雏形,为后来海上保险法规的出现作了准备。

二、早期海上保险立法

保险立法起源于海上保险。公元前 10 世纪前后,是海上贸易兴起的时代。居住在罗德岛附近的爱琴海沿岸的古希腊人和地中海东岸的腓尼基人擅长航海,善于海上经商。罗德岛地处欧亚海域的要冲,早在公元前约 2000 年已成为东西方贸易的海上交通航道。当时的航海贸易既是生财之道,又是冒险之途。除海盗外,造船技术的低下使船舶结构十分简陋,在航行中难于抵御海浪冲击。当船舶遇险时,为避免翻船,只得将运载货物抛入海中,以减轻船身所载重量,尽快驶离海险区。对于因船舶沉没或货物被抛所造成的损失,当时的古希腊人和腓尼基人规定,损失的部分应由受益者共同承担。这样,就逐渐形成了"共同海损"原则的雏形。公元前916年罗德岛王国制定的世界上最古老的海商法《罗地安海商法》规定:"凡因减轻船只载重投弃入海的货物,如为全体利益而损失的,须由全体分摊归还。"著名的"共同海损"原则一直被历代承袭采用。在公元6世纪的《查士丁尼法典》和公元7世纪拜占庭帝国编纂的《罗德海商法》中,均有许多关于"共同海损"原则的记载和判例,对船舶抵押贷款利息也作了限制规定。中世纪以后,"共同海损"原则的运用更为广泛,内容也进一步扩展。在12世纪法国著名的《奥莱龙法集》的海事判例卷中,有3条规定了"共同海损"原则,这些条文对后来欧洲各国制定海上保险法规有着很大影响。

中世纪的意大利是早期海上保险立法的发源地。当时地中海的海运贸易已十分发达,尤其是罗马教皇乌尔班二世发动十字军东征后,意大利成为世界银行、商业和海上保险业的中心。从此,现代海上保险事业在意大利兴起。为适应保险事业发展的需要,很多地区颁布了保险法例、法令。最早的现代意义上的保险法规为意大利的康索拉都海事法例,产生于13世纪初。

三、意大利及地中海地区的保险立法

15世纪前后,由于海上保险事业的进一步发展,西班牙的巴塞罗那,意大利的佛罗伦萨、威尼斯、热那亚,以及荷兰、英国、法国相继颁布了有关保险法令,进而出现了国家性质和地方性质的保险法规。1435年西班牙颁布的《巴塞罗那法典》被称为世界上最古老的海上保险法典,它规定了有关海上保险承保规则和损害赔偿手续,以及取缔海上保险弊端、防止欺诈等内容。1468年,威尼斯又订立了关于法院如何保证保险单实施及防止欺诈的法令。1523年,佛罗伦萨制定了一部比较完整的海上保险法规,首次附印了具有现代形式的标准保险单的格式。1563年,西班牙国王腓力二世颁布了《安特卫普法典》。此后,荷兰的阿姆斯特丹设立海上保险法院,处理保险纠纷。

四、英国保险立法

最早的保险立法产生于意大利,其成熟、完善却在英国。英国虽是不成文法国家,但也有成文法,其保险立法对世界各国的保险立法有深远的影响。

15世纪末,美洲新大陆被发现后,海上贸易中心随之从地中海区域逐渐转向大西洋沿岸,欧洲的海上贸易国家相继进入发展阶段。英国对外贸易和海上保险业获得迅速发展。海上保险由意大利经葡萄牙、西班牙传到荷兰之后,善于经商的意大利伦巴第人移居到英国。16世纪以前,英国的对外贸易绝大部分被意大利的威尼斯和汉萨同盟的商人执掌着,海上保险业务主要由意大利的伦巴第人经营,他们的聚居点伦敦的伦巴第街后来成为16世纪保险活动的中心。从1554年起,英国商人获得玛丽一世女王特许,组织贸易公司垄断经营海上某一地区的贸易,将原来由外国商人所控制的贸易权全部划归英国人掌握。1575年,英国女王伊丽莎白一世特许在伦敦皇家交易所内设立保险商会。1601年,英国女王颁布了由她亲自参与制定的《涉及保险单的立法》,这是英国第一部海上保险法。该法规定,在海上保险商会内设立仲裁法庭,以解决日益增多的海上保险纠纷案件。以上这些,对英国海上保险步入相对稳定的17世纪,成为海上保险中心,以及数百年的时间里伦敦一直是世界最大的保险市场,都具有重要的历史作用。

资本主义生产方式的发展,要求建立与之相适应的完备的法律制度。资本主义各国相继进行保险立法,并由中世纪的地方习惯法演变为成文法,逐步形成各有特点的法系。在英国,17世纪的资产阶级革命为资本主义发展扫清了道路。18世纪,伦敦已成为世界上最有实力的海上保险市场。1720年,几位保险商趁英国政府财政困难之机,在英格兰银行的授意下,以向政府缴纳60万英镑为交换条件,成立了英国皇家交易保险公司和伦敦保险公司,取得了经营海上保险的特权。为此,英国政府颁布法令,规定除个人经营者外,禁止任何其他公司或商业团体从事海上保险业。

英国海上保险业的发展,要求订立更加系统、完善的保险法。英国首席法官曼斯菲尔德从1756年至1778年收集了大量欧洲各国的海上保险案例和国际惯例,花了20多年的时间制定了《海上保险法》。这是世界上第一部专门以保险关系为调整对象的单行法规,为1906年的海上保险立法奠定了基础。19世纪,英国保险业进入一个全面振兴时期。1824年,英国政府撤销有关限制建立团体性保险公司的法令。此后,大量资本涌入保险市场,保险公司从1860年的213家发展到1900年的423家。保险公司增多,保险品种扩大,使从前在个别部门法中规定保险法规的保险立法工作已不能适应社会的要求,必须制定统一的保险法规。1906年,英国正式颁布了《海上保险法》。该法共94条,主要内容有:海上保险法的定义、基本原则及赔偿标准,保险利益的内容,保险价值的计算,保险单及其转让,溢保双重保险的定义,赔偿的数额,保险人赔款后的权利等,并将劳合社拟定的海上保险单作为附件。该法于1907年1月1日起施行。该法体系严密、定义精确,为各国保险界纷纷仿效和引用,成为各国海上保险法的范本,是世界上影响最大的一部海上保险法,具有国际意义。1923年,英国制定了《简易保险法》。在保险业法方面,英国制定了1958年《保险公司法》,适用于各种类型的保险公司,随后经过多次修改,制定了1973年《保险公司法修正案》和1974年《保险公司法》。目前,英国实施的是1982年《保险公司法》。此外,英国还制定了1923年《简易人寿保险法》和1975年《被保险人保护法》。

五、美国保险立法

美国保险立法发展较迟,在殖民地时期的独立海上保险市场,海上保险业务均由英国保险人承办。直至1721年5月25日,美国才出现了第一家海上保险组织,承保船舶和货物保险业务。1792年12月15日,美国建立了第一家北美保险公司,承保人寿、火灾和海上保险业务。到1845年,美国约有75家保险公司,保险种类增多。美国的火灾保险早期由保险人各自设计保险单,马萨诸塞州1873年开始使用标准火险单,纽约州于1886年通过类似的法律。20世纪初,美国的船舶险大部分仍被英国保险人垄断。在第一次世界大战期间,由于大量建造商船及运输船舶货物,运费暴涨,推动了美国海上保险业的兴旺。从此,保险机构与日俱增。至1939年,由150家公司联合组建了货物保险的再保险机构,在第二次世界大战期间为被保险人提供了充分的保障。战后,美国经济崛起,保险业迅速发展,要求进行保险立法。美国的保险立法主要承袭英国,当时还没有全国统一的保险立法。在保险合同法方面,以判例为主。美国最完善的保险法是《纽约州保险法》,共18章631条,主要内容有:保险监督官,保险公司的设立、许可及撤销,保险公司合并资产运用管理,代理人、经纪人的管理,保险费率以及保险费率计算公式的管理,保险公司的报告义务及定期检查,等等。此外,美国还于1950年制定了运用于特别险种的单行法规,如《统一个人伤害疾病保险条款法》等。

在保险业法方面,1850年前,美国对保险业的管理主要通过立法中的特别规定及特殊税法实施。1942年起,美国从立法、司法、行政三个方面对保险业进行管理。立法是对保险公司的创设、经营范围、经营所需的最低资本和资本积累,保险人的偿付能力、准备金标准、投资资金及对其资产的评估,保险费率规定、保险单格式、代理人资格审查等加以严格管理。司法管辖主要体现在法院对保险单条款意义的解释及对保险纠纷的裁决。行政监督权由各州的保险监督官行使。1999年11月,美国国会通过《金融服务现代化法》,废除了美国长期实行的银行业、证券业、保险业分业经营、相互隔离的制度,鼓励银行业、证券业、保险业联合经营,从而加强了金融机构之间的业务竞争。

六、法国保险立法

法国保险立法起源于海上保险。1556年,法国公布了第一部保险法律《海上指导》。1681年,法国国王路易十四颁布《海事条例》,其中第六章规定了有关保险条款。《海事条例》汇编了当时有关的习惯法和成文法,并使之系统化,是当时较为完善的法规,1807年被编入《拿破仑法典》。1808年颁布的《法国商法典》中又规定了海上保险条文。法国陆上保险的法律规范在《法国民法典》的

"射幸契约"一节中作了规定。法国1904年开始制订《保险契约法》(草案),参考了外国判例和立法,经过几次反复修改,于1930年获国会通过并公布施行,共4章84条。《保险契约法》的主要内容有:保险的一般规定、损害保险、人身保险、保险程序等。它是一部体例完整的保险法典。法国的保险业法规定在《法国商法典》中。意大利、葡萄牙、西班牙、比利时等国的保险立法与法国相同。

七、德国保险立法

德国保险立法始创于海上保险立法。早在1731年,汉堡市颁布了《保险及海损条例》。1794年颁布的《普鲁士普通法》规定了海上和陆上的保险条文。后来,海上保险被纳入德国《海商法》。德国1908年专门制定了陆上保险法规《保险合同法》,并于1910年实施。该法共5章,内容有保险契约法的通则、损害保险、人寿保险、伤害保险及附则等。

在保险业法方面,德国1901年制定了《民营保险业法》,1931年颁布施行了《民营保险业法》,同年又公布了《再保险监督条例》等。通过立法,德国加强了对保险业的监督和管理。德国与奥地利、瑞士、瑞典、丹麦、挪威、日本等国的保险立法同属一类。

八、日本保险立法

日本保险立法基本上是承袭德国,德国人威士拉曾为日本草拟商法草案。保险合同法属于日本商法典。明治维新后,日本政府开始认识到海上保险事业的必要性,于1873年在北海道设立专营海上保险的保任社。日本商人1878年投资创办了东京海上保险公司,1893年成立了9家保险公司。1900年,日本政府颁布施行了《日本保险业法》,实现了政府对保险市场的有效控制,保险业的管理进入了一个新时期。从1923年至1996年,日本曾对《保险业法》进行了多次修改。最近一次修改在1996年4月1日,日本颁布实施了新的《保险业法》,旨在适应欧美各国保险监管改革的潮流,放松监管限制,促进竞争。1940年,日本制定了《损害保险再保险法》,规定海上保险和火灾保险的再保险业务由国家经营。1944年,日本又制定了《战时特别损害保险法》。

第三节　中国保险法规的产生与发展

中国保险立法可追溯至清朝末年的《钦定大清商律》。按历史进程,中国保险法规的发展可分为清末、北洋政府、民国、新中国成立后四个时期。

一、清末保险立法

中国近代保险业始建于清末。1805年,英国东印度公司在广州设立谏当保险行。从此,西方保险业伴随着通商贸易和鸦片走私进入中国,又为中国近代保险业开了先河。外商保险业抢占中国保险市场和西方保险思想的传入,是民族保险业产生的前奏。从光绪元年(1875年)起,近代民族保险业有了较大规模的发展。

清朝末年,随着民族保险业的不断发展与修律活动的兴起,产生了中国近代的保险立法。1902年,清政府下令斟酌旧律,拟订新律。翌年,清政府专门设立修订法律馆,任命沈家本等为修订法律大臣,精选中外法律人才,多次派员专程赴各国考察和搜集法规。1903年,清政府颁布中国第一部独立的商法《钦定大清商律》。该商律中的"商人通律"共9条,规定商业中包括保险业;"公司律"共131条,有保险公司设立等条款。《钦定大清商律》成为中国第一部带有保险内容的法律。1908年,清政府修订法律馆聘请日本法学博士志田钾太郎起草商律。最终成文的《大清商律草案》包括总则、商行为、公司法、海船法、票据法5个部分,总计1008条。有关保险立法规定大体仿照日本商法典,即在"商行为"中设"损害保险营业""生命保险营业"两章。其中,第七章"损害保险营业"共49条,规定"损害保险业者谓担任填补因偶然之一定事故而生之损害为业者也",并将损害保险营业分为火灾保险营业和运送保险营业两类;第八章"生命保险营业"共10条,规定"生命保险业者谓担任关于人之生死支付一定之金额为业者也",并规定在哪些特定情况下生命保险业者不负支付生命保险金额之责。这一部按照日本商法典要求编纂的《大清商律草案》,虽经资政院核议,但尚未颁行,清政府即被推翻。此外,1910年3月由王世澄等人制定并呈交邮传部参议厅审议的《航律纲目草案》第十四编"水险律",对水险之性质,水险代理人、保险者、受保者之责任及其权利,以及偿责之条例等有关保险内容,分别作了法律规定,但没有颁布施行。

中国早期的保险法规从属于商法或海商法。1907年徐锐拟就的《保险业章程草案》,成为中国历史上第一部以"保险"为名的专门法规,保险法规首次独立出来。徐锐是中国近代保险业界的重要人物,他于1890年在上海创建中国合众保险公司。戊戌年间,他曾积极主张变法。1906年8月,经清政府农工商部商务司批准,他自费赴南洋诸岛考察商务,招募华股。返回上海后,他撰写了著名的《中国振兴商务大公司节略》一文,极力主张举办振兴中国商务之银行、轮船、保险三大公司。《保险业章程草案》便是此文的一个组成部分,内容有总则、股份公司、相互公司、物产保险、生命保险、罚则、附则7章,共105条,其中某些条款的规定反映了中国民族保险业强烈的民族自主意识,在中国近代保险立法史上占有重要地位。该草案上报清政府后,如石沉大海,杳无音讯。

二、北洋政府的《保险业法案》与《保险契约法草案》

北洋政府时期制定的《保险业法案》与《保险契约法草案》,是在辛亥革命推翻帝制,建立中华民国后,对清代遗留的法律相继重新修订后的产物。1913年10月,中国第一代大实业家张謇出任北洋政府农商总长,他在《实业政见宣言书》中主张制订农工商法案,尽快制订"公司法、破产法、运输保险等规则",并提出了倡办保险业的具体政策。第一次世界大战期间,华商开办的中国保险业蓬勃发展,制订一部新的保险专门法规显得愈加迫切。北洋政府农商部1917年拟订《保险业法案》42条,翌年经法制局修订,在12月出版的《银行周报》上刊出。战后,外商重新来华开设保险公司。第一次国内革命战争时期,内地富豪纷纷携带充足游资聚集于大城市,银行企业为吸收更多资金,竞相开设保险公司。在这一形势下,北洋政府法律馆聘请法国顾问爱斯嘉拉于1927年4月拟订了《保险契约法草案》,共4章109条,内容有保险总则、损害保险、人身保险、终结条款。这部由法国人协助起草的保险法律,最终随着北洋政府覆灭而流产。

三、民国时期的《保险法》与《保险业法》

1927年至1937年,中国保险业有了较大发展,保险立法也随之步入完善阶段。国民政府在《钦定大清商律》的基础上开始草拟保险法规。1929年12月30日,国民政府首次公布《保险法》(实属保险合同法),共3章(总则、损害保险、人身保险)82条。与西方国家立法一样,在国民政府时期的保险法体系中,海上保险由海商法调整。1935年7月,国民政府公布《保险业法》,分总则、保证金、保险公司、相互保险社、会计、罚则、附则7章,共80条。该法1937年1月经修正后再次公布,同时还颁发了《保险业法施行法》,共19条。但是,上述立法由于外商保险公司的反对,均未付诸实施。抗日战争期间,中国保险业中心从上海转移到重庆,官僚资本也投资保险业,形成了官僚资本垄断性的保险体系。为加强对保险业的控制,强化战时保险管理,国民政府1943年颁布了《战时保险业管理办法》,共25条,规定财政部实施对保险业的管理。随后,财政部相继制定了《战时保险业管理办法施行细则》《水、火、人寿三种保险单基本条款》《保险业代理人、经纪人、公证人领证办法》,对战时大后方保险业进行具体管理。抗日战争胜利后,上海再度成为中国保险业中心。上海的官僚资本保险机构或为其控制的保险公司已发展到21家,外商保险公司达64家。这些外商保险公司1946年至1949年从中国攫走的保险费约1000万美元以上。中国保险业被帝国主义、官僚资本垄断的历史,直到中华人民共和国成立才宣告结束。

四、新中国成立后的保险立法

新中国保险事业的建立与发展,从接管官僚资本保险机构、整顿和改造旧保险业开始。新中国成立后,首先对旧中国保险体系进行改造。初期,主要集中在清偿被没收的官僚资本保险公司债务的立法和强制保险的立法。仿效前苏联模式的强制保险,也称为"法定保险",是指国家用行政手段,以法令、条例等规定,采取强制形式实施的保险。1949年10月中国人民保险公司成立后,经营的业务主要是火险和运输险,承保对象主要是公营企业的财产保险,同时还承保旅客意外险、航空运输险、船舶险等保险业务。从1949年12月到1951年4月,政务院连续颁发了一系列强制保险的决定与条例,如《关于国营、公营企业必须向中国人民保险公司进行保险的指示》《关于实行国家机关、国营企业、合作社财产强制保险及旅客强制保险的决定》《财产强制保险条例》(共9章25条)、《铁路车辆强制保险条例》(共8章22条)、《船舶强制保险条例》(共8章25条)等。上述保险立法保障了保险事业的迅速恢复与发展。新中国成立初期的保险法规使中国人民保险公司迅速占领了保险市场,在完成保险业的社会主义改造的同时,也使中国保险业务进入第一个快速增长期。可是,由于当时的历史条件和诸种因素的限制,中国开始形成一种高度集中、政企不分,以强制保险、独家经营、行政干预为特征的保险体制,它是一种完全不同于市场经济的保险体制。当时依据"保险是国家财政一部分"的理论,逻辑地得出"在完成社会主义改造,实现工业企业国有化以后,保险变成了财政在倒口袋"的结论。由于行政干预,中国保险实际上已岌岌可危了。1958年10月于西安召开的全国财贸会议提出了"人民公社化以后,保险工作的作用已经消失",由此决定停办国内保险业务。从1959年到1979年的20年间,中国人民保险事业处于停顿时期,保险立法处于空白状态。

第四节 中国现行保险法规

一、中国现行保险法规概述

20世纪80年代,我国颁布了《财产保险合同条例》《保险企业管理暂行条例》等法规。1995年,《保险法》颁布实施。中国人民银行1996年2月制定了《保险代理人管理暂行规定》,同年7月颁布了《保险管理暂行规定》(试行),1998年2月公布了《保险经纪人管理规定》(试行)。1998年11月,中国保险监督管理委员会(以下简称"中国保监会")成立,标志着中国保险市场监管有了有力的组织保证。1999年1月,中国保监会公布了《保险机构高级管理人员任职资格管理暂行规定》。2000年1月,中国保监会又制定了《保险公估人管理规定》(试行)、《保险公司管理规定》。随着中国保险业的发展,新情况不断涌现,中国保监会的监管职能日趋成熟。从2001年起,它不仅制定新的法律、法规以填补中国保险法律空白,也对原有的一些法律、法规进行了修订。中国保监会2001年11月颁布了《保险代理机构管理规定》《保险经纪公司管理规定》《保险公估机构管理规定》《外资保险公司管理条例》;2002年3月颁布了《保险公司高级管理人员任职资格管理规定》,并于同年10月修订了《保险法》;2004年颁布了《外国保险机构驻华代表机构管理办法》《保险资产管理公司管理暂行规定》《外资保险公司管理条例实施细则》,修订了《保险公司管理规定》;2006年颁布了《机动车交通事故责任强制保险条例》《保险营销员管理规定》《健康保险管理办法》;2008年颁布了《保险公司养老保险业务管理办法》等。第十一届全国人民代表大会常务委员会第七次会议于2009年2月28日修订通过新的《保险法》,自同年10月1日起施行。以上法律、法规的出台,标志着我国以保险法为核心的保险法律体系已经初步形成。

中国保险监督管理委员会现行有效规章目录(至2014年1月1日)

序号	规章名称	发布日期	实施日期
1	中国保险监督管理委员会行政复议办法	2001年7月5日	2001年7月5日
2	保险公估机构管理规定	2001年11月16日	2002年1月1日
3	人身保险新型产品信息披露管理暂行办法	2001年12月6日	2002年1月1日
4	保险公司营销服务部管理办法	2002年2月1日	2002年3月1日
5	再保险公司设立规定	2002年9月17日	2002年9月17日
6	保险公司偿付能力额度及监管指标管理规定	2003年3月24日	2003年3月24日
7	保险业重大突发事件应急处理规定	2003年12月18日	2004年2月1日
8	保险资产管理公司管理暂行规定	2004年4月21日	2004年6月1日
9	保险公司管理规定	2004年5月13日	2004年6月15日
10	外资保险公司管理条例实施细则	2004年5月13日	2004年6月15日
11	中国保险监督管理委员会行政许可实施办法	2004年6月30日	2004年7月1日
12	人身保险产品审批和备案管理办法	2004年6月30日	2004年7月1日
13	中国保险监督管理委员会派出机构监督职责规定	2004年6月30日	2004年8月1日
14	中国保险监督管理委员会行政许可事项实施规程(备注:先后于2005年3月28日、2007年7月9日进行修改)		
15	保险公司次级定期债务管理暂行办法	2004年9月29日	2004年9月29日
16	保险统计管理暂行规定	2004年9月29日	2004年11月1日
17	保险机构投资者股票投资管理暂行办法	2004年10月24日	2004年10月24日
18	保险公司非寿险业务准备金管理办法(暂行)	2004年12月15日	2005年1月15日
19	保险代理机构管理规定	2004年12月1日	2005年1月1日
20	保险经纪机构管理规定	2004年12月15日	2005年1月1日
21	保险保障基金管理办法	2004年12月30日	2005年1月1日

(续表)

序号	规章名称	发布日期	实施日期
22	中国保险监督管理委员会信访工作办法（备注：后于2013年11月1日进行修改）	2005年5月26日	2005年7月1日
23	再保险业务管理规定	2005年10月14日	2005年12月1日
24	中国保险监督管理委员会行政处罚程序规定	2005年11月8日	2006年1月1日
25	财产保险公司保险条款和保险费率管理办法	2005年11月10日	2006年1月1日
26	保险资金间接投资基础设施项目试点管理办法	2006年3月14日	2006年3月14日
27	中国保险监督管理委员会规章制定程序规定（备注：后于2013年11月6日进行修改，2014年1月1日执行）	2006年3月14日	2006年5月1日
28	保险营销员管理规定	2006年4月6日	2006年7月1日
29	保险公司董事和高级管理人员任职资格管理规定	2006年7月12日	2006年9月1日
30	外国保险机构驻华代表机构管理办法	2006年7月12日	2006年9月1日
31	非保险机构投资海外保险类企业管理办法（备注：已于2013年3月5日废止）	2006年7月31日	2006年9月1日
32	保险公司设立境外保险类机构管理办法	2006年7月31日	2006年9月1日
33	健康保险管理办法	2006年8月7日	2006年9月1日
34	保险许可证管理办法	2007年6月22日	2007年9月1日
35	保险资金境外投资管理暂行办法	2007年7月26日	2007年7月26日
36	保险公司总精算师管理办法	2007年9月28日	2008年1月1日
37	保险公司养老保险业务管理办法	2007年11月2日	2008年1月1日
38	保险公司偿付能力管理规定	2008年6月30日	2008年9月1日
39	保险保障基金管理办法	2008年9月11日	2008年9月11日
40	保险公司财务负责人任职资格管理规定	2008年12月1日	2009年2月1日
41	保险公司管理规定	2009年9月18日	2009年10月1日
42	人身保险新型产品信息披露管理办法	2009年9月18日	2009年10月1日
43	保险公司中介业务违法行为处罚办法	2009年9月18日	2009年10月1日
44	保险专业代理机构监管规定（备注：后于2013年4月27日进行修改）	2009年9月18日	2009年10月1日
45	保险经纪机构监管规定（备注：后于2013年4月27日进行修改）	2009年9月18日	2009年10月1日
46	保险公估机构监管规定（备注：后于2013年9月29日进行修改）	2009年9月25日	2009年10月1日
47	保险公司董事、监事和高级管理人员任职资格管理规定（备注：后于2014年1月23日进行修改）	2009年12月29日	2010年4月1日
48	中国保险监督管理委员会行政复议办法	2009年12月29日	2010年3月1日
49	财产保险公司保险条款和保险费率管理办法	2010年1月26日	2010年4月1日
50	人身保险业务基本服务规定	2010年2月11日	2010年5月1日
51	中国保险监督管理委员会行政处罚程序规定	2010年4月12日	2010年5月28日
52	保险公司股权管理办法	2010年4月12日	2010年6月10日
53	保险公司信息披露管理办法	2010年4月12日	2010年6月12日
54	再保险业务管理规定	2010年5月21日	2010年7月1日
55	保险资金运用管理暂行办法	2010年7月30日	2010年8月31日
56	旅行社责任保险管理办法	2010年11月25日	2011年2月1日
57	保险公司保险业务转让管理暂行办法	2011年8月26日	2011年10月1日

(续表)

序号	规章名称	发布日期	实施日期
58	保险公司次级定期债务管理办法(备注:后于2013年3月15日进行修改)	2011年10月6日	2011年10月6日
59	人身保险公司保险条款和保险费率管理办法	2011年12月30日	2011年12月30日
60	保险公司控股股东管理办法	2012年7月25日	2012年10月1日
61	农业保险条例	2012年11月12日	2013年3月1日
62	保险销售从业人员监管办法	2013年1月6日	2013年7月1日
63	保险经纪从业人员、保险公估从业人员监管办法	2013年1月6日	2013年7月1日
64	保险统计管理规定	2013年1月6日	2013年3月1日
65	保险消费投诉处理管理办法	2013年7月1日	2013年11月1日
66	中国保险业监督管理委员会行政许可实施办法	2014年2月14日	2014年2月14日

(资料来源:中国保监会网站。)

二、保险业法与《保险公司管理规定》

保险业法是保险法的重要组成部分,是对保险企业进行管理和监督的法律、法规的总称。对保险企业采取什么样的组织形式经营保险业务,以及对保险关系中保险方如何进行管理和监督,是保险业法调整的重要内容。

我国现行的保险业法是2009年9月25日由中国保监会发布的《保险公司管理规定》(以下简称《规定》)。《规定》分8章,即总则,法人机构设立,分支机构设立,机构变更、解散与撤销,分支管理机构,保险经营,监督管理,附则,共80条。这是目前我国对保险企业进行管理和监督的法律依据。自《规定》颁布之日起,中国保监会于2004年5月13日发布的旧版《保险公司管理规定》同时废止。

三、中国现行管理和经营保险机构的规定

1. 国家保险管理机关

根据《规定》第2条,中国保监会是全国商业保险的主管部门,根据法律和国务院授权,依法对保险公司履行监管职责。中国保监会的主要职责是:拟定有关商业保险的政策法规和行业发展规划;依法对保险企业的经营活动进行监督管理和业务指导,维护保险市场秩序,依法查处保险企业违法违规行为,保护被保险人利益;培养和发展保险市场,推进保险企业改革,完善保险市场体系,促进保险企业公平竞争;建立保险业风险的评价和预警系统,防范和化解保险业风险,促进保险企业稳健经营,推动保险业务的健康发展。

2. 设立保险公司的原则、法定条件和程序

根据《规定》第7条,设立保险公司应当遵循下列原则:(1)符合法律、行政法规;(2)有利于保险业的公平竞争和健康发展。

申请设立保险公司应当符合下列条件:(1)有符合法律、行政法规和中国保监会规定条件的投资人,股权结构合理;(2)有符合《保险法》和《公司法》规定的章程草案;(3)投资人承诺出资或者认购股份,拟注册资本不低于人民币2亿元,且必须为实缴货币资本;(4)具有明确的发展规划、经营策略、组织机构框架、风险控制体系;(5)拟任董事长、总经理应当符合中国保监会规定的任职资格条件;(6)有投资人认可的筹备组负责人;(7)中国保监会规定的其他条件。

设立保险公司的程序如下:申请人首先应当向中国保监会提出书面申请,并提交下列材料一式三份:(1)设立申请书,申请书应当载明拟设立保险公司的名称、拟注册资本、业务范围等;(2)设立保险公司可行性报告,包括发展规划、经营策略、组织机构框架和风险控制体系等;(3)筹建方案;(4)保险公司章程草案;(5)中国保监会规定投资人应当提交的有关材料;(6)筹备组负责人、拟任董事长、总经理名单及本人认可证明;(7)中国保监会规定的其他材料。

保险公司可以根据业务发展需要申请设立分支机构。保险公司分支机构的层级依次为分公司、中心支公司、支公司、营业部或者营销服务部。保险公司可以不逐级设立分支机构,但其在住所地以外的各省、自治区、直辖市开展业务,应当首先设立分公司。设立省级分公司,由保险公司总公司提出申请;设立其他分支机构,由保险公司总公司提出申请,或者由省级分公司持总公司批准文件提出申请。

筹建工作完成后,申请人应当向中国保监会提出开业申请,并提交下列材料一式三份:(1)开业申请书;(2)创立大会决议,没有创立大会决议的,应当提交全体股东同意申请开业的文件或者决议;(3)公司章程;(4)股东名称及其所持股份或者出资的比例,资信良好的验资机构出具的验资证明,资本金入账原始凭证复印件;(5)中国保监会规定股东应当提交的有关材料;(6)拟任该公司董事、监事、高级管理人员的简历以及相关证明材料;(7)公司部门设置以及人员基本构成;(8)营业场所所有权或者使用权的证明文件;(9)按照拟设地的规定提交有关消防证明;(10)拟经营保险险种的计划书、3年经营规划、再保险计划、中长期资产配置计划,以及业务、财务、合规、风险控制、资产管理、反洗钱等主要制度;(11)信息化建设情况报告;(12)公司名称预先核准通知;(13)中国保监会规定提交的其他材料。

3. 保险资金管理及运用

保险资金是指保险集团(控股)公司、保险公司以本外币计价的资本金、公积金、未分配利润、各项准备金及其他资金。根据1996年《保险管理暂行规定》第25条,保险公司下拨给分公司的营运资金总额不得超过其资本金加公积金的60%。保险公司可以以中国保监会认可的有价证券交存保证金。

保险公司提存的各项保险责任准备金必须真实、充足。保险公司应当按照已经提出的保险赔偿或者给付金额提取未决赔款准备金;对已经发生保险事故但尚未提出的保险赔偿或者给付应当提取已发生未报告赔款准备金,其提取金额按不超过当年实际赔款支出额的4%计提。保险公司的公积金用于弥补公司亏损,或者转为增加公司资本金。保险公司经股东会决议将公积金转为资本金时,按股东原有股份比例派送新股或增加每股面值。法定公积金转为资本金时,所留存的该公积金不得少于注册资本金的25%。除经中国保监会批准,保险公司的资本金、公积金、各项保险责任准备金应当在中国境内运用。

《保险法》规定,保险资金的运用限于下列形式:(1)银行存款;(2)买卖债券、股票、证券投资基金份额等有价证券;(3)投资不动产;(4)国务院规定的其他资金运用方式。

根据1995年《保险法》的规定,各公司的保险资金大多存入银行或用于购买国债,资金运用的范围较窄。1998年10月,保险公司获准加入全国同业拆借市场,但只可从事债券现货交易。1999年7月,保险公司获准通过一、二级市场购买信用等级在AA+以上的中央债券,并可对沪、深证券交易所上市的债券进行交易,但购买企业债券的限额为保险公司总资产的10%。1999年8月12日起,保险公司可以在全国银行间同业市场办理债券回购业务,交易券种为中国人民银行批准交易的国债、央行融资券、政策性银行金融券等,交易期限最长为一年,并允许与商业银行办理大额协议存款。1999年10月26日,国务院批准保险公司通过证券投资基金间接进入证券市场,当时的入市资金比例被限定在保险公司总资产的5%以内。2000年3月,中国保监会批准平安、新华、泰康和华泰4家保险公司提高入市资金比例到10%。同年6月,中国保监会又批准太保提高入市资金比例到15%。2001年3月1日,中国保监会同意平安、新华和中宏3家保险公司在证券投资基金上的投资比例从30%放宽至100%,同时提出要求:投资连结保险应设立不同投资组合的投资账户,提高产品档次,满足各种客户需求;必须把一般账户和投资账户严格分开,一般账户投资证券投资基金比例必须严格按中国保监会批准的比例执行;任何有关投资账户的设立、修改或取消必须遵守中国保监会关于投资连接保险的相关规定。2004年5月修订的《保险公司管理规定》明确规定了保险资金可以购买企业债券和证券投资基金。2004年7月,中国保监会允许保险公司投资可转换公司债券。

2004年10月,中国保监会颁布的《保险机构投资者股票投资管理暂行办法》规定,符合一定条件的保险公司,经保监会批准可以从事股票投资。

2005年2月,中国保监会联合中国银监会、中国证监会,制定了《关于保险机构投资者股票投资交易有关问题的通知》《保险机构投资者股票投资登记结算业务指南》《保险公司股票资产托管指引》《关于保险资金股票投资有关问题的通知》等配套文件,明确了保险资金直接投资股票市场涉及的证券账户、交易席位、资金结算、资产托管、投资比例、风险监控等问题。自此,保险资金直接投资股票市场的操作技术问题已得到解决,保险资金直接投资股票市场将进入实质性操作阶段。随着经济的发展,市场进一步开放,保险公司的资金运用渠道也日益放开。

2006年3月20日,《保险公司间接投资基础设施项目试点管理办法》出台,规定保险公司的投资范围主要包括交通、通信、能源、市政、环境保护等国家重点基础设施建设项目,但是不包括房地产。

2006年6月26日,国务院颁布《国务院关于保险业改革发展的若干意见》,对"提高保险资金运用水平"进行了较为全面的论述。这意味着对保险资金运用的限制几乎已经全面放开。

2006年12月21日,中国保监会颁布《保险资金境外投资管理办法(征求意见稿)》。这意味着保险资金QDⅡ即将放行。我国保险资金的投资渠道呈不断增加的态势。关于这部分内容,详见本书"保险投资"一章。

4. 保险公司偿付能力

保险公司应具有与其业务规模相适应的最低偿付能力。保险公司实际偿付能力为其会计年度末实际资产价值减实际负债的差额。

实际资产种类及其认可比率由中国保监会规定,实际资产价值为各项认可资产认可价值之和。

财产保险、短期人身保险业务的最低偿付能力额度为下述两项中较大的一项:

(1) 本会计年度自留保费减保费税收后人民币1亿元以下部分的18%和1亿元以上部分的16%。

(2) 最近3年年平均赔付金额人民币7000万元以下部分的26%和7000万元以上部分的23%。

对于经营期间不满3年的保险公司,采用第(1)项规定的标准。

长期人身保险业务的最低偿付能力额度为下述两项之和:

(1) 投资连结类产品期末寿险责任准备金的1%和其他寿险产品期末寿险责任准备金的4%。

(2) 保险期间小于3年的定期死亡保险风险保额的0.1%,保险期间为3年到5年的定期死亡保险风险保额的0.15%,保险期间超过5年的定期死亡保险和其他险种风险保额的0.3%。

在统计中未对定期死亡保险区分保险期间的,统一按风险保额的0.3%计算。

保险公司实际偿付能力额度低于最低偿付能力额度的,应当采取有效措施,改善偿付能力状况,并将其有关整改方案、具体措施和到期成效等情况向中国保监会报告。

保险公司实际偿付能力额度除以最低偿付能力额度即为偿付能力充足率。对偿付能力充足率小于100%的保险公司,中国保监会可以将其列为重点监管对象,根据具体情况采取监管措施。

5. 异地承保、共同保险和统括保单

异地承保是指保险公司及其分支机构对于在其《经营保险业务许可证》核准的经营区域以外的保险标的单独进行承保的行为。共同保险简称"共保",是指两个或两个以上的保险公司及其分支机构(不包括同一保险公司的不同分支机构)使用同一保险合同,对同一保险标的、同一保险责任、同一保险期限和同一保险金额进行的保险。统括保单是指对同一法人在不同地区的财产或责任进行统一承保的保险单。

四、我国《保险法》的发展

随着我国社会主义市场经济体制的形成和逐步完善,为维护被保险人的利益,加强国家对保险市场的指导、监督、管理,《保险法》于1995年6月30日经第八届全国人民代表大会常务委员会第十四次会议通过,自1995年10月1日起施行。

2002年,《保险法》进行了第一次修订。修订后的《保险法》采用了国际上一些国家和地区现行的立法方式,将保险合同法与保险业监督法合为一体,内容分为总则、保险合同、保险公司、保险经营规则、保险业的监督管理、保险代理人和保险经纪人、法律责任以及附则8章,共158条,具有规定明确具体、操作性强的特点。

2009年,《保险法》进行了新一轮的修订。修订后的《保险法》在完善保险监管与保护消费者权益方面有了重大突破,内容分为总则、保险合同、保险公司、保险经营规则、保险代理人和保险经纪人、保险业监督管理、法律责任以及附则8章,共187条。相关修订条款对于解决"霸王条款"、保险资金运用渠道过窄、监管手段不充分、保护主义过重等问题有极大的帮助,并对风险管理、合规经营提出了进一步的要求,在规范保险业经营行为的同时,也进一步提升了保险业的社会形象。修订后的《保险法》中,增加了很多符合我国实际的新内容和新规定:

(1)进一步维护投保人的合法权益。在旧版《保险法》中,投保一方的权益往往因为合同生效、免责条款、理赔时限、保险公司偿付能力等相关条款的模糊定位而受到损害。在新《保险法》中,对相关条款进行了增减和修改:第13条规定的"依法成立的保险合同,自成立时生效。投保人和保险人可以对合同的效力约定附条件或者附期限"令投保人在填单缴费和保险公司同意承保的"真空期"间所面临的风险得到保障;新增的第16条"不可抗辩条款"解决了保险公司滥用不实告知等合同解除权拒赔的问题,同时也刺激其完善监督、核保制度;17条规定的"明确说明"义务远大于"说明"义务,有效抑制了某些保险销售人员急于达成业务,对免责条款避而不谈,造成事后纠纷的可能性;第22条和第24条明确了理赔的程序和时限,提高了保险公司的理赔效率,保证投保人能尽快规范地得到补偿。

（2）强化保险公司的治理及监管。首先,新《保险法》在市场经营主体准入方面提出了更高的要求,不仅要求所有资本必须是实缴货币资金,还严格规定了管理人员的资格条件。其次,新《保险法》明确了保险保障基金的提取、缴纳以及统筹使用等一系列原则,规范了保障基金的管理制度。再次,新《保险法》更加重视对于偿付能力的监管,以"认可资产"替代"实际资产",以"认可负债"替代"实际负债",对偿付能力不足的公司实行重点监管,并规定十大处罚措施。最后,新《保险法》加强了对保险公司的内部控制,限制保险公司的主要负责人进行关联交易。

（3）放宽保险公司资金运用渠道。旧版《保险法》规定,保险公司仅能投资于银行存款、买卖政府债券、金融债券,运用范围较小,投资收益极低。新《保险法》在原有基础上,对投资渠道进行拓宽,规定保险公司还可以投资股票、证券基金等有价证券、不动产以及国务院规定的其他形式,有利于提高业界的投资收益率,优化保险公司资金结构与运用形式,促进保险业健康快速地发展。

（4）进一步开放市场。与旧版《保险法》相比,新《保险法》取消了保险公司办理再保险分出业务时应优先向境内分保的规定,令外国保险公司在进行再保险业务时有和国内保险公司相同的待遇。取消"境内优先分保",一方面令再保险市场竞争加剧,可以刺激我国保险公司改进经营管理,提高竞争力;另一方面又有利于保险公司分散风险,提高独立性。

（5）规范保险公司会计制度。在公司设立方面,新《保险法》第70条规定,保险公司保险必须提供投资人的营业执照以及经会计师事务所审计的上一年度财务会计报告。在公司监管方面,新《保险法》第87条规定,保险公司必须妥善保管业务经营活动的完整账簿、原始凭证和有关资料;第88条则规定,保险公司必须对聘请或解聘会计师事务所的行为进行说明,以保证其提供的财务会计报告客观、准确。在信息披露方面,新《保险法》第110条规定,保险公司的财务会计报告应真实、准确、完整。

尽管2009年《保险法》结合了国际先进理念并考虑了我国的实际情况,但是仍存在着一些不足,主要表现在以下几方面：

（1）在业务流程方面,对核保期的责任归属依然界定不清,对退保的构成条件、原因以及"现金价值"解释模糊；

（2）在保险合同方面,免责条款的规定尚显笼统,提示不够清晰,"口头告

知"形式难以取证,令投保人处于弱势地位;

（3）在保险资金运用方面,尽管已经拓宽了资金运用渠道,但是并未对投资模式、风险投资比例、运用管理模式作出详细的规定与科学的安排;

（4）在保险公估人方面,缺乏对其的定性及认同,也未赋予相关报告法律效力,相比旧法,并未取得实质性的突破。

2014年8月31日,第十二届全国人民代表大会常务委员会第十次会议通过《关于修改〈中华人民共和国保险法〉等五部法律的决定》,对《保险法》第82、85条进行了修改:(1)将《保险法》第82条中的"第一百四十七条"修改为"第一百四十六条";(2)将第85条修改为:"保险公司应当聘用专业人员,建立精算报告制度和合规报告制度。"

思考题

1. 保险法的基本内容是什么？
2. 简述世界各国保险法的发展。
3. 中国近代保险史上有哪几部法规较有影响？
4. 保险企业设立的法定程序有哪些？
5. 概述我国保险经营管理和组织形式的有关规定内容。
6. 我国2009年修订后的《保险法》有哪些新内容和新规定,存在哪些不足？

第八章 保险合同

☞ **学习目的**

使学生掌握保险合同的概念和一般特征以及保险合同应遵循的基本原则；了解保险合同的形式以及保险合同的分类。

第一节 保险合同的概念

一、保险合同的概念

保险合同是保险关系双方当事人为实现经济保障目的，明确相互之间权利义务的一种具有法律约束力的书面协议。根据约定，一方支付保险费给另一方，另一方在保险标的遭受约定的事故时承担经济赔偿责任，或者在约定事件出现时履行给付保险金的义务。

从经济学角度看，对于任何一个保险合同，都可用下面两个要素描述：

(1) P = 投保人所需缴纳的保险费；

(2) x = 在保险合同期内，当保险事故发生时，保险人所提供的补偿。

显然，x 是一个随机变量，$F(x)$ 是它的概率分布。

从保险人承担的责任看，保险合同有两种不同的类型：一种是补偿性合同，是以补偿经济损失为目的，即在保险标的遭受约定事故时，由保险人根据保险合同的规定，对被保险人的经济损失给予补偿。财产保险合同就属于补偿性合同。另一种是给付性合同，是以支付保险金为目的，当发生保险合同订明的约定事件或保险期限到达时，由保险人根据保险合同的规定，向被保险人或受益人给付保险金。人身保险合同中除了涉及医疗费用等具有补偿性质的健康保险合同和意外伤害保险合同外，属于给付性合同。因为这类合同是对人的生命和身体的保险，而人的身体和生命是无法用金钱衡量的。人身保险合同的意义在于，通过给付保险金的形式，帮助解决被保险人由于保险事故发生而引起的经济困难，所以称为"给付性合同"。

二、保险合同的一般法律特征

由保险合同产生的保险人与被保险人的权利义务关系，属民事法律关系的范畴。保险合同一经成立，便受法律的保护。因此，保险合同具有经济合同的一般法律特征：

1. 保险合同是双方当事人意思表示一致的法律行为

保险合同必须经双方当事人意思表示一致才能成立。

2. 保险合同双方当事人的法律地位平等

保险合同双方当事人在签订保险合同时，任何一方不得把自己的意志强加给对方。保险合同以双方当事人自由、真实表达意志为前提，这也是双方当事人权利、义务对等的基础。

3. 保险合同是合法的法律行为

保险合同之所以发生法律效力，是由于双方当事人的意思表示符合国家法律和政策的规定，因而被国家承认和保护。

三、保险合同的特点

保险合同既有经济合同的一般属性，又有它的特殊属性：

1. **保险合同的保障性**

保险合同成立后，保险人根据保险合同的规定，对被保险人提供经济保障。即在保险合同有效期内，保险标的一旦遭受保险事故而发生损失，被保险人从保险人那里所得的赔款或给付金额远远超过其所付出的保险费。如果保险标的未发生损失，被保险人只付出保险费而无任何收入。保险人的情况正好相反，当有损失发生时，其所赔付的金额远远超过其所收取的保险费。如无损失发生，则保险人只收取保险费而无赔偿支出。

保险合同的保障性体现在保险人在整个保险有效期内，虽然单个保险合同所指向的风险具有随机性和不确定性，但"大数法则"保证了由多个同质风险个体所组成的总体将表现出一种统计上的稳定性。换句话说，虽然个别保险合同提供的保障是偶然的，但就保险合同所保障的全体而言，保险合同的保障性是绝对的。亚当·斯密在谈到保险的作用时写道："保险交易给个人的财产以极大的安全。通过将个人的损失分散到大量的投保人中，保险依靠整个社会而减轻了损失。"

2. **保险合同的诚信性**

任何经济合同的签订，都要以双方当事人的诚信为基点。保险合同需要双方当事人的诚信程度更甚于其他合同。因为保险合同是保障性合同，保险人决定是否承保和以什么条件承保主要以投保人或被保险人的申报和保证事项为依据，如果投保人或被保险人不如实申报保险标的的危险情况，或者隐瞒甚至以欺骗手段诱签合同，都可能影响保险人的利益，进而影响到其他投保人的利益。因此，最大诚信原则一直是公认的保险当事人订立和履行合同所必须遵守的一项原则。

3. 保险合同的双务性

双务性是指双方当事人都享有权利并承担义务。在双务合同中,当事人双方承担的义务和享有的权利相互关联、互为因果,而且承担的义务要有对价关系。在保险合同中,被保险人负有缴纳保险费的义务,享有保险事故发生后获取补偿的权利;保险人享有收取保险费的权利,负有保险事故发生后对被保险人提供补偿的义务。

但是,保险合同中的对价关系与普通民事合同中的对价关系不同。在普通民事合同中,双方的义务都是确定的。在保险合同中,就个别合同而言,对价关系是不确定的。也就是说,投保人或被保险人的义务是确定的,即一定要支付保险费。保险人是否支付赔款或给付保险金依赖于是否发生保险事故,即被保险人如发生保险事故,保险人必须赔款或支付保险金;被保险人如不发生保险事故,保险人就无须任何支出。因此,保险合同中的对价关系应理解为:投保人或被保险人负担支付保险费义务的对价,保险人负有对被保险人提供经济保障的义务。对投保人来说,这是一种期待利益。

4. 保险合同的附和性

附和性合同与协商性合同是相对的。协商性合同是双方当事人经过协商,在意愿一致的基础上订立的。附和性合同是由一方提出合同的主要内容,另一方只能在此基础上作取与舍的决定。保险合同属于附和性合同,保险人根据保险标的的性质和风险状况,对不同险种分别拟定若干保险条款,供投保人选择。对此,投保人只能依照保险条款,表示同意投保或不投保,不能提出自己所需的保险单或修改其中的内容。即使投保人有某种特殊要求,也只能采用保险人事先准备的附加条款作为对原有条款的补充,或另附特别约定批单。由于保险合同是附和性合同,投保人处于被动地位,因此在保险人和投保人之间就保险条款解释发生争议时,应作出有利于非保险合同起草人的解释,以维护投保人的利益。

第二节 保险合同应遵循的基本原则

保险在其发展的历史过程中,逐渐形成了一系列为人们所公认的基本原则,这些原则是保险活动的准则,始终贯穿于整个保险业务,保险合同双方都必须严格遵守。坚持和贯彻保险的基本原则,有利于维护保险双方的合法权益,更好地发挥保险的职能作用,保证保险有秩序地发展,保障社会经济生活的安定。

一、最大诚信原则

最大诚信原则最早起源于海上保险。在海上保险中,保险双方签订合同时,往往远离船舶和货物所在地,保险人对保险财产一般不可能作实地查勘,仅凭投保人的叙述决定是否予以承保和以什么条件承保,所以特别要求投保人诚信可靠。英国1906年《海上保险法》对最大诚信原则作了如下规定:"海上保险是建立在最大诚信基础上的保险合同,如果任何一方不遵守这一原则,他方可以宣告合同无效。"我国《保险法》第16条第1、2款也有类似规定:"订立保险合同,保险人就保险标的或者被保险人的有关情况提出询问的,投保人应当如实告知。投保人故意或者因重大过失未履行前款规定的如实告知义务,足以影响保险人决定是否同意承保或者提高保险费率的,保险人有权解除合同。"

由此可见,最大诚信原则的基本含义是:保险双方在签订和履行保险合同时,必须保持最大限度的诚意,双方都应恪守信用,互不欺骗和隐瞒,投保人应向保险人如实申报主要危险情况,否则保险合同无效。

坚持最大诚信原则的目的主要是维护保险人的权益。要求投保人诚实守信,是由于保险双方在保险行为中所拥有的信息不对称。一般而言,投保人比保险人享有更多的信息,即投保人比保险人更加了解保险标的所处的风险大小,他可事先了解保险条款和保险单内容,然后决定是否投保,因而处于主动地位;而保险人除了调查所得的情况以外一无所知,他只能根据投保人的陈述决定是否承保和如何承保。若投保人陈述不实或有意欺骗,保险人是难以及时发现的。所以,保险人在保险合同的签订过程中基本处于被动地位,这样很容易产生逆选择,保险合同的公平性将受到损害。最大诚信原则在理论上对保险人和投保人具有同样效力,但实际上主要针对投保人而言。

最大诚信原则主要有以下三方面的内容:

1. 重要事实的申报

投保人与保险人在订立保险合同的过程中,应把自己知道或应该知道的有关保险标的的重要事实尽量告知保险人,以便保险人判断是否接受承保或者决定承保的条件。

"重要事实"是实际保险业务中的概念。英国1906年《海上保险法》作了这样的规定:"影响谨慎的保险人在确定收取保险费的数额和决定是否接受承保的每一项资料就认为是重要事实。"由此可见,重要事实是指对保险人决定是否接受或以什么条件接受某一危险有影响作用的事实。在实际保险业务中,属于重要事实的主要有:超出事物正常状态的事实、有关道德危险的情况、保险人所负责任较大的事实、有关被保险人的情况、保险合同有效期内危险情况发生变化的事实等。

任何经济活动都要求当事人双方诚实守信,保险的诚信要求高于其他经济活动。重要事实的申报,是投保人或被保险人必须按照最大诚信原则承担的义务。投保人或被保险人在申请投保时,应把有关投保标的的危险情况主动如实地向保险人申报。若保险标的的危险情况发生变化,投保人或被保险人应及时通知保险人,以便保险人决定是否同意继续承担保险责任,或以什么条件接受这种变化。在保险合同期满续订时,投保人或被保险人应将有关不同于前期的危险情况向保险人申报,以便保险人决定是否接受续保,或以什么条件接受续保。在保险事故发生后向保险人索赔时,投保人或被保险人应申报对保险标的所具有的经济上的利害关系即可保利益,同时提供保险人所要求的各种真实证明,不得伪造事实或提供假证明;否则,保险人可以拒赔。

被保险人并不一定要说出他所知道的一切情况,对下列情况无须申报:
(1) 减低危险的任何情况;
(2) 保险人知道或推定应该知道的情况;
(3) 保险人表示不要知道的情况;
(4) 根据保险单明示保证条款,无须申报的事实。

在实际业务中,哪些属于重要事实必须申报,哪些情况无须申报,很难有统一明确的标准,因此只能根据具体情况确定。

2. 保证

保证是指保险人要求被保险人保证做或保证不做某事,或者保证某种事态存在或不存在。保证原则也反映了最大诚信原则。保证在保险合同的订立过程中有着重要的意义,它是构成保险合同的重要条款之一。经保险双方同意写进合同的条款即为保证条款,如果被保险人违反保证条款,保险人有权解除合同,并在保险标的发生损失时拒赔。保证可以分为明示保证和默示保证两种。

明示保证是以条款形式在合同内载明的,这种条款可作为保险单的一部分,被保险人必须遵守,否则保险人可以宣告保险单无效。例如,英国的保险单上列有"证明我们填报的单据的各项事实属实,并作为合同的基础"这样的保证条款。

默示保证在保险单上虽没有文字记载,但从习惯上或社会公认的角度看,被保险人应该保证对某种事情的行为或不为。默示保证与明示保证一样,被保险人必须遵守,如有违背或破坏,保险人可宣告保险合同无效。默示保证在海上保险中有很重要的意义,如船舶保险单要求保险船舶必须有适航能力,在航行中要按预定航道航行,不得绕航;此外,还必须经营合法的运输业务。

重要事实申报和保证都是投保人或被保险人根据最大诚信原则应尽的义务,但两者是有区别的。前者申报的是事实问题,只要如实反映便履行了义务,而申报的内容可以撤回或者更正;后者则要求事实绝对正确,要求实际事实与保证中的事实完全一致,一旦违反,不管违反保证的事实对危险是否重要,保险人即可宣告保险单无效。

案例分析

2013年3月,某厂45岁的机关干部龚某因患胃癌(亲属因害怕其情绪波动,未将真实病情告诉他)住院治疗。龚某手术后出院,正常工作。8月24日,龚某经同事吴某推荐,与其一同到保险公司投了保,办妥有关手续。填写投保单时,龚某没有申报身患癌症的事实。2014年5月,龚某旧病复发,经医治无效死亡。龚某的妻子以指定受益人的身份,到保险公司请求给付保险金。保险公司在审查其提交的有关证明时,发现龚某的病史上载明其曾患癌症并动过手术,于是拒绝给付保险金。龚妻以丈夫不知自己患有何种病并未违反告知义务为由抗辩,双方因此发生纠纷。

此案中,龚某可能确不知情,但他自己因病住院并做手术等陈述性事实必须如实告知,否则违反最大诚信原则。

3. 弃权与禁止反言

弃权是指若保险人有意识地放弃其根据合同约定可以主张的某项权利,则今后不得再向投保人、被保险人或受益人主张这种权利。比如,按法律和保险合同的约定,如果投保人对被保险人的年龄作了不实告知,而且其真实年龄不符合该险种的承保要求,保险人有权解除合同,也可以不行使这项权利。这就是弃权。

禁止反言又称"失权",是指保险人一方对某种事实向投保人、被保险人所作的错误陈述为投保人、被保险人所合理信赖,以至于如果允许保险人一方不受这种陈述的约束,将损害投保人、被保险人的权益,保险人一方只能接受其所陈述事实的约束,失去了反悔权利的一种情况。例如,投保人为自己投保人身意外伤害保险,投保时告诉保险代理人,他会在特定一段时期内从事比较危险的工作。如果保险代理人为了增加业务量,没有向被保险人提示这对于合同效力和费率的影响,则今后一旦因为这种危险工作发生意外事故,根据弃权与禁止反言原则,保险人不能行使解除保险合同的权利,必须按合同要求履行义务。

保险人的弃权与禁止反言义务是国际上的通行做法,其意义在于平衡保险合同双方当事人的利益。我国《保险法》对此没有作出明确规定,但是其某些条款体现了弃权与禁止反言的精神。例如,第16条第3款规定:"前款规定的合同解除权,自保险人知道有解除事由之日起,超过三十日不行使而消灭。自合同成立之日起超过二年的,保险人不得解除合同;发生保险事故的,保险人应当承担赔偿或者给付保险金的责任。"

在各国法律规定中,最大诚信原则尽管也有针对保险人的弃权与禁止反言的内容,但主要还是针对投保人或被保险人的。这主要是由于投保人或被保险人违反最大诚信原则的可能性或危害性往往大于保险人。投保人或被保险人违反最大诚信原则的情况主要有：

（1）未申报，指由于无意或疏忽的原因，或者对重要事实误认为不重要而遗漏或没有进行说明。

（2）误告，指对重要事实的申报不准确，但并非故意欺骗。

（3）隐瞒，指明知某些重要事实会影响保险人决定是否承保某一风险而故意不申报。

（4）欺诈，指对重要事实故意作不正确申报，或有意捏造事实，并有欺诈意图。

对违反最大诚信原则的行为，不管投保人或被保险人出于何种动机，都会给保险人的利益带来不同程度的损害。为维护保险人的正当权益，各国法律原则上都规定，只要投保人或被保险人违反了最大诚信原则，保险人可宣告保险合同无效或不承担赔偿责任。

二、可保利益原则

可保利益是指投保人或被保险人对保险标的应具有各种利害关系而享有的经济利益。当保险标的遭到损毁时，被保险人的利益会受到损害。

可保利益原则是保险合同必须遵循的原则，是指在签订和履行保险合同的过程中，投保人或被保险人必须对投保标的有可保利益，否则合同是非法或无效的。在财产保险中，要求可保利益在保险期限内始终存在；在人身保险中，只要求可保利益在签订合同时存在即可。

规定可保利益，可防止将保险变为赌博。例如，以无可保利益的他人财产或人身作为保险标的进行保险，就是一种赌博行为。这种情况在 16 世纪末 17 世纪初曾经盛行一时，被保险人将一些与其毫无利害关系的标的进行投保，完全是一种赌博。17 世纪中叶，英国政府颁布禁止赌博性质的保险法律，规定被保险人投保和索赔时一定要对保险标的具有可保利益，即有利害关系，否则法律不予承认，从而有效防止了赌博性质的保险行为的发生。

规定可保利益，可防止道德危险的发生。如果投保人对其投保的保险标的无任何利害关系，易使某些怀有不良动机的投保人在订立保险合同后故意制造保险事故，或纵容保险事故的发生，以谋取赔偿，产生道德危险。如果投保人对保险标的有可保利益，参加保险是为获得经济保障，即使保险事故发生，也只能获得损失补偿，而不会有额外获利。

规定可保利益，可限制赔偿程度。可保利益是保险人根据保险合同对被保险人经济损失所能补偿的最高限度。在财产保险合同中，赔偿应以可保利益为依据，被保险人所主张的赔偿金额不得超过其对保险标的所具有的可保利益的金额。如果不坚持补偿的最高金额以可保利益为准的原则，则被保险人可以因较少的损失而获得较大的赔偿额,超过可保利益部分同样会导致道德危险。所以,坚持可保利益原则可以防止通过保险而获利的行为。

投保人对保险标的的利益关系并不是都可作为可保利益的,可保利益必须具备下列条件:

(1)可保利益必须是已确定的或可以实现的。已确定的利益指现有的利益,如已取得财产的所有权或使用权等。可以实现的利益指将来可以获得的利益,如预期利润等。两者都必须具有客观标准,不能凭当事人主观认定。

(2)可保利益必须具有经济价值或可以估价。被保险人在保险事故发生后丧失的是其在保险标的上的经济利益,需要得到经济补偿。因此,可保利益必须在经济上有价值,可用货币估算其价值,否则就难以确定应予补偿的标准。不能用货币衡量其价值的经济损失,不具可保利益。在财产保险中,保险标的可保利益的大小是客观的、可估价的;而在人身保险中,考虑到人的身体和生命的特殊性,可保利益大小的确定具有灵活性。

(3)可保利益必须是合法的。投保人或被保险人对保险标的的可保利益不能是通过某种法律禁止的行为而获得的,如果通过违法行为对保险标的产生某种利益,并以此作为订立保险合同的依据,则合同无效。

三、损失补偿原则

损失补偿是指保险标的遭受保险责任范围内的损失时,保险人按照合同规定,以货币形式补偿被保险人所受的损失,或以实物补偿或修复原标的。无论以哪种形式补偿,只能使被保险人在经济上恢复受损前同等状态,被保险人不能因此而获得额外利益。

1. 损失赔偿原则的基本内容

(1)对被保险人遭受的实际损失进行赔偿

当被保险人的财产遭受保险责任范围内的损失后,保险人应对被保险人的实际损失给予赔偿。在实践中,应掌握下列几点:

其一,被保险人对保险标的有可保利益才能获得赔偿。按照可保利益原则,投保人只有对保险标的具有可保利益才能投保。但是,在保险合同的履行过程中,由于情况发生变化,保险事故发生时,被保险人的可保利益可能已经不存在,因此就不能获得赔偿。

其二,被保险人遭受的损失只有发生在保险期限内并且在保险责任范围内才能获得赔偿。如果被保险人的财产损失并非保险责任范围内的原因所致,就不能获得赔偿。

其三,被保险人遭受的损失必须能用价值衡量。如果被保险人遭受的损失不能用价值衡量,也就谈不上赔偿。例如,对被保险人具有特殊珍藏意义的物品被焚毁,因无法衡量其价值,既不能修复,也无法赔偿。对这种价值无法客观确定的物品,保险人一般不予承保,除非特别约定。

(2) 保险人对赔偿方式可以选择

被保险人参加保险的目的是获得经济保障,所以保险人只要保证被保险人的经济损失能够得到补偿即可。至于赔偿方式,保险人有权选择。保险人可以选择的赔偿方式有三种:

其一,货币赔偿。因为被保险人的损失是可以用价值衡量的,所以保险人可以通过审核被保险人的损失价值,支付相应价值的货币。

其二,恢复原状。当被保险人的财产遭受损失时,保险人可以出资把损坏的部分修好,使保险标的恢复到损失前的状态。

其三,换置。如果被保险人损毁的财产是实物,保险人可以赔偿与被损毁财产同等规格、型号、性能的财产。

(3) 保险人对赔偿金额有一定限度

赔偿金额的确定应掌握以下三个标准:

其一,以实际损失为限。实际损失是根据损失时的市价确定的,赔偿金额不能超过该项财产损失当时的市价。

例如,某企业投保财产综合险,确定某类固定资产的保险金额为30万元,一起重大火灾事故发生使其全部毁损,当时其市价为25万元,且企业已提折旧2万元。保险人按实际损失赔偿被保险人23万元。

其二,以保险金额为限。保险金额是保险人赔偿金额的最高限度,赔偿金额不得高于保险金额。

例如,一栋新房屋刚投保不久便被全部焚毁,其保险金额为50万元,而房屋当时的市价为60万元。虽然被保险人的实际损失为60万元,但因保单上的保险金额为50万元,所以被保险人只能得到50万元的赔偿。

其三,以被保险人对保险标的的可保利益为限。被保险人对遭受损失的财产具有可保利益是被保险人索赔的基础,被保险人获得的赔款不得超过其对被损财产所具有的可保利益。

例如,某银行开展住房抵押贷款,向某贷款人贷出款额30万元,同时将抵押的房屋投保了30万元的一年期房屋火险。按照约定,贷款人半年后偿还了一半贷款。不幸的是,不久该保险房屋发生火灾而全焚,贷款人也无力偿还剩余款额。这时,由于银行在该房屋上的保险利益只有15万元,尽管房屋的实际损失及保险金额均为30万元,但是银行也只能得到15万元的赔偿。

(4) 被保险人不得通过赔偿而额外获利

被保险人的财产只能通过赔偿恢复到受损前的状态,不能因此获得更多的利益,否则将引起道德风险。如果被保险人为获取利益而故意主动或纵容损毁保险标的,势必会影响保险业务的正常经营,甚至危害到社会。为避免或制止被保险人通过赔偿而额外获利,在保险业务中常采取下列措施:

如果保险财产遭受部分损失,仍有残值,保险人在计算赔款时,对残值应作相应扣除。如果保险人按推定全损赔付给被保险人,被保险人必须先将保险标的的一切权利交给保险人,即提出委付。

在财产保险中,如果保险事故是由第三者责任方造成的,保险人可以根据保险条款赔付给被保险人,但是被保险人必须将其对第三者进行追偿的权利转让给保险人,他不能再从第三者那里得到任何赔偿。在人身保险中,由于人的身体和生命是无价的,不存在通过保险获利,所以被保险人在领取保险金的同时可向第三者继续索赔,保险人无权干预。

如果被保险人将一份财产向多家保险人投保,当保险事故发生时,赔款将由多家保险人分担,被保险人获得的全部赔款不得超过其财产的总价值。

2. 代位求偿

代位求偿是指保险人按照保险合同的规定,对保险标的的全部或部分履行赔偿义务后,有权取得被保险人的地位,向对保险标的损失负有责任的第三者进行追偿。保险人的这种权利,称为"代位求偿权"。

实行代位求偿权的依据是,任何损害补偿合同下,被保险人都不能通过损害赔偿而获利,即不能因一笔财产的损失而从被保险人和第三者责任方那里得到双份的补偿。被保险人如果从保险人那里取得补偿,应该将赔偿请求权转移给保险人。

保险标的发生保险责任范围内的损失,应当由第三者负责的,投保方应当向第三者要求赔偿。投保方向保险方提出赔偿要求时,保险方可以按照保险合同的规定先予赔偿。但是,投保方必须将向第三者追偿的权利转让给保险方,并协助保险方向第三者追偿。

代位求偿权的成立需具备一定的条件:

(1) 被保险人因保险事故对第三者有损失赔偿的请求权。这包括两层含义:第一,事故的发生必须是保险责任范围内的原因所致,否则与保险人无关。受害人直接请求责任方赔偿或自己承担损失,谈不上代位求偿权问题。第二,保险事故的发生是由第三者责任方造成的,这样被保险人可以向第三者请求赔偿,并将赔偿请求权转移给保险人。

(2) 代位求偿权的产生必须在保险人履行赔偿义务之后。被保险人只有在得到全部赔偿后,才能把向第三者追偿的权利转让给保险人。如果保险人没有全部补偿被保险人的损失,就不能行使求偿权。

保险人在代位求偿中享有的权益不能超过赔付给被保险人的金额,如从第三者责任方追偿到的金额大于其赔偿给被保险人的金额,超出部分应返还给被保险人。

保险人的代位求偿权仅在损害保险中适用,人身保险不存在代位权,因为人身保险合同是给付性合同,而非补偿性合同。

例如,干某购得新车一辆,并在保险公司办理了财产保险,保险价值10万元。某日,一出租汽车司机徐某违章驾驶而将干某的新车后部撞坏,造成损失1万元。干某既可以选择向徐某索赔,也可以选择要求保险公司赔偿。若干某选择要求保险公司赔偿,则须将向徐某索偿的权利转让给保险公司。保险公司向干某支付了全部赔偿费后,即可代位向徐某索偿。若干某选择要求保险公司赔偿,又放弃对徐某的索赔权,则保险公司不承担赔偿的责任。

3. 委付

委付是指保险人将受损后的保险标的的一切权益转移给保险人,而请求支付全部保险金额的权利。这种方法在海上保险中较为常见。当保险标的虽未达到全损程度,但有全部损失的可能,或修复费用将超过其本身价值时,被保险人为取得全部保险赔偿,可将该标的的残余利益及标的上的一切权利转移给保险人。委付时,被保险人必须向保险人发出书面委付通知,经保险人同意接受才生效。委付一经保险人接受,被保险人不得反悔。保险人接受委付前,要慎重评估该标的的价值以及标的所附加的利益关系,慎重考虑接受委付的利弊,弄清各方面的情况。因为保险人一旦接受委付,委付即告成立,保险人即按标的全损赔偿被保险人,同时接受该保险标的本身及标的所附的权利义务,不得反悔。由于委付系标的产权转移,保险人在处理标的时得到的利益可能超过赔偿的金额,这部分也全部归保险人所有。保险人对第三者有损害请求权,其索赔金额可能超过给付金额;也有可能处理标的时产生新的债务和费用,引发更大的损失,同样归保险人所负责。这与代位求偿权有所不同。

4. 重复保险分摊

在财产保险中,被保险人将同一保险标的向两个或两个以上保险人投保同一危险,其保险金额的总和超过保险标的的实际价值,构成重复保险。人身保险中不存在重复保险问题。

对重复保险如不加以限制,被保险人有可能就同一保险标的在相同危险中的损失,从不同保险人那里得到赔偿,获得额外利益。为防止这种情况出现,被保险人一旦发生保险责任范围内的损失,需要在不同保险人之间分摊保险赔款。分摊赔偿一般有以下几种:

(1)顺序责任。即由先出立保单的保险人首先负责赔偿,第二个保险人只负责超出第一保险人的保险金额部分,如果仍有超出部分,即依次由第三个、第四个保险人负责赔偿。

(2)比例责任。即将各保险人的保险金额相加,除以各保险人的保险金额,

得出每个保险人应分摊的比例,然后按比例分摊损失金额。各保险人的赔款的计算公式如下:

$$赔款 = 损失金额 \times \frac{该保险人的保险金额}{各保险人保险金额总和}$$

(3)限额责任。即假定在没有重复保险的情况下,由各保险人按单独应负的责任限额比例分摊赔款。各保险人的赔款的计算公式如下:

$$赔款 = 损失金额 \times \frac{该保险人的保险金额}{各保险人保险责任总和}$$

例如,某投保人的财产价值10万元,他分别与甲、乙、丙三家保险公司签订财产保险合同。甲、乙、丙公司承保的保险金额分别为8万元、10万元、12万元,构成重复保险。投保人因发生火灾损失10万元,如果按照比例责任的分摊原则,甲保险公司需赔偿2.7万元,乙保险公司需赔偿3.3万元,丙保险公司需赔偿4万元;如果按照限额责任的分摊原则,甲保险公司需赔偿2.85万元,乙保险公司需赔偿3.57万元,丙保险公司需赔偿3.57万元;如果按照顺序责任的分摊原则,甲保险公司需赔偿8万元,乙保险公司需赔偿剩余的2万元。

四、近因原则

近因是指造成保险标的损失的最直接、最有效的原因。近因原则是保险理赔过程中必须遵循的原则。按照这一原则,当被保险人的损失是直接由于保险责任范围内的事故造成的时,保险人才给予赔偿。即保险事故的发生与损失事实的形成之间必须有直接因果关系的存在,才能构成保险赔偿的条件。

英国1906年《海上保险法》第55条规定:"根据本法的规定,除保险合同另有规定外,任何灭失的近因是由于承保的危险所造成的,保险人承担责任,且保险人依据上述规定,不承担任何灭失的近因非承保的危险所造成的责任。"近因原则为世界各国的保险人所采用,一直沿用至今。这一原则强调在保险合同项下的保险人仅赔偿由保险人承保的、保险责任范围内的原因所导致的保险标的的损失,而不赔偿保险责任范围外的原因所造成的保险标的的损失,也不赔偿保险人不承保的保险责任范围内的原因所导致的标的损失。

案例分析

北京市西城区人民法院审结了一起人身意外伤害保险纠纷案,支持保险公司的拒赔决定。原告赵女士诉称,2003年10月10日,原告与被告太平洋人寿北京分公司签订了个人人身意外伤害保险保险单一份,被保险人为原告之夫李某某。2004年8月13日,李某某骑自行车摔倒后死亡。原告后向被告索赔遭拒,现诉请被告赔付保险金10万元。法院经审理后查明,本案中李某某先发生摔倒的情况,后发生死亡的情况。可以确认的是,摔倒造成了李某某左颧部有一处2×3厘米皮挫伤和左膝部有一处2×2厘米皮挫伤的后果。在通常情况下,上述伤情不会直接造成当事人死亡的后果。因此,法院认为,现有证据不足以证明摔倒是引发李某某死亡的直接原因,从而证明李某某的死亡符合本案所涉之保险合同承保范围。法院据此依法驳回了赵女士的诉讼请求。

在实践中,近因原则可分为以下几种情况:

1. 单一原因造成的损失

如果造成损失的原因只有一个,而这一原因又是保险人承担的风险,那么这一原因就是损失的近因,保险人应负赔偿责任;反之,则不负赔偿责任。例如,货物在运输途中遭受雨淋而受损,如果被保险人在水渍险基础上加保淡水雨淋险,保险人应负赔偿责任;如果被保险人只保水渍险,则保险人不负赔偿责任。

2. 多种原因造成的损失

如果造成保险标的损失的原因不是一个,而是两个或两个以上,就应作具体分析:

如果损失是由多种原因造成的,这些原因又都是保险责任范围之内的,该项损失的近因肯定是保险事故,保险人应负赔偿责任;反之,如果造成损失的多种原因都是保险责任范围以外的,保险人不负赔偿责任。例如,货物在运输途中遭受淡水雨淋和钩损,如果被保险人保的是一切险或者在水渍险基础上加保了淡水雨淋险和钩损险,则保险人应负赔偿责任;如果被保险人只保水渍险,则保险人不负赔偿责任。

如果损失是由多种原因造成的,这些原因中既有保险责任范围内的,也有保险责任范围外的,保险人首先应该分清哪些是保险责任范围内的、哪些是保险责任范围外的,然后根据情况区别对待。

如果前面的原因是保险责任范围内的,后面的原因不是保险责任范围内的,且后面的原因是前面的原因导致的必然结果,则前面的原因是近因,保险人应负责赔偿。例如,包装食品投保水渍险,运输途中遭受海水浸湿,外包装受潮后导致食品发生霉变损失,霉变是海水打湿外包装后水汽侵入造成的结果,保险人应负责赔偿。

如果前面的原因不是保险责任范围内的,且后面的原因是保险责任范围内的,后面的原因是前面的原因导致的必然后果,则近因不是保险责任范围内的,保险人不负赔偿责任。例如,花生含水量过高,在运输途中发生霉变,虽保了一切险,霉变属保险责任,但近因是花生含水量过高,不是保险责任范围内的,保险人不负赔偿责任。

案例分析

某企业运输两批货物,第一批投保了水渍险,第二批投保了水渍险并加保了淡水雨淋险。两批货物在运输中均遭受雨淋而受损。显然,两批货物损失的近因都是雨淋,由于第一批货物损失的近因属于除外风险,因此得不到保险人的赔偿;而第二批货物损失的近因则属于保险风险,保险人应予以赔偿。

运用近因原则的目的是保障保险人的利益,限制保险人的赔偿范围,对损失的近因不属保险责任范围内的,保险人不负赔偿责任。如果近因原则在运用过程中出现争执和纠纷,应本着实事求是的精神,通过协商解决。

第三节 保险合同的形式

一、投保单

投保单是投保人向保险人申请订立保险合同的书面要约,由投保人在申请保险时填写。保险人根据投保单签发保险单,它是保险合同的组成部分。在投保单中,一般列明订立保险合同所必需的项目,投保人要将保险标的的危险状况等事项如实填写,保险人据此决定是否承保或以什么条件承保。如果投保单填写的内容不实或故意隐瞒、欺诈,将影响保险合同的效力。投保人填具投保单后,须经保险人签章承保,保险合同才告成立。

二、保险单

保险单是保险人与被保险人之间订立保险合同的正式书面证明。保险单必须完整记载保险合同双方当事人的权利义务及责任。保险单记载的内容是合同双方履约的依据。由于各种业务承保的标的和保险责任不同,因此保险单在格式和条款文字上也不尽相同。但是,保险单在明确各自权利义务关系上是一致的。保险单的主要内容包括:(1) 声明事项,指投保人提供的有关保险标的的危险的重要情况,是保险人承保的依据。例如,被保险人的名称、保险标的、数量、质量、坐落地点、保险金额、保险期限、保险费的确定和支付方式,以及其他有关承保危险的声明事项。(2) 保险事项,指保险人的各项承诺。例如,损失赔偿、责任赔偿、费用负担、保险金的给付等。(3) 除外事项,指保险人不负赔偿或给付责任的范围。例如,被保险人的故意行为,保险标的在保险责任开始之前的缺陷、特殊危险。(4) 条件事项,指保险合同双方当事人为享受权利所必须履行的义务。例如,保险事故发生后,被保险人应及时采取措施并通知保险人,提供必要的单证、索赔时效的规定、代位求偿、争议处理等。

根据我国有关法律规定,保险单是保险合同订立的证明,保险合同的存在与否不以保险人是否出立保险单为准,投保人的要约经保险人承诺后,保险关系即告成立。即使保险事故发生在保险单签发之前,保险合同仍然有效,保险人仍然负有赔偿责任。除非保险合同双方当事人事先约定保险合同的生效以出立保险单为准,保险人才不负赔偿责任。

三、保险凭证

保险凭证是保险合同的一种书面证明,也称"小保单"。保险凭证上不印保险条款,实际上是一种简化了的保险单,与保险单具有同等效力。凡是保险凭证上没有列明的,均以同类保险单为准。我国目前在货物运输保险中普遍使用保险凭证。例如,保险公司与外贸公司商定,采用一种"联合凭证",它附印在外贸公司发票上,当外贸公司缮制发票时,保险凭证也办妥了。发票上仅注明承保险别、保险金额、检验和理赔代理人名称和地址等,作为已保险的凭证,其他均以发票所列内容为准。保险事故发生后,按承保险别的有关条款理赔。

四、暂保单

暂保单是指保险单没有发出之前出立给投保人或被保险人的一种临时凭证,内容比较简单,表明投保人已经办理保险手续,等待保险人出立正式保险单。暂保单不是订立保险合同的必经程序。使用暂保单一般有以下三种情况:(1)保险代理人在争取业务时,未向保险人办妥保险单手续之前,给被保险人的一种证明;(2)保险公司的分支机构在接受投保后,还未获得总公司的批准,先出立的保障证明;(3)在洽订或续订保险合同时,订约双方还有一些条件需商讨,在没有完全谈妥之前,先由保险人出具给被保险人的一种保障证明。暂保单具有和正式保险单同等的法律效力。暂保单的有效期一般不长。正式保险单出立后,暂保单自动失效。保险人在正式出立保险单之前,也可以终止暂保单的效力,但必须提前通知投保人。

五、预约保险合同

预约保险合同是指保险人和被保险人事先约定保险范围,是一种不定期的保险合同,主要用于货物运输保险和再保险。在货物运输保险中,预约保险合同载明了承保货物的范围、险别,以及每批货物的最高保险金额和保险手续、保险费结算办法等。属于预约保险合同范围的货物一经起运即自动按保险合同所列条件予以负责,被保险人在每批货物起运时应将货物发运的航程、保险金额等有关情况直接通知保险人,保险人及时出立保险凭证作为被保险人办理结汇的依据,保险费通常按月结算。我国的进口货物运输保险大都采用这种方式。在再保险中,预约分保合同主要适用于火险和水险的比例分保。

六、批单

批单是指对保险合同进行修改、补充或增删内容,由保险人出立的一种凭证。保险合同订立后,在有效期内,双方当事人都有权通过协议更改保险合同内容。如果被保险人需要更改险别、户名、地址、运输工具的名称、保险期限、保险金额等,均须经保险人同意后出立批单。批单可以在原保险单或保险凭证上批注,也可以另外出立一张变更合同内容的单证。保险单经过批改,应以批单所规定的内容为准。

第四节 保险合同分类

为弄清各类保险之间的联系与区别,明确各种不同类别保险的保障内容和责任范围,需要对保险进行分类。保险合同种类的划分,在不同场合,根据不同要求与不同角度,有各种不同的分类方法。世界各国对保险的分类尚没有形成一个固定的原则和统一的标准。以下介绍几种常用的分类方法:

一、按实施方式分类

保险可分为自愿保险和强制保险。

自愿保险又称"任意保险",是投保人和保险人在平等互利、等价有偿和协商一致的基础上,采取自愿方式签订保险合同从而建立的保险关系。自愿原则体现在:投保人可以自行决定是否参加保险、保什么险、投保金额多少和起保的时间,保险人可以决定是否承保、承保的条件以及保费大小。对不满足保险人所提要求的,保险人可以拒绝承保。但是,对符合法律或条款规定的风险,保险人不得拒保。保险合同成立后,保险双方应认真履行合同规定的责任和义务。保险期满后,投保人可以办理续保手续,否则保险责任即告终止。一般情况下,被保险人有中途退保的权利,而保险人无中途取消保险合同的权利。自愿保险是保险市场上普遍采用的形式。

强制保险又称"法定保险",是保险双方根据政府颁布的有关法律建立的保险关系,凡是在规定范围内的单位或个人,不管愿意与否,都必须参加保险。法定保险具有两个明显的特征:(1)全面强制性。这表现在,凡是属于法律规定的保险对象,都必须参加保险。社会保险就是一种强制保险,有些国家规定具有本国公民身份的人无论是否愿意,一律依法参加。(2)保险金额由法律规定。强制保险的保险期限是连续的,即使投保人不缴纳保险费,保险合同依然有效。但是,欠交的保险费应补交,同时交纳罚金。社会保险属于强制保险,但强制保险并不仅仅局限于社会保险。我国规定的属于强制保险范围内的商业保险包括:铁路、公路旅客意外伤害保险,飞机旅客法定责任保险。另外,我国对机动车辆保险实施事实上的强制保险。

二、按保险风险转移方式分类

保险可分为原保险、再保险、重复保险和共同保险。

原保险是保险人对被保险人直接承保风险的保险。它是由保险人与投保人签订正式保险合同,明确双方权利和义务关系,是保险人对被保险人单独承保。

再保险是指保险人通过订立合同,将自己已承保的风险全部或部分转移给另一个或几个保险人,以降低自己所面临风险的保险行为。简单地说,再保险即"保险人的保险"。分出自己承保业务的保险人称为"原保险人",接受再保险业务的保险人称为"再保险人"。

重复保险又称"双重保险"或"多重保险",是指投保人以同一个保险标的,向两个或两个以上的保险人同时投保。重复保险的保险金额总和往往超过保险标的的价值。发生损失时,根据保险赔偿原则,被保险人所获得的最高赔偿金额不能超过其价值。为防止被保险人获得额外赔款,通常采用顺序责任、比例责任、限额责任的方式,在各保险人之间分摊赔偿责任。

共同保险是一种对付巨灾风险的保险方式,是指两个或两个以上保险人联合,共同承保同一保险标的的同一危险,其保险金额不超过保险标的的实际价值。这种保险有利于分散危险,减轻保险人的责任。保险单可由一个保险人签发,也可由几个保险人按照各自承保金额签发。在被保险人认为保险财产金额不足的情况下,向其他保险人投保,也属于共同保险。共同保险的保险标的受到损失时,保险人通常按各自承保的金额比例分摊赔偿责任。

三、按保障范围分类

保险可分为财产保险、人身保险、责任保险和保证保险。

财产保险是以财产及其有关的利益作为保险标的的保险。保险人对因各种自然灾害和意外事故而造成的物质及其有关利益的损失负经济赔偿责任。财产保险的种类很多,主要有家庭财产保险、企业财产保险、海上保险、运输保险、火灾保险、农业保险等。

人身保险是以人的生命和身体作为保险标的的保险。当保险人向投保人或被保险人收取约定的保险费后,如果被保险人在保险有效期内因疾病或意外事故伤残、死亡或保险期满,由保险人给付保险金。人身保险的主要种类有:人寿保险(包括死亡保险、生存保险、两全保险等)、健康保险和人身意外伤害保险。

责任保险是以民事损害赔偿责任为保险标的的保险。被保险人在进行各种生产活动和日常生活中，由于疏忽、过失等行为造成他人财产损失或人身伤害，可通过保险转嫁其应负的经济赔偿责任。责任保险的主要种类有：公众责任险、雇主责任险、产品责任险和职业责任险等。

保证保险是保险人为被保证人向权利人提供担保的保险，保险人负责赔偿权利人因被保证人不履行合同义务而受到的经济损失。保证保险与一般保险不同，它有三个当事方，即保证人、权利人和被保证人。在保证保险中，权利人和被保证人都可作为投保人。因此，保险又有保证保险和信用保险之分。当被保证人为投保人时，称为"保证保险"；当权利人为投保人时，称为"信用保险"。发生保证事故，使权利人遭受经济损失，而被保证人又无法给予补偿的，由保险人代为补偿。保险人支付的任何补偿，有权向被保证人追偿。保证保险的主要种类有：忠诚保险、履约保证保险、产品保证保险、商业信用保险和出口信用保险等。

四、按保险保障主体分类

保险可分为个人保险和团体保险。

个人保险是为满足个人和家庭需要，以个人作为承保单位的保险。

团体保险一般用于人身保险，是用一份总的保险合同，向一个团体中的众多成员提供人身保险保障的保险。在团体保险中，投保人是团体组织，如机关、社会团体、企事业单位等独立核算的单位组织，被保险人是团体中的在职人员。已退休、退职的人员不属于团体保险的被保险人。另外，对于临时工、合同工等非投保单位正式职工，保险人可接受单位对其提出的特约投保。团体保险包括团体人寿保险、团体年金保险、团体人身意外伤害保险和团体健康保险等。

五、按是否以营利为目标分类

保险可分为商业保险和社会保险。

商业保险是指保险公司所经营的各类保险业务。商业保险以营利为目标，进行独立的经济核算。

社会保险是指在既定的社会政策的指导下，由国家通过立法手段对全体社会公民强制征缴保险费，形成保险基金，用以对其中因年老、疾病、生育、伤残、死亡和失业而导致丧失劳动能力或失去工作机会的成员提供基本生活保障的一种社会保障制度。社会保险不以营利为目标，运行中若出现赤字，国家财政将给予支持。社会保险具有以下特征：(1) 强制性。社会保险是国家通过立法形式，对社会成员强制实行的一种社会保障制度。(2) 非完全对等性。社会保险是一项有利于低收入阶层的分配制度。(3) 普及性。社会保险以法定社会成员为保障对象，任何陷入经济困境的法定社会成员，无论其年龄大小、工作年限长短，都可从政府处获得经济补偿。(4) 经济补偿性。社会保险保障水平的确定,既要考虑劳动者原有生活水平和社会平均消费水平,又要考虑劳动者平均工资提高速度、通货膨胀率、财政负担能力等因素,再加上社会保险具有广覆盖的特点,因而保障水平不可能很高。

思考题

1. 保险合同的概念是什么?它有什么特点?
2. 概述保险合同的四大原则。
3. 保险合同有哪些具体形式?
4. 简述常用的几种保险分类方式。

第九章 保险合同内容

☞ **学习目的**

使学生掌握保险合同的主体、客体的概念,熟悉保险合同的基本条款以及保险合同的订立、变更、终止程序和争议处理的方法。

第一节 保险合同的主体与客体

一、保险合同的主体

保险合同的主体是指参加保险这一民事法律关系并享有权利和承担义务的人。在民事法律关系中,享有权利的一方称为"权利主体",负有义务的一方称为"义务主体"。大多数民事法律关系的参加者既是权利主体,又是义务主体。保险关系也不例外。在保险合同中,从缴纳保险费这一权利义务关系看,保险人是权利主体,投保人是义务主体;从发生保险事故给予补偿或给付保险金这一权利义务关系看,被保险人是权利主体,保险人是义务主体。保险人必须具备法人资格,自然人不得经营保险(英国劳合社除外);而被保险人既可以是自然人,也可以是法人,同时还需具备权利能力(即具有享有民事权利、承担民事义务的资格)和行为能力(即以自己的行为取得民事权利和承担民事义务的能力)。这样,保险合同的主体才能认识到自己的行为的法律后果,通过自己的行为取得法律所赋予的权利,并承担相应的义务,以体现保险合同双方当事人的真实意志,保证保险合同的正确履行。

二、保险合同的当事人、关系人与辅助人

1. 保险合同的当事人

保险人,也称为"承保人",是保险合同当事人的一方,是设计保险合同、收取保险费并且在保险事故发生时对被保险人承担损失赔偿或给付保险金的主体。保险人必须经政府有关部门审查认可,方可经营保险业务。政府对保险人资格的审查一般比较严格,保险人必须具有一定数量的资本金,保持应有的偿付能力。

在我国,保险人是依法经营保险业务的保险公司。保险人主要有以下几大类:

（1）股份有限公司组织形式的保险公司。它是保险公司基本的组织形式。股份有限公司组织形式的保险公司还可以分为上市公司和不上市公司。上市公司对公司资本的构成、公司的经营、信息披露等都有更高的要求。

（2）有限责任公司组织形式的保险公司。有限责任公司与股份有限公司一样，也是保险公司的组织形式之一。

（3）外商独资保险公司。这是由境外保险公司投资，在中国境内设立的保险公司，它是独立的企业法人。它的设立必须经中国保险监管机构的批准。根据《保险法》等有关法律、法规的规定，它的最低注册资本必须是2亿元人民币或等值自由兑换货币。

（4）中外合资保险公司。这实际上也是一种股份有限公司组织形式的保险公司，只是它的资金来源分别是中国境内的投资者和境外的投资者（一般是境外的保险公司）。

（5）外国保险公司的分公司。这一类保险公司由设立它的总公司拨付不少于2亿元人民币等值的自由兑换货币的营运资金，授权并经中国保险监管机构批准，在中国经营保险业务。按照我国《公司法》和有关法律、法规的规定，外国保险公司的分公司不具有法人资格，其民事责任及其税务、债务责任由设立它的总公司承担。

（6）相互保险公司。作为保险业特有的组织形式，它是由所有参加保险的人自己设立的保险法人组织，其经营目的是为各保单持有人提供低成本的保险产品，而不是追逐利润。2004年底，作为建立政策性农业保险制度的一个试点，国务院批准在黑龙江垦区设立了我国第一家相互保险公司——阳光农业相互保险公司。

（7）专业自保公司。它是那些由其母公司拥有的，主要业务对象即被保险人为其母公司的保险公司。它是一种由其组织上隶属的母公司紧密控制的，专为其母公司提供保险服务的组织机构。

自2009年10月1日起正式实施的《保险法》为适应保险业的发展需要，删除了有关保险公司组织形式的特别规定，保险公司在组织形式上直接适用《公司法》，既可以采取股份有限公司的形式，也可以采取有限责任公司或其他形式。

投保人，也称为"要保人"，是保险合同当事人的另一方，是向保险人申请订立保险合同并负有缴纳保险费义务的主体。值得注意的是，未取得法人资格（即无权利能力和行为能力）的组织不能成为保险合同的投保人，无行为能力的自然人也不能成为保险合同的投保人；否则，合同成立也属无效。

2. **保险合同的关系人**

（1）被保险人。被保险人是受保险合同保障的人，是保险事故发生后有权按照保险合同的规定,向保险人要求赔偿或领取保险金的人。在财产保险合同中,被保险人是对保险标的具有所有权或其他利益的人,当保险事故发生使其受到损失时,他有权要求保险人赔偿;在人身保险合同中,被保险人就是保险保障的对象,当发生约定的保险事件或保险期满时,他有权要求保险人给付保险金。

被保险人与投保人的关系有两种情况:一种是投保人为自己的利益而签订保险合同,这时投保人即为被保险人,属当事人范畴。另一种是投保人为他人的利益而签订保险合同,这时投保人和被保险人为两个不同的人,被保险人属关系人范畴。

(2) 受益人。受益人是保险合同中由被保险人或投保人指定,在被保险人死亡后有权领取保险金的人,一般见于人身保险合同。如果投保人或被保险人未指定受益人,他的法定继承人即为受益人。受益人在被保险人死亡后领取的保险金不得作为死者遗产,用来清偿死者生前的债务,受益人以外的他人无权分享保险金。被保险人或投保人可以在保险合同期限内解除原定受益人的受益权,但必须通知保险人。在保险合同中,受益人在享有权利的同时,无须承担缴纳保险费的义务,其受益权以其在被保险人死亡时尚生存为条件。若受益人先于被保险人死亡,则受益权应回交投保人或被保险人,由投保人或被保险人另行指定新的受益人,不能由原受益人的继承人继承受益权。

3. 保险合同的辅助人

保险合同的辅助人是对完成、促使或帮助保险合同的订立起辅助作用的人。保险合同可以由双方当事人之间直接订立,也有在他人的帮助、撮合下订立的,辅助人在保险市场的发展中是必不可少的。保险合同的辅助人主要有保险代理人和保险经纪人等。

保险代理人是保险人的代理人,他以保险人的名义,在保险人授权范围内向投保人或被保险人进行意思表示,或接受投保人或被保险人的意思表示。保险代理人行为所产生的法律后果,直接由保险人承担。在代理的法律关系中,保险代理人是代理人,保险人是被代理人,投保人或被保险人是第三人。在实际业务中,保险代理人主要是根据保险人的授权招揽或接受保险业务,出立暂保单或保险单,代收保险费,代理检验损失,理算赔款等。保险代理人的佣金或手续费由保险人承担。

保险经纪人是投保人的代理人,他受投保人的委托,办理投保手续,代交保险费,或者受被保险人的委托,向保险人请求赔款或给付保险金。在代理的法律关系中,保险经纪人是代理人,投保人或被保险人是被代理人,保险人是第三人。经纪人的权利是在投保人或被保险人的授权范围内行使的,其行为或不为不能约束保险人,但可以约束投保人或被保险人。因经纪人的疏忽或过失而使被保险人遭受损失的,由经纪人负赔偿责任。当保险人接受经纪人安排的业务后,由保险人向保险经纪人支付佣金。

保险代理人与保险经纪人的主要区别在于：

（1）代表利益不同。保险代理人代表的是保险人的利益，代理保险人选择投保人，代理销售保险人的保险商品，代表保险人与投保人签订保险合同；而保险经纪人代表的是投保人的利益，代理投保人选择保险人，从各个保险人出售的保险商品中选择符合投保人需要的保险商品，代表投保人与保险人签订保险合同。

（2）选择保险公司不同。保险代理人只能出售自己所代理的保险公司的商品，不能对市场上各个保险公司的保险商品进行选择；而保险经纪人可以从市场上任何一家保险公司选择合适的保险商品，可以对保险市场上的所有保险商品进行比较或组合后推荐给投保人。

（3）法律责任不同。保险代理人是为被代理的保险公司开展经营活动，代理活动的法律后果由被代理的公司承担；而保险经纪人是以自己的名义开展经营活动，是具有独立法律地位的经营实体，以自己的名义享有民事权利、承担民事义务，自己承担经纪活动的后果。

（4）权利义务不同。保险代理人是向被代理的保险人收取佣金，而保险经纪人是向保险合同成交的另一方保险人收取佣金。在保险合同成立后，投保人没有支付保险费的情况下，代理人没有代投保人垫付的义务，也没有留置保险单的权利；而经纪人却有垫付保险费的义务，因而也有在投保人支付保险费前留置保险单的权利。保险经纪人还有协助被保险人或其受益人索赔的义务，而保险代理人一般没有这个义务。

（5）业务范围不同。保险代理人的业务范围由代理合同规定，一般情况下是代理销售保险商品、收取保险费等，因而其经营范围受代理合同的约束，被代理的保险人也有数量上的限制，业务活动有一定的被动性；而保险经纪人可以独立进行中介、代理、咨询等经营活动，不受某一个委托协议的约束，业务经营活动具有主动性和自主性。

三、保险合同的客体

保险合同的客体是指保险人和被保险人双方权利和义务所共同指向的对象。在民事法律关系中，客体是主体享有权利和履行义务的目标。没有客体，权利和义务就会失去目标而落空。在保险合同中，没有客体，就没有保险当事人双方的权利和义务可言。如果双方当事人只约定保险关系，而未指出保险合同的客体是什么，那么这项保险关系就因缺乏客体而不能成立。保险合同的客体并不是保险标的本身，而是投保人或被保险人对保险标的所具有的可保利益。

四、保险标的与可保利益

保险标的是构成保险关系的一个重要条件。当保险人与投保人订立保险合同时,必须明确保险标的,即明确保险所要保障的对象。明确保险标的,也就明确了保险事故可能发生的本体。对投保人来说,只有在投保时明确保险标的,才能在遭遇保险事故时向保险人索赔。对保险人来说,所承担的责任并不是保证保险标的不发生意外事故,而是承担被保险人因保险标的损失所带来的经济上的赔偿责任。

可保利益是投保人或被保险人对保险标的所具有的经济上的利害关系。可保利益与保险标的的含义不同,但两者又是相互依存的。可保利益以保险标的的存在为条件,表现为:保险标的存在,投保人或被保险人的经济利益也存在;当保险标的遭受损失时,被保险人将蒙受经济上的损失。投保人或被保险人向保险人投保,要求获得的经济上的保障,不是保险标的本身,而是保险标的所具有的经济上的利益。所以,保险合同中权利义务所指向的客体是可保利益。

第二节 保险合同基本条款

一、保险合同的内容

保险合同的内容,是被保险人与保险人的权利和义务。在民事法律关系中,权利是指法律赋予人们的某种权益,表现为享有权利的人有权做出一定行为或要求他人做出一定行为,以实现其权益。义务是指负有义务的人必须做出一定行为或不为,以保证权利人的权利得以实现。保险合同一经订立,保险人和被保险人双方必须履行合同规定的义务,并享有相应的权利,即投保人或被保险人必须按照合同的规定履行缴纳保险费的义务,保险人则享有收取保险费的权利;而在保险事故发生并遭受经济损失或约定事件出现时,保险人必须按照合同的规定履行赔偿或给付保险金的义务,被保险人则享有获得赔款或保险金的权利。

二、保险合同的条款

保险人与被保险人的权利义务具体体现在保险合同的条款上。保险合同的条款是指保险合同双方当事人关于权利义务关系协议的条文,它是保险单的一个重要组成部分,是保险人与被保险人享受权利和履行义务的依据。

1. 保险标的

即保险合同载明的投保对象或保险保障的对象。财产保险的保险标的是各种财产本身及其有关的利益和责任。人身保险的保险标的是人的身体或生命。

2. 保险金额

即投保人对保险标的实际投保的金额,也是保险人计算保险费的依据和负责赔款或给付保险金的最高限额。财产保险金额可以按照保险财产的实际价值、重置重建价格或估价等方法确定。人身保险的保险金额是根据被保险人的实际需要和缴付保险费的能力确定的,因为人的生命价值难有客观标准。

3. 保险费

即投保人或被保险人根据保险合同的规定,为取得在保险事故发生后获得赔款或保险金的权利,付给保险人的价金。保险费一般按保险金额与保险费率的乘积计算,或按固定的金额收取。缴付保险费是投保人或被保险人的基本义务,是保险合同生效的重要条件。在人身保险中,一般都规定只有在投保人或被保险人首次缴付保险费后,保险合同才生效。财产保险的保险费一般按年缴付。人身保险的保险费既可一次缴清(称为"趸缴"),也可按月、季度、年等分期缴纳。

4. 保险责任

即保险人承担的具体风险,它规定了保险人对被保险人承担经济赔偿或保险金给付责任的范围,是保险合同的基本条款。也就是说,只有发生保险责任范围内的事故,才能给予赔偿或给付保险金。保险合同中的保险责任条款通常由保险人事先制定好,由投保人根据需要选择。

5. 除外责任

即保险单规定的保险人不负赔偿责任或给付保险金责任的范围。除外责任的表示方法有两种:一是采用列举方式,即在保险条款中明文列出保险人不负赔偿责任的范围。一般的保险条款都采用这种方式。二是采用不列举方式,即凡是保险单中未列入保险责任的,都属于除外责任。

从逻辑上说,凡是保险责任中未规定的,都属于除外责任,而且保险责任已列明,没有必要再规定除外责任。但是,在保险条款中通常都列明除外责任,原因有两个:一是某些事件不属于保险责任,但容易与保险责任混淆,需加以明确。二是剔除一部分保险责任。一般保险责任中包括的事件很多,难以穷尽,所以先把保险责任规定为一个事件集,在事件集内的绝大多数事件是保险责任,只有一小部分事件不属于保险责任,然后再把其中不属于保险责任的那一小部分事件规定为除外责任予以剔除。

6. 保险期限

即保险合同的有效期限,是订立保险合同的双方当事人享受权利和履行义务的起讫时间。在这一期间内发生的保险事故,保险人负赔偿责任。保险期限是计算保险费的依据之一,也是保险人履行保险责任的期间,所以它是保险合同的主要内容之一。

保险期限有三种计算方法:(1)按时间计算。例如,我国的企业财产保险、家庭财产保险和人身保险的保险期限都按时间计算。(2)按航程计算。例如,货物运输险的保险期限通常按运输的航程计算,即以一个航程或连续几个航程为保险期限。(3) 按工期计算。例如,建筑工程和安装工程保险的保险期限是按工期计算的,即自工程动工日起,至工程竣工验收日止。

7. 保险赔偿

即保险人对被保险人因保险事故的发生造成损失给予经济补偿,或因保险事件的出现对被保险人或受益人给付保险金的行为。保险赔偿有一定的计算赔偿金额的方式,并要履行一定的手续。

第三节 保险合同的订立、变更、终止与争议处理

一、保险合同的订立

保险合同订立是保险人和投保人意思表示一致的法律行为。合同订立的过程,是双方当事人就合同内容通过协商达成协议的过程。任何合同的订立,都必须经过要约和承诺两个阶段。

要约是合同当事人一方向另一方表示愿与其订立合同的提议,只表示订立合同的愿望。要约具有一定的法律意义。要约生效后,要约人不得撤回或变更其要约。因为在要约有效期限内,受约人可能因接到要约而拒绝他人的要约,或已为履行合同作了某些准备,如要约人随意撤回或变更其要约,受约人可能因此而蒙受损失。要约生效后,受约人即获得承诺的权利,但没有必须承诺的义务。要约发出后,遇到下列情况,要约人不再受要约的约束:(1) 要约被受约人拒绝;(2) 承诺期限已过;(3) 要约在其发生效力之前由要约人撤回。

在保险合同中,投保人一般为要约人。投保人根据保险人事先拟定好的保险条款内容填具投保单,并交给保险人的行为即为要约。

承诺是受约人对要约人提出的要约全部接受的意思表示,即受约人向要约人表示愿意完全按照要约内容与其订立合同的答复。承诺的内容应当与要约的内容相一致。承诺的法律效力表现为,要约人收到受约人的承诺时,合同即告成立。承诺和要约一样,准许在送达对方之前或同时撤回,但迟到的撤回承诺的通知不发生撤回承诺的效力。

在保险合同中,保险人在接受投保人填具的投保单并在其上签章后,即视为承诺,保险合同成立。

在签订合同过程中,双方当事人往往有一个协商过程,如要约人对受约人提出要约,受约人对要约人的要约提出修改或需附带一些条件。这时,受约人的行为就被认为是提出新的要约,原要约人和受约人的法律地位互换,原要约人成为新的受约人,原受约人成为新的要约人。一个合同的签订需要经过要约、新要约……直至承诺的过程。保险合同的签订也会出现这种情况。

案例分析

2014年4月29日,某公司为全体员工投保了团体人身意外伤害保险,保险公司收取了保险费并当即签发了保险单,在保险单上列明的保险责任期间自2014年5月1日起至次年4月30日止。2014年4月30日,该公司员工王某登山,不慎坠崖身亡。事故发生后,王某的亲属向保险公司提出了索赔申请。由于本案保险合同中明确规定了保险责任期间开始于2014年5月1日,而保险事故发生在2014年4月30日,正好在保险责任期间外,因此保险公司不承担保险责任。

二、保险合同的变更

保险合同依法成立后具有法律效力,双方当事人应认真履行。如果其中一方确实需要变更保险合同,必须经过双方同意。保险合同的变更是指在保险合同有效期限内,其主体和内容的变更。我国《保险法》第20条第1款规定:"投保人和保险人可以协商变更合同内容。"所以,保险合同订立后,可以通过一定的形式对其主体和内容进行变更。

1. 保险合同主体的变更

这是指投保人或被保险人的变更,主要是由于保险标的的可保利益发生变化而引起的。保险合同不是保险标的的附属物。当保险标的的可保利益发生变化时,保险合同不能随着保险标的可保利益的转让而转让,必须经保险人同意。保险合同项下已发生的债权则无须经保险人同意,可由被保险人自由转让,但事先必须通知保险人;否则,向原被保险人支付赔款或保险金后,债权即告消灭。

2. 保险合同内容的变更

这是指被保险人与保险人之间权利义务的变更。保险合同订立后,如内容需要更改,投保人可以向保险人提出申请。一般情况下,凡是承保规定允许的变更,保险人均可同意。例如,保险标的权益或保险金额需增加或减少、保险标的存放地点需改变、货物运输保险中航程有变化等,被保险人均可向保险人申请办理变更手续,经保险人同意,必要时增加保险费。变更后的合同具有法律效力,双方当事人均须按照变更后的内容承担各自相应的义务或责任。保险合同的变更一般采用出立批单的形式。批单与原保险合同具有同等法律效力,如原保险合同与批单内容有冲突,以批单内容为准。

三、保险合同的终止

保险合同的终止是指合同双方当事人确定的权利义务关系的消失。保险合

同订立后,可以由于下列原因终止:

1. 自然终止

保险合同一般都订明保险期限,如保险期限届满,保险人责任即告消灭,保险合同随之终止。如果被保险人另办续保手续,属于新合同的开始,而非原保险合同期限的延长。自然终止是保险合同终止最普遍的原因。

2. 协议终止

保险合同双方当事人在合同自然终止之前,出现原约定的终止条件,保险合同即告终止。例如,我国船舶战争险条款规定,保险人有权在任何时候向被保险人发出注销战争险责任的通知,在发出通知后若干天期满时生效。双方当事人协议注销保险合同时,应规定注销条件。我国对保险人提出注销保险合同的限制比较严格,明确规定保险人必须先发注销通知,经过一段时间后,合同方终止。这是因为,被保险人对注销保险合同后的安排要有所准备。

3. 履约终止

根据保险合同的规定,保险人履行完赔偿或给付全部保险金义务后,保险合同即告终止。在终身人身保险中,被保险人死亡后,保险人给付全部保险金,合同即告终止。在财产保险中,保险财产数次遭到损失,保险人的赔款总额已达到保险金额后,不论保险单是否到期,保险合同即告终止。船舶保险比较特殊,船舶连续发生部分损失,每次损失都在保险金额限度内,经数次赔款后,即使其赔款总数已超过保险金额,保险人仍需对保险标的负责,直至保险单自然终止。

4. 违约终止

因被保险人违反合同的基本条件,保险人有权自违约之日起终止保险合同。例如,被保险人没有履行危险增加应立即通知保险人的义务,没有如实告知保险人询问的重要事实,没有按规定缴纳保险费,或没有履行保险合同规定的其他义务,保险人有权自被保险人违约之日起,终止保险合同。

5. 原始无效

被保险人以欺诈、捏造、隐瞒真实情况等不正当手段蒙骗保险人签订的保险合同自始无效,无效时间应追溯到保险合同签订之时。例如,保险合同订立时间为2014年1月1日,期限为一年,在2014年6月1日发生保险事故,保险人履行赔款义务。一个月后,保险人发现被保险人在订约时捏造事实,以欺诈手段诱使自己签订合同。保险人可以向被保险人索回已经支付的赔款,必要时可追究其法律责任,因为该保险合同一开始就无效。

四、保险合同的争议处理

保险合同的订立应按法定程序进行,具备合同成立的必要条款,文字要清楚,避免双方当事人对合同内容产生纠纷。但是,在实践中,由于情况千变万化、错综复杂,保险合同在订立过程中不可能将所有问题都考虑周全,有时只能作一些原则上的规定。所以,保险合同双方当事人对合同条款会有不同解释,对双方应履行的权利义务也会发生争执。在这种情况下,保险合同应按下列原则进行解释:

1. 文义解释

保险合同中的用词应按照通常含义并结合上下文解释,如属专用术语,应按照各行业的通用含义解释;在一个合同中出现的同一个词,对它的解释应该是一致的。

2. 意图解释

保险合同是根据双方当事人自由意志结合而订立的,因此在解释过程中必须尊重双方在订约时的真实意图。当事人在订约时的真实意图,应根据保险合同的文字、订约时的背景和实际情况进行逻辑分析、演绎推定,不能由当事人在发生争执时任意改动。意图解释只能在文义不清、用词混乱模糊的情况下采用。

3. 解释要有利于非起草人

一般保险合同的条款都是由保险人事先拟定好的,被保险人只能同意或不同意接受保险条款,而不能对条款进行修改。所以,对保险条款发生争议时,应作出有利于非起草人(被保险人)的解释。

案例分析

张太太购买了一份重大疾病终身保险,其中对冠心病作了这样的规定:"冠状动脉旁路手术是指为治疗冠状动脉疾病的血管旁路手术,必须经过心脏内科心导管检查。患者有持续性心肌缺氧造成心绞痛,并证实冠状动脉有狭窄阻塞情形,必须接受冠状动脉旁路手术。"投保三年后,张太太连续出现心绞痛。根据医生建议,张太太采取冠状动脉球囊成形术和支架手术进行治疗,花去了医疗费用近六万元。张太太将此医疗费用向保险公司提出理赔申请。保险公司经审核后认为:张太太接受的是冠状动脉球囊成形术和支架手术,不是保险条款上约定的"冠状动脉旁路手术",因而向张太太发出了拒赔通知书。

张太太认为她投保的是重大疾病保险,而不是疾病手术方法保险,由于近年来医学日益发达,出现了比冠状动脉旁路手术更先进的方法,难道保险公司要"刻舟求剑"吗?法院一、二审判决均支持了原告张太太的诉讼请求。2006年9月1日,由中国保险监督管理委员会颁布的《健康保险管理办法》实施。该办法第21条规定:"……健康保险合同生效后,被保险人根据通行的医学诊断标准被确诊疾病的,保险公司不得以该诊断标准与保险合同约定不符为理由拒绝给付保险金。"

保险合同订立以后，双方当事人在履行合同过程中，围绕理赔、追偿、缴费以及责任归属等问题容易产生争议。因此，采用适当方式，公平合理地处理，对保险人和被保险人来说是一个十分重要的问题，直接影响到双方的权益。按照惯例，对保险业务中发生的争议，可采取协商和解、仲裁和诉讼三种方式处理。

1. 协商和解

协商和解是指在争议发生后，由保险人和被保险人进行磋商，双方都作出一定的让步，在彼此都认为可以接受的基础上达成和解协议，消除纠纷。协商和解有两种做法：

（1）自行和解。即由双方当事人直接进行协商，达成和解，没有第三者介入。这种方法是解决争议最可行也是最基本的一种方法。在协商过程中，双方应在自愿、平等、相互谅解的基础上，实事求是地分析问题，作出一定让步，找出彼此都能接受的方案，达成协议，结束争议。

（2）调解。即由保险人和被保险人以外的第三者从中调停，促使双方当事人达成和解。按照调解主体的不同，调解可以分为一般调解和司法调解。一般调解是指由第三者充当调解人，多为双方当事人信任、具有丰富实践经验并熟悉保险业务和法律知识的人主持调解。在一般调解的情况下，调解人的裁定或判断对双方当事人不具有约束力，任何一方可以接受，也可以不接受。只有在双方都认为可以接受并自觉执行调解人的裁定的情况下，调解才产生作用。司法调解是指由法院充当调解人，虽然也要以双方当事人的意见为依据，但一经双方当事人同意，制定调解协议书后，对双方当事人都具有约束力，任何一方不得以任何借口拒不执行，否则法院可以依照法律程序强制执行。

协商和解的优点是：使双方的争议在较友好的气氛中解决，不伤和气，而且节省繁杂的仲裁和诉讼手续以及费用，同时还可以节省时间，使争议及时得到解决。所以，这是解决争议的最好途径。保险人与被保险人之间的争议绝大部分都是通过协商和解的方法解决的。

2. 仲裁

仲裁是指由保险合同双方当事人在争议发生之前或在争议发生之后，达成书面协议，自愿把争议交给双方同意的第三者进行裁决。仲裁的特点是：有仲裁员参加，且仲裁员是以裁判而不是调解员的身份对双方争议的事项作出裁决的。

在国内仲裁中，任何一方合同当事人均可向经济合同仲裁机关申请仲裁，也可直接向人民法院起诉。一方向仲裁机关申请仲裁，另一方向人民法院起诉的案件，仲裁机关不予受理，由人民法院处理。我国经济合同仲裁实行一审终结，当事人一方或双方不服仲裁裁决的，可在收到仲裁决定书之日起15天内向人民法院起诉。逾期不起诉的，裁决即发生法律效力。对已经发生法律效力的仲裁决定书,当事人应当依照规定的期限自动履行。一方逾期不履行的,另一方可向有管辖权的人民法院申请强制执行。

在涉外仲裁中,合同双方如订有仲裁协议,发生争议时应通过仲裁解决,除非有特别约定,否则双方当事人都不得向法院起诉。这是国际惯例。所以,仲裁协议是仲裁机构受理争议案件的依据。我国涉外仲裁机构对保险合同争议的裁决是终局性的,对双方当事人都有约束力。如果一方不自动执行裁决,另一方可向法院提出申请,要求强制执行。我国《民事诉讼法》第273条规定:"经中华人民共和国涉外仲裁机构裁决的,当事人不得向人民法院起诉。……"

仲裁的优点在于:提交仲裁是双方自愿的,而不是一方强迫另一方的行为;仲裁机构多由有丰富经验的专家组成,在仲裁时可以更多地考虑商业惯例,具有较大的灵活性;仲裁作出的裁决是终局性的,能够保证受损方的利益;仲裁能比较及时地解决争议,提高工作效率;采用仲裁方式,多在比较友好的气氛中解决争议,有利于保持双方今后业务关系的发展。

3. 诉讼

诉讼是指司法机关和案件当事人在其他诉讼参加人的配合下,依据法定诉讼程序所进行的全部活动。当保险合同双方当事人的纠纷不能用前两种方式解决时,可采取诉讼的方法。诉讼有民事诉讼、行政诉讼和刑事诉讼之分,绝大多数关于保险合同纠纷的诉讼都是民事诉讼。

诉讼不同于仲裁,只要一方当事人向有管辖权的法院起诉,另一方当事人必须应诉,具有强制性。法院是国家机器的组成部分,具有法定的管辖权。法官是由国家任命或选举产生的,当事人无权选择。法院审理的原则是,以事实为依据,以法律为准绳,不带任何感情和商业色彩。所以,司法诉讼是一种强制性的行为。把争议案件诉诸司法诉讼是比较严厉的处理争议的方式。因此,一般只有在友好协商、仲裁不成的时候,才采取这一方式。

一般民事诉讼可以分为起诉、审判和执行三个阶段。一经终审判决,立即发生法律效力,当事人必须执行;否则,法院有权强制执行。

思考题

1. 什么是保险合同的主体?什么是保险合同的客体?
2. 保险代理人和经纪人的主要区别是什么?
3. 概述保险合同的内容。
4. 保险合同订立的程序是什么?
5. 怎样变更保险单的内容?
6. 保险合同终止的形式有哪些?
7. 怎样处理保险争议?

第十章 保险金额

☞ 学习目的

使学生了解保险金额的概念、保险金额的形态、保险金额确定的原则,不同保险险种保险金额确定的不同方法,以及保险金额与保险价值的关系。

第一节 保险金额确定的原则

一、保险金额的概念

保险金额简称"保额",是投保人根据保险标的的价值和具有的利益,要求保险人给予经济保障的金额。因此,它是保险利益的货币价值表现,是投保人给自己所投保的保险标的确定的一个金额,也是一个保险合同项下保险公司承担赔偿或给付保险金责任的最高限额,同时又是保险公司收取保险费的计算基础。保险金额涉及保险人与被保险人双方的权利和义务。对保险人来说,保险金额是收取保险费的计算标准,也是补偿给付的界限和最高额度;对被保险人来说,保险金额是缴纳保费的依据,也是获得保险保障和索赔的最高数额。具体而言,保险金额对保险人具有三个方面的含义:

1. 保险金额是补偿给付的最高限额

保险人补偿给付必须以保险金额为最高限额。在财产保险中,按实际损失赔付,最高不得超过保险金额;在人身保险中,生存险或死亡险都按保险金额给付;在人身意外伤害险中,按伤害程度给付,最高不得超过保险金额。

2. 保险金额是计算保险费的重要依据

保险费是由保险金额、保险费率和保险期限确定的。保险金额的大小与保险费成正比关系,保险金额愈大,保险费愈多。

3. 保险金额是合理费用支付的最高限额

在发生保险责任范围内的损失时,被保险人为减少保险财产的损失进行施救、保护和整理工作支出的合理费用,保险人负有补偿责任,最高责任以不超过保险金额为限。

二、保险金额确定的原则

保险金额的确定,必须在保险标的的价值之内。在不同的保险合同中,保险金额的确定方法和原则是不同的。在财产保险中,以保险估价核定保险价值。保险财产估价过低,保险金额的确定会相应减少,保险保障效果会随之降低,被保险人在保险财产遭到损失时得不到充分保障。反之,保险财产估价过高,保险金额的确定也会相应提高,被保险人缴纳保险费会相应增加,当保险财产遭受损失时,保险人只能按实际损失负责赔偿,超过保险价值的保险金额无实际意义。在人身保险中,由于人的身体与寿命无法用货币单位评价,因此保险金额的确定与保险估价无关。保险金额是根据投保人的保障需要和保险费支付能力,在保险公司提供产品的框架内,在订立保险合同时,由双方当事人协议确定的。

保险金额的确定,必须严格遵循保险利益的原则。不论投保的保险金额是多少,在财产保险中,有效的保险金额必须在保险价值限度内;而在人身保险中,保险金额的确定既与投保人的保障需要和保险费支付能力有关,也与保险人的接受程度相关。但是,两者都要求投保人对保险标的具有保险利益。

所以,在财产保险中,保险标的的价值与投保人对该标的所拥有的利益的关系是:从价值量看,当保险标的属于投保人全部拥有时,投保人对该保险标的的保险利益与保险价值是相等的;当保险标的为投保人部分拥有时,投保人对该保险标的仅有部分的保险利益。不管怎样,投保人对保险标的的保险利益都不会超过保险标的的实际价值。被保险人所获得的赔偿只能等于实际损失值、保险金额和可保利益中最小的一个。所以,确定保险金额时,既要考虑到保险人的利益,又要照顾到被保险人的保障程度和合理负担。

三、保险金额确定的形态

保险金额的确定,因险种的不同,表现为各种不同的形态。

1. 保险金额 = 保险价值

即保险金额的确定,可以等于保险价值,但不能超过保险标的的实际价值。在一般财产保险中,通常以保险标的的实际价值作为保险金额。

2. 保险金额 > 保险价值

即保险金额的确定,可以超过保险财产本身的价值,允许保险财产增加的价值包括在保险金额之内。在货物运输保险中,允许被保险人在保险标的的实际价值基础上加上货物销售的合理利润作为保险金额。

3. 保险金额 < 保险价值

即保险金额的确定,低于保险财产的价值,其不足部分作为被保险人的自保金额,如规定保险金额为保险标的价值的一定成数。在财产保险中,一般允许保险金额低于保险标的的实际价值。

4. 保险金额按统一标准确定,不可由投保人自由选择

这主要表现在强制保险或部分人身保险和责任保险中。

5. 保险金额不事先确定

在这种情况下，保险金额作为计算保险费和处理赔款的标准便失去了意义。如农业保险中的养殖业保险，在某些保险标的（如生猪、家禽等）的投保上，事先并不确定保险金额，发生保险责任范围内的损失时，按照当时的实际损失计算赔偿。

6. 保险金额依投保人的保费支付能力确定

这主要表现在人身保险中。

以上六种保险金额形态在现行险种中均可找到运用的例证。

第二节 保险金额确定的方法

一、企业财产保险金额的确定

依据企业财产的价值，以不超过企业财产的实际价值为原则，保险金额的确定可等于或小于保险财产的实际价值。

目前，我国企业财产保险金额的确定，视财产在各自不同时间里所具有的价值变化，有不同的标准，采取不同的方法。

1. 固定资产

（1）固定资产的原始价值，简称"固定资产原值"，指以成本为标准，包括为获得这些资产运用于业务所支付的一切代价。例如，机器设备原值包括购价、运费以及安装费等一切必要费用。房屋原值，如果房屋是基建拨款或借款购置的，其原值是建设单位交付使用时财产清册中的价值；如果是企业自己制造的机器设备和单位自己建造的房屋，其原值是实际制造成本和建筑成本。按财产原值确定的保险金额，一般体现为保险金额等于保险价值，但是在价格变动的情况下，按账面原值难以充分补偿。

（2）固定资产的重置价值，亦称"重置完全价值"，指按保险财产恢复原状所需资金核定其价值。一般情况下，即按财产的原值进行计算。

（3）固定资产的折余价值，亦称"固定资产净值"，指按固定资产的原始价值或重置价值减去累计折旧的余额确定财产的价值，并以此确定保险金额。

（4）按固定资产原值的一定百分比确定保险金额。这与按净值投保情况相类似，适用于那些没有计算折旧费或已经折旧完的保险财产。

2. 流动资产

对流动资产，按账面余额确定保险金额，投保时按最近一个月份资产负债表上流动资产的数额确定。凡按账面余额投保的，视足额投保，发生损失时，在保险金额限度内按实际损失额赔付。产成品可按成本价投保，也可按出厂价投保；

商品可按进价投保,也可按销售价投保,一般不能包括税款和利润。

此外,对已摊销或不入账的财产,用估价方法确定保险金额,一般由投保单位自行估价。凡估价投保的财产,当发生损失时,按当时的实际价值赔偿。如果保险金额低于当时损失的实际价值,按保险金额与实际价值比例赔偿。

二、货物运输保险金额的确定

国内货物运输保险是按货物在一次运输中的价值确定保险金额的,其标准有以下三种,投保人可自行选择:

1. 起运地成本价

即货物在起运地的本身价值,如出厂价、购进价或调拨价。

2. 目的地实际成本价

即货物起运地成本加上各项合理费用。合理费用是指货物的包装费、运杂费、保险费、税款以及运输途中支付的必要费用。这些费用的实际金额确定如有困难,可用估计数,即在购进价的基础上增加百分比进行投保。在货物运输保险中,多数是以目的地实际成本价确定保险金额的。

3. 目的地市价

即货物运抵目的地的销售价,具体为目的地实际成本价加上合理的利润。

货物运输保险与企业财产保险在确定保险金额的方法上有所不同。货物运输保险确定的保险金额可超过货物本身的价值。这是因为,货物运输险的投保人不直接参与运输工作,发生道德危险的概率小。为使被保险人得到充分保障,应对货物运输保险金额的确定予以从优。

三、农业保险金额的确定

1. 大牲畜保险金额的确定

大牲畜保险一般根据市场价的七成或八成确定保险金额,其余成数由畜主自保。其特点是保险金额低于保险牲畜的实际价值。这是由于牲畜难以辨认,特别是事故责任难以分清,采取不足额投保,可增加畜主爱畜、护畜的责任,防止道德危险发生。

2. 畜禽保险金额的确定

凡肉用猪羊和鸡鸭的保险,一般事先不确定保险金额,保费按头数的固定保费计取,赔款按死亡时体重的实际价赔付。可利用的残值归被保险人处理,残值金额从赔款中扣取。由于各地情况不同,具体赔付办法也不尽相同。

3. 农作物保险金额的确定

农作物保险以不超过无灾害损失情况下可能收获的农作物产量的价值为最高保险金额。其确定原则是:以农作物的常年产量或平均产量为保险产量作计算基础,只承担当年收获量因受灾而未达到保险产量的差额部分的赔偿责任。对农作物在生长过程中未受到责任范围内灾害的侵袭,收获时达不到保险产量的;虽曾遭到责任范围内的灾害,但收获时达到或超过保险产量的,保险人也不予赔偿。在蔬菜保险中,其保险金额采用固定金额方式,按不同种类蔬菜的投入成本予以确定。

四、人身保险金额的确定

在人身保险中,不存在超额投保或不足额投保等问题。人身保险费一般由双方当事人事先协定一定数目,保险事故发生后,由保险人根据保险合同规定、保险事故的性质等情况,依照保险金额的全部或部分负责给付。双方协议的保险金额主要是依据被保险人或者受益人对保险的需求和投保人支付保险费的能力确定的。人们对人身保险的需求,主要是在保险事故发生后需要在经济上得到帮助,一般包括:年老生活保障、丧葬费用、遗属生活来源、子女教育、婚嫁费用等。这种需求既要根据满足程度,也要根据谋求这种保障支付保险费的能力。

人们支付保险费的能力一般要受收入水平、生活标准、社会工作地位、家庭负担等因素的影响。由于人身保险的一些品种往往期限较长,有的长达几十年,因此要求投保人在确定保险金额时,须估计自己有持续的支付能力。保障需求与支付能力的结合点是恰当的保险金额。过高的保险金额必然会给投保人带来高额的保险费支出,以致投保人不能保证持续按期缴付保险费,最终导致保险单失效;还有可能出现道德危险,严重的可能危及被保险人的生命。保险金额过低,保险事故发生时,无法满足被保险人或受益人的保障需要,就失去了保险的意义。

第三节 保险金额与保险价值

一、保险价值是确定保险金额的依据

保险价值是指保险财产的经济价值,是财产保险中适用的重要术语,也是确定保险金额的依据。如果保险财产估价过低,保险金额的确定会相应减少,保险保障水平随之降低,投保人在财产遭受损失时得不到充分保障。如果保险财产估价过高,保险金额的确定就会相应提高,保险费数额也随之增加,保险人在保险财产遭受损失时只能按实际损失赔付,超过的保险金额并无实际意义,只会增加投保人的保险费负担。同时,过高估计保险财产的价值,还可能使投保人忽视对保险财产的安全管理,放松防灾防损工作。因此,在确定保险金额时,必须首先正确确定保险价值。

二、定值保险和不定值保险

定值保险是指以保险当事人双方商定的价值作为保险金额,并载明于保险合同的保险形式。定值保险适用于人身保险、货物运输保险以及财产保险中某些贵重物品的保险。其特点是价值难以确定或不能确定,因此以当事人双方商定的价值作为双方认可的价值,以此作为保险金额。在定值保险中,发生保险事故,导致被保险人死亡或财产全部灭失时,保险人按事先商定的保险金额全数赔付;如果发生财产的部分损失,则按损失程度赔偿。法律允许定值保险,并非默认超额保险是合法的。在财产险中,保险金额超出其价值的,超额部分无效;如果超额部分是由于投保人告知失实、遗漏、隐瞒等原因造成的,保险人可解除合同;如果投保人明知违法而故意超额投保,投保人还将受到法律的制裁。这些原则仍适用于定值保险。在定值保险中,保险标的的价值必须事先估定;如果价值不能依市价估定,则由双方约定。如果价值未经估定,不得称为"定值保险"。

不定值保险是指不列保险标的的实际价值,只列保险金额作为赔偿的最高限度,并载明于保险合同的保险形式。在财产保险中,凡按估价投保,受灾后又按当时市价计算赔偿的,都属于不定值保险。在不定值保险中,保险价值虽然不载入保险合同,但仍是确定保险金额的依据。其特点是:当保险财产发生责任范围内的损失时,保险人须按当时的市价进行估价,按保险金额与当时保险财产实际价值的比例计算赔款,并以保险金额作为赔偿的最高限度。

三、足额保险、不足额保险和超额保险

足额保险是指投保时确定的保险金额与保险标的价值一致的保险形式。当保险财产遭受损失时,如果是全部损失,保险人按保险金额赔付;如果是部分损失,保险人按实际损失如数赔付。

不足额保险是指投保时确定的保险金额低于保险标的的实际价值的保险形式。投保人将财产的一部分作为保险标的,不足部分视为被保险人自保。当保险财产遭受损失时,按承保比例分摊责任。在不足额保险的情况下,保险人的赔偿方式有两种:一是比例责任赔偿方式,指按保险金额与财产实际价值的比例计算赔款;二是第一危险责任赔偿方式,指不按保险金额与财产实际价值的比例计算赔款,在保险金额限度内按实际损失赔偿。

超额保险是指投保时确定的保险金额高于保险标的的实际价值的保险形式。在这种情况下,超出部分无效,不论保险财产遭受全部损失或部分损失,都按实际损失赔付。造成超额保险的原因有多种:签订保险合同时,当事人对保险财产估价过高;在保险合同有效期间内,保险财产的实际价值降低;投保人故意为之;等等。

四、重复保险和共同保险

重复保险是指同一保险标的由两个以上保险人承保同一险别,保险合同的保险金额总和超过保险标的的实际价值的保险形式。重复保险因违反损失补偿原则,其效力在法律上受到限制。有欺诈或图不当之利时,合同无效;即使出于善意,又不违反法律规定的条件,各保险人共同分担损失补偿,赔款总额以不超过保险标的的实际价值为限。各保险人分担损失的方式有顺序责任、比例责任、限额责任三种。

共同保险是指同一保险标的由两个以上保险人承保同一险别,保险合同的保险金额之和等于或小于保险标的的实际价值的保险形式。共同保险有两种情况:一是由两个或两个以上的保险人承保同一笔业务,其保险责任和保险期限相同,保险金额之和等于保险标的的实际价值。发生保险责任事故时,赔款按各自承保的金额比例分摊。二是在不足额保险的情况下,保险标的的实际价值与保险金额相差部分视为被保险人自保,发生损失时,按各自责任、比例分摊损失。

思考题

1. 什么叫保险金额?确定保险金额有何重要意义?
2. 试比较财产险、货运险、农业险和人身险各自确定保险金额的不同方法。
3. 试述保险金额与保险价值的关系。
4. 名词解释:定值保险、不定值保险、足额保险、不足额保险、超额保险、重复保险、共同保险。

第十一章 保险费率

☞ **学习目的**

使学生了解保险公司营运的基础——保险费率的概念、厘定的原则及方法。

第一节 保险费率厘定的原则

一、保险费率的概念

保险费率,简称"费率",是每一保险金额单位应缴纳保险费的比率,通常用‰或%表示。一般来说,投保人所缴纳的保险费数额为保险金额和保险费率的乘积,即:

$$保险费 = 保险金额 \times 保险费率$$

保险费率由两部分组成:一是根据保险标的所面临的风险程度而厘定的,称为"纯费率";二是根据保险人经营的成本而厘定的,称为"附加费率"。其公式为:

$$保险费率 = 纯费率 + 附加费率$$

纯费率是保险费率的基本部分,用于建立保险基金,届时对保险事故进行赔偿。附加费率是据以支付业务上的各种费用和保险人应得的利润部分。这两个费率相加,就是保险人向投保人计收保险费的保险费率,也称"毛费率"。

在保险费率厘定的过程中,很重要的是运用"大数法则"。"大数法则"是概率论中的一个重要法则,它揭示了这样一个规律:大量的、在一定条件下重复的随机现象将呈现出一定的规律性或稳定性。例如,掷一枚质量分布均匀的硬币,其正面向上的概率为 0.5。但是,如果做 50 次实验,正面向上的次数很可能与期望值 25 次相差较大。换句话说,统计得出的频率(正面向上的次数除以实验次数)与客观概率可能有较大的差距。但是,如果做 10000 次或更多次实验,将会有很高的概率保证统计频率与客观概率间的偏差很小。简言之,由于"大数法则"的作用,大量随机因素的总体作用必然导致某种不依赖于个别随机事件的结果。这一法则对保险经营有着重要的意义。保险行为是将分散的不确定性集中起来,转变为大致的确定性以分摊损失。根据"大数法则",同质保险标的越多,实际损失结果会越接近预期损失结果。由此,保险公司可做到收取的保费与损失赔偿及其他费用开支相平衡,保险也就能越充分地发挥其作用。

二、保险费率厘定的原则

保险费率的厘定,是根据保险对象的客观环境和主观条件形成的危险程度,运用数理方法计算的。它并非单纯的数学计算,应该体现经济目的性,要与保险人承担的义务相适应,因此应遵循一定的原则。

1. 公平合理原则

公平是指保险人收取保险费应该根据保险标的所处风险的大小。如果保险事故发生的概率为 p,保险金额为 S,则保险费等于 pS,即赔款支出的预期值与保险费收入值相等(不考虑附加保险费的情况下)。可见,危险性大,费率高,负担多;危险性小,费率低,负担少。公平只能是相对的公平,不可能按每个被保险人投保的保险标的核算危险大小。由于影响危险大小的主客观因素复杂,即使同一种保险标的的危险大小也不一样,所以公平只能是相对公平或大体公平。合理是指在贯彻公平原则的同时,对保险费率档次的划分要合理,保险积累和企业利润都要合情合理,要核算出保险人和被保险人双方都可以接受的费率。

2. 保证偿付原则

保险费是保险标的损失偿付的基本资金来源,所以保险费率的厘定要保证保险人具有相应的偿付能力,这是由保险的基本职能所决定的。费率表中的费率通常含有"利润与或有波动系数"。若实际损失和实际费用等于测算的损失和费用,保险人就会获得预期利润。"利润与或有波动系数"中的"或有"部分是一项额外的保证金,用于补偿超过预期的损失。费率过低,会削弱保险人的偿付能力,也会影响被保险人的经济保障。健康的费率竞争应该是在保证纯费率的基础上,通过提高经营能力降低附加费率的竞争。在国际保险市场上,为争取业务,竞争激烈,导致有些保险人盲目降低费率,甚至达到不惜亏本的地步。为防止这种情况出现和保障被保险人的权益,一些西方国家在保险费率的厘定中,由同业公会制定统一费率予以制约,或由国家管理部门审定某些费率。在保险市场上,费率作为重要的经济杠杆,是竞争的手段之一。这种竞争有积极的一面,但是竞相压低费率,不注重科学,不考虑费率受危险发生频率和损失率的制约,甚至无视价值规律,其后果只能是造成保险市场混乱,败坏保险的信誉。

3. 相对稳定原则

费率的稳定性是相对波动性而言的。保险费率厘定后,通常要保持相当长的一段时间,不能经常变动。如果一定时期内费率上下波动幅度较大(如超过15%),则说明该风险业务的价格缺乏稳定性,会给保险人增加业务工作量,增加经营管理的经费开支,也会给投保人造成保费计算上的困难。为此,在厘定费率时,应考虑各种因素,对未来趋势作科学预测,使费率保持相对稳定。在人身保险中,人的平均寿命在延长,费率也要进行相应的调整。但是,总的费率水平要基本稳定。人身保险厘定费率依据的生命表一经制订,一般要在十年或几十年中具有较好的参考价值。但是,保持费率的稳定性并不是绝对的。相对稳定不是不动,经过一段时期,损失率、赔付率、费用率、理赔成本、相关的法律规定等都会对保险费率产生巨大的影响。财产保险费率则会受诸如建筑技术、防火能力等因素变化的影响。因此,保险公司在满足相对稳定这一目标的同时,还要对变化了的损失结果和市场走势作出反应。适时调整费率,使费率能够反映损失频率、损失程度走势的指标,有助于预测未来索赔频率和损失程度,适应市场竞争形势和满足保险公司经营管理的需要。

4. 促进防灾防损原则

防灾防损是保险的职能之一。在厘定费率时,要具体体现防灾防损的精神。保险人积极从事预防损失活动,减少或避免不必要的灾害事故的发生,不仅可减少保险人的赔偿数额和被保险人的物质损失,更重要的是保障社会财富,稳定企业经营,安定人民生活,促进和发展国民经济。为贯彻这一原则,保险人应从保险费收入中提取一定比例的防灾防损费用,用以增强社会的防灾防损工作;同时,对被保险人的防灾防损工作予以鼓励,如防灾防损工作做得有成效,保险费率可相应降低,以调动被保险人防灾防损的积极性。因此,对于那些损失频率或损失程度较低的被保险人,应当给予较低的费率或费率折扣奖励,以鼓励他们在加强防灾损失控制方面所作的努力;而对那些损失频率或损失程度较高的被保险人,则应收取较高费率,以期促进其损失控制与防范。这一原则的运用是通过同类风险的费率上下调节实现的,目的在于通过收取不同层次的费率,促进被保险人加强防灾损失控制,鼓励被保险人的防灾防损工作,从而减少社会财富的损失。

5. 简明、易懂、便于运用

无论费率如何精确,如果费率结构十分复杂,以至于对费率负有责任的人不知道如何运用,费率就无法达到既定的目标。在实现保险人的费率目标的同时,费率表结构中每一种费率的适用要有一定范围,不宜划分过细,还要满足这一种类风险单位的同质性,使费率表的结构简明、易懂、便于运用。

第二节 财产保险费率的厘定

一、保险损失率

保险损失率是指保险财产价值受到损失的比率,即在一定时期内保险赔款数额与保险金额总和的比率,其计算公式为:

$$保险损失率 = \frac{保险赔款}{保险金额} \times 100\%$$

保险损失率决定保险费率的最低限度,是制定保险纯费率的依据。影响保险损失率的因素主要有四个：

（1）保险事故发生频率，指发生保险事故次数与保险标的件数的比率。这个比率表示每百件保险标的有多少次事故发生。

（2）保险事故毁损率，指受损保险标的件数与发生保险事故次数的比率。这个比率表示每一次保险事故损毁多少件保险标的。

（3）保险标的毁损程度，指总赔偿额与受损保险标的的保险金额的比率。这个比率表示受损保险标的价值减少的百分比。

（4）受损保险标的的平均保额与总平均保额比率。这个比率表示受损保险标的的平均价值与总保险标的的平均价值之间的比例关系。

上述因素中，实际包含六个基本项目，即：

A—保险标的件数，B—总保险金额，C—保险事故次数，D—受损保险标的件数，E—受损保险标的的保险金额，F—总赔偿金额。

据此，有以下公式：

（1）保险事故发生频率 $= \dfrac{C}{A}$

（2）保险事故毁损率 $= \dfrac{D}{C}$

（3）保险标的毁损程度 $= \dfrac{F}{E}$

（4）受损保险标的的平均保额与总平均保额比率 $= \dfrac{E}{D} \Big/ \dfrac{B}{A}$ 或 $\dfrac{E}{D} \cdot \dfrac{A}{B}$

上述因素与保险赔偿有内在联系，其相乘之积即为损失率，可用公式表示如下：

$$损失率 = \frac{C}{A} \cdot \frac{D}{C} \cdot \frac{F}{E} \cdot \frac{E}{D} \cdot \frac{A}{B} = \frac{F}{B}$$

这里，赔偿多少反映损失状况，保险金额反映财产价值，这一比率正说明了保险财产价值受到多少损失。

在保险经营中，经常使用"赔付率"这一术语。赔付率与损失率是两个不同的概念，前者是指保险赔款与保费收入的比率，后者是指保险赔款与保险金额的比率。

二、财产保险纯费率

保险损失率是计算财产保险纯费率的基础。损失率的制定不能以一次或某一时期保险事故中的赔款给付水平确定。若是这样，制定的保险损失率只能反映保险损失赔偿的偶然性，不具有客观规律性。概率论认为，在自然现象和社会现象中，有一些现象，就个别看，是无规则的、偶然的。但是，通过大量的实验和

第十一章 保险费率

观察,就总体看,这些现象会呈现一种严格的非偶然性规律。这里所说的"大量的实验和观察",就是要通过几年或更长时间的观察。

假定根据过去七年的统计资料,损失率的数列为:

年份	1	2	3	4	5	6	7
损失率	4%	3.5%	4.6%	4.3%	3.6%	3.8%	4.2%

则算术平均数为:

$$m = \frac{\sum X}{n}$$

$$= \frac{0.04 + 0.035 + 0.046 + 0.043 + 0.036 + 0.038 + 0.042}{7}$$

$$= 0.04$$

4%表示七年间平均损失率。如果纯费率采用4%,从上例得出,第一年恰好是4%,其余六个年份徘徊在4%上下。

偏离正数 = (0.04 - 0.035) + (0.04 - 0.036) + (0.04 - 0.038)
       = 0.011

偏离负数 = (0.04 - 0.046) + (0.04 - 0.043) + (0.04 - 0.042)
       = - 0.011

正负相等,各占其半,在以后年份里有50%的可能性会超过0.04,也有50%的可能性会低于0.04。保险人不能据此确定未来年度的赔付额,因为它具有不稳定的特点。这种不稳定性在统计学上称为"某种指标波动率"。测定某种指标波动率的正确方法,就是计算均方差。计算损失率波动幅度,就是均方差在计算纯费率时的实际应用,它代表损失率偏差的平均数。均方差公式为:

$$\sigma = \sqrt{\frac{\sum (X - m)^2}{n - 1}}$$

(σ—均方差,X—每年损失率,m—损失率的算术平均数,n—计算损失率年数)

按上例计算:

年份	损失率 X	离差 X - m	离差平方 $(X - m)^2$
1	0.04	0	0
2	0.035	- 0.005	0.000025
3	0.046	+ 0.006	0.000036
4	0.043	+ 0.003	0.000009
5	0.036	- 0.004	0.000016
6	0.038	- 0.002	0.000004
7	0.042	+ 0.002	0.000004
	$\sum X = 0.28$	0	$\sum (X - m)^2 = 0.000094$

代入均方差公式时,必须除以 $n-1$,即:

$$\sigma = \sqrt{\frac{0.000094}{7-1}} = \sqrt{0.0000157} = 0.00396$$

均方差与算术平均数相比,称"偏差系数"。

$$偏差系数 = \frac{0.00396}{0.04} \times 100\% = 9.9\%。$$

这是一个相当小的偏差系数。在实际工作中,纯费率在损失率算术平均数的基础上加 10% 的稳定系数,其公式为:

$$纯费率 = 损失率 \times (1 + 稳定系数)$$

一般情况下,稳定系数的取值范围为 10%—20%,可保证保险财务的稳定。

三、财产险的附加费率

附加费率是指供保险人经营业务费用的费率。它是以经营管理费和预期利润为基础的,是根据以往若干年度业务费用的实际支出和预期利润占保险金额的比率确定的,其计算公式为:

$$附加费率 = \frac{业务费用开支总和}{保险金额总额} \times 100\%$$

业务费用总开支主要包括:
(1)按保险费的一定百分比上交的营业税;
(2)按保险费的一定百分比支付的代理手续费;
(3)按保险费的一定百分比支付的业务费、企业管理费;
(4)按保险金额的一定百分比支付的工资及其他费用;
(5)预期经营利润等。

附加费率除按上述公式计算外,也可用占纯费率的一定比例表示。例如,附加费率为纯费率的 20%。

纯费率加附加费率为毛费率。这种毛费率只是财产险某一大类的毛费率,不符合分项业务的需要,因此还必须进行分项调整。这种调整称为"级差费率调整"。例如,房屋建筑有不同结构,可分为一等建筑、二等建筑和三等建筑等;货物运输有不同运输工具、航线和货物等,它们的危险程度各不相同,需要根据不同的危险程度进行适当调整,以适应各分项业务的客观实际,使危险大的业务费率高一些,危险小的业务费率低一些,体现公平合理原则。在自愿保险的情况下,投保人有很大的选择性,级差费率尤为重要。

级差费率的调整是毛费率的最终形成,也是保险人向投保人收取保险费的费率标准。

第三节 人身保险费率的厘定

人身保险费率同样包括纯费率和附加费率两部分。计算纯费率要考虑死亡率和投资的利息收入。生命表和现值表是厘定人身保险费率的基本工具。

一、生命表

生命表包括生存统计和死亡统计，亦称"死亡率表"。它是计算人身保险纯费率的基本工具。

生命表是根据一定的调查时期、一定的国家或地区范围和一定的人群类别（如男性、女性）等形成的完整的统计资料，经过分析整理，以10万或1000万同年龄人为基数，折算逐年生存或死亡的数字，从出生直到全部死亡为止。它是以年岁为纲，全面完整地反映一定的国家或地区的一定的人群的生死规律。自编出生命表后，人身保险费率的计算就有了科学的依据。（见下表）

保险业经验生命表（1990—1993）（男）

非养老金业务男表 CL1(1990—1993)

年龄	死亡率	生存人数	死亡人数	生存人年数		平均余命
x	q_x	l_x	d_x	L_x	T_x	e_x
0	0.003037	1000000	3037	998482	73641337	73.64
1	0.002157	996963	2150	995888	72642855	72.86
2	0.001611	994813	1603	994011	71646967	72.02
3	0.001250	993210	1242	992589	70652956	71.14
4	0.001000	991968	992	991472	69660367	70.22
5	0.000821	990976	814	990570	68668894	69.29
6	0.000690	990163	683	989821	67678325	68.35
7	0.000593	989480	587	989186	66688504	67.40
8	0.000520	988893	514	988636	65699317	66.44
9	0.000468	988379	463	988147	64710682	65.47
10	0.000437	987916	432	987700	63722534	64.50
...	...	...	...	...	...	...
30	0.000963	971627	936	971160	44108787	45.40
31	0.001007	970692	977	970203	43137627	44.44
32	0.001064	969714	1032	969198	42167424	43.48
33	0.001136	968682	1100	968132	41198226	42.53
34	0.001222	967582	1182	966991	40230094	41.58
35	0.001321	966400	1277	965761	39263103	40.63

(续表)

年龄	死亡率	生存人数	死亡人数	生存人年数		平均余命
x	q_x	l_x	d_x	L_x	T_x	e_x
36	0.001436	965123	1386	964430	38297341	39.68
37	0.001565	963737	1508	962983	37332911	38.74
38	0.001710	962229	1645	961406	36369928	37.80
39	0.001872	960583	1798	959684	35408522	36.86
40	0.002051	958785	1966	957802	34448838	35.93
…	…	…	…	…	…	…
91	0.210233	80182	16857	71754	274900	3.43
92	0.226550	63325	14346	56152	203146	3.21
93	0.243742	48979	11938	43010	146994	3.00
94	0.261797	37041	9697	32192	103985	2.81
95	0.280694	27344	7675	23506	71793	2.63
96	0.300399	19668	5908	16714	48287	2.46
97	0.320871	13760	4415	11552	31573	2.29
98	0.342055	9345	3196	7747	20020	2.14
99	0.363889	6148	2237	5030	12274	2.00
100	0.386299	3911	1511	3156	7244	1.85
101	0.409200	2400	982	1909	4088	1.70
102	0.432503	1418	613	1111	2179	1.54
103	0.456108	805	367	621	1068	1.33
104	0.479911	438	210	333	446	1.02
105	1.000000	228	228	114	114	0.50

生命表包括七个项目：

（1）年初生存人数，符号为 l_x，表示生存至 x 岁的人群数；

（2）年内死亡人数，符号为 d_x，表示 l_x 群体在接下来一年内的死亡人数；

（3）生存率，符号为 p_x，表示 l_x 群体中的个人生存满一年的概率，$p_x = l_{x+1}/l_x$；

（4）死亡率，符号为 q_x，表示 l_x 群体中的个人在一年内死亡的概率，$q_x = d_x/l_x$；

（5）平均余命，符号为 e_x，表示 x 岁的人能继续生存时间的期望值；

（6）一年内生存时间，符号为 L_x，表示 l_x 群体在一年内生存时间的总和；

（7）余命生存时间，符号为 T_x，表示 l_x 群体今后生存时间的综合，$e_x = T_x/l_x$。

利用生命表时，必须考虑编制的时间、地点、对象以及科目。因为不同的人身保险险别，适用不同的生命表。例如，年金保险中的年金受领人的身体素质一般比死亡保险中的被保险人要好一些,应用的生命表就不同于普通寿险的生命表。寿险一般是利用现成的生命表计算保险费的。

1949 年后,我国进行了多次人口普查,并据以编制全国生命表。在 1990 年 7 月 1 日的人口普查后,我国编制了最新的生命表。截至 2014 年 10 月,第三版生命表修订工作仍在进行中。

二、现值计算

人身保险的纯费率,除以生命表作为计算工具外,还应考虑利息因素,要估计到保险基金的利息收入。保险费假定在年初先缴,保险金给付则假定在年终进行,基金的利息应归被保险人所有。因此,利息的收入应被看作被保险人多缴了保险费,在厘定保险费率时应予扣除。人身保险计算保险费的原则是:收取的纯保险费加上利息等于保险人今后支付的保险金。

人身保险中的利息都是按每年复利一次计算的。按复利计算本金和利息的公式是:

$$F = P(1+i)^n$$

(F—终值(本金加利息),P—现值(本金),i—利息率,n—时期数)

保险人需要计算复利终值的现值,即:n 年后的保险金额(本金+利息)是已知的,其现值(保险费)应收多少?

$$P = \frac{F}{(1+i)^n}$$

该公式表明,现值是按一定利率(i),经过一定时期(n),积累到一定数额(F),所需要的本金(P)。

三、人身保险费率的组成

人身保险的费率是由纯费率和附加费率两部分组成的。其中,纯费率是根据人的死亡率或生存率和利率等因素确定的。保险人根据生命表的指标,结合利息的因素,计算出人身保险的纯费率。

人身保险包括多种不同的保险业务,由于各种业务的保障范围不一样,其纯费率就不能完全按照生命表计算。如意外伤害险,保险人只承担意外事故所导致的伤害,其费率是根据被保险人从事的生产类别或职业性质的危险程度确定的。

人身保险种类很多,既有年龄不同,也有保额大小之分;保费既有一次付足的,也有分期或限期缴纳的;保险期限长短不一,性质各不相同。所以,目前对人身保险附加费率只是简单地根据纯费率作一定比例的加价。通常,确定人身保险附加费率的方法有:

（1）固定法，即不论险种、年龄等条件，都以保额的同一比率作为附加费率。

（2）比例法，即不考虑险种、年龄等因素，都以纯费率的一定比例作为附加费率。我国现行的人身保险的附加费率就是采用这种方法确定的。

（3）固定与比例混合法，即将附加费率分成两部分，一部分按保险金额附加一定比率，另一部分按纯费率附加一定比例，两者之和即所求的附加费率。

纯费率加附加费率即为人身保险的毛费率。

思考题

1. 什么是保险费率？厘定纯费率的基础在财产险和人身险中有何不同？
2. 厘定保险费率应遵循哪些原则？
3. 简述财产保险和人身保险费率的厘定方法。

第十二章 保险核保与承保

☞ **学习目的**

使学生了解保险公司业务争取、业务承保选择的重要意义,以及核保的流程和方法。

保险是通过业务承保,收取保费,建立保险基金进行的。雄厚保险基金的建立和补偿、给付能力的加强,有赖于较好的业务承保。因此,业务承保是保险经营中的首要问题。保险业务承保有两层含义,即业务的争取和业务的选择,前者指业务的量,后者指业务的质。保险业务承保要求做到量与质的统一。我国保险业务承保除少数实行强制外,绝大部分都是自愿的,这就有业务争取问题。为保持自身财务稳定和经济利益,保险人需要对业务进行选择。

第一节 保险业务争取

一、业务争取的意义

争取业务,不断扩大承保面,是保险经营的客观要求。"大数法则"表明,承保面越大,危险就越分散,财务越趋于稳定。同类保险标的数量越多,扩大分散危险的范围、分担损失的能力就越强,从中所得出的统计资料也越趋于完善,分析的结果就越接近实际,为正确确定保险纯费率和建立足够的保险基金创造了条件。

二、开展保险宣传

近年来,我国保险业发展迅速,在国民经济中的地位越来越重要,社会大众对保险有了一定的认识。但是,从总体看,全社会的保险意识仍然不高。大力开展保险宣传工作,普及保险知识,是保险工作的重点之一。

保险宣传可以通过多种渠道、采用多种形式进行,如网络、报刊、电台、电视台、讲座、手册等,不仅要向普通群众宣传,还要向领导干部宣传。

三、广开展业渠道

首先,要通过努力,建立健全保险机构,提高企业素质,依靠自身的业务人员去争取业务。其次,要广设代理机构,建立广阔的服务网。与各种对外经济部门订立代理保险协议,有利于拓展涉外保险业务。利用基层工会、有关经济部门和社团组织以及街道办事处等建立代理关系,代办保险业务。不同的代理人有着与一行业或某一领域的密切联系,使保险业务广泛开拓。最后,要充分发挥保险经纪人的积极作用。

国外保险业务的争取主要依靠经纪人,他们从维护被保险人的利益出发,代被保险人拟定保险合同并收取佣金,把公众与保险人紧密联系在一起,促进保险事业的发展。

第二节 保险业务选择

一、业务选择的必要

保险企业是经营风险的特殊企业。在争取业务中,不能不重视业务的选择。随着我国经济的不断发展,科学技术广泛运用,人民生活水平逐步提高,承保对象和承保内容越来越多样化。这就要求保险人在注意业务"量"的同时,重视业务"质"的选择,提高承保质量,减少赔款支出,保持自身财务的稳定。

二、对物和人的选择

业务选择主要包括对物的选择和对人的选择两个主要方面。

1. 对物的选择

即对保险标的的选择。保险标的状况如何,与可能发生风险的因素、性质以及导致损失的大小和范围都有密切关系。承保时,应对保险标的本身的风险因素进行认真分析。

2. 对人的选择

即对被保险人的选择。在人身保险中,对被保险人的职业、年龄、健康状况、经济能力以及信誉和道德等都需作全面的了解。在财产险和责任险中,被保险人是保险标的和保险利益的所有人或代理人、受托人,他们对保险标的管理、保存、处理的能力都会影响危险的频率和强度。

三、保险业务选择的目的与要求

不论是对人还是对物,保险业务选择的时机应放在承保之前。如承保前发现问题,可使保险人处于主动地位。保险人可视风险情况,采取不保、少保或附加一定的条件加以限制。如事后发现问题,可向被保险人提出防险意见,或在保险期满后不再续保;在被保险人明显违反保险合同的情况下,保险人可中止原保险合同。进行业务选择的目的在于,控制承保风险。保险人应直接深入现场,逐项进行调查分析,发现潜在风险因素,了解防险安全设施,记录以往损失资料,估算其损失程度和损失机会,提出防险措施等。总之,业务选择要使保险人在有利条件下承担风险责任。

第三节 保险核保

一、保险核保的概念

保险核保是指保险人对招揽的保险业务,根据保险条款和保险公司的经营原则,对风险进行辨认、分析、评估、定价,从而确定保单条件(包括是否承保、承保条件、承包费率等),进行承保的全过程。具体而言,核保的内容包括风险评估、业务选择、承保风险控制和费率核定等。

风险评估是核保工作的基础,通过评估,明确风险性质、风险范围与程度以及风险可能造成的最大保险损失,确定是否可以在保险公司现有的经营范围或经营能力内承保。

业务选择即风险选择,在风险评估的基础上,按照一定标准与准则,对保险标的以及被保险人面临的风险进行选择,排除不可保风险,防止不合乎保险公司要求的被保险人和保险标的,避免使保险公司承担不必要的风险。

承保风险控制是对确定可以承保的风险,根据该业务风险的实际情况,采取必要的风险控制措施,如控制保险金额、确定承包范围,与被保险人共同分担风险,安排再保险,确定免责额度,增加附加条件等。承保风险控制的目的在于,防止被保险人的逆选择及心理危险的产生,尽可能防范道德危险。

在上述工作的基础上,保险公司根据业务的风险情况、保险标的的以往记录以及市场竞争状况,核定其费率。

核保的本质是保险公司对保险标的风险的判断与选择,是保险标的的风险状况与公司确定的承保条件相适应或匹配的过程。核保是保险公司承保业务过程中的中心环节,也是保险公司持续稳定经营与管理风险的基础,是保险公司的核心工作。核保人员通过对经验数据的运用,并根据保险公司自身的财务和经营能力,分析判断对保险标的风险的接受程度。核保工作对保险标的的选择及对承保条件的制定,直接影响到保险公司业务质量的高低和盈利的多少,是保险公司防范经营风险的第一关,也是最重要的一关。

二、保险核保的意义

在保险市场竞争日益激烈的今天,核保工作尤其具有重要的意义。

保险核保的目的在于,发展与维持有利润的保险业务。这些保险业务包括保险公司所有的有效保单或这些保单的附属事项。核保的首要目标是防止和避免危险的逆选择。逆选择之所以会发生，是因为投保人所代表的是一个具有较大损失概率的人口样本，而不是一个真实的随机样本。以洪水保险为例，那些暴露在具有严重洪水危险面前的人们和企业极有可能是洪水保险的购买者。

首先，通过核保工作，可以为投保客户提供适当的保险费率。费率，其实就是保险商品的价格，其高低应当与保险的成本保持合理的关系。在竞争性的市场上，任何一个保险公司都必须根据过去的经验，订立一套有差别的费率制度，在对保险危险的程度加以鉴定之后，对特定危险决定适用的合理费率。通过良好细致的核保工作，可以尽可能地克服技术上的限制，不仅做到危险分类分级，而且可以分辨同类危险在程度上的不一。

其次，通过核保工作，提供合理费率，可以维护公平原则，从而增强保险公司的竞争力。衡量危险程度，提供适用费率，是要达到"同等危险，同等负担；同等费率，同等保障"的投保客户彼此之间的平等关系。只有这样，保险人在公开竞争的市场上才可以维护老客户，招揽新客户，形成业务经营的良性循环。

最后，通过核保工作，对危险进行必要的选择，可以达成危险的有利分配，保证保险公司的正常经营与合理利润。进行危险的选择，并不是不要危险发生，否则保险公司的存在就没有任何意义了。人身保险人所追求的，不过是不要发生超过一定费率所预期发生的人身危险。这里包括两个方面：其一是危险的品质分配，即选择的危险不仅是可保危险，而且每一类危险都应具有相当的一致性。就危险的种类、大小与金额等而言，要注意到同种危险在细节上的差异所可能导致的保险责任的高低不同。其二是危险的地域分配，即一类相同品质的危险如果集中在同一地区，也有造成巨大损失的可能性。因此，承保时要注意危险的分散。当然，这些都是可以通过再保险的运用而实现所谓的"有利分配"的。但是，有利的再保条件仍需要承保方面适当的选择与分配。核保与再保的相互运用，通常可以使承保业务实现最优。

三、核保决策活动与核保活动

核保决策活动的内容包括：核保政策的制定，核保经验的评估，承保范围与保单格式的研究与发展，费率的制定与修正，核保手册与公报的编制，核保稽查的执行，以及参与同业组织的相关活动。各险种的核保活动包括：被保险人的选择，风险分类，决定适当的承保范围，决定适当的费率和价格，为业务行销人员与保户提供服务等。

四、核保原则

1. 保证公司经营安全原则

公司经营好坏，不仅关系到公司的利益，还与广大被保险人、受益人的利益息息相关。如果公司经营不善甚至破产,还会影响到整个金融系统,以至于影响社会的稳定。因此,保证保险公司的经营稳定、安全是核保工作的第一要务。核保人员要严格遵守国家关于保险业的方针政策、同业规则以及保险公司的规章制度、核保政策,进行规范化管理,把好业务质量关,避免短期行为,避免为追求业务数量而忽视业务质量,不适当地承保高风险业务,盲目降低费率承保的行为的发生。

2．实现长期利润原则

进行全面、细致、谨慎的核保工作,争取优良业务,是保证保险公司获得长期利润的基础。保险公司要注重优化业务结构,大力发展效益良好的业务品种,准确地划分危险单位,合理地确定自留额或自留比例,有效地利用再保险手段分散自身风险,确保获得今后的长期经营利润。

3．促进业务健康发展原则

核保是为了保证业务质量,也是为了促进保险业务的发展。核保人员对风险的选择,并不是只承保风险小、质量高的业务,而拒绝承保风险大、质量较差的业务。在竞争日趋激烈的保险市场上,业务人员也不可能对业务轻易拒绝,对一些质量稍差或风险较小的业务,需要从长期利益出发,在附加一些条件或适当提高费率的情况下予以承保。核保人员要掌握保险公司的相关政策,熟悉保险市场态势,灵活运用公司的承保政策,把握"质"与"量"之间的辩证关系,最大限度地促进业务持续健康发展。

五、核保技术手段

对于一般业务承保与续保,核保要简便易行。对于一些风险较大的业务,或者一些特殊的承保项目,保险公司可以灵活运用相应的核保技术手段,控制经营风险,使所承担的保险责任与自身的偿付能力相适应。一般来说,可以采用的核保技术手段有以下几种:

1．特约条件承保

这是降低承保风险的一种措施。对于某些特定风险的发生概率可能超出预期的保险业务,可以在承保时附加某些特殊条件承保,如要求投保人或被保险人采取降低风险的措施后才能予以承保。比如,承保某些现金保险时,要求每天过夜的库存现金要在某个数额以下,存放保险箱的场所必须安装防盗报警装置并与警方联网等。投保人同意这个条件,并把它作为承保的特约条件,保险公司才能接受承保。

2．控制保险金额

为防止道德危险的发生,可以对某些承保标的或被保险人控制保险金额。比如,在财产保险中,对一些风险较大的保险标的的保险金额加以一定的限制,以增强被保险人的责任心。对人身保险的某些品种,限制购买份额与限制总的保险金额,都是降低经营风险、防止道德风险的有效手段。

3. 适当运用免责限度

对于一些小额损失发生频率较高的保险标的,可以通过设定一定的免赔率或免赔额,减少小额理赔案件,将小额损失排除在承保风险之外,由被保险人自行承担,降低理赔成本,同时也降低被保险人的保费负担。核保师可以根据被保险人或保险标的的具体情况掌握运用。

4. 费率的调整

对于风险较小的保险标的,可以低于费率的标准予以承保;而对于风险较大的保险标的,可以高于费率的标准予以承保。实行差别费率,有利于保险公司在承担责任与收取保险费之间取得平衡。

5. 再保险手段的运用

对于一些巨额业务或高风险业务,可以运用再保险手段,事先在再保险市场进行安排,然后再决定承保。有的业务可以灵活采用多种再保险方式,以取得可靠的再保险保障。

6. 共同保险手段的运用

对于某些巨额业务或高风险业务,也可以采取与其他保险公司共同保险的方式承保,以控制自身的风险。

7. 业务捆绑

在保险公司承保某些所谓"质量较差"的业务时,要求同时承保同一投保人或被保险人其他的"质量较好"的业务。将同一被保险人的所谓"好""坏"业务捆绑在一起予以承保,可以保证保险公司财务上的稳定,同时也使业务得到有序扩张。

案例分析

健康保险的核保

例一:投保人祝某,女,27岁,于2013年3月为本人申请投保两份住院医疗保险,并在投保单的被保险人告知事项栏中注明已怀孕14周。该保险条款第4条"责任免除"规定:"因下列情形之一致使被保险人住院治疗而支付的检查费、床位费、手术费用和医疗费用,保险人不负给付保险金责任",其中第8款为:"被保险人怀孕(含宫外孕)、流产、堕胎、分娩(含剖腹产)、避孕、节育绝育手术、治疗不孕不育症、人工受孕及由此导致的并发症,但因意外伤害所致的流产、分娩不受此限"。

例二:投保人梁某,女,32岁,于2012年12月为其4周岁的儿子申请投保一份终身住院补贴医疗保险,并在投保单的被保险人告知事项栏中注明被保险人患"先天性胸骨乳突肌性斜颈"(简称"先天性斜颈")。该保险条款第 4 条"责任免除"规定:"因下列情形导致被保险人住院的,保险人不负保险金给付责任",其中第 8 款为:"被保险人因先天性疾病、先天性畸形而住院治疗的"。

保险公司对上述类别客户的投保申请,可以有三种核保处理做法:

第一种,对上述两例投保申请,保险公司可以正常核保通过。因为根据保险公司的核保规程及各有关保险险种的核保规则,仍然可以接受上述两位投保人的投保申请;同时,在保险条款中均已明确规定了相关的责任免除内容,既然客户申请有关的保险品种,表明其已认可该保险的责任免除条款的相关内容,其在投保单上的说明情况行为是在履行如实告知的义务,保险公司无须再作进一步的核保处理。

第二种,保险公司应该有条件地接受上述两例的投保申请,即在客户同意的基础上进行相应的批注处理。理由是:虽然该孕妇和儿童的身体情况仍在保险公司可承保范围之内,而且条款中也明确列出了"妊娠"和"先天性畸形"相关事项属于除外责任范围,但客户在投保单上填写的有关被保险人"怀孕"和"先天性斜颈"的事实已不仅仅是在履行如实告知的义务,而是改变了签订保险合同的条件。因此,保险公司不能再按正常标准无条件地予以承保,而应该针对相应的条件改变修订保险合同。

第三种,由于保险条款的相关内容含混不清,易生歧义,本着"核保从严"的态度,保险公司现阶段可暂不接受上述两例的投保申请,待延期至"顺产一个月之后"和"手术之后"再予以承保。

上述三种做法,第一种混淆了对有关责任除外事项的时间概念。如果保险公司不作任何批注处理,不进一步提出反要约,就向投保人签发保险合同,这一行为过程应该理解为保险公司已无条件地接受了(承诺)投保人提出的签订保险合同的条件。一旦被保险人在保险有效期内发生了与本次妊娠及先天性斜颈等相关的事项而住院治疗,保险公司就不能凭责任除外条款不履行给付保险金的责任。因此,采取上述第二种做法是稳妥的,虽然可能影响核保效率,甚至可能引起投保人、被保险人的误解而需要加以解释。第三种做法虽然原则上并不违反核保原理及核保规程,而且操作也简单,还完全控制了可能存在的风险,但这种简单的、粗放型的核保政策已不能适应现代人身保险特别是健康保险事业飞速发展和我国保险市场对外开放的需要,因此不宜采用。

六、核保程序

1. 审核单证及投保条件

核保人员接到投保人的投保申请后,应审核投保单及其他单证(如机动车辆保险要审核车辆行驶证、驾驶员的驾驶证,船舶险要审核船舶适航证明等)的合法性、真实性和有效性;审核投保人的权利能力与行为能力,以及投保人对保险标的的保险利益;审核保险标的是否为可保财产;对人身保险,要审核告知书的内容是否真实;等等。对不合保险要求的保险标的及投保人,可以在这个阶段就予以剔除。

2. 承保风险评估

根据所掌握的核保资料及现场查勘调查报告进行风险评估,了解风险性质、风险程度、保险标的的安全状况、可能发生的最大损失等。

3. 确定承保条件和核定保险费率

根据风险评估情况,确定承保条件,对于某些风险确定采用何种核保技术和手段承保,并核定保险费率。对于某些不合要求的业务,经采取相应核保技术和手段而客户不能接受的,可以拒绝予以承保。

4. 经公司相关业务负责人审批,完成核保程序

保险公司一般均设有专门的核保部门和核保人员,对不同的核保部门和核保人员都规定有相应的核保权限。在该核保部门和核保人员的核保权限范围内进行核保,经相关负责人审查并签字后,核保程序即告完成。

5. 事后监督

承保后发现投保人、被保险人有恶意隐瞒或欺诈等行为,可以经一定程序解除保险合同;对于某些业务,也可以在保险期满后拒绝在下一年度续保。

七、核保资料来源

保险公司核保人员进行核保的主要根据有:

1. 投保单

投保单是指保险人预先备制以供投保人提出保险要求时使用的格式文件,一般载明保险合同的主要条款,包括:投保人、被保险人以及受益人(人身保险合同中)的姓名、身份证号码、性别、出生日期、年龄、婚姻状况、住所、联系电话等,投保的险种,保险价值,保险金额,保险期限,告知事项等。投保单是核保工作的主要资料,内容因保险业务种类的不同而不同。对投保单中所列询问事项,投保人必须详实填写,使核保人员能据此决定是否承保。

2. 代理人或经纪人的意见

核保人员经常对代理人或经纪人提供的资料或意见加以重视。同时,核保人员应对资料的真实性进行判断。

3. 实地调查的报告

在人身保险方面,对于被保险人的健康状况,保险公司将指定医院或医生对被保险人进行体检,得到体检报告,从而成为核保资料的一个重要来源。对于财

产保险,有时保险公司会派人员作实地调查,得到调查报告,以作为决定承保与否的依据。

4. 其他资料来源

除了上述核保资料来源以外,核保人员可以从其他有关方面了解保险标的的周围环境、最近的损失记录、被保险人的道德因素、被保险人的管理水平等,作为核保的参考依据。

八、保险承保

保险承保就是保险人对投保人的投保申请进行审核,认为符合保险公司确定的承保条件并同意接受投保人申请,承担保单合同规定的保险责任的行为。核保是承保工作中最主要的环节,它是保险经营的一个重要环节。

保险人通过开展保险宣传,广开展业渠道,争取保险业务,并对保险标的和被保险人进行选择,对风险进行辨认、评估和定价,按不同标准决定是否承保,以及以何种条件承保。

思考题

1. 试述保险业务承保在保险经营中的重要意义。
2. 阐明业务争取、业务选择、保险核保三者之间的联系。
3. 简述核保的重要性及核保决策活动。
4. 简述核保的原则及核保技术手段的运用。
5. 什么是保险承保?

第十三章 风险管理

☞ 学习目的

使学生了解风险的含义和分类,掌握风险管理的含义、目标、程序和方法,了解保险与风险管理的关系以及风险管理在保险企业防灾防损中的功能和作用。

第一节 风险管理任务

一、风险的含义

在日常生活中,每个人都可能遭受意外事故而蒙受损失。从整个时间和空间角度看,意外事故发生并造成损失是必然的。若将视角转到某个具体的时间和地点,意外事故发生并造成损失又是偶然的。这种必然性与偶然性的对立与统一正是风险概念的基础。由于人们理解的差异或出发点不同,形成了许多相似却不完全相同的风险概念,概括起来有以下三种:

(1) 风险即损失的不确定性,包含风险的本质特征即损失和不确定性。如果意外事故不造成损失,那是有惊无险,不叫风险;如果未来的损失是必然的、意料中的,也不叫风险。虽然这一概念比较简明,但是有一个缺点,即难以将风险数量化。一般来说,在人们的认识中,风险是可比较的,当面临风险 A 和风险 B 时,往往会作出风险 A 等于风险 B、风险 A 大于风险 B 或风险 A 小于风险 B 的判断。

(2) 风险是在特定条件下,各可能后果与预期后果之间的差异。这里,后果指各种意外事故造成的伤害和损失,预期后果是各不确定后果的加权平均。一般认为,差异越大风险就越大。这一定义不仅涵盖了第一种定义,而且为风险的衡量、比较和分析提供了基础。有人将其称为"风险的统计定义"。

(3) 风险是指引起灾害和意外事故的原因,或指由灾害和意外事故造成的伤害和损失。这是对风险概念最朴素的理解,其缺陷是忽略了偶然性,并将风险因素、风险事故、损失与风险混为一谈。

风险因素、风险事故、损失都与风险有关,它们既有联系,又不尽相同。为认识风险,有必要明确它们各自的含义、它们之间的关系以及它们与风险之间的关系。

风险因素是指能产生或增加损失概率和损失幅度的因素。它分为以下三种:(1)自然风险因素,是指存在于标的本身或其所处的环境,足以引起或增加损失机会的物质条件,如闪电、暴雨、木结构房屋等。(2)道德风险因素,是指由于不诚实的恶意行为,故意促使风险事故发生的人为因素,是人的有意行为,如纵火、投毒等。(3)心理风险因素,是指由于不良习惯或疏忽所产生或增加风险事故发生的可能性的因素,如粗心大意、乱丢烟蒂等。

风险事故是指造成损失的原因,如火灾、车祸、疾病等。风险通过风险事故的发生,才导致损失。

损失在风险管理中是指经济价值的非故意的、非计划的和非预期的减少或消失。损失又分为:(1)直接损失,是风险事故发生后立即导致的第一次损失;(2)间接损失,是直接损失带来的后果,如额外费用损失、收入损失、责任损失等。

风险因素、风险事故、损失之间的关系是:风险因素可能引起风险事故,风险事故可能导致损失。风险事故是损失的必要条件,风险因素是风险事故的必要条件。需要指出的是,这些条件都不是充分条件,即风险因素并不一定引起风险事故,风险事故未必导致损失。因此,尽管风险因素客观存在,人们还是有可能减少或避免风险事故的发生,或在风险事故发生后减少或避免损失。

二、风险的分类

风险按其性质可分为纯粹风险和投机风险两类。

1. 纯粹风险

纯粹风险是指只会带来损失而不会带来收入的风险。正因如此,它是风险管理的主要对象。人们会通过各种手段控制和转移纯粹风险,包括保险。但是,保险公司的商业性、营利性和风险的普遍性、复杂性往往存在冲突,即如果保险人不加选择地满足各种风险转嫁要求,就可能使自己陷入危险的境地。因此,保险人通常将风险划分为可保风险与不可保风险,其中可保风险才是保险客户可以转嫁和保险人可以接受承保的风险。

可保风险必须具有以下特点:(1)大量独立同质风险的存在,即大量风险状况相似的标的均有遭受损失的可能性,而且一个标的遭受损失与否并不受另一个标的的影响。这是由于保险经营的基础是"大数法则",只有单个或少量标的可能遭遇风险是不具有此基础的。只有在大量风险事故的基础上,保险人才能通过"大数法则"进行保险经营,计算危险概率和损失程度,确定保费。(2)对个别标的来说,风险的发生必须是意外的。这是指自然灾害和意外事故对某一具体单位或个人来说,虽在一定时间、空间内不一定发生,但有遭受的可能性,是不可预知的,而非必然的或是由故意行为造成的。只有对于单个主体无法预知的危险的发生及损失的大小,保险人才可通过大量的统计资料的分析,找出其发生的规律性,从而将偶然的、不可预知的危险损失转化为可预知的费用支出,顺利实现保险经营的全过程。(3)损失必须是可以测定的或确定的。保险是一种商品交易行为,风险的财务转嫁与责任的承担都是通过相应的货币计价衡量的,这决定了不能用货币计量的风险不是可保风险。(4)大多数保险标的不能同时遭受损失,即不能出现巨灾,否则保险分担损失的职能会因无力承担而丧失。(5)风险应有发生重大损失的可能性。如果风险可能导致的损失程度是轻微的,就不需要通过保险获得保障,因为这从经济上看是不合理的。

2. 投机风险

投机风险是指既有可能带来损失又有可能带来收益的风险。也就是说,风险承担者面临三种可能的结果:损失、无损失和获利。例如,金融投资、项目投资、商业经营和赌博等。投机风险因存在获利的可能而具有诱惑力。对投机风险,风险承受者往往通过风险自留和风险分散等方法处理。例如,"不要把所有的鸡蛋都放在一个篮子里"就是一种朴素的投机风险分散方法。保险一般不承保投机风险。

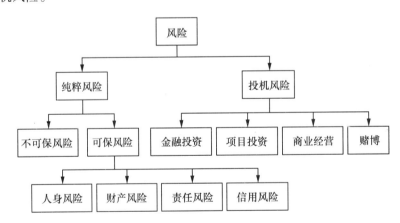

三、风险管理的定义

风险管理是社会生产力、科学技术水平发展到一定阶段的必然产物,是人类为了生存而必须采取的措施。人类很早就具备了对付风险的能力。我们的祖先制作各种武器以应付毒蛇猛兽的侵袭,他们将住处安排在山洞或其他适当的位置,以免被洪水冲淹。这是风险管理意识的最早萌芽。

随着人类历史的推进,人类所面临的风险也在不断地发展变化,人们的风险意识随之不断提高,对付风险的办法日益增多,技术越来越精良。18世纪工业革命开始后,社会生产力得到了空前发展,新技术、新工艺得到普遍运用,使生产规模不断扩大,社会财富越来越集中,巨额损失的机会增加。人们日益认识到了风险管理的必要性和重要性。此时,美国发生了钢铁工人大罢工和通用汽车公司火灾事件,成为推动企业风险管理的契机。民间研究机构和高等学府加强了对企业风险管理的学术研究,论著与日俱增。各大中型企业也纷纷设立风险管理部门或风险经理,专门从事风险管理工作。风险管理作为一门新兴管理科学开始形成。

风险管理是指经济单位通过对风险的认识、衡量和分析,并设计或选择减少或避免损失的处理方案,以最小的成本达到最大安全保障的管理方法。这一定义包含三个要点:(1)指明风险管理的主体是经济单位,即个人、家庭、企业或政府单位;(2)指明风险管理系通过对风险的认识与衡量,以选择最佳的风险管理技术为中心;(3)指明风险管理的目标是达到最大安全保障。

人们很早就有意或无意地采取各种各样的方法处理日常生活和生产经营活动中的风险,而风险管理作为一门管理学科是在近几十年内产生的。它适应社会发展的需要,充实现代管理学的内容,使科学管理提高到一个新水平。

科学技术的飞速发展促使生产能力不断提高,加速了资本的积累和生产经营规模的扩大,使市场竞争日趋激烈,经济关系日益复杂。这一切都使风险因素剧增,不确定性和可能造成的损失规模增大。个人、家庭、企业、组织和社会面临的风险超过以往任何时候。

企业风险管理关系到企业的生死存亡。在激烈的市场竞争环境下,任何重大的意外事故,如责任事故、自然灾害事故等,都可能导致企业破产。企业风险管理能为企业直接或间接地创造利润,如以最小的成本措施减少或避免损失,以最低的费用转移较大的风险,或冒较小的风险而节约昂贵的风险转移费用。企业风险管理还能为企业创造其他财富,如使企业持续、稳定地发展,树立良好的公众形象,为企业工作人员提供安全感,促进他们的身心健康和提高工作效率,等等。

同样,家庭风险管理能使家庭防范可能受到的损失而不致受到严重威胁和破坏,减少保险费用,解脱由于忧虑带给家庭成员的精神负担,从而提高人们的生活质量。

社会风险管理是维持安定的社会局面的重要手段,而安定的社会局面是社会良性循环发展的前提,能为有效开发和利用人力和自然资源提供良好的环境。

成功的企业风险管理和家庭风险管理使企业和家庭从中受益,同时对社会安定也做出了贡献。

风险管理起源于美国,目前已传遍世界各地,它的主要概念和方法已被人们普遍接受,并广泛应用于各个领域的管理中。

四、风险管理的任务

风险管理的主要任务是:生存、安宁、低成本或高收益、经营的不间断、稳定的收入、持续增长和社会责任。

根据心理学家马斯洛的理论,生存与安宁是人类两项最基本的需求。尽管学界对马斯洛整个理论有许多异议,然而生存与安宁是社会、企业、个人与家庭最基本的要求,这一点是无可非议的。任何风险管理都将生存与安宁视为首要任务。

低成本或高收益即追求风险管理的利润最大化,是风险管理的重要任务。任何管理的任务都是在一定的条件下尽可能地提高效率,增加利润。如果风险管理的成本大于收益,这种风险管理便被认为是不成功的。

经营的不间断是企业生存的标志,是企业得以长期生存发展的必要条件。当企业蒙遭损失时,风险管理者将采用一切可能的手段维持企业经营或缩短停业时间。

稳定的收入与持续增长是个人、家庭、企业或社会的长期目标。风险管理需从长期利益出发,稳步发展,避免一时不正常的高速度。"福兮祸所伏"即提醒人们注意一时繁荣的背后隐含着的风险。

无论是社会风险管理还是个人家庭风险管理或企业风险管理,都需直接或间接地承担社会责任。风险造成的损失除影响自身外,还影响他人或社会,风险管理应尽量使这种影响降到最低程度。

一般而言,风险管理目标可以分为企业的风险管理目标以及个人与家庭的风险管理目标。

企业的风险管理目标又可细分为损前目标和损后目标。损前目标主要包括经济性、减少忧虑和履行外在的强制性义务等。经济性是指企业要以最小的成本获得最大的安全保障。为此,企业会选择合适的风险管理方法,如安装安全设备、购买保险等,以减少损失带来的危害。对于企业来说,风险存在会带来一种隐性成本——忧虑成本。这是由于风险后果的不确定性给人们带来的心理上的焦虑感,有时会影响到企业的决策。企业经营中的一个重要目的就是尽量减少这种忧虑。风险管理也像其他管理功能一样,必须符合外界环境的要求。例如,我国《劳动法》第54条规定:"用人单位必须为劳动者提供符合国家规定的劳动安全卫生条件和必要的劳动防护用品,对从事有职业危害作业的劳动者应当定期进行健康检查。"企业风险管理也必须履行这些外在的强制性义务。损失发生后,企业风险管理主要有四个目标:企业生存、继续经营、稳定利润和持续成长,主要目的是使企业在损失后能完全、迅速地复原。

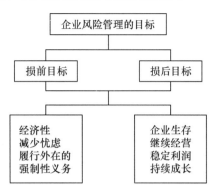

个人与家庭的风险管理目标可以分为两项:一是为人身和财产风险提供保障。人身风险包括死亡、受伤、残疾、疾病和老年退休无收入等,财产风险包括财产损失与责任损失等。通过合适的风险管理安排,例如保险等措施,可以将上述风险转移给第三人承担。二是积聚家庭财富,维持和提升生活水平。积聚家庭财富主要通过累积资金进行,目的在于提供个人或家庭所需要的生活费用、应急资金以及将来可能面临的各种支出。在个人或家庭累积资金的初期,储蓄可能是理财的唯一方式。随着投资于各种金融工具,资金累积的速度越来越快,相对的风险也越来越大,个人或家庭也要对这部分风险进行管理,以实现家庭财富的积聚,维持和提升生活水平。

五、风险管理的流程

为了达到上述目标,风险管理需完成一系列风险管理程序,通常分成以下四个步骤:

1. 风险识别

风险识别是风险管理的第一步,是系统地、连续地发现企业或个人所面临的风险类别、形成原因及其影响。这一过程的重点包括:对企业员工和资产的构成和分布进行全面总结和归类,以全面地掌握风险来源;对人员和资产所面临的风险进行识别和判断,这是风险识别的核心,在实践中有许多方法,例如风险分析问卷调查表法、财务报表法、流程图法、实地调查法等;分析损失原因;对损失后果及其影响进行分析和归类。

另外,风险识别还是一个连续的过程,未来的风险不仅包括过去面临的类型,而且还会出现新的风险。随着经济形式和情况的变化,原有风险的作用、种类也会发生变化,因此要进行持续性的工作。这是风险管理至为重要的一步。

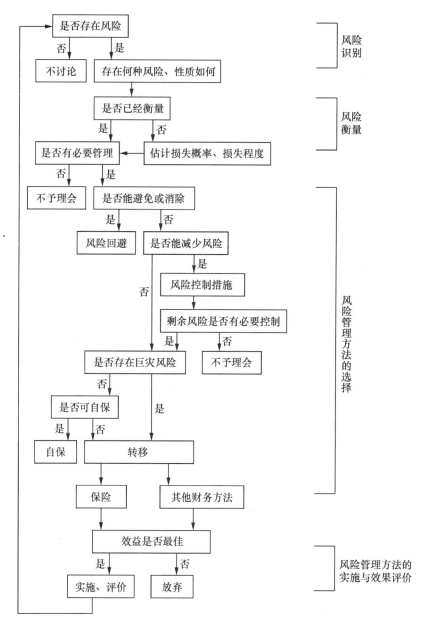

2. 风险衡量

风险衡量又称"风险评估",是在对过去损失资料进行分析的基础上,运用概率论和数理统计的方法,对将来的损失概率和损失程度作出估计,以作为选择对付风险的方法的依据。

风险识别回答了经济单位面临何种风险以及存在哪些风险因素的问题,接下来就要分析:某一风险发生的概率有多大?发生后可能造成多大程度的损失?这些问题需要通过风险衡量回答。

3. 风险管理方法的选择

根据风险衡量的结果,本着增加企业价值的目的,企业选择恰当的风险管理方法。风险管理方法主要分为两类:一类是风险控制方法,主要包括风险回避、损失控制、分离风险单位和控制型风险转移;另一类是财务处理方法,主要包括风险自留、保险、通过衍生工具进行套期保值、利用其他合约进行融资等。企业可以选择其中一种风险管理方法,但通常是将几种风险管理方法进行一定组合,以在成本最小的情况下达到最佳的风险管理效果。

一般而言,企业在选择各种风险管理方法时会作三项衡量:一是衡量预期损失的概率与程度,二是衡量各项风险管理方法对预期损失概率与程度可能的影响,三是衡量此种风险管理方法的成本。也就是说,要选择最佳的风险管理方法,必须了解所要管理的风险,以及各种风险管理方法的成本与效益。

4. 风险管理方法的实施与效果评价

在选择了最佳的风险管理方法后,风险管理人员就要在企业中实际实施。但是,方法实施后并不等于风险管理就完成了,还要对实施的效果进行评价:一方面,考察是否达到了预先设定的标准,包括行动标准和结果标准。行动标准是指围绕风险管理所展开的一系列活动的标准,如每年检查一次消防系统。结果标准是指风险管理所要达到的风险程度,如员工受伤的几率从5%下降到1%。另一方面,是否适应新的变化,随着人们对风险的认识水平、风险管理技术以及企业风险管理目标的变化而不断调整。

整个风险管理工作并不是直线型的,而是上述步骤周而复始地循环。

第二节 风险管理技术

风险管理技术分为控制型与财务型两类。控制型的目的在于,降低损失频率,缩小损失强度,改善损失的不利条件。财务型的目的在于,以提供基金的方式消除发生损失的成本。

一、风险控制方法

风险控制是指采取各种措施避免、防止、排除或减少风险,具体分为风险回避、损失控制、风险分离和控制型风险转移等。

1. 风险回避

风险回避也称"风险规避",是指风险主体为了免除风险的威胁,采取的使损失发生的可能性降为零的措施。

风险回避通常采用两种方式：一种是根本不从事可能产生某种特定风险的任何活动。例如，有人为了避免因飞机坠毁而丧生，从来不乘坐飞机；工厂为了免除爆炸的风险，根本不从事爆竹等危险物品的制造。另一种是中途放弃可能产生某种特定风险的活动。例如，学校计划组织教职员工进行旅游活动，因临行前获知台风警报而取消，如此可以免除可能带来的责任风险。

> **案例分析**
>
> ## 政府因禽流感频发而关闭活禽交易市场
>
> 近年来，禽流感在我国爆发和流行的情况越来越多，特别是 2013 年 3 月首次发现人体感染 H7N9 病毒后，给社会带来了巨大的负面影响。接触活禽是感染这种新病毒的危险因素。携带病毒的家禽及其排泄物、分泌物，可能是人感染 H7N9 病毒的传染来源。由此而产生的连锁反应是，全国各地相继启动防控应急预案，活禽成为最主要的监控对象，纷纷叫停活禽交易，关闭活禽交易市场，同时禁止信鸽放飞。
>
> 各地政府采取的风险管理方法就是风险回避，即在发现家禽传染新病毒的风险后，各地政府宣布关闭活禽交易市场，以避免人类密切接触或直接接触病毒的主要感染来源。

如果单纯地从处置特定风险的角度看，风险回避是最彻底的方法，完全避免了该种风险可能造成的损失。但是，并非任何风险都可以通过这种方式避免，其适用性受到多方面的限制。首先，有些风险是无法回避的，例如死亡、地震和暴风等自然灾害、全球能源危机等基本风险。其次，风险的存在往往伴随着受益的可能，避免风险就意味着放弃受益。例如，企业可以通过不从事任何营业行为而回避任何财务风险。但是，在正常的情况下，企业不经营就不可能有收入，因噎废食是不足取的。如果个人一味地以风险回避处理人生中可能面临的风险，则生活必定会了无情趣。最后，回避一种风险，可能会产生另一种新的风险。例如，不乘坐飞机可以回避飞机坠毁的风险，但是选择其他交通工具就会面临其他风险，如汽车碰撞、火车出轨等。

由此可见，风险回避并不总是可行的，通常适用于以下几种情形：损失频率和损失幅度都较大的特定风险，损失频率不大但损失后果严重且无法得到补偿的风险，采用其他风险管理措施的经济成本超过进行该项经济活动的预期收益。

2. 损失控制

损失控制是指通过降低损失频率或者减少损失程度控制风险的各种方法。

损失发生前尽量降低损失频率的行为称为"损失预防",也称"防损";损失发生后努力减轻损失程度的行为称为"损失减少",也称"减损"。例如,对汽车司机加强安全教育和驾驶技能的培训,可以有效地减少车祸发生的频率,是损失预防措施。快速的紧急救援服务、在车上安装安全气囊,则是减轻车祸所致损失程度的损失减少措施。这类行为本身虽不能阻止损失的发生,但如果事故真的发生了,则可以减少车内人员可能遭受的伤害。

损失减少措施按照实施的时间在事故发生前或发生后,又可以分为事前减损措施和事后减损措施。对于火灾损失控制来说,设置防火墙限制火灾损失范围是事前减损措施;而安装自动灭火装置,将火灾扑灭在萌芽状态以减少火灾损失则是事后减损措施。

案例分析

某铁路货运中心针对火灾的损失控制措施

(一) 损失预防措施

火灾预防关注"火灾三角形"(fire triangle)的形成,认为火灾的发生必须具备燃料、氧气以及火源三项要素。因此,预防火灾至少必须除去火灾三角形的任何一边。

1. 消除潜在的燃料
(1) 转移不必要的可燃物;
(2) 安全储存必要的可燃物;
(3) 认真做好防护工作,将燃料与火源隔离开来。

2. 消除氧气
将高度易燃物料存储于无氧的密闭容器或环境中。

3. 转移火源
(1) 消除火花和热源(如烟蒂等);
(2) 及时检查电路,防止电线走火;
(3) 注意安置化学物品,特别是容易在化学反应中起火的物品;
(4) 消除自燃粉尘;
(5) 强调"禁止吸烟"规则;
(6) 及时让雇员了解安全记录,并注意保持。

(二) 损失减少措施

1. 事前损失减少措施
(1) 设置防火墙或其他隔离火源的装置;
(2) 制定火灾紧急情况指挥计划;

(3) 设置并保养好火灾报警及自动灭火系统。

2. 事后损失减少措施

(1) 自动火警或灭火系统的启用;
(2) 火速通知当地消防队;
(3) 按照火灾紧急情况指挥计划有条理地进行处理;
(4) 提供临时保护措施,以免其他未受火灾损害的财产发生其他危险;
(5) 及时修理并恢复受灾财产。

(资料来源:何文炯主编:《风险管理》,东北财经大学出版社1999年版。)

3. 风险分离

风险分离是指对风险单位进行分割或者复制,尽量减少经济单位对某特殊资产、设备或个人的依赖性,以此减少因个别设备或个人的缺损而造成的总体上的损失。从具体实现的途径区分,有两种分离风险单位的方法:

一是分割风险单位,即将现在的资产或活动分散到不同的地点,而不是将它们全部集中在可能毁于一次损失的同一地点。这样,万一有一处发生损失,不至于影响其他。最通俗的一个例子就是"不要把所有的鸡蛋都放在一个篮子里"。又如,个人在旅行途中把自己的现金分几处放置,大型运输公司分几处建立自己的车库,巨额价值的货物分批运送等。

二是复制风险单位,即增加风险单位的数量,准备备用的资产或设备,在正在使用的资产或设备遭受损失后投入使用。例如,企业制作两套会计记录,储存设备的重要部件,配备后备人员等。

但是,以上分离风险单位的两种方法一般都会增加企业的费用开支,有时作为对付风险的方法并不实用。例如,小企业很少会建造两个相同的仓库。此外,虽然增加风险单位可以减少一次损失的损失程度,但是也会增加损失频率。

4. 控制型风险转移

风险转移是将自己面临的损失风险转移给其他个人或单位承担的行为。控制型风险转移主要是指借助协议或合同,将损失的法律责任或财务后果转移给其他个人或组织(非保险公司)承担。

控制型风险转移的方式主要有以下几种:

(1) 出售。出售承担风险的财产,同时将与财产有关的风险转移给购买该项财产的人或经济单位。例如,企业出售其拥有的一幢建筑物,则企业原来面临的该建筑物的火灾风险也就随着出售行为的完成转移给新的所有人了。这种出售有些像风险回避行为,区别在于它使风险有了新的承担者。另外,需要注意的是,有时出售行为并不能完全摆脱风险。例如,家用电器出售给消费者后,并不能免除制造商或销售商的产品责任风险。

(2) 租赁。租赁可以使财产所有人部分地转移自己所面临的风险。财产租赁是指一方把自己的房屋、场地、运输工具、设备或生活用品等出租给另一方使用,并收取租赁费。如果租赁协议中规定租借人对因过失或失误造成的租赁物的损坏、灭失应承担赔偿责任,那么出租人就将潜在的财产损失风险转移给了租借人。

(3) 分包。分包多用于建筑工程中,工程的承包商可以利用分包合同将其认为风险较大的工程转移给其他人。例如,对于一般的建筑施工队而言,高空作业的风险较大,承包商可以利用分包合同将这部分工程分包给专业的高空作业工程队,从而将与高空作业相关的人身意外伤害风险和第三者责任风险转移出去。

(4) 签订免除责任协议。虽然将带有风险的财产或活动转移出去是一种很好的摆脱风险的方法,但在许多场合是不现实或不经济的。典型的例子如医生一般不能因害怕手术失败而拒绝施行手术。签订免除责任协议就是这种情况下的一种解决问题的方法。医院在给垂危病人施行手术之前,会要求病人家属签字同意,若手术不成功,医生不负责任。在这种免除责任协议中,医生不转移带有风险的活动(动手术),而只转移可能的责任风险。对医生而言,风险被免除了。

二、风险财务处理方法

由于现实性和经济性等原因,在很多情况下,人们对于风险的预测不可能绝对准确,风险控制措施不可能完全消除风险的存在,某些风险事故的损失后果仍不可避免。所以,风险管理者除了运用风险控制措施外,同时还必须计划好一旦发生风险事故,带来了损失,要从哪儿取得资金以融通损失。这是另一种风险管理方法,即风险管理的财务处理方法。

与风险控制措施的事前防范不同,财务处理方法的目的在于,通过事故发生前所作的财务安排,使损失一旦发生后能够获取资金弥补,为恢复正常经济活动和经济发展提供财务基础。财务处理方法的着眼点在于事后的补偿。

根据资金的来源不同,财务处理方法可以分为风险自留和风险转移两类,风险自留措施的资金来自于企业内部,风险转移措施的资金来自于企业外部。保险、通过衍生工具进行套期保值、其他利用合约进行融资是三类主要的财务型风险转移措施。

1. 风险自留

风险自留亦称"风险自担",是企业自行承担其一部分或全部风险的一种风险处理方法。风险自留可以是主动的,也可以是被动的。当风险管理者经过对风险的衡量,考虑各种风险处理方法后,决定不转移风险时,就是主动的或有计划的风险自留。当风险管理者没有意识到风险的存在,因而没有采取处理风险的措施时,风险自留便是被动的或无计划的。尽管被动的风险自留偶尔恰好是处理某一风险的好方法,但绝不是一种合理的方法,合理的方法应是主动的风险自留。决定风险自留的主要因素有:必要性,当其他方法皆不可能的情况下,风险自留就成为唯一的方法;方便与可控性,风险自留操作一般比其他方法方便和易于控制;成本,当其他方法的成本较高时,风险自留就成为一种较好的方法。另外,还需考虑诸如资金的时间价值、预期损失和风险、税收和服务质量等因素。一般来说,在以下情况下,选择风险自留比选择风险转移更为有利:(1) 自留费用低于保险人的附加保险费;(2) 企业的期望损失低于保险人的估计;(3) 企业有许多风险单位并且有能力加以分离;(4) 企业最大潜在损失较小或企业在短期内有承受最大潜在损失的经济能力;(5) 费用和损失支付分布于很长的时间里,因而导致很大的机会成本;(6) 有很好的投资机会;(7) 内部服务或非保险人服务优良等。

风险自留的具体措施主要有:(1) 建立损失储备基金。这对具有较大潜在损失的风险有积极意义。损失发生时,企业有能力进行补偿,尽快恢复或接近损失前的状态,使企业在收入方面不至于有大的波动,其缺点是企业资金使用的低效益。(2) 建立自保公司。企业自己成立保险公司,其保险对象是本企业及其子公司。自保公司的优点是:节省开支,运用保费收入进行投资的收益都归企业支配使用;可以积极主动地对企业的风险进行控制,使风险降到最低水平。其缺点是保险技术和分散危险能力不如专业保险公司。

考虑到资金的使用效益,还有不安排资金的风险自留,在损失额较小的情况下,通常是可行的;一旦发生重大损失,企业则有可能陷入困境。此时,企业很难通过贷款或其他途径筹措资金以弥补损失。

2. 保险

保险是对付可保的纯粹风险的一种重要的风险融资工具,通过签订保险合同的形式向投保人收取保费,以集中起来的保险费建立保险基金,用于补偿被保险人因自然灾害或意外事故造成的经济损失,或对个人因死亡、伤残、疾病、年老、失业等给付保险金。

对于企业和个人来说,通过缴纳保险费,将自身面临的风险负担转移给了保险公司,以小额的成本——保险费代替大额的不确定性损失——保险所保的意外事故带来的损失。从这一点看,保险并没有改变企业或个人所面临的风险,而是通过一个事先的安排,使得一旦保险事故发生,企业或个人能够从保险公司那里得到资金弥补损失,而不需要用自己的资金融通损失。

3. 通过衍生工具进行套期保值

传统的风险管理主要针对纯粹风险,通过保险和风险控制等措施进行。从

20世纪末开始,风险管理开始越来越多地涉及金融风险管理,利用期权、期货、远期与互换等金融衍生工具进行套期保值。衍生工具应用在风险管理上,一个最基本的用途就是帮助企业将风险转移到资本市场上,从而扩大了风险转移的范围。

4. 其他利用合约的融资措施

其他利用合约的融资措施主要有或有融资计划和信用限额两种。或有融资计划是指企业与金融机构或机构投资者达成这样一种安排:根据事先商定的条件,企业可以向它们借款或者发行新股,这些条件依赖于某些特定事件是否发生。例如,某公司有500万生产设备,利用自己的资金最多可以支付100万元的损失。该公司对下一年可能发生的损失超过100万元的部分进行融资。如果该公司事先与银行进行了这样一种安排:可以在生产设备受到损害超过100万元时,在下一年任何时间以8%的利率向银行借入不超过400万元的资金,这被称为"或有债务"。如果是另一种安排:可以在生产设备受到损害超过100万元时,以每股40元的价格最多发行10万股新股,这被称为"或有权益"。该公司一般要为这种安排支付一定的费用。

通常,大多数大公司和银行之间都会有信用限额安排。根据这种安排,企业可在一定时间(通常为一年)内按照预先协商好的利率和数额借款。信用限额与或有融资计划的不同是,它不必在某个特定事件发生时才提供贷款,只要企业发现贷款是相对有利的,就可以使用这部分信用限额。

以上介绍的诸多风险处理方法各有特点,究竟采用哪种方法或哪些方法的组合应从实际出发,根据最小成本原则,择优选用,达到以最小成本获得同样的安全保障。

第三节 保险与风险管理

一、风险管理产生于保险

风险管理思想源于古代。四千年前,扬子江皮筏商已懂得用损失分摊的道理运送货物;公元前916年,共同海损制度形成;公元前400年,船货押贷出现等,既是保险思想之萌芽,也是风险管理之萌芽,它们都以降低风险为目的。随着经济的发展,特别是海上贸易的发展,16世纪,海上保险应运而生。但是,风险管理作为一门科学,却出现在20世纪50年代。其中的重要原因,就是人们一直把保险视为唯一的管理风险的方法。直到近代美国发生两起重大事件,才引起人们对风险管理的注意。一件是1948年美国钢铁业大罢工,长达半年之久,对美国经济影响严重。另一件是1953年8月13日美国通用汽车公司的自动变速装置发生大火,导致该公司蒙受1亿美元的损失。这两件事的发生,引起企业界、学术界的重视,在美国保险管理学会的推动下,风险管理的研究、教育才风行起来。自此以后,美国各大学传统的保险学改名为"风险管理和保险学",全美大学保险学教师协会更名为"全美风险管理和保险学协会"。风险管理研究与应用在美国掀起热潮,并影响世界各国。

风险管理和保险无论在理论上还是在实际操作中,都有着密切的联系。从理论起源上看,一方面,是先出现保险学,后出现风险管理学,保险学中关于保险性质的学说是风险管理理论基础的重要组成部分,且风险管理学的发展很大程度上得益于对保险研究的深入。但是,另一方面,风险管理学后来的发展也在不断促进保险理论和实践的发展。从实践看,一方面,保险是风险管理中最重要、最常用的方法之一;另一方面,通过提高风险识别水平,更趋准确地评估风险,风险管理的发展对促进保险技术水平提高起了重要作用。

二、风险管理促进保险管理水平提高

保险学的发展不断为风险管理增添新的内容,风险管理的发展也促进了保险管理水平的提高。风险管理的最终目的是,最大限度地减少危险的存在,减轻可能带来的损失,并把不利影响控制在最小范围。这与保险经营管理的要求是完全一致的。在风险管理中,识别风险水平的提高、评估风险的更趋准确以及风险控制技术的发展,都对保险管理水平起着提高作用,并促进以转嫁风险为中心的保险管理方式向以预防风险为中心的风险管理方式转化。

全面风险管理(Enterprise Risk Management)是风险管理理论新的发展,是指通过在企业管理的各个环节和经营过程中,执行风险管理的基本流程,培育良好的风险管理文化,建立健全全面风险管理体系,包括风险管理策略、风险理财措施、风险管理的组织职能体系、风险管理信息系统和内部控制系统,从而为实现风险管理的总体目标提供合理保证的过程和方法。全面风险管理框架包括四类目标和八个管理要素,有助于深入地理解和管理对象,分析解决控制中存在的问题。保险公司推出的综合型保单、组合型保单和一揽子保单就是运用全面风险管理理念,将多种保险风险捆绑在一起,以提供更大范围的保障。

三、保险企业的防灾防损

保险企业终日与风险打交道。因此,保险与风险管理的关系十分密切。在我国,保险企业的风险管理通常称为"保险防灾工作"。从严格意义上说,风险管理和保险防灾防损的含义并不完全相同,前者是指人们对社会经济生活中存在的各种各样的风险的处理——包括对风险的预防和控制,以及造成损失后的补救措施;后者主要是指针对一些自然灾害和意外事故等实质性损失的预防和

控制,采取各种组织措施和技术措施。前者的含义比较广泛,后者的含义相对狭隘、具体。

保险防灾防损是保险事业的一个重要职能。保险与防灾防损结合,是社会主义保险事业的一个重要标志。保险防灾防损的特点是：

(1) 保险防灾防损是通过开展保险业务,密切配合防灾部门进行的工作。它与社会防灾体系具有密切联系,并保持密切配合的关系。

(2) 保险防灾防损是社会防灾的一部分。社会防灾是指专业防灾部门,如政府或有关主管机关,依国家或地方有关法令和规定执行防灾任务,对单位或个人在行动上具有一定的约束力。保险防灾防损主要是根据保险合同所规定的双方的权利和义务进行防灾防损工作。

(3) 保险防灾防损工作的对象主要是参加保险的保户,而专业防灾部门开展防灾的对象可遍及全社会。

以上特点并不说明保险防灾防损不重要,它对我国保险事业的发展具有极其重要的意义。通过保险防灾防损工作,可防止或减少危险事故发生造成的损失,保护人民生命财产的安全,减少保险人的赔款支付,提高保险业务经营的财务稳定,为国家积累更多的保险基金,促进保险事业健康发展。

保险防灾防损包括两方面内容：一是积极参与有关部门的防灾防损活动,二是把防灾防损工作贯彻于整个保险工作之中。

参与防灾防损活动的具体措施是：

(1) 参加防灾防损组织,加强防灾防损宣传。保险企业可参加各级防火防洪及其他各种防灾防损安全组织,以便与有关防灾防损部门密切联系,推动社会防灾工作开展。同时,应配合有关部门加强防灾防损宣传,提高人们的风险意识,预防灾害事故的发生。

(2) 进行防灾防损检查,参与抢险救灾。对所有保户经常进行防灾检查,不断发现危险隐患,减少不安全因素。当灾害发生时,要组织抢救,并对受灾受损财产进行必要的整理与保护。在广泛性灾害即将发生或灾害刚过时,要积极参加各种抢险救灾活动。

(3) 开展灾情调查,积累统计资料。加强对各种危险因素的分析研究,便于了解和掌握发生灾害的规律性,有利于指导和改善今后的防灾防损工作,为有关部门提供比较可靠的防灾防损信息。

(4) 拨付防灾防损费用,增强社会防灾力量。每年从各种财产保险的实收毛保费中提取一定比例作为防灾防损基金,结合保险业务的开展,与社会有关职能部门一起,对社会防灾工作提供一定的支持。防灾防损费用主要用于补助当地消防、交通、航运等部门增添防灾防损设备,增强社会防灾力量。

把防灾防损工作贯彻于整个保险工作之中,其具体办法是：

(1) 通过保险条款，订明有关防灾防损要求。设计保险险种时，要注意针对不同投保对象和保险标的，在保险条款中相应规定防止发生主观意识上的危险因素，按投保险别和标的的性质要求，规定被保险人必须遵守有关安全防灾防损的规章规定，切实履行安全保护义务，否则保险人可以中途解除保险合同或有权拒绝赔偿。

(2) 通过保险费率，体现优待和限制。根据投保人对风险管理的实际措施和效果，用费率和奖励区别对待，以经济手段促进防灾防损工作效益的提高。例如，投保耐火建筑结构的房屋或具有较好防火设备的单位，可享受较低保险费率的优待。又如，机动车辆保险中，对全年安全驾驶无赔款者，续保时可享受奖励等。

(3) 通过赔款处理，规定抢救和保护受灾受损财产所支付的费用由保险人负责补偿；同时，规定被保险人没有履行抢救和保护的义务，加重保险财产损失部分，保险人可不负赔偿责任。这对减少灾害损失具有实际意义。

(4) 通过承保验险、防灾防损检查和典型案例分析，提出防灾防损措施和建议。保险企业经营的是风险，自身风险管理工作十分重要。现实有效的方法是：通过承保验险、防灾防损检查和典型案例分析，随时注意、发现和认识危险，及时向被保险人提出控制危险的措施和建议，把防灾防损工作贯彻于整个保险工作之中。

思考题

1. 什么是风险？保险人可以承担的风险具有哪些特性？
2. 名词解释：风险因素、风险事故、风险成本。
3. 什么是风险管理？其目标、任务和步骤有哪些？
4. 风险管理的基本内容是什么？风险管理的基本方法有哪些？
5. 简述风险管理与保险的关系，以及保险企业如何开展保险防灾防损工作。

第十四章 保险赔偿与给付

☞ **学习目的**

使学生了解保险赔偿给付的含义,财产保险的赔偿方式,人寿保险的给付条件和特点,以及保险理赔核赔的原则、要点和程序。

第一节 保险赔偿给付的概念

一、保险赔偿给付的含义

保险合同是有偿合同,一旦发生保险事故,造成财产损毁或人身伤亡,保险人必须履行对被保险人的经济补偿义务,对被保险人遭受的损失提供经济补偿。这在财产保险中,称"保险赔偿";在人身保险中,称"保险金给付"。

保险赔偿的一条重要原则是,被保险人不能从保险赔偿中获取额外利益,即被保险人在获得保险赔偿后的财务水平不能高于保险事故发生前的财务水平。保险人负责的赔偿额限于被保险人的实际损失值。在实际业务中,通过约定,可以包括某些额外利益。如财产险中,按财产原值或重置价值确定保额时,包括了已经使用或消耗的价值在内。在此情况下,房屋保险中,被保险人受灾损失的是一幢旧房,通过赔偿能够重盖一幢新房,被保险人得到了更多利益。保险人必须清醒地看到,承担这种保险可能导致潜在道德危险。按惯例,保险人对这种保险应加一些条件和限制。典型限制就是被保险人必须在原地基上盖新房。在定值保险和人身保险中,因发生的损失额难以精确衡量,在确定保险金额时必须慎重。如人身保险,因人的生命价值难以预计,其生前死后的财务水平根本不同。保险人要防止被保险人超过其财务能力投保人身保险,尽量避免"超额保险",减少道德危险发生。

二、损失是保险赔偿的先决条件

没有损失就没有赔偿。保险人只有在被保险人的财产发生损失时,才有赔偿的义务。但是,损失并不等于赔偿。这是因为:

(1)损失是赔偿的先决条件,但保险赔偿还取决于保险条件和赔偿方法。如果损失是除外责任引起的,保险人不负赔偿责任。

(2)保险赔偿额一般不超过实际损失额。换言之,保险赔偿只能等于或小于损失额。

（3）保险赔偿不但包括财产本身损失的赔偿，而且包括施救、抢救费用的补偿。

第二节 财产保险赔偿

一、保险财产损失

财产损失按损失程度分为全部损失和局部损失两种。

1. 全部损失

全部损失简称"全损"，是指保险财产遭受保险责任范围内的灾害事故后，发生全部灭失、完全失去原有的功能用途或受损后其修复费用将超过其保险价值等。全损分为实际全损和推定全损两种。

实际全损和推定全损在海上保险中运用较多。在海上保险中，实际全损是指保险船舶发生保险事故后，完全灭失或严重损坏，完全失去原有状态、效用，包括船舶失踪超过一定时限。推定全损是指保险船舶发生保险事故后，船舶的实际全损已经不可避免，或者为避免发生实际全损所需支付的费用将超过船舶的保险价值，或者受损船舶的修复费用将超过船舶的保险价值。保险标的作推定全损处理的，被保险人可以提出委付，向保险人发出委付申请书，保险人有权接受委付或拒绝接受委付。当保险人接受委付时，保险船舶的所有权及所附带的权利和义务全部转移给保险人。如保险人拒绝接受委付，并不影响保险人对案件按推定全损进行处理。按推定全损赔付后，保险人的保险责任解除。

2. 局部损失

局部损失也称"部分损失"，是指保险财产损失未达到全损的程度，也是指除实际全损或推定全损以外的保险财产的损失。如机器设备部分损坏，经过修复仍可使用，按其实际损失程度补偿修理费用；如修复后有显著增值或贬值，可通过协商，酌情扣回或补偿其差额部分。

二、财产保险赔偿方式

1. 比例责任赔偿方式

比例责任赔偿是指按保险金额与保险价值的比例计算赔偿金额。赔偿金额不仅和损失额有关，也和保险金额与保险价值的比例有关。保险价值即保险财产的价值，一般是指保险财产的重置价值。

如果发生全部损失，保险金额高于或等于保险价值时，赔偿金额不超过保险价值；保险金额低于保险价值时，按保险金额赔偿。如果发生部分损失，保险金额高于或等于保险价值时,赔偿金额等于实际损失;保险金额低于保险价值时,赔偿金额按保险金额与保险价值的比例计算,可用公式表示如下:

$$赔偿金额 = 实际损失 \times \frac{保险金额}{保险价值}$$

这种赔偿方式鼓励投保人尽量按财产的实际价值投保,以获得完全的保障,是国际上普遍采用的一种赔偿方式。

例如,某企业投保财产保险,保险金额为600000元,在保险有效期内发生责任范围内的损失约100000元,事后保险人对保险财产的估价是1000000元,按比例责任赔偿方式,保险人应支付的赔款金额是:

$$(600000/1000000) \times 100000 = 60000(元)$$

2. 第一危险责任赔偿方式

第一危险责任赔偿方式亦称"第一损失赔偿方式",它是把保险财产的价值分为两部分,相等于保险金额部分称"第一危险责任",超过保险金额部分称"第二危险责任"。保险人只对第一危险责任部分负责,只要损失金额在保险金额之内,都负赔偿责任。所以,赔偿金额的多少,只取决于保险金额与损失价值,不考虑保险金额与财产价值之间的比例关系。我国家庭财产保险多采用此赔偿方式。

例如,某人投保家庭财产保险,保险金额为60000元,在保险有效期内发生责任范围内的损失约10000元,未超过保险金额,按照第一危险责任赔偿方式,保险人应支付的赔款金额是10000元。

3. 定值保险赔偿方式

定值保险赔偿方式是指在签订保险合同时,对保险金额的确定以双方约定的保险价值为基础,作为结论性价值。当发生保险事故造成损失时,如全部损失,按保险金额全数赔偿;如部分损失,则需确定损失程度,按损失程度的比例赔偿,不再估算受损财产的实际价值。这种赔偿方式适用于海洋运输货物保险、船舶保险,以及无法鉴定价值的高档工艺品、古玩、珠宝等特约保险。

4. 限额赔偿方式

限额赔偿分为有限额责任赔偿和免责限度赔偿两种。

(1) 限额责任赔偿,指保险人只承担事先约定的损失额以内的赔偿,超过损失限额部分,保险人不负赔偿责任。这种赔偿方式一般适用于农作物收获保险和责任保险等。在农作物收获保险中,保险人与被保险人事先按常年产量约定一个限额,农作物受灾损失达不到约定限额的,保险人负责赔偿;对超过限额部分损失,保险人没有赔偿责任。

(2) 免责限度赔偿,指损失在限度内,保险人不负赔偿责任,这种限度是保险人享受的免责权。保险合同规定的免责限度又分为相对免责限度和绝对免责限度两种。免责限度以百分比或千分比表示的,称"免赔率";以一定金额表示的,称"免赔额"。

相对免责限度(免赔率或免赔额),指财产损失程度不超过免责限度时,保险人不负责赔偿;财产损失程度超过免责限度时,按全部损失赔偿。其计算公式是:

$$赔偿金额 = 保险金额 \times 损失率$$

例如,投保仪器一批共 5 箱,每箱价值 200 元,加保破碎险,约定相对免责限度为 2%,后发现 1 货箱无损,2 货箱损失 2%,3、4、5 货箱各损失 5%、4% 和 3%,则保险人只对 3、4、5 货箱的损失给予全部赔偿。

$$赔偿金额 = (200 \times 5\%) + (200 \times 4\%) + (200 \times 3\%) = 24(元)$$

绝对免责限度(免赔率或免赔额),指财产损失程度不超过免责限度时,保险人不负责赔偿;财产损失程度超过免责限度时,只对超过部分负赔偿责任。其计算公式是:

$$赔偿金额 = 保险金额 \times (损失率 - 免赔率)$$

例如,运输玻璃器皿 10 件,每件 50 元,加保破碎险,约定绝对免责限度为 3%,后发现 1 件损失 10%,4 件损失 2%,其余 5 件无损,则保险人只对其中一件负赔偿责任。

$$赔偿金额 = 50 \times (10\% - 3\%) = 50 \times 7\% = 3.5(元)$$

免责限度赔偿方式的采用,一是为减少或避免因大量小额赔款带来的一系列理赔手续和费用,降低保险经营成本,间接降低保险费率,同时控制保险标的必然发生的自然耗损;二是可以防止道德风险,减少或避免保险欺诈行为。

第三节 人身保险给付

人们对人身保险需求的多样性和变动性,决定了人身保险险种的多样化特点。不同险种,保险金的具体给付条件也不同。按照保险责任的不同,人身保险可以分为人寿保险、人身意外伤害保险和健康保险三大类,它们的给付条件和特点各不相同。

一、人寿保险的给付条件和特点

人寿保险分为死亡保险、生存保险、两全保险和年金保险。

死亡保险以人的死亡为保险事故。被保险人在事先约定的期限内死亡,保险人按合同规定给付相应的金额。给付金额在保险合同中事先已确定。如果被保险人在保险期限届满时仍然生存,保险合同即行终止,保险人无给付义务,也不退还已交保险费。事先约定的期限可以是固定期限,如 1 年、5 年、10 年、15

年、20年、30年等,称为"定期死亡保险";也可以不确定具体期限,直至被保险人死亡,称为"终身死亡保险"。与定期死亡保险不同,在终身死亡保险的情况下,保险人的给付义务是确定的。

生存保险把被保险人在保险期限内生存作为给付条件。如果被保险人在保险期限内死亡,保险人无给付义务,也不退还已交保险费。

两全保险,又称"死亡保险",不管被保险人在保险期限内死亡与否,保险人均有给付保险金的义务。

年金保险因其在保险金的给付上采用每年定期支付的方式而得名。年金保险通常以被保险人在约定期限后仍然生存作为给付条件。从支付首期年金开始,只要被保险人生存,保险人即按月、季、半年或年给付年金,直至保险期满或被保险人死亡。如果被保险人在交费期间死亡,保险人通常会将该保单项下的保费累积额支付给受益人。

二、意外伤害保险的给付条件和特点

意外伤害保险的给付条件如下:
(1) 被保险人遭受意外伤害事故;
(2) 意外伤害事故发生在保险期限内;
(3) 意外伤害事故直接导致被保险人死亡、残疾或支付医疗费用。

以上三个条件必须同时具备。当构成保险责任时,保险人按保险合同约定的保险金额给付死亡保险金、残疾保险金或补偿医疗费用支出。我国现行意外伤害保险条款均规定,死亡保险金为保险金额的100%,残疾给付根据残疾保险金额和残疾程度确定。当发生多次伤害的情况后,可以连续给付保险金,但累计金额不得超过保险金额。

三、医疗保险的给付条件和特点

医疗保险是健康保险的主要内容之一。保险人负责被保险人在保险期间内为治疗疾病支出的有关费用,包括医疗费、手术费、住院费、护理费、使用医院设备的费用以及各种检查费用和医院杂费。

医疗保险一般规定一个最高给付金额,保险人在此金额限度内给付被保险人所发生的各种费用。医疗保险通常规定医疗费用分摊条款,该条款规定被保险人必须承担部分医疗费用,以鼓励被保险人自觉控制医疗费用,避免无谓浪费。

第四节 保险核赔与理赔

保险核赔是指保险公司专业理赔人员对保险赔案进行审核,确认赔案是否应该赔、应该怎样赔或应该怎样拒赔的业务行为。核赔是通过理赔过程中的定责、定损、理算等环节的审核和监控实现的。核赔管理是针对上述过程中可能出现的偏差和风险,通过相关制度加以控制和防范,以便主动、迅速、准确、合理地处理赔案,充分发挥保险的补偿职能。

一、核赔原则

保险核赔应遵循以下原则:
第一,工作认真负责,要做到主动、迅速、准确、合理核赔;
第二,禁止单人查勘、单人定损;
第三,严格执行合同条款,准确计算赔款;
第四,坚持复核和逐级上报制度。

二、核赔要点

1. 损失原因

处理赔案时,必须详尽了解造成损失的原因,以确定是否属于保险人的赔偿责任。保险人负责的损失原因是指保险责任范围内的直接原因或最近原因。最近原因亦称"近因",它不是时间概念,而是指效果上最近、最重要的原因。损失的近因是决定承担保险责任的重要因素。若损失原因有多个,必须确定哪一个是最近原因。例如,因地震引发火灾,使保险财产遭受焚毁,地震是近因。如果地震是除外责任,则被保险人无索赔权。

2. 权益转让

在保险理赔中,有时会遇到保险财产的损失确是保险责任事故所致,但事故因第三者的责任引起,根据法律,应该由第三者负责赔偿损失。如果保险人先赔偿被保险人损失,被保险人应将向第三者追偿的权益转让给保险人,并协助保险人共同向第三者追偿。当保险人向第三者追偿所得金额超过保险赔款时,超出部分归还被保险人。

3. 保险委付

当保险财产遭受严重损失,被保险人要求按推定全损赔偿时,可以提出委付。保险人是否接受委付,需衡量得失,郑重选择。

4. 争议处理

保险人与被保险人因保险责任归属、赔偿数额确定等发生争执,可以通过协商调解或仲裁达到解决保险纠纷的目的。保险合同双方发生争议、产生纠纷时，首先应本着实事求是的精神，富有诚意地及时协商，以期顺利解决，这样可以节省费用、时间和精力。如协商不成，可依法向仲裁机关申请调解或仲裁。目前，我国对经济合同的争议实行二级仲裁，如当事人不服，可在接到二级仲裁决定书之日起15天内向人民法院提起诉讼，由法院判决。如当事人拒不执行法院裁决，则通知当地银行强制划拨违约单位应支付的款项或赔偿金。在对外贸易和海事仲裁中，我国实行一级仲裁，仲裁决定为终局仲裁，立即发生法律效力。如当事人不执行仲裁决定，可依法强制执行。

5. 索赔期限

索赔是被保险人在发生事故、遭受损失后，要求保险人履行赔偿的一种要求。在保险财产遭受损失后，被保险人应立即通知保险人，提出索赔要求，同时提供损失和费用清单、必要的账册和单据以及事故原因的证明等。被保险人如在规定期限内不向保险人提出索赔要求，不提供必要单证，不去领取赔款，则被视为自愿放弃权益。我国《保险法》规定，一般财产险的索赔期限为2年，而国内航空货运险的索赔期限只有180天。

保险理赔即处理赔案，是保险经济补偿功能的具体体现，也是保险经营的最后环节。理赔工作的好坏，涉及保险经济补偿作用的发挥，关系到保险人的信誉和业务的开展。

三、理赔原则

1. 重约守信原则

理赔工作是保险人履行保险合同中有关保险赔偿义务的具体体现。理赔工作的内容很多，情况复杂，归根结底是决定赔与不赔以及赔多赔少的问题。因此，保险人在处理赔案时，一定要尊重合同，恪守信用；必须按条款办事，掌握理赔标准，既不惜赔，也不滥赔，保障被保险人利益，维护保险信誉。

2. 实事求是原则

虽然保险条款对赔偿责任作了原则规定，但是保险赔案的实际情况错综复杂、千变万化，在确定责任归属问题时，既要严格按条款办事，又要考虑实际情况，要有一定的灵活性；要深入实际，掌握情况，查明责任，实事求是地判定责任。

3. 准确及时原则

"准确"，指在处理赔案时，要准确分清责任，准确确定损失，准确核定赔付，做到不错赔、不乱赔。"及时"，指在处理赔案时，要主动处理，及时赔付。如果一件赔案的处理时间很长，不仅会影响被保险人的工作或生活，也会影响保险人的信誉。

四、理赔程序

理赔程序根据险种和案情而定,一般需经过立案登记、案情查勘、责任审定、损余物资处理、赔款计算、结案等过程。

1. 立案登记

保险事故发生后,被保险人应尽力抢救,并立即向保险人报案,以便保险人及时赶到现场查勘。保险人接到报案时,应当详细询问被保险人姓名、保单号码、出险日期、出险地点等,同时要求被保险人尽快填写出险通知书。根据被保险人的出险通知书,及时核对投保单、保险单内容,以便在现场查勘前先了解承保情况。同时,保险人还要编列赔案号码,将有关内容登录在"赔款案件登记簿"中立案。

2. 案情查勘

理赔人员对出险案件要进行审查,查明损失发生时保单是否有效;索赔人在索赔当时有无保险利益,以及被保险财产的投保条件和特别约定事项等,为现场查勘作好准备。在查勘中,要做好现场的原始记录。对损失金额不大的赔案,只需写好查勘工作联系记录;对重大赔案或巨额赔案,必须撰写查勘报告。同时,各项审核单证要齐全。

案例分析

普通货运险案情查勘

1. 查勘应注意的问题

(1) 作好现场查勘准备,了解货物承保、运输方式和运输工具的有关情况,携带必要的查勘和防护用具赶赴现场。

(2) 坚持双人查勘制度。查勘人员争取到第一现场,认真调查,详细记录,收集情况,查看实物,向当事人和有关人员详细询问了解灾害事故的经过、原因和责任,收集旁证材料,并初步查验保险标的的损失程度、损失部位、估计损失金额。

(3) 查勘现场时,必须对受损货物拍照,必要时可进行录像。同时,要做好对当事人的调查笔录取证工作。笔录后,应请被调查人签字,也可进行谈话录音。

2. 查勘工作要点

(1) 查明出险时间

应根据货物运单承运与到达的日期记载,查明保险货物实际到达的日期,核实保户是否在规定日期内报案索赔,以明确货损是否发生在保险期限内。

(2) 查明出险地点

应查明货损是否发生在运离起运地发货人的最后一个仓库或储存处所和运抵目的地收货人的第一个仓库或储存处所之间,以明确损失是否在保险责任起讫范围之内。

查勘时,应注意区分以下三种情况:在起运地出险的,应查明保险责任是否已经开始;在目的地出险的,应查明是否已经结束;在途中受损的,应查明是否在正常的运输路线和时间段内。对已经转售或从车站、码头直接调拨的货物,保险责任自提货之时起终止,因此必须确定出险的确切地点。

(3) 查明出险原因

应随时随地留意查看并掌握充分证据,以实事求是的态度,结合货物特性和损失情况以及装卸、配载、仓储、运输、内外包装等进行综合分析,作出合情合理、有根有据的判断,区分货物诸如原残、途残、短卸和短提等损失责任。应根据近因原则,了解货物究竟是什么原因致损,是自然原因还是人为因素造成。应根据所承保的险别,对照条款和条款解释,确认是否属于保险责任范围。

(4) 查明货物受损情况

一般情况下,查勘中的货物受损情况可以用运输单位的货物损失证明作为参考依据,但仍建议现场核实货物损失证明中记载的品名、数量与损失程度,以初步确定货损程度与数量。

应注意以下两个问题:第一,金额较高的单件机器、仪器,需明确其损失的部位和程度。第二,大宗物资,如建材、有色金属、食品百货、酒类饮料、化工原料等,需对损失情况详细核实,必要时应抽样检验,明确损失数量、程度或比例。如损失程度轻重不等,可按等级分成几类定损。

3. 责任审定

理赔部门要认真研究联系记录或查勘报告的内容,作出初步结论,然后报请上级审批。凡属应拒赔或注销的案件,应将理由和被保险人意见报上级审批。凡涉及第三者责任追偿的案件,应在给付赔款前,由被保险人填写"权益转让书",将其向责任方的追偿权转让给保险人。

责任审定的主要内容有:

(1) 是否属于保险责任。审定发生的损失是否属于保单条款约定的保险责任范围。

(2) 是否属于保险财产。依据投保财产清单核对被保险人提供的财产损失清单,以确定是否属于保险财产。凡不属于保险财产的,应予剔除。

(3) 是否在保险有效期内。出险时间应在保险有效期内。

(4) 是否准确定损。核定的损失是否符合实际,受损财产价值是否按投保金额确定,受损财产是否足额投保,非足额投保是否按比例赔付,审核所核定的损失比例和修复费用是否准确;核定的受损财产价值是否根据投保时的价格确定,或有账面依据,或有询价报价依据。

(5) 施救费用是否合理。施救费用应按比例分摊的是否按比例分摊。在审核施救费用时,应以必要、合理为原则。

(6) 是否属于第三者责任。发生保险责任范围内的财产损失,属于第三者责任造成的,应被保险人要求,可先行赔付,同时由被保险人填写"权益转让书",将追偿权转让给保险人,并积极协助追偿。

(7) 索赔人是否有权索赔。根据我国《保险法》的规定,投保人对保险标的不具有保险利益的保险合同无效。

4. 损余物资处理

受损财物的妥善处理,对挽救财产损失、减少赔款支出有积极意义。应在适当照顾被保险人利益的同时,使受损财产得到充分利用。如果损余物资必须由保险人收回,理赔部门要填写"损余物资收回凭证"。损余物资处理完毕后,应填写"更正计算书",冲减赔款支出。

5. 赔款计算

理赔人员要根据损失情况,分别按标的损失、施救费用、查勘费用、损余收回、免赔额等项目列出计算公式,填制"赔款计算书"。

赔款的理算要以保险金额、实际损失及保险利益为限。保险金额是赔偿的最高限额;标的损失按受损时标的的实际价值计算,保险人的赔偿必须以实际损失为限;被保险人不能从保险赔款中获得额外利益,标的损失赔偿不能超过被保险人对保险标的的保险利益。

在计算赔款时,可以根据保险合同的规定,采用第一危险赔偿方式或比例赔偿方式,并注意是否有免责限度赔偿的规定。

6. 结案

理赔的结果主要有三种:

一是赔付结案。经审核,对于确属保单责任范围内的损失,且索赔单证齐全、证据确凿,可以按照条款约定作出赔付决定。财务部门接到"赔款计算书"后,必须在10天内将赔款支付给被保险人。理赔人员在赔款支出后,将全案有关单证和文件整理好,归档结案,并盖"赔讫"字样的印章。

二是预付赔款。预付赔款是指为了使遭受损失的被保险人尽快得到经济协助,保险人对事故损失较大、事故责任比较清楚而暂时不能结案的保险索赔案件,会预先支付部分(一般控制在估损金额的30%—50%)赔款的行为。我国《保险法》第25条规定:"保险人自收到赔偿或者给付保险金的请求和有关证明、资料之日起六十日内,对其赔偿或者给付保险金的数额不能确定的,应当根据已有证明和资料可以确定的最低数额先予支付;保险人最终确定赔偿或者给付保险金的数额后,应当支付相应的差额。"

三是拒赔。拒赔是指保险人根据保险合同和保险法的有关条款,对保险索赔提出拒绝赔偿的行为。出险后,保险人拒赔的主要原因有:投保人未履行按期缴纳保险费的义务,未履行如实告知的义务;保险事故不在保险责任范围之内;所签保险合同为无效合同,缺少必要的索赔单证、材料;超过了索赔时效;有证据显示投保人有诈骗行为;等等。

思考题

1. 试分析保险赔偿与损失的关系。
2. 财产保险中有哪几种赔偿方式?各适用于哪些险种?
3. 人身保险中,不同险种的保险金给付条件有哪些不同?
4. 保险理赔要遵循哪些原则?核赔时,要遵循哪些原则、注意哪些要点?

第十五章 保险财务

☞ 学习目的

使学生了解保险财务稳定的含义、保证财务稳定的方法、保险企业利润计算的特殊性、保险企业利润的构成、保险准备金的含义及种类。

第一节 保险财务稳定

保险财务稳定是指保险人所收纯保费能否保证应付赔偿支出的可靠程度。在一定时期内,纯保费收入与赔偿总支出相适应,达到平衡,即财务稳定。不考虑保险公司的投资业务,保证财务稳定,有三种可供选择的方法:

一、提高纯费率

提高纯费率,增加保费收入,可以达到财务稳定。但是,这种方法有一定的局限性。过高的费率使被保险人难以接受,增加了保险公司展业的困难,保费收入反而会下降。因此,保险公司在采用这种方法提高财务稳定性时,需要在财务稳定与保费收入之间进行权衡。

二、均等保额

均等保额要求每一张保险单之间的保险金额的差距要小,避免有突出的巨额保险。这是保证财务稳定的有效措施。但是,保险金额是根据财产多少和价值大小确定的,保险人不能随意规定统一的保险金额。保险人可能选择的办法是根据危险分散原则,运用再保险,将溢额部分转分给再保险人,既满足被保险人的保障需求,也使保险人的财务稳定得到保证。

三、增加保险标的数量

保险具有"取之于面,用之于点"的特点,没有广泛的承保面,点上的经济补偿作用就会削弱。这是决定保险财务稳定的主要因素。承保面广,保险标的的数量多,可以使实际发生损失的数额更接近事前的预测,有利于分散危险,积累保险基金,增强赔付能力。同时,通过规模效应,节省费用开支,有利于保险财务的稳定。当然,保险公司在增加保险标的的数量时,应该考虑投保人的逆向选择问题。

第二节 保险利润

一、保险利润计算的特殊性

非保险企业在计算产品价值或劳务收入时,已经把利润和税金计算在内,随产品交换发生或劳务实现,利润同时得以实现。保险公司却不是这样,其产品价格是保险费率,纯费率部分不包含利润因素。把保费收入当作所得税的课税对象,是不符合税收原理的。严格地说,只有在运用保费收入并获得收益时,增值的部分才是所得税的课税对象。保险公司利润的构成可分为营业利润和投资利润两部分。

二、营业利润

由于保险承担着事后补偿和给付的责任,按会计年度结算时,就存在未到期责任。已收入的保费对这部分未了责任只能认为是预收的保险费,尤其是人身保险,责任期限有的长达几十年。财产保险中,常会遇到会计年度结账时对赔案处理还不能结案的情况。特别是海上保险,当发生共同海损时,往往要用几年时间才能理算清楚。由于以上原因,保险公司的盈余不能简单地用当年保费收入减去当年赔付金额、税金和费用结算,必须将未到期责任和未决赔款等考虑进去。根据"大数法则",保险不仅需要广泛的承保面,还需要时间上的长期性,需要考虑若干年的财务稳定。保险公司的保费收入只有扣除赔付支出、佣金手续费等后,剩余部分才是营业利润。这部分利润可以通过提高服务质量、提高经营管理水平和节约开支等得到。

三、投资利润

从现代保险业的发展看,保险投资已成为保险业的生命线。一般来说,保险业的赔付率达到85%就意味着可能亏损。但是,大部分国外保险公司的赔付率都超过这个界限,因而承保亏损只能依靠投资收益弥补。美国财产与责任保险公司1967—1992年的运营结果表明,八九十年代,该类公司作为一个整体,其利润几乎全部来自投资收益。据统计,1975—1992年,美国、英国、法国承保业务的平均盈亏率为 -8.2%、-11.62%、-8.72%,保险投资收益率平均值为14.44%、13.01%、13.29%。保险投资收益弥补了承保业务的亏损,保证了保险公司持续发展。

第三节 保险准备金

保险准备金是保险公司为保证保险赔偿或给付义务的如约履行,从保费收入中提取的与其承担的保险责任相对应的基金。由于寿险与非寿险业务存在的差异,两者在准备金的设置和提取上存在很大的不同。根据《企业会计准则》第25号《原保险合同》,保险公司应该计提未到期责任准备金、未决赔款准备金、长期寿险责任准备金和长期健康险责任准备金。

一、未到期责任准备金

未到期责任准备金是指年内承保的业务,按会计年度结算时,保险期限未满,在下一年度仍有效的保险合同,应按未到期时间提存出来,列为下一年度未到期责任赔偿的准备金。

提取这笔准备金,通常是在年度决算时,就全部保单,按年平均估算法或月(季)平均估算法计算出来的。

1. 年平均计算法

年平均计算法假定在一年之中每天承保的业务量和保险金额大体均匀。以下是年平均计算法的公式:

$$未到期责任准备金 = 全部保单的保费总额 \times 50\%$$

该计算公式的根据见下表:

保险起期月、日零时	年终有效天数(提取准备金天数)	当年责任天数
1月1日	0	365
1月2日	1	364
1月3日	2	363
……	……	……
12月29日	362	3
12月30日	363	2
12月31日	364	1

到年终时,全部保险合同的有效天数(取平均值)应为 $\frac{364+1}{2} = 182.5$ 天,是一年365天的一半,即50%。所以,未到期的责任准备金应是全部保险合同保险费总额的50%。考虑到保费中含有费用开支,这笔开支在承保和签发保单时已经支出,理应扣除。这部分费用约占保费的20%,按一半计算即为10%。

2. 月(或季)平均计算法

保险业务在一年中可能有淡季、旺季之分,如采用上述计算法,不能算出正确的准备金提取数,就有采用月(或季)平均计算法的必要。

月平均计算法适用于保费收入年度不均衡而月度均衡的险种。将每月承保的保单,按该月保险费的50%计算未到期责任准备金。如1月签出的保单,当年负责期限为11个半月,跨入下年度的负责期限只有半个月。根据每个月应负的平均保险责任只有15天(一个月30天的50%)的原理,第一个月的保费收入到年终结算时,已到期的为23/24,未到期的有1/24。以此类推,见下表:

承保月份	当年负责期限		下年负责期限	
	月	以0.5月为单位折算	月	以0.5月为单位折算
1	11.5	23	0.5	1
2	10.5	21	1.5	3
3	9.5	19	2.5	5
4	8.5	17	3.5	7
5	7.5	15	4.5	9
6	6.5	13	5.5	11
7	5.5	11	6.5	13
8	4.5	9	7.5	15
9	3.5	7	8.5	17
10	2.5	5	9.5	19
11	1.5	3	10.5	21
12	0.5	1	11.5	23

把一年分为1+23=24份,1月提取未到期责任准备金为月保费收入的1/24,2月提取3/24,3月提取5/24……12月提取23/24。这种计算法比年平均计算法更为合理,但须逐月计算,工作量较大。

如季度内保险业务平衡,则可按季平均计算法计算,见下表:

承保季度	当年负责期限		下年负责期限	
	季	以0.5季为单位折算	季	以0.5季为单位折算
1	3.5	7	0.5	1
2	2.5	5	1.5	3
3	1.5	3	2.5	5
4	0.5	1	3.5	7

按一年四季分为1+7=8份,第一季度提取未到期责任准备金为季度保费收入的1/8,第二季度提取3/8,第三季度提取5/8,第四季度提取7/8。

二、未决赔款准备金

未决赔款准备金是指在会计年度决算时,赔案已经发生,但还未处理赔付,需提存的准备金。这具体包括：保险人已知发生损失，但未接到被保险人损失通知的赔案；投保人已发出损失通知，但无具体索赔金额的赔案；被保险人已提出索赔金额，但保险人还未核实结案的赔案；保险人已经结案，但保险赔偿尚未给付的赔案。

以上情况下，都必须提取赔款准备金。提取办法有两种，即逐案估算法和赔案平均估算法。

逐案估算法是根据被保险人的损失通知，根据保险标的的保险金额、损毁程度以及实地查勘和调研逐案估算赔偿额，提存赔款准备金。这种方法通常在巨额损失的待决赔案中运用。

赔案平均估算法是根据以往几年的资料，推算每案平均的赔偿金额，依此估算赔款准备金。这种方法为一般赔案所采用。

三、长期寿险与长期健康险责任准备金

长期寿险与长期健康险也需要提存责任准备金，其提存方法与非寿险不同。该责任准备金是专门针对一年期以上的长期保险计提的准备金，由保险人所收的纯保费中超缴的部分及其利息积累而成。保险公司不仅要把保险责任准备金加以精确计算和妥善保管，而且要将积累起来的责任准备金按复利计息。只有这样，保险公司将来才能履行给付的义务。

长期寿险与长期健康险保险责任准备金分理论责任准备金和实际责任准备金两种。理论责任准备金是指按生存表和一定利率，根据险种收入的纯保费和利息，减去应摊付死亡给付。实际责任准备金是指在实际处理业务时运用的责任准备金。它以理论责任准备金为基础，根据经营业务的实际情况，对理论责任准备金加以修正。计算实际责任准备金的方法是：从理论责任准备金中适当扣除一部分费用。这种扣除是逐年减少的。到停止扣除时，实际责任准备金才与理论责任准备金相一致。

责任准备金是保险人对被保险人的一种负债，属被保险人所有。被保险人在中途停止缴纳保险费时，只要在保险合同允许的范围内，有权任意处理这项责任准备金。这与财产保险责任准备金有根本的不同。

思考题

1. 怎样保证保险财务的稳定？
2. 试述保险利润的含义及其内容。
3. 为什么要提存各种责任准备金？
4. 名词解释：未到期责任准备金、未决赔案准备金、总准备金、理论责任准备金、实际责任准备金。

第十六章 保险投资

☞ **学习目的**

使学生了解保险投资的含义、意义以及在保险经营中的地位,了解保险投资原则以及保险投资的主要形式。

第一节 保险投资概述

一、保险投资的概念

保险投资是保险企业在组织经济补偿的过程中,将积聚的各种保险资金加以运用,使资金增值的活动。

保险企业可运用的资金是由资本金、各项准备金和其他可积聚的资金组成的。运用暂时闲置的大量准备金是保险资金运动的重要一环。投资能增加收入,增强赔付能力,使保险资金进入良性循环。

由于保险企业经营活动的特殊性,保险企业的资金运动与其他企业不同。保险事故的发生有随机性,损失程度有不可预知性,收取保费和赔偿给付在时间上和数量上存在差异性。这种时间差、数量差使保险企业在资本金和公积金之外,还有相当数量的保险资金在较长时间内处于闲置状态。特别是长期人寿保险,期限可达数十年,提存的责任准备金数额十分庞大。保险企业除要留存一定数量的货币资金以应付赔偿给付外,其余资金都可加以运用。

二、保险投资在保险经营中的地位

保险投资是保险经营的主要业务之一。保险企业作为一个自主经营、独立核算、自负盈亏的经济实体,运用保险资金,增强赔付能力和自身效益,是保险经营中的一个重要组成部分。

首先,保险投资是由资金本身的属性决定的。资金只有在运动中才能增值。保险资金同样具有在运动中增值的要求,这对提高保险资金使用的自身效益和社会效益都是必要的。

其次,保险投资是扩大保险的社会影响的重要手段。保险企业从广大保户缴纳的保费中得到资金,通过把聚集的巨额资金进行投资,能促进社会生产和公共福利事业的发展,从而在公众心目中树立良好形象。

最后，保险投资是参与国际保险市场竞争的需要。各国保险业通过投资取得较高效益，可以降低保费，加强竞争地位。我国保险业如果不重视保险投资的功能，就会在国际保险市场竞争中处于被动地位。世界上一些大保险公司都设有投资部门或资产管理公司。在发达国家，保险市场竞争剧烈，往往出现承保能力过剩的情况。保险企业为在竞争中求生存，不得不降低保险费率，以致发生经营亏损。但是，它们十分重视发挥运用保险资金的作用，从资金运用中取得更大效益，使经营亏损得到弥补，并产生盈余。例如，在美国，自1979年以来，保险公司承保业务几乎年年亏损，许多保险公司的赔付率均在100%以上。但是，绝大多数保险公司最后的财务结果并非亏损而是盈利。因此，可以这样说，在竞争激烈的保险市场中，投资的失败即意味着保险公司的失败。

三、保险投资的意义

首先，保险投资提高了保险在国民经济中的地位。保险投资使保险企业积极参与部门、地区和社会的经济活动，支援地方经济建设事业的发展，提高保险的社会效益。这对促进社会关心和支持保险事业的发展，扩大保险影响，提高保险在国民经济中的地位和作用具有重要意义。

其次，保险投资加快了保险资金的积累，提高了保险企业的竞争力。保险资金的有效运用，加快了保险资金的积累，提高了保险企业应付巨灾危险的能力。20世纪70年代以来，随着保险市场竞争的加剧，以及费率市场化的不断推进，保险收入不足以应付赔款支出和费用开支。投资收入不仅成为保险公司利润的主要来源，一部分甚至要用来弥补承保亏损。保险投资的好坏，直接关系到保险公司的生死存亡。

再次，保险资金是资本市场的重要组成部分。作为机构投资者之一，保险公司的参与有利于稳定证券市场，完善金融市场的组织体系。根据有关的国际金融统计资料，2009年，26.5%的投资资产是由保险公司负责管理的。由于保险资金在时间上的长期性和在数量上的巨大性，保险公司积极参与证券市场，可以起到活跃、稳定市场的作用。

最后，保险投资增加了保险公司收益，有利于减轻被保险人的经济负担，推动保险业务的开展。

第二节 保险投资原则

一、保险投资原则概述

保险投资原则是保险投资活动的基本依据。早在1862年，英国经济学家贝利就提出了保险投资的五大原则:(1)安全性;(2)最高的实际收益率;(3)部分资金投资于能迅速变现的证券;(4)另一部分资金可投资于不能迅速变现的证券;(5)投资应有利于保险事业的发展。随着经济的发展和金融工具的不断创新,以及保险业竞争的加剧,保险投资面临的风险性、收益性亦同时提高,投资方式的选择范围更加广阔。1948年,英国精算师佩格勒修正贝利的观点,提出寿险投资的四大原则:(1)获得最高预期收益;(2)投资应尽量分散;(3)投资结构多样化;(4)投资应做到经济效益和社会效益并重。

理论界认为,保险投资有三大原则:(1)安全性;(2)收益性;(3)流动性。还有的学者补充了一条原则,即社会性。

二、安全性原则

保险企业可运用的资金,除资本金外,主要是各种保险准备金,它们是资产负债表上的负债项目,是保险信用的承担者。因此,保险投资应以安全为第一条件。安全性意味着资金能如期收回,利润或利息能如数实现。为保证资金运用的安全,必须选择安全性较高的项目。投资方式的多样化有利于分散风险。

三、收益性原则

保险投资是为了提高自身的经济效益,增强赔付能力,降低费率和扩大业务。投资收入成为保险企业收入的重要来源。但是,投资的收益与风险之间存在正向关系,收益率高,风险也大。这就要求保险投资在风险与收益之间进行权衡,在把风险限制在一定程度的基础上实现收益最大化。

四、流动性原则

保险赔偿的发生具有偶然性。因此,保险资金需要在不损失价值的前提下,具有随时变现的能力,在被保险人发生损失时,进行赔款支付或保险金的给付。保险投资可设计多种方式,寻求多种渠道,按适当比例投资,从量的方面加以限制。保险企业要按不同险种的特点,选择不同的投资方式,使资产与负债在期限上能够匹配。如人寿保险,一般是长期合同,保险金额给付也较固定,流动性要求可低一些。国外人寿保险投资的相当一部分是长期的不动产抵押贷款。财产险和责任险一般是短期的,理赔迅速,赔付率变动大,应特别强调流动性原则。国外财产和责任保险投资的相当一部分是商业票据、短期债券等。

五、社会性原则

保险投资既要求保险企业经营的微观效益,还要考虑对全社会的宏观效益。这样,保险投资才有生命力。在保险投资中,如购买市政建设债券、公用事业债券和发放不动产抵押贷款等,都体现了保险投资的社会性原则。贯彻这个原则,可增进公众福利,扩大保险的社会影响,提高保险业的声誉。

第三节 保险投资形式

保险投资的形式多种多样,主要有:银行存款、有价证券、贷款、不动产投资、项目投资等。

一、银行存款

保险公司将保险资金直接存入银行并获取利息收入。这类投资的特点是安全性高、收益低,因而在发达国家的保险投资中不占主导地位。各保险公司的银行存款只作为必要的、临时性的机动资金,一般不会保留太多的数量。

二、有价证券

有价证券是指具有一定券面金额、代表股本所有权或债权的凭证。由于有价证券投资很好地满足了资金运用的安全性、收益性和流动性的要求,因而在各国保险投资中占有重要的地位。

1. 债券

债券包括政府债券、公司债券和金融债券。一般来说,投资债券的风险较小,尤其是政府债券。投资公司债券时,要特别注重该公司的资信和收益的可靠性。

2. 股票

股票投资的最大特征就是风险性。一方面,股票不具有返还性;另一方面,二级市场上,股票价格波动较大,受影响因素较多。但是,收益性总是与风险性成正比的。因此,国外保险公司既高度重视股票投资,在股票投资中又相当审慎。股票在保险公司投资资产中所占的比重,美国2008年独立账户寿险为74%,普通账户寿险为4%,非寿险为10%;英国2009年寿险为40%,非寿险为6%;日本2010年寿险为6%,非寿险为23%。可见,股票在保险投资中占有越来越重要的地位。

三、贷款

贷款是指保险公司作为信用机构,以一定利率和一定期限收回资金为条件,直接将保险资金贷放给单位或个人的一项投资活动。按形式划分,贷款主要有:

1. 抵押贷款

抵押贷款是期限较长又较稳定的业务,特别适合寿险资金的长期运用。世界各国保险企业对住宅楼宇长期抵押贷款,大都采用分期偿还、本金递减的方式,收益较好。

2. 寿险保单贷款

寿险保单具有现金价值。保险合同规定,保单持有人可以本人保单抵押,向保险企业申请贷款,但是需要负担利息。这种贷款属保险投资性质。保单贷款金额限于保单当时的价值,贷款人不清偿贷款,保单即会失效,保险企业无须给付保险金。实际上,对这种贷款,保险人不承担任何风险。在寿险业发达的国家,这项业务十分普遍。

四、不动产投资

不动产投资是指保险资金用于购买土地、房屋等不动产。不动产投资的特点是,投资期限较长,流动性弱,往往存在着难以预知的风险。各国保险法往往对保险公司的不动产投资加以严格的限制,目的是保证保险资金的流动性。日本对保险企业购买不动产,规定不得超过其总资产的10%。根据我国2010年的《保险资金投资不动产暂行办法》和2012年的《关于保险资金投资股权和不动产有关问题的通知》,我国保险公司投资非自用不动产、基础设施债券投资计划及不动产相关金融产品,账面余额合计不高于其上季末总资产的20%。

五、项目投资

项目投资属于保险公司直接投资,是保险公司直接将保险资金投资到生产、经营中去,创立企业,获取收益。这些企业既可以是为保险配套服务的企业,如为保险汽车提供修理服务的汽车修理厂、为保险事故赔偿服务的公估行或查勘公司,也可以是非保险企业。但是,这类投资期限长、资产流动性差,且保险公司往往不具备项目经营管理的专业知识和经验,因而在保险投资中所占的比重并不大。

六、我国的保险投资

我国的保险投资经历了从严格管制到逐渐放松的历程。20世纪80年代,中国人民保险公司作为独家垄断企业,按计划规定将95%以上的资金存入银行,其他可供运用的部分资金必须纳入国家计划由政府严格控制。进入90年代,国家逐渐放松了对保险资金运用的严格管制。1995年制定的《保险法》规定,保险公司的资金运用,限于在银行存款、买卖政府债券、金融债券和国务院规定的其他资金运用形式。1998年,保险公司获准进入银行间同业拆借市场,进行国债、金融债券的规范交易。1999年,境内保险资金可间接进入证券市场,可将其总资产的5%用于购买证券投资基金。后来,国家对这一比例针对不同的保险公司作了调整。2003年6月,《保险公司投资企业债券管理暂行办法》发布,扩大了国内企业融资来源,进一步促进企业债市和保险资金实现良性互动。2004年2月1日,国务院发布了《关于推进资本市场改革开放和稳定发展的若干意见》,明确表示支持保险资金以多种方式直接投资资本市场。2004年5月修订的《保险公司管理规定》明确规定,保险资金可以购买企业债券和证券投资基金。2004年6月1日正式实施的《保险资产管理公司管理暂行规定》和《保险资金运用风险控制指引》,允许符合条件的保险公司成立具有独立法人资格的资产管理公司管理自有的资金,以提高保险资金的运用效率。自2004年7月起,中国保监会允许保险公司投资可转换公司债券,保险公司投资可转债余额计入企业债券投资余额内,合计余额按成本价格计算不得超过本公司上月末总资产的20%。自2005年起,根据《保险机构投资者股票投资管理暂行办法》,保险公司可直接参与股票一级市场的申购和二级市场的交易。保险机构投资者的所有传统保险产品和分红保险产品,申购的金额不得超过该保险机构投资者上年末总资产的10%;保险机构投资者的单个投资连结保险产品和万能保险产品,申购的金额分别不得超过该产品账户资产的总额。保险机构投资者股票投资的余额,传统保险产品按成本价格计算不得超过本公司上年末总资产扣除投资连结保险产品资产和万能保险产品资产后的5%;连结保险产品投资股票的比例,按成本价格计算最高可为该产品账户资产的100%;万能保险产品投资股票的比例,按成本价格计算最高不得超过该产品账户资产的80%。2006年3月,经国务院批准,保险资金可间接投资基础设施项目。其中,人寿保险公司投资的余额,按成本价格计算不得超过该公司上季度末总资产的5%;财产保险公司投资的余额,按成本价格计算不得超过该公司上季度末总资产的2%。2007年7月,中国保监会、中国人民银行和国家外汇管理局共同制定了《保险资金境外投资管理暂行办法》,满足条件的保险人可将不超过上年度总资产15%的资金进行境外投资。2010年,中国保监会推出《保险资金应用管理暂行规定》,将不动产及不动产相关金融产品、非上市企业股权投资也纳入了保险资金投资范围。2012年,中国保监会又全面推出一系列新政,相继发布《保险资金投资债券暂行办法》《关于保险资金投资股权及不动产有关问题的通知》《保险资金委托投资管理暂行办法》《保险资产配置管理暂行办法》《保险资金参与股指期货交易规定》《保险资金参与金融衍生产品交易暂行办法》《保险资金境外投资管理暂行办法实施细则》《基础设施债权投资计划管理暂行办法》《关于保险资金投资有关金融产品的通知》《关于保险资产管理公司开展资产管理产品业务试点有关问题的通知》,增加了投资品种,提高了各品种的投资上限,并降低了投资门槛,扩宽了保险资产管理公司的业务范围,极大地拓展了我国保险资金的投资渠道。

保险资金投资范围变动

时间	投资范围变动
20世纪80年代	存入银行
1995—1998年	银行存款、政府债券、金融债券
1998—2004年	银行存款、政府债券、金融债券、证券投资基金,获准进入银行间同业拆借市场进行交易
2004—2006年	银行存款、政府债券、金融债券、企业债券、可转换公司债券、证券投资基金、股票,允许成立独立的资产管理公司
2006—2010年	银行存款、政府债券、金融债券、企业债券、可转换公司债券、证券投资基金、股票、境外投资,可间接投资基础设施建设项目
2010—2012年	银行存款、政府债券、金融债券、企业债券、可转换公司债券、证券投资基金、股票、境外投资、不动产及不动产相关金融产品、非上市企业股权
2012—2013年	银行存款、政府债券、企业债券、可转换公司债券、证券投资基金、股票、境外投资、不动产及不动产相关金融产品、非上市企业股权、股指期货、金融衍生产品、基础设施债券投资计划、理财产品等类证券化金融产品

保险投资收益已成为保险公司收入的主要来源,成为关系保险公司生存与发展的关键因素。保险业的长期健康发展直接依赖于良好的保险投资收益,直接承保业务的扩张也离不开保险投资的支撑。面对越拓越宽的投资渠道,保险公司在完善保险资金管理体制,建立健全投资决策、投资操作、风险评估和内控监督等相互制约的管理机制,培养和引进高素质的专业管理人才等方面,还有许多工作需要及时跟上。可以预见,随着我国保险市场与资本市场的逐渐成熟,金融监管的日臻完善,保险公司将有更多的投资方式可供选择,逐步与国际接轨。

思考题

1. 试述保险投资在保险经营中的地位和作用。
2. 保险投资应遵循哪些原则?
3. 保险投资有哪几种形式?如何利用这些保险投资的形式?
4. 试述我国保险投资概况。

第十七章 保险监管

☞ 学习目的

使学生了解保险监管的基本概念及其产生的背景,熟悉保险监管的基本内容及主要监管手段和方法,了解保险监管的组织和实施形式,了解国外保险行业监管的制度和不同特点。

第一节 保险监管概述

一、保险监管的定义

保险监管即政府对保险业的监督和管理,具体指一个国家的金融主管机关或保险监管执行机关依据现行法律,对保险人和保险市场实行监督和管理,以确保保险人经营的稳定,维护被保险人的合法权益。

保险监管是控制保险市场参与者的市场行为的一个完整的系统。在此系统中,监管主体包括国家立法、司法和行政部门,监管对象包括保险业务本身以及与保险业有相关利益的组织或个人。由于市场经济中存在市场失灵以及保险业自身具有特殊性等原因,要保障保险业的健康发展,保护保险人与被保险人的合法利益,就必须由政府介入保险市场,通过保险监管维护保险市场的正常运行。

国家对保险业的监管,同时也是国家管理经济职能在保险业中的体现。国家通过法律、经济和行政手段,对保险公司的组织、业务经营和财务以及保险市场的秩序等方面,进行直接或间接的指导、协调、监督与干预,确保保险市场的秩序正常,促进保险业的健康发展。

二、保险监管的产生

保险监管首先出现在美国。早在19世纪初,美国各州政府就感到有必要干预保险业,以保护本州内保险公司和被保险人的利益。当时大量的依据英国保险法注册的保险公司在进入美国各州保险市场后,为争夺市场占有率,不惜成本,争相降低费率以拓展业务。这一行为在保险市场上引发了恶性竞争,其结果是大部分的保险人难以维持其财务的稳定,被保险人的利益受到侵蚀。1810年,美国宾夕法尼亚州为保护本州被保险人的利益,率先通过一项保险法律,禁止外州保险公司在本州开办保险业务。随后,马里兰州、纽约州也相继通过了类似的法律。以此为标志,保险监管开始在美国萌芽。随后,美国又相继出现了关于保险公司清算制度、报表审查制度、分业经营制度、责任准备金制度等的法律、法规,保险监管体系逐渐趋于规范。

美国各州的立法机构虽然开始注意保险监管,但是直到19世纪50年代都没有专门的保险监管部门。这一情况在1851年出现了改变,新罕布什尔州首先成立了保险委员会。委员会的主要工作是检查保险公司的业务经营情况和财务状况。佛蒙特州、马萨诸塞州紧随其后,分别于1851年、1855年成立了类似的委员会。这些委员会的成立,对于加强保险业的管理起到了促进作用,但是仍不能被看作现代意义上的保险监管机构。人们通常认为,真正现代意义上的保险监管部门是1859年在纽约州成立的纽约州保险监督官委员会。

在欧洲,奥地利于1859年率先建立了保险监管制度。英国和其他各国紧随其后,从1870年起陆续建立了保险监管制度。

自保险监管产生以来,对于为什么会有保险监管,许多学者都作过解释。归纳起来,大致分为两类:一是保险监管的经济理论,它主要从经济角度出发,研究保险监管为什么会存在,将保险监管看作一种经济资源,视之为完善保险市场和促进保险业发展的一种手段。该理论又进一步分为公众利益论和公众选择论两种:公众利益论认为监管的目的是保护公众的利益,公共选择论认为监管的目的在于维护市场上优势集团的利益。二是保险监管的政治理论,它从政治角度出发,认为保险监管是一个政治过程而非经济过程。它认为,保险监管是一种职权系统,保险监管行为是一种权力的运用。上述理论从不同方面解释了保险监管产生的原因,实践中,在解释保险监管产生的原因时,最常用的是公众利益论,即保险监管的最根本目的在于保障被保险人的合法权益。

第二节 保险监管内容

一、偿付能力监管

偿付能力是指保险公司对被保险人履行赔偿或给付义务的能力。为保障被保险人的利益,各国都把对保险公司的偿付能力监管置于核心地位。从保险监管的角度看,保险公司的偿付能力一般分为两种:一种是保险公司的实际偿付能力,即在某一时点上,保险公司账面资产与负债的差额;另一种是保险公司最低偿付能力,这种能力由保险法规定,是保险公司必须维持而不得低于的资产与负债间的差额。保险公司的偿付能力受很多因素影响,如利率变动、承保风险变化以及激烈的竞争等。当保险公司偿付能力不足时,不仅会影响自身的正常经营,更会损害到投保人的利益。因此,对保险企业偿付能力的监管至关重要。

随着保险业飞速发展而带来的激烈竞争大大增加了保险公司的经营风险，主要表现为越来越多的保险公司不能满足最低偿付能力要求。以美国为例，从1969年到1993年底，有517家财产保险公司和369家人寿保险公司丧失了偿付能力，其主要原因如下：

美国保险公司失去偿付能力的原因分析表

原　因	公司数量	百分比
责任准备金（费率过低）	86	28
业务快速增长	64	21
欺骗行为	30	10
夸大资产数目	30	10
企业重大变化	26	9
再保险安排失败	21	7
灾难性损失	17	6
其他	28	9
合计	302	100

为了防止保险公司丧失偿付能力，各国保险监管机关在实践中都把偿付能力监管作为保险监管工作的重心，其他监管工作都围绕这一重心运转。从各国保险监管的实践看，偿付能力监管手段主要有以下几种：

（1）资本充足率要求。即要求保险公司设立时需具有一定金额的实收资本金和公积金，在经营过程中要满足一定的风险资本管理的要求。

（2）非现场检查。即保险监管部门制定一系列保险信息监管指标，由保险监管人员依据保险公司的财务报表对其经营状况进行分析，利用监管指标体系监视偿付能力的变化，及时掌握信息，制定相应的监管措施。

（3）现场检查。即保险监管部门派人到保险公司，对其经营管理活动及业务、财务状况进行检查，重点检查其资产和负债的真实性、资产负债的匹配性以及偿付能力的适当性等。检查人员可以是保险监管部门的人员，也可以是保险监管部门雇用的其他人员，如独立审计人员等。

二、资金运用监管

保险资金运用是指保险公司在经营过程中，将积累的保险资金部分运用于投资，以实现保险资金保值增值的业务活动。保险公司通过资金运用，既可增强自身竞争能力，同时也使自身从单纯的补偿机构转变为既有补偿职能又有金融服务职能的综合性金融机构。

保险公司可运用资金的主要来源包括：（1）权益资产，即资本金、公积金、公益金和未分配利润等保险公司自有资金。（2）责任准备金，即从所收取的保险费中提留的、用以日后赔偿或支付的资金。各项责任准备金,特别是寿险未到期责任准备金、长期责任准备金、巨灾准备金等长期性准备金,是保险公司可运用资金的最重要来源。(3)其他资金。

保险资金运用的必要性在于:首先,在市场经济条件下,资金具有保值和增值的内在要求。其次,在现代经济社会中,由于通货膨胀造成货币贬值几乎是一种普遍现象,保险公司为避免手中大量保险资金贬值的风险,也必须进行资金运用,否则就会造成原有的资金规模不足,难以支付赔偿或给付保险金。尤其是人身保险中的长期储蓄性寿险业务,这类险种是保险和储蓄的结合体。如果不进行资金运用,这类业务就很难开展。再次,由于保险市场竞争日趋激烈,无论国际市场还是国内市场,竞争的主要手段就是降低费率以吸引保户。现在保险公司在确定费率时,都已将资金运用收益考虑在内。最后,从保险资金投资的外部性看,保险公司将分散的资金集中起来,通过金融市场投资到社会中去,推动了市场经济的发展。简言之,保险公司资金运用的意义可以归结为:(1)增强保险公司的偿付能力;(2)增强保险公司的竞争能力;(3)提高保险基金的社会效益。

理论上,保险公司资金运用的范围包括:存款、购买政府和企业的债券、购买股票与基金、项目投资、发放贷款、购买不动产、票据贴现、同业拆借和开展租赁业务等。在实际操作中,对保险资金运用的范围,各国立法作出了不尽相同的规定。

保险资金在运用过程中会面临各种风险,如市场价格风险、信用风险、利率及汇率风险、保险资金流动风险、保险资金操作风险和违法违规风险等。保证保险资金合法、安全运用,关系到保险公司和被保险人的利益。因此,对保险资金的运用必须进行有效的监管。

各国政府对保险资金运用的监管包括两方面:一是规定保险资金的运用方式,二是规定每一种资金运用方式的限额。监管的手段首先是通过立法实现对保险资金运用的管理,其次是利用政府规定或政策调节保险资金的运用方向。

三、保险市场监管

从广义上说,保险市场监管是指对保险业、保险活动和保险人各方面的监管。如保险组织的监管、保险投资的监管、保险中介人的监管、再保险的监管等,都是对保险市场秩序的监管。这些监管都直接或间接地调节和控制着保险市场的要素、机制、供求关系及效益。狭义的保险市场监管则是指对影响保险人之间关系的要素与行为的监管,主要表现为保险经营范围的监管、保险单基本条款的监管、保险费率的监管等。

保险条款是保险人与投保人关于保险权利与义务的约定,是保险合同的核心内容。对于保险条款的规范,各国一般通过保险合同法进行。由于保险合同是一种"要式"合同,在保险人和投保人协商之前,保险条款一般由保险人拟订,投保人只能选择"接受"或"拒绝"。基于这一特点,各国保险监督管理部门对于保险条款都进行了比较严格的监管。

对于保险条款的监管,首先是对于保险条款内容的监管。通常,各国保险监督管理部门都详细规定了保险条款必须包括的内容:(1)保险标的;(2)保险责任与责任免除;(3)保险价值与保险金额;(4)保险费与缴费方式;(5)保险期限;(6)保险赔偿与保险金的给付方法;(7)违约责任与争议处理;(8)订立合同的时间等。

对于保险条款的监管,主要是通过对保险条款审批和备案进行的。具体方式有:(1)由保险监督管理部门制定,然后由经营该项保险业务的保险公司执行;(2)由保险公司自行拟订,但须报经保险监管部门审批或备案后才能实施;(3)由保险公司自行拟订并使用,在使用后的一段时间内,报保险监管部门备案,保险监管部门在一段时间内审查这些条款,观察实施情况,若发现有不妥之处,有权责令保险人改正或停止使用;(4)法律允许的,由保险同业公会依法制定。

除对保险条款的内容有严格的监管外,监管部门对保险条款的格式、字体和用词也都有严格的规定。

费率是保险险种中每个风险个体的价格。所谓费率监管,是指保险监管部门依法对费率的合理性和公平性进行监管,使费率能够真实地反映危险水平。对保险公司而言,厘定保险费率至关重要。费率过低,会影响保险人准备金积累水平,导致其财务状况不稳定;费率过高,则对投保人不公平,同时也会影响保险产品的竞争力。所以,费率的合理性和公平性是在费率监管中必须面对和妥善解决的问题。

近年来,保险监管将费率监管的重点放在以下三方面:(1)费率分类体系是否恰当;(2)有关利润方面的条款对于消费者来说是否公平;(3)巨灾处理是否恰当。

围绕这三个重点,保险监督管理部门根据不同的险种,制定了不同的监管方法:(1)事先批准。即保险费率以及相关的厘定法则在使用前必须经过保险监督管理部门的批准。(2)先实施后备案。保险公司可以使用自己制定的费率,但必须在费率执行后的一段时间内(30—90天)向监管部门备案,监管部门审定费率并听取各方意见后决定该费率是否可行。(3)公开竞争。即允许保险公司在执行费率前不必经过上级同意或上报监管部门。公开竞争适用于某些保险险种。(4)法定费率。有些国家根据特殊险种的需要,为保险公司确定该险种的费率。如果保险公司不执行法定费率,则不得经营该险种。

由于保险合同是一种附和性合同,投保人在合同订立过程中,往往处于不利的地位。为保证投保人的合法权益,监管部门对保险合同的基本条款进行严格的审查,以确保其公平合理。

对于保险合同基本条款的监管方式多种多样,因各国保险市场的发达程度及监管制度的类型而异。总体上说,在保险业发达、保险市场成熟的国家,偏向于松散型监管,一般都允许保险公司自行确定保险合同的基本条款,但可能会要求在使用前报批,或在使用过程中报批。在某种情况下,对于某些险种,可由保险行业组织自行确定保险合同基本条款,而无须经国家监管机构审批。相反,在保险业不发达、保险市场机制不健全的国家,一般偏向于采用严格监管的模式,即对保险合同基本条款进行严格审定。例如,由国家保险监管机构确定保险合同基本条款,供各保险公司使用;或者由保险公司或保险行业组织拟订保险合同基本条款,但使用前必须报保险监管机构审批,在审批通过之前,保险合同不得以任何方式使用。在一些国家,保险法规对于某些方面的保险基本条款进行了具体规定,使它成为一般保险合同的主体条款。这是一种更为严格的监管方式。

四、保险中介人监管

保险中介人主要包括保险代理人、保险经纪人和保险公估人等。保险代理人是指依据保险人的委托,在保险人授权的范围内代为办理保险业务的法人和自然人。对于保险代理行为和代理人,可以通过行业组织如保险同业公会进行自律性监管,也可以通过保险人对其代理人进行监管。保险代理人还可进行自我管理。但是,只有这几种监管方式和途径,监管的力度和广度难以达到保障保险市场的正常秩序与完善保险代理市场的要求。国家必须参与对保险代理行为和代理人的监管。国家对保险代理人进行监管,可以加强保险市场的规范,维护被保险人的利益,弥补行业自律的不足。

国家对保险代理的监管主要体现在两个方面:一是颁布各种法规,对保险代理市场、保险代理人以及经营活动进行规范;二是设立或指定专门的部门,具体执行法律、法规和实施监管行为。国家对保险代理人的监管主要包括:代理机构资格的监管、代理人资格的监管、代理人执业的监管和代理人财务的监管。为规范保险代理机构,保险代理公司开业前,必须经过保险主管部门的批准,获得保险业务经营许可证,并到工商行政管理局注册登记,在领取营业执照后方可开业。

保险经纪人是为投保人或者被保险人拟订投保方案、办理投保手续、协助索赔的人员,或者为委托人提供防灾防损、风险评估、风险管理咨询服务,从事再保险经纪业务的人员,包括直接保险经纪人和再保险经纪人。国家对保险经纪人的监管主要包括:经纪机构设立、变更和终止的管理,经纪人资格管理(包括保险经纪人员从业基本资格和执业证书管理以及高级管理人员任职资格管理)、经纪人经营规则管理,对经纪人的监督管理等。保险经纪机构违反有关法律、法规,给他人造成损害的,应当依法承担民事责任;涉嫌犯罪的,由司法部门依法追究刑事责任。

保险公估人是从事保险标的的评估、勘验、鉴定、估损、理算等业务的保险中介人。2001年11月16日,中国保监会发布《保险公估机构管理规定》,对保险公估机构的地位、业务范围、行为准则、设立、变更、终止、从业资格、经营管理等方面作出具体规定。该规定的出台是对保险公估机构行为、资格管理的细化,标志着保险公估法律、法规体系初步建立。

第三节 保险监管组织与实施

一、中国保险业监督管理委员会

从1949年新中国成立到20世纪80年代中期,由于计划经济占主导地位,保险业政企合一,保险监管职能并不明显。

1985年3月,国务院颁布《保险企业管理暂行条例》,对保险企业的性质、组织、资本要求、准备金等事项作出了规定,并指定中国人民银行为国家保险管理机关,对保险业进行监管,范围包括批准建立保险公司、批准保险费率、规定保险合同的保险范围、监督保险业的活动等。

1995年7月,中国人民银行设立了专门行使保险监管职能的保险司,加强了保险监管的机构建设。同年,《保险法》颁布实施,使保险业监管进入了有法可依的阶段。作为国家金融管理部门的中国人民银行依照《保险法》,成为对保险业实施监督管理的部门。中国人民银行下设的保险司具体负责大部分的保险监管工作。基于中国保险市场尚不成熟,有关的法规还需健全,保险业的自律系统还不够完善,保险业监管采用了严格监管方式,即费率和偿付能力双重监管。在监管方法上,主要采用现场检查和非现场检查的方法。

随着中国保险业的快速发展,客观上要求对保险业的监管不断加强。同时,为了进一步防范和化解金融风险,中共中央、国务院作出了深化金融体制改革的决定,要求银行业、证券业和保险业分业经营、分业监管。在国务院精简机构的同时,1998年11月18日,中国保险监督管理委员会(简称"中国保监会")成立。这标志着中国保险事业的发展和保险业的监管工作从此进入了一个新的时期。

中国保监会是国务院的直属事业单位,取代中国人民银行成为全国保险业的主管机关,根据国务院授权履行行政管理职能,依照法律、法规统一监督管理中国保险市场。中国保监会主席由国务院任命。中国保监会根据保险业发展状况,在全国设立保险监管派出机构,并直接领导。2003年,国务院决定,将中国保监会由国务院直属副部级事业单位改为国务院直属正部级事业单位,并相应增加职能部门、派出机构和人员编制。目前,中国保监会内设16个职能机构,并在全国各省、自治区、直辖市、计划单列市设有36个保监局。中国保监会的主要业务监管部门包括:发展改革部、政策研究室、财产保险监管部(再保险监管部)、人身保险监督部、保险中介监管部、保险资金运用管理部、法规部、统计信息部、国际部(港澳台办公室)等。

中国保监会的主要职责是:

(1)拟定保险业发展的方针政策,制定行业发展战略和规划;起草保险业监管的法律、法规;制定业内规章。

(2)审批保险公司及其分支机构、保险集团公司、保险控股公司的设立;会同有关部门审批保险资产管理公司的设立;审批境外保险机构代表处的设立;审批保险代理公司、保险经纪公司、保险公估公司等保险中介机构及其分支机构的设立;审批境内保险机构和非保险机构在境外设立保险机构;审批保险机构的合并、分立、变更、解散,决定接管和指定接受;参与、组织保险公司的破产、清算。

(3)审查、认定各类保险机构高级管理人员的任职资格;制定保险从业人员的基本资格标准。

(4)审批关系社会公众利益的保险险种、依法实行强制保险的险种和新开发的人寿保险险种等的保险条款和保险费率,对其他保险险种的保险条款和保险费率实施备案管理。

(5)依法监管保险公司的偿付能力和市场行为;负责保险保障基金的管理,监管保险保证金;根据法律和国家对保险资金的运用政策,制定有关规章制度,依法对保险公司的资金运用进行监管。

(6)对政策性保险和强制保险进行业务监管;对专属自保、相互保险等组织形式和业务活动进行监管;归口管理保险行业协会、保险学会等行业社团组织。

(7)依法对保险机构和保险从业人员的不正当竞争等违法、违规行为以及非保险机构经营或变相经营保险业务进行调查、处罚。

(8)依法对境内保险及非保险机构在境外设立的保险机构进行监管。

(9)制定保险行业信息化标准;建立保险风险评价、预警和监控体系,跟踪分析、监测、预测保险市场运行状况,负责统一编制全国保险业的数据、报表,并按照国家有关规定予以发布。

(10)承办国务院交办的其他事项。

2003年,中国保监会实质启动了偿付能力监管制度体系建设工作,主要参考了欧盟偿付能力Ⅰ和美国偿付能力监管体系(RBC)。到2007年底,中国保监会基本搭建起具有中国特色的第一代偿付能力监管制度体系。2008年之后,中国保监会结合国际金融危机和我国保险市场的发展情况,不断完善、丰富偿付能力监管制度,提高了制度的科学性和有效性。第一代偿付能力监管制度体系推动保险公司树立了资本管理理念,提高了经营管理水平,在防范风险、促进保险业科学发展方面起到了十分重要的作用。

在国际金融保险监管改革不断深化和我国保险市场快速发展的背景下,第一代偿付能力监管制度体系已不能完全适应新的发展形势,突出表现在三个方面:一是对风险的反映不够全面,风险计量不够科学;二是监管框架存在一定缺陷;三是定性监管有待加强。

为了进一步加强偿付能力监管,更加有效地提高保险行业防范风险的能力,2012年4月,中国保监会正式启动了第二代偿付能力监管制度的建设工作(简称"偿二代")。偿二代的建设目标有三个:一是科学全面地计量保险公司面临的风险,使资本要求与风险更相关。二是守住风险底线,确定合理的资本要求,提高保险业的竞争力;同时,建立有效的激励机制,促进保险公司提高风险管理水平,推动保险行业科学发展。三是积极探索适合新兴市场经济体的偿付能力监管模式,为国际偿付能力监管体系建设提供中国经验。

二、保险行业自律

保险行业自律又称"保险行业自我监管",是指通过建立行业公会等行业组织形式,在遵守国家关于保险业的法律、法规的前提下,进行内部协作、调节与约束,实行自我管理、自我监督,以解决保险组织内部的问题,并协调保险组织与国家保险监管机构、保险行业与其他行业的关系。保险行业自律是非官方、非强制的监控手段,尊崇行业职业道德规范,是法律手段和政府监控的必要补充。保险行业自律可以协调国家对保险行业的纵向监管,及时发现和解决宏观监管无法发现的问题,同时还可协调保险行业内部的各种关系,减少不正当竞争行为,促使保险公司间积极协作,提高保险公司和整个保险行业生存和发展的活力。此外,协调保险行业与其他行业之间的关系,加强各行业与保险行业的配合等,也是保险行业自律组织的分内职责。

保险行业自律的具体实施机构是保险行业组织。这种组织是一种社团组织,其最基本的形式是保险行业协会或同业公会。它处于国家监管机构和保险组织之间。如果说保险公司自身的监管是微观监管,国家对保险行业的监管是宏观监管,那么保险行业自我监管则是中观监管。

三、保险行业的依法监管

依法监管是保险监管必须坚持的原则。保险行业的依法监管是指保险监管部门必须依照有关法律或行政法规实施保险监管行为。依法监管体现为保险监管具体行政行为的实体依法,即保险监管行为必须依照法定的实体规则进行。依法监管的实体依法内涵对我国保险行政立法提出了迫切要求。目前,我国保险监管工作中尚存在很多法律、法规、规章空白,亟待加大行政立法力度,建立起与《保险法》配套运作的法律、法规,处理好法律、法规与政策间的关系,切实解决无法可依的问题。在保险监管的具体操作上,也要坚持依法监管和依法处置的原则。这就要求我们不仅要有完备的实体法,还应具备相应的程序法的保障。另外,还必须依靠一支高效的执法队伍。我国可以借鉴保险业发达国家的经验,建立健全各级保险监管体系。

四、国际保险监督官协会(IAIS)

国际保险监督官协会(IAIS)是全球性的保险监管组织,1994年在瑞士成立,最初由美国的保险协会发起并负责运行。其宗旨是,制定保险监管原则与标准,提高成员国监管水平。IAIS由129个国家和地区的保险监管机构组成,另有98家公司或组织为其观察员。IAIS汇聚了各国保险监管当局的意志,对国际保险业的发展方向有着重要影响。成为IAIS成员,享有表决权,是一国保险监管当局融入国际保险界、对国际保险事务发挥影响的重要标志。2000年10月9日至12日,在南非召开的IAIS第七届年会上,我国正式成为IAIS成员,享有对重大事务的表决权,并参加了其中6个分委员会。

IAIS在三个方面发挥着重要作用:第一,制定国际保险监管规则。IAIS通常以成员国表决的方式通过保险监管规则和标准。这些规则具有较高的权威性,被当作国际保险监管文件的范本,影响着国际保险业的发展方向。第二,发布国际保险业的最新动态。IAIS汇集世界各国保险业信息,掌握各国保险监管情况,能够在第一时间发布国际保险业的动态信息,预测国际保险发展趋势,其各技术委员会搜集掌握的情况成为了解国际保险业各专门领域最新趋势的指南。第三,搭建国际保险界交流平台。IAIS每年在全球组织近60场各种研讨会及会议,为成员国搭建沟通交流的平台。各国保险监管当局和国际保险业界代表可借助这个平台发表看法,密切联系,增进了解。

IAIS的监管体系主要由24个保险监督管理文件构成,包括9个保险监管指导文件、6个保险监管原则和9个监管标准。在这个以保险机构风险控制为核心的监管体系中,上述监管文件对从保险监管的总体指导方针到监管保险公司的经营管理风险,从监管保险主体的市场准入到监管保险公司的偿付能力,从单一的传统保险业务到金融一体化形势下的综合监管,都制定了尽可能清晰的指导思想和基本操作原则、标准。所以,这些监管文件被称为"核心准则",世界银行、IMF等将它们作为对保险机构的评估标准。但是,IAIS和其他一些国际标准化组织不同,后者制定的标准是国际通行的,而IAIS对于不遵循这些准则的机构并没有惩罚性措施。

第四节 外国保险业的监管

一、美国的保险监管

美国的保险监管体制是一种联邦政府和州政府的双重监管体制。直接管理和监督保险业的是州政府：州立法机构通过立法管理保险，州司法机构通过判决管理保险，州行政机构通过行政权管理保险。各州设立了专门的管理和监督机构——保险管理局，负责管理和监督本州保险业。联邦政府设立了联邦保险局，负责联邦洪水保险、联邦农作物保险等特定业务。联邦保险局与州保险管理局之间的关系是平行关系，而非隶属关系。

为了对各州的监管体制进行协调和加快统一化进程，1871年，美国成立了全美保险监督官协会。这是一个民间性质的协会，成员大多是各州保险管理局的局长。该协会负责协调各州的保险监管行动并交流经验。通过该协会一百多年来的努力，目前美国各州的保险立法在内容上已经无太大的差异。

美国各州的保险法都对保险公司成立的必要条件作出了规定，包括公司名称、组织方式、最低资本、发起人资信等。保险公司的设立必须首先通过州政府的批准，然后还要获得州政府的业务经营许可才能开业。一般来说，保险公司获得营业许可的要求和标准要比其他类型的公司高很多。

对保险公司财务健全性的监管主要包括以下几点：

（1）最低资本要求。保险公司在经营过程中，其资本必须维持而不得少于某一限度。例如，在纽约州，人寿保险股份有限公司所必须维持的资本金为200万美元，相互人寿保险公司为10万美元等。

（2）责任准备金的积累规定。责任准备金的评估和积累，对于确保保险公司的财务健全是极其重要的一环。为此，美国各州的保险法依据全美保险监督官协会拟定的标准责任准备金评估法，结合本州的实际情况，加以修订，给出标准，以确保到期支付能力。

（3）投资规定。从1905年到1970年，美国各州保险法对投资的规定都没有大的变更。从20世纪70年代起，由于金融创新不断，包括利率在内的金融风险不断加剧，保险公司的资金面临被不断侵蚀的危险。基于这种认识，各州的保险法相继进行了修正，对保险公司的投资限定有了大幅度的放宽，保险资金的投资渠道大大增加。

（4）对人寿保险和非人寿保险兼营的禁止。美国大多数州的保险法规定，人寿保险和非人寿保险不得混业经营。即使少数州认可混业经营，也要求人寿保险和非人寿保险在财务上必须分开。

全美保险监督官协会为了提高检查的实效性,并对财务的健全性实施有效的监督,专门设置了一种早期警戒系统(1RIS)。这种早期警戒系统是对各保险公司的资本金、盈余变化率以及总保费的佣金占有率等财务指标,依各州统一年度报告书加以计算,据以选出"须进行监视公司"的系统。当某保险公司被认为是"须进行监视公司"时,全美保险监督官协会将通知该公司所在州的保险监督官,由该保险监督官责令该公司对其有关脱离正常范围的财务指标追查原因并限期改正,以预防该公司日后陷入支付困境。

二、英国的保险监管

根据英国的《保险公司法》,英国政府的贸工大臣享有对保险业实行全面监督和管理的权力。保险监管的具体机构是贸工部下属的保险局。英国的保险市场可分为保险公司市场和劳合社市场,保险监管的重点是保险公司,而对劳合社的监管则以自律为主。

贸工部下属的保险局对保险业进行监管的主要内容包括:(1)批准经营保险业务的申请;(2)调查可能成为非法经营业务公司的情况;(3)对新提名的公司董事长、主要负责人、经理及主要代理人进行审查;(4)审核授权公司提交的各种报表;(5)必要时,根据法律行使干预权;(6)批准保险业务的转移;(7)撤销营业许可证等。

除上述监管外,英国政府还通过保险条例对保险公司的资产和负债的评估方法作出具体规定,通过《金融服务法》对经营寿险业务的保险人及经纪人进行约束,指定证券和投资委员会对保险人的投资活动进行管理,要求从事含有投资业务的保险公司加入寿险信托管理组织等。

劳合社是英国保险市场中历史最悠久、最具特色的保险组织,它与保险公司的不同之处在于:劳合社承保人以个人名义接受业务,承担无限责任;而保险公司是有限责任公司,以法人名义接受业务,承担有限责任。根据1982年的《劳合法》,英国设立了劳合社理事会。这是劳合社的自我管理机构,它根据贸工部的要求,定期提供关于劳合社成员是否具备一定偿付能力的证明以及劳合社市场的情况。

三、日本的保险监管

日本保险业的管理部门是大藏省,大藏大臣是保险业的最高管理者。在大藏省内设有银行局,银行局下设有保险部,具体负责对私营保险公司的行政监督和管理工作。此外,在大藏省内设有保险审议会和汽车损害赔偿责任审议会作为咨询机构。

日本的保险市场是集中型的保险市场,即保险市场掌握在为数不多的保险公司手中,与欧美市场上成千上万的保险公司相竞争的情况截然不同。同时,日本的保险市场又是一个国内优先型的保险市场,外国保险公司在 1996 年以前很难进入日本的国内市场。然而,自 20 世纪 90 年代中期以来,以修改《保险业法》为标志,日本开始了大规模的保险业制度改革。在"重建保险业"的口号下,日本建立了面向 21 世纪的新的保险体制。

日本新的《保险业法》的修订主要集中在以下几个方面:(1) 放宽限制,促进市场自由化和竞争,主要表现为打破产寿界限,调整市场主体机构,改革保险营销制度等;(2) 放宽和撤销资金运用的上限;(3) 强调防范风险,引入最低偿付能力标准制度,提高设立保险公司的最低资本金要求,对保险公司的财务状况实行预先警戒;(4) 加强对被保险人利益的保护,设立保护基金制度。

日本新建立的保险体制呈现以下几个特点:(1) 保险监管机构将监管工作的重点由事后改为事前,由严格限制市场进入转变为加强对保险人偿付能力的监管,更加注重对被保险人利益的保护;(2) 对保险公司的财务状况实施公开化,加强社会监督;(3) 从注重对机构的监管转为同时重视对其分支机构的监管;(4) 保险市场从相对封闭变为相对开放,推动保险市场的竞争;(5) 由产寿险分业经营转向相互渗透;(6) 从对保险公司的严格保护转向允许破产,政府对于破产公司的援助仅限于保护被保险人的利益;(7) 引导相互公司向股份制公司转变。

四、韩国和新加坡的保险监管

韩国的保险监督机关主要是财经院和保险监督院。财经院的职责是负责制定法律和法规,规范国家保险政策,具体实施对保险公司的监督管理。其管理的主要内容为:颁发经营保险业务的许可证,颁布相关的法令,执行行政命令。成立于 1988 年的保险监督院的主要职责是:检查各家保险公司,以保证其财务稳定;调查被保险人和保险公司之间的纠纷;管理保险保证基金;向财经院提交保险政策方面的建议等。另外,韩国还设有保险理事会、保险发展学院和寿险及非寿险协会等学术研究机构和半官方机构,为保险监管机关在执行保险政策时提供支持,并协助解决保险公司之间的利益冲突和意见分歧。

韩国的保险监管制度主要包括:(1) 保险产品报告制度。(2) 资产管理制度,即保险公司在运用资金时应遵循的原则。(3) 存款保障制度。新成立的保险公司被要求在开业之前必须交齐注册资本的 30%,以现金的方式存入保险监督院。当保险监督部门认为该公司的发展已经步入正轨后,这笔保证金方才退还。(4) 存款保险制度。各家保险公司按规定必须拿出其保费收入的 0.1% 上缴保险监督院,作为保险保证基金,用以对偿付能力出现困难的保险公司提供援助,从而保障被保险人的利益。

新加坡政府通过金融管理局下属的保险监管部和保险监督官对保险业实施监督、控制与管理。保险监管部监督、指导整个保险体系的运作,每年定期提出年度报告书,详细报告全年各保险公司的营运状况。为保证偿付能力,保险监管部要求保险公司必须按规定的比例提取各种准备金,如未到期责任准备金、未决赔款准备金、损失准备金、已发生尚未通知损失准备金等,并规定保险公司必须按季、年报告营业情况以及保险准备金情况。此外,政府对保险公司的资产、准备金和资金运用等方面也都有严格的规定。

思考题

1. 试论保险监管的概念和特点。
2. 比较各国保险监管的目标。
3. 试论偿付能力监管的要点。
4. 试论中国保险监管的历程。

第十八章 保险市场

☞ 学习目的

使学生了解保险市场的基本概念及其基本功能,了解影响保险需求和保险供给的因素;描述国际保险市场和中国保险市场的现状,并分析其中存在的问题。

第一节 保险市场概述

一、保险市场的概念

现代市场是商品和劳务交换关系的总和。从传统意义上说,保险市场就是保险交换关系的总和。现代保险市场是促进保险交易实现的整体运行机制,包括交易的主体和客体。保险市场的主体包括个人、家庭、各类保险公司和中介、政府及其监管机构。保险市场的客体表现为各类保险合同。

在现代保险市场中,保险经营活动受市场机制的制约。市场机制是指价值规律、供求规律和竞争规律三者之间相互制约、相互作用的关系。

价值规律对保险经营的调节作用表现在促进保险资源的合理配置上,即促使保险公司改善经营管理,提高保险服务的质量和效率。供求规律表现为供给与需求之间的关系。一般认为,供给总量应与需求总量大致相等,这样才形成最优的供求市场。但是,在商品经济活动中,供给与需求两者很少相等。竞争规律范围包括供应主体之间的竞争、需求主体之间的竞争和供求主体之间的竞争。其竞争内容主要表现为责任范围与险种数量的竞争、保险费率高低的竞争、保险市场信息竞争、保险服务态度的竞争等。

二、保险市场的功能

根据世界各国保险业的长期实践,保险市场的基本功能表现为:

1. 便利保险交换过程的完成,提高保险服务效率

市场为便利交换应运而生,保险市场同样如此,是保险供给和保险需求的综合反映。市场信息量大,消息反馈快,可供选择的险种、经营承保方式、保险人、投保人多,成交迅速。这一方面提高了保险交易的效率,另一方面降低了保险供求的成本。

2. 促进保险发展,完善保险机制

现代保险市场产生后,对保险业的迅速发展起到了积极的推动作用。在保险市场中,存在许多中介人,他们沟通保险人与投保人或被保险人之间的关系。由于他们对供求双方都了解,因此创造了众多的保险供求机会,推动了保险技术的发展,对完善保险市场机制起到了不可忽视的作用。

3. 稳定社会经济秩序,实施政府政策

价值规律、供求规律和竞争规律调节着保险市场,因此保险市场是保险供求双方平等竞争的场所,是实现优胜劣汰的"过滤器"。保险具有稳定社会经济秩序的机制,各国政府均利用保险机制实现既定的经济政策。

三、保险市场发展的衡量指标

保险市场发展的衡量指标主要是保费收入、保险密度和保险深度。

保费收入是保险公司为履行保险合同规定的义务而向投保人收取的对价收入。它是保险公司最主要的资金流入渠道,也是保险资产增长最主要的源动力,还是保险人履行保险责任最主要的资金来源。保费收入规模是衡量一个保险市场大小的重要指标。

判断一个保险市场是否具有发展潜力,主要用保险密度和保险深度两个指标。

保险密度是指按一个国家或地区人口计算的人均保费额。它标志着这个国家或地区保险业务的发展程度,也反映了这个国家或地区的经济发展状况与人们保险意识的强弱。它的计算公式是:

保险密度 = 某国或地区当年保费收入 / 某国或地区总人口

保险深度是指一个国家或地区的全部保费收入与其 GDP 总额的比率。它可以反映出这个国家或地区的保险业在整个国民经济中的重要地位。它不仅取决于这个国家或地区总体的发展水平,还取决于保险业的发展速度。它的计算公式是:

保险深度 = 某国或地区当年保费收入 / 某国或地区 GDP

第二节 保险需求与保险供给

一、保险需求

保险需求可分为有效需求和潜在需求。有效需求是指在一定时期内和一定价格条件下,消费者愿意并且有能力购买的保险商品的数量。它与保险业的发展、保险市场本身都有十分密切的关系。保险需求的产生从根本上说是由于客

观世界损失的不确定性,以及人们对危险事故造成经济损失的承担能力的局限性。人们期望安全,迫切需要寻求某种手段以避免或应付灾害事故。

保险需求的表现形式,在物质方面,体现为人们遭遇意外事故和自然灾害时,对经济损失要求得到及时补偿;在精神方面,体现为转嫁危险,获得保险保障,在心理上感到安全,提高从事事业的积极性。

有效的保险需求需具备三个条件:一是保险需求者对保险保障这种特殊商品的需要;二是保险需求者对保险保障这种特殊商品的经济支付能力,即投保人必须有能力且有资格履行其义务,支付保险费;三是保险需求者即投保人所投保的标的符合保险人的经济技术要求,即投保人想投保的险种和保险人设计的险种或愿意设立的险种相吻合。当然,由于保险商品的特殊性,可保利益的存在是保险需求成立的首要前提。

二、影响保险需求的因素

1. 风险因素

保险承保的是风险,风险的存在是保险需求存在的前提。保险需求总量与风险存在程度成正比:风险程度越高,范围越广,保险需求总量就越大;反之,保险需求总量就越小。

2. 经济发展水平因素

保险是社会生产力发展到一定阶段的产物,并随生产力的发展而发展。现代生产力的发展带来许多变革。首先是产业结构的变革。科学技术是潜在的生产力,科学技术的进步及其在经济生活中的广泛应用,会不断开拓新的生产领域,扩大原有的生产领域,同时产生新的风险,从而增加新的保险需求。生产力发展水平越高,产业结构越复杂,各种风险越大,对保险的需求越强烈。其次是消费结构的变化。消费结构是指个人消费资料的种类及其比例的构成,表现为人们的各类消费(包括生存需要、发展需要、享受需要和安全需要的消费)支出在总消费支出中所占的比重。生产力发展,使社会财富和个人收入日益增多,人们用于消费的部分不断增加,全社会生活水平明显提高,使以生存需要为主的单一消费方式向消费多样性发展。在总消费中,生存资料的比重逐步下降,发展资料和享受资料的比重逐步上升。消费结构的变化,使人们的消费观念发生变革。人们不仅要求吃好、穿好、住好,而且希望在发生灾害事故和丧失劳动能力时,能保持相当的生活水平。对安全的需求已成为人们日常消费中不可缺少的部分,必将在消费结构中占有越来越重要的地位,这就扩大了人们的保险需求。

3. 价格因素

保险的需求也具有价格弹性。一般而言,保险价格越高,保险需求越少。人们希望以较少的保险费支出获得较大的保险保障。保险费率低,有可能刺激保险需求量的增大,保险需求量与保险价格成反比关系。

4. 相关商品价格因素

当保险商品价格不变,而与其相关的商品价格变动时,保险商品需求随之发生变化。例如,汽车保险与汽车属互补商品,当汽车价格下降时,汽车需求量会增加,对汽车保险的需求量也随之增加。另外,人寿保险与储蓄属替代商品,当储蓄利率下降时,对人寿保险的需求会增加,反之则会减少。

5. 商品经济的发展因素

现代保险是商品经济不断发展的产物。商品经济是现代保险需求产生的重要经济因素。保险经济发展的历史表明,商品经济越发展,保险需求就越大,保险需求量与商品经济发展程度成正比关系。

6. 人口因素

保险业发展与社会环境有着极其密切的联系。其中,人口状况是影响保险需求的一个重要环境条件,对人身保险需求的影响尤为重要。人口因素在下列两方面构成对保险需求的影响:

(1) 人口总量对保险需求的影响。一个国家的人口总量,决定了保险的潜在需求能量。在其他影响保险需求诸因素已形成的条件下,人口总量越大,对保险需求的总量就越多。

(2) 人口结构对保险需求的影响。人口结构包括年龄结构、职业结构、总人口的文化程度结构。

年龄结构对保险需求的影响体现为,随人口社会不断老化,老年人口越来越多。老年人的特点是,生理机能不断下降,迫切希望得到保险保障。人口老龄化趋势将刺激保险需求的扩大。

职业结构对保险需求的影响主要体现为,有职业者或从事现代职业者在总人口的构成中所占的比例越大,对保险的需求量就越大;反之,无职业者或从事传统农业的人数越多,就越不容易接受保险的方式,对保险需求总量会造成一定的影响。在职业结构中,从事危险职业的人越多,对保险的需求量会越大。

总人口的文化程度结构对保险需求的影响主要体现为,人口的文化程度的构成,标志着人口素质的高低。人口素质不同,消费心理、消费习惯及消费偏好就有所不同。人口素质高,比较容易接受保险保障这种消费方式,客观上刺激了保险需求的增长。

7. 强制保险实施因素

强制保险是国家和政府以法律或行政的手段强制实施的保险保障方式。凡在规定的范围内,不论被保险人是否愿意,都必须参加保险。强制保险的实施,人为地扩大了保险需求。

保险需求是一个综合的经济现象,众多的经济、社会因素都会对它产生相当的影响。

三、保险供给

有保险需求,就有保险供给,它们构成保险市场上两个重要方面,并体现出复杂的经济关系。

供给是指在一定时期内和一定条件下,生产或劳务提供者对某种产品或劳务愿意并可能供应的数量。保险供给是指在一定社会经济条件下,国家和从事保险经营的企业所能提供并已实现的保险种类和保险总量。

保险供给形式有两种:一是人们可看见的形式,即保险人对遭受损失或损害的投保人,按保险合同的规定,给予一定数量的经济补偿和给付,是保险供给的有形形态。二是心理形态,对全体被保险人提供心理上的安全保障。参加保险,如发生保险责任范围内的事故,可得到补偿和给付。这或多或少减轻了被保险人心理上的压力,使他们有更多的精力投入到事业中去。这种心理上的安全感是通过保险组织提供保险供给实现的。

保险供给的内容包括"质"和"量"两个方面。"质"是指保险供给者提供的各种不同的保险险种,如财产保险、人身保险、责任保险等具体险种,也包括每一具体的保险险种质量的高低。"量"既是指保险公司为某一保险品种提供的经济保障额度,也是指保险公司为全社会所提供的保险供给的总量,即全社会所有保险人对社会经济所担负的危险责任的总量(所有承保的保险金额之和就是保险总量)。

四、制约保险供给的因素

保险供给是适应保险需求而产生的,保险需求是制约保险供给的最基本因素。在保险需求既定的情况下,保险供给的增大或减少受其他各种因素的制约。

1. 经营管理水平

保险业在经营管理上要有相当的专业水平和技术水平,即在风险管理、险种设计、业务选择、再保险分出分入、准备金提存、费率计算和开价、人事管理和法律知识等方面,都要具有一定的水平,其中任何一项水平的高低都会影响保险的供给。

2. 保险市场竞争

保险市场竞争会引起保险公司在数量上的增加或减少。如果保险公司在数量上增加,在总量上就扩大了保险供给。保险公司数量减少,如果是因为合并引起的,并不会减少保险的供给总量;如果是因为破产或退出保险市场引起的,则会减少保险的供给总量。保险市场的竞争,会使保险公司改善经营管理,提高服务质量,开发新险种,从而扩大保险供给。

3. 保险成本

保险成本是指在承保过程中的一切实际和隐含的货币支出。在我国保险市场上,保险成本是指实际货币支出,即保险过程中的一切支出,包括赔款、佣金、工资、房屋的租金、管理费用等。在西方保险市场上,保险成本除包括显成本(即实际货币支出)外,还包括隐成本,即在承保过程中没有任何货币支出,而是对自我拥有要素的使用,主要是对自我拥有的办公室及其设施等的使用。影响保险成本的因素很多,还包括业务结构、业务来源、劳动力结构、推销方式、服务标准、准备金规模、通货膨胀等。

保险成本是保险经营中的重要问题。对投保人来说,保险成本高,保险费率就高,会影响其投保要求。对保险人来说,保险成本高,所获利润就少,会影响其扩大保险供给量。所以,保险成本的高低与保险供给有直接关系。一般情况下,保险成本高,保险供给就少;反之,保险供给就大。

4. 保险资本量

保险供给是由全社会的保险人和其他保险组织提供的。保险人经营保险业务必须有一定数量的经营资本。因为经营保险业务需要一定的物质条件,包括基本建设费用、购买各种设备费用、营业费用、行政费用等,还需要一定数量的资金作为责任准备金。在一定时期内,社会总资本量是一定的,能用于经营保险的资本量在客观上也是一定的。因此,有限的资本量在客观上制约着保险供给的总规模。一般情况下,可用于经营保险的资本量与保险供给成正比关系。保险需求大,业务利润大,会吸引一部分资本;反之,会使资本转移到其他社会部门中去。因此,保险需求影响保险资本的总量。

5. 保险供给者的数量和素质

保险供给者的数量越多,保险供给量越大。在现代社会中,保险供给不但讲求数量,还讲求质量。质量提高的关键在于保险供给者的素质。保险供给者素质高,新险种容易开发、推广,从而扩大保险供给,促进保险需求。

6. 保险利润率

保险利润率是制约保险供给的诸因素中最重要的因素。需求的动力是消费,供给的动力是利润。在西方,平均利润率规律支配着一切经济活动。保险资本也受平均利润率规律支配。平均利润率规律是制约保险供给的基本因素,其他因素围绕这一因素发生作用。在我国,企业利润仍然是企业生产和经营的重要目的。保险经营也不例外,受平均利润率规律的制约。如果保险公司的平均利润率高,会诱导人们投资保险业,从而扩大保险供给。

7. 政府政策

政府政策在很大程度上决定保险业的发展,决定保险经营企业的性质,决定保险市场竞争的性质,也决定保险经营企业的发展方向。发展中国家的保险国有化政策把保险供给量控制在一定的限度内。我国大力发展社会主义市场经济的方针政策,为保险业发展创造良好的社会环境,保险供给量会有大幅度增长。

综上所述,保险供给量受政治、经济诸因素的影响。需要指出的是,保险供给量并不是越大越好,它必须与国民经济的发展相协调。

第三节 国际保险市场

一、保险市场类型

保险市场按国际惯例大体可归纳为完全垄断型、自由竞争型(完全竞争型)、垄断竞争型(混合型)和寡头垄断型四种。

1. 完全垄断型

完全垄断型又称"垄断型"或"独家垄断型",是指保险市场完全由一家保险公司控制的市场模式。这家公司既可以是国营公司,也可以是私营公司。独家保险公司控制了保险市场,在这种市场上没有竞争,其垄断者根据已知的供给与需求情况,在高价少销、低价多销之间进行选择,以取得最大程度的利润。在这种保险市场上,保险供给者只需改变供给量,就可改变价格,获得较大的利润。

完全垄断型有两种变通形式:一是专业型的垄断模式。即在一个国家的保险市场上,虽然存在着几家或许多保险公司,但是它们各自垄断某类保险业务。例如,保加利亚、波兰、古巴、朝鲜等国设有两家保险公司,一家专营国内保险业务,一家专营涉外保险业务。二是地区垄断模式。即在一个国家的保险市场上,几家保险公司各垄断某地区的保险业务,相互之间没有交叉。例如,印度设有四家地区性非寿险公司。

2. 自由竞争型

自由竞争型又称"完全竞争型",是指不受阻碍和干扰的保险市场。在这种市场条件下,竞争比较激烈。通常认为,自由竞争的条件有:(1)该行业有大量买者和卖者,任何人都不能影响市场价格,所有保险供给者提供的保险险种基本上是一致的,需求者对供给者提供的保险险种没有特别偏好;(2)所有保险供给者和需求者对保险市场情况、保险价格等有充分的了解。

在自由竞争状态下,个别保险供给者是保险市场价格的接受者,而不是保险市场价格的创造者。整个保险市场价格靠供求关系调节。每个保险供给者对自己提供的保险只采取综合市场价格,如果提高价格,他势必在竞争中败下阵来;如果降低价格,他就会亏损。在这种模式下,市场上大小保险公司并存,少数大公司在保险市场上取得垄断地位,同业竞争在大垄断公司之间、垄断公司与非垄断公司之间、非垄断公司之间都存在。早期英国保险市场是这种类型的代表。

3. 垄断竞争型

垄断竞争型又称"混合型",是指垄断与竞争同时并存。在这类市场上,国家一般不对保险市场进行垄断控制,国有保险公司同样跻身于保险市场的竞争行列。在某些地区、某些险种上虽存在一定程度的垄断,但垄断程度不高,在多数中小公司之间仍存在激烈的竞争。

4. 寡头垄断型

与垄断竞争型保险市场相比,寡头垄断型保险市场的垄断程度更高。在这类保险市场上,只存在少数几家相互竞争的保险公司,其他保险公司不容易进入。这种类型的保险市场普遍存在于世界上许多国家。

二、一些国家(地区)的保险市场

1. 英国保险市场

英国保险市场按组织及经营形式的不同可分为两大市场:一是劳合社保险市场。劳合社是由两到三万个成员组成的保险社团,这些个体成员组合成四百多个辛迪加。各辛迪加雇用职业承保人,集中在劳合社市场大楼设柜营业,承保业务,每一个成员对承保的业务负无限责任。二是保险公司市场。保险公司市场形成较晚,但是承保了英国保险市场上的大部分业务。这些保险公司按经营情况可分为专业保险公司和综合性保险公司,前者指只经营一种保险业务的保险公司,后者指承保多种保险业务的保险公司。在英国保险市场上,保险经纪人是一支很重要的力量,被保险人一般不直接与保险人接触,是通过经纪人安排投保的。例如,在劳合社保险市场上,按商业习惯,保险合同的成立必须由保险经纪人安排,由经纪人代被保险人申请保险、交付保险费、处理赔款。英国保险市场的业务量很大,保险费收入可观,名列世界前茅。保险业在英国的国民经济发展中占有非常重要的地位。

2. 法国保险市场

在法国保险市场上,营业的保险公司分国营保险公司、股份有限公司和互助保险公司三大类型,形成鼎立之势。三类公司各具特色,国营保险公司资产雄厚,经营规模宏大,在承保巨额工业火险方面独占鳌头;互助保险公司由于无须通过经纪人开展业务,承保业务的成本相对低廉,因而在私人财产险和汽车险方面颇具优势。法国保险市场的主要保险险种有:人寿保险、投资保险、养老金保险、责任保险、运输保险、火灾保险、财产保险以及其他伤害保险等。法国保险市场是一个比较开放的市场,保险公司数量众多,不仅有本国的国营和私营公司,还容纳许多外国公司经营业务,竞争十分激烈。法国保险市场非常稳定,政府对保险业实行严格有效的管理。为确保经营稳定,政府对保险公司的开业资本有严格规定,同时还规定任何保险公司不得同时兼营人寿险和财产险。就保费收入而言,2012年底,法国已发展成为继美国、日本、英国、中国之后的世界第五大保险市场。

3. 瑞士保险市场

瑞士保险市场的分布很不平衡,15家最大的寿险公司的市场份额达98%,15家最大的保险公司的市场份额占整个非寿险市场的85%。这种集中程度在发达国家中是十分罕见的。瑞士的一些实力雄厚、经营规模庞大的保险公司不仅在国内市场上享有举足轻重的地位,而且在国际保险市场上颇具影响力。瑞士寿险业比较发达,保险密度居世界前列。瑞士再保险业也很发达,世界著名的瑞士再保险公司是世界第二大再保险公司,在世界各地的主要城市均设有分支机构。瑞士的非寿险业务主要有:汽车保险、意外伤害保险、疾病保险、产品责任保险、火灾保险等。2011年,瑞士保险公司将近70%的保险费收入来自海外,开拓国外保险市场一直处于优先的地位。多年来,瑞士各大保险公司纷纷寻求进入国外保险市场的途径,通过建立分支机构、购买外国公司股权等拓展保险业务,取得了令人瞩目的成就。瑞士是一个保险业十分发达的国家,人均保费多年来一直位居世界前列。

4. 美国保险市场

美国是世界上最大的保险市场之一,无论公司数量、业务种类还是业务量,在世界上都首屈一指。美国拥有庞大的保险体系,众多的保险人通过保险服务对美国经济发展起了极大的推动作用。美国保险业务大体分为财产险、责任险、意外险、人身险、保证保险等几大市场,具体险种繁多,内容丰富。美国对保险业的管理主要从立法、司法和行政三方面进行,其管理的严格性和广泛性着重体现在监督范围上。通过立法,对保险公司的创设、经营范围、经营所需的最低资本、保险人的偿付能力、准备金标准、投资资金管理、费率厘定以及保险单格式等加以严格管理。司法管辖主要体现在法院对保险条款的解释,以及对保险纠纷的裁决上。美国对保险业实行联邦政府和州政府的双重管理体制,

5. 加拿大保险市场

在加拿大保险市场上,人寿保险较为发达,现有数十家人寿保险公司。其中,实力雄厚的太阳人寿保险公司、加拿大人寿保险公司、北美人寿保险公司和皇家人寿保险公司等,占据了市场相当大的份额。相比之下,非寿险公司在经营规模上略逊一筹,经营的业务主要有火灾保险、汽车保险等。加拿大联邦政府参与保险市场的经营,主要向外国进出口商提供各类保险、担保和贷款服务。加拿大保险市场上还有一定数量的外国公司,主要是英国和美国的保险公司。加拿大保险市场机制的运行,是以代理人的活动为中心的。代理人既给保险人提供源源不断的业务,又给社会提供广泛的经济保障,将被保险人和保险人联系起来。加拿大保险市场实行的是联邦和省政府双重管理体制。联邦保险部负责管

理保险公司的保证金和各种条例、法规的实施,并依据法令和规章对注册的全部公司的偿付能力和稳定系数实施监督。各省均设有保险部,由保险监督官负责管理,管理的内容主要有公司注册、财务状况、条款、费率等。

6. 日本保险市场

日本寿险业在世界上堪称一流,在展业、理赔、险种设计、经营管理以及计算机普及应用等方面都已形成独特的体系,是世界上寿险普及率最高的国家。日本寿险的主要业务是人寿保险、年金保险、意外伤害保险以及健康保险等。经营者根据日本经济形势的发展与社会需求的变化,不断推出新险种。日本还有两家专业再保险公司,在国内市场上发挥分保职能,与海外许多国家的保险公司开展分保业务。日本本国保险企业与外资保险企业都受金融厅的监督管理,包括公司的建立和经营、新险种的开发等。日本对保险业的管理相当严格,同时在严格限制下允许灵活经营,使其保险业得以充分发展。

7. 中国香港地区保险市场

中国香港地区保险业经营的主要业务是产物保险、人寿保险和出口信用保险。产物保险包括水险、火险和意外险。水险包括货物运输保险和船舶保险两大类,它是香港保险业的主要业务项目。近年来,由于火险灾害事故减少,赔付率下降,承保竞争加剧。意外险承保风险广泛而复杂,出现赔付率升高和经营成本增加的情况。香港的人寿保险基本分为普通人寿保险、团体人寿保险和家庭人寿保险三种。香港人寿保险业务增长很快,已赶上增长较慢的其他险种。出口信用保险是出口信用保险局承办的保险业务,主要是为了促进和发展进出口贸易。香港是各国保险公司云集的地方,获授权的保险公司共有150家左右,保险中介人(包括公司和个人)超过7万。近几年来,香港加强了对保险业的管理,通过制定保险法规,对保险业进行监督,并专门成立保险业管理登记机构。各类保险业的同业公会及香港保险学会均积极开展工作,加强技术交流,培训人员。香港的保险管理机构是保险监理处,它对保险业实施监督管理。该机构目前计划成立独立的保险业监管局,并于2013年10月成立了过渡安排小组。回归祖国后,香港保险市场作为重要的国际保险市场之一将发挥更大的作用。

第四节 中国保险市场

一、保险市场现状

随着社会主义市场经济体制的确立,我国保险市场正逐步完善。

1. 保险市场主体出现多样化

一定数量的保险市场主体,是构成保险市场的重要因素。目前,我国既有中资保险公司,也有外资保险公司;既有全国性保险公司,又有区域性保险公司;既有综合性保险公司,又有专业性保险公司。这些不同性质、不同形式、不同层次的保险组织的出现,是构成社会主义市场经济体制下保险市场的重要因素。

2. 保险公司逐渐走向市场

保险公司企业化是构成社会主义保险市场的另一个重要因素。保险公司作为企业,必须面对市场,走向市场。目前,各种形式的保险公司已经或正在逐步实现独立经营、自负盈亏,通过自身的经济效益维持自身的生存和发展。保险公司企业化并走向市场,为社会主义市场经济体制下保险市场的形成提供了重要条件。

3. 市场机制开始发挥作用

保险市场的核心内容是在保险经济活动中引入市场机制。在我国保险市场上,市场机制已经开始发挥作用。大部分商业保险险种的条款和费率由保险公司自行制定,报监管机构备案即可。费率的市场化是价值规律作用的结果,也受供求规律的影响。竞争规律要求把资源配置到效益较好的环节中去,给竞争者动力和压力,实现优胜劣汰。目前,各家保险公司在开拓市场时,都非常注重加强企业的内部管理,降低消耗,提高效益,这是竞争规律的作用。

二、保险市场特点

1. 保险市场由垄断向垄断竞争过渡

1986年以前,我国保险市场一直是独家经营保险业务。目前,我国保险市场初步形成了以国有商业保险公司为主体、中外保险公司并存、各家保险公司竞争的新格局。随着高度垄断的市场格局的打破,原来完全由几家保险公司占据的市场正在不断细分,市场竞争格局逐步形成,我国保险市场正在经历着由垄断向垄断竞争阶段的过渡。

2. 保险经营从粗放型向集约化转变

我国保险公司体制改革取得重大进展,资金运用管理体制改革稳步推进,条款费率管理制度改革进展顺利,保险业的市场化程度不断提高。保险公司开始从单纯追求规模到更加注重速度与质量、结构、效益的统一,主动进行业务结构调整,逐步改善增长质量,进一步提高效益。我国保险市场进一步细分,成熟的市场将率先实现转型。

3. 保险市场从局部开放向全面开放转变

随着经济全球化和金融一体化的发展,我国保险市场与国际保险市场的联系日益密切。随着保险业履行加入WTO承诺的过渡期结束,我国保险市场的开放力度进一步扩大,保险业将在更大范围、更广领域和更高层次上参与国际保险市场的合作与竞争。

4. 经济形势发展使保险需求大大增加,保险市场潜力很大

随着社会主义市场经济体制的建立和完善,我国国民经济保持高速稳定的增长,人民生活水平有很大提高,居民储蓄余额增长很快,对外开放引起对外经济贸易交往的大量增加,这些都从不同领域对保险提出更多的需求。但是,为社会提供的保险服务,无论是在数量上还是质量上,都远远不能满足社会的需要。所以,我国保险市场的潜力很大。

三、保险市场存在的问题

1. 保险市场上出现不正当竞争

竞争规律适合我国经济发展的客观需要,同样也是推动保险市场发展的动力。近年来的发展实践证明,竞争机制给保险市场带来生命力和活力。同时,也应看到,由于法规不健全,管理跟不上,保险公司之间出现了非规范的恶性竞争,如降低保费以挖对方业务,为争揽保险业务而支付高额手续费等,给国家财政税收和外汇收入造成了一定的损失,产生了不良后果。

2. 保险业区域发展不平衡

由于我国经济发展的不平衡,保险业发展也极不平衡:东部经济发达地区,保险市场供给主体多,需求量大,竞争激烈;中西部地区,保险需求量小,保险意识淡薄,其保险业发展远远落后于东部地区。

3. 保险人才匮乏

人才问题是保险事业发展的关键问题。随着保险业快速发展,保险业务创新大量涌现,保险技术含量不断提高,出现了部分专业岗位人才和复合型经营管理人才紧缺现象。

4. 保险监管有待加强

这主要表现为:保险监管制度尚欠完善;监管内容上,市场行为监管过多,偿付能力监管不够;监管专业人员数量不够,素质有待进一步提高;监管经验尚待进一步积累;等等。

5. 保险法规不健全

我国有关保险法规体系还不完善,《保险法》没有实施细则,规定较粗,约束力不强,有些规定已不适应保险形势的发展。这种状况对促进保险业发展、完善保险监管、规范保险行为均带来一定困难,影响了保险市场的健康发展。

四、保险市场发展趋势

1. 保险业将持续高速发展

实行改革开放以来,我国保险业得到突飞猛进的发展,年均保险费增长远远高于同期 GDP 年均增长速度。随着时间的推移,我国保险业发展的外部环境、内部条件将日臻完善;国有大中型企业转换经营机制,进一步增加对保险的需求;人民生活水平不断提高,为保险市场发展提供了物质基础;保险企业转换内部经营机制,将注入新的发展活力。因此,保险业继续保持高速发展,我国保险市场有良好的前景。

2. 保险市场向多元化发展

我国多家保险公司并存的保险市场已初具规模。越来越多的外国保险公司在我国设立代表处、联络站,美国、日本、加拿大、瑞士等国家的保险公司都在我国设立了分公司或合资公司,保险市场的内容日益丰富。保险构成趋于多样化,保险代理人、经纪人、保险公估行、保险咨询社等保险中介、服务机构,以及保险同业公会等,逐步成为保险业的组成部分。我国保险市场正向多元化发展。

3. 保险市场竞争从无序逐渐走向规范化

我国保险市场多家机构并存,中外保险机构同在,加上银行机构、政府职能部门以及大型企业集团涉足保险市场,导致保险竞争空前激烈。为争保户、保费和市场,各保险公司竞争手段多种多样,有的靠服务、实力和信誉,有的靠行政权力干预,有的靠盲目降低保险费率、提高手续费。合理的竞争,有助于提高保险公司的素质,增强活力;不合理的竞争,会削弱保险公司的经济补偿能力,损害被保险人的利益,后患无穷。摆脱保险市场的无序竞争,需要有一个过程。随着社会主义市场经济体制的不断完善,运行机制将日趋规范化,通过立法、管理和监督,一个法制、公平和有序的保险市场必将出现。

4. 保险中介体系将趋于健全和完善

这将有利于保险人控制展业成本,较好地保护被保险人的利益,对保险公司经营模式的转变也大有裨益。我国保险中介市场发育滞后,保险公司难以通过社会力量开展保险业务。这种市场条件决定了保险公司只能选择粗放型的发展模式。近年来,随着保险市场的进一步发展,保险中介市场的健全和完善与否越来越成为保险发展的关键要素。不断突破发展瓶颈,是保险市场发展的必然趋势。

5. 对外开放的步伐将进一步加快

我国加入WTO后,进一步开放金融市场和资本市场,有更多的外资保险公司进入我国市场。外资保险公司的业务范围将进一步扩大,经营地域将逐步拓展,所占市场份额将有所提高。外资保险公司的大量进入,使我国的保险业面临着巨大的挑战;从另一个角度来说,又为保险业提高自己、壮大队伍、学习国外先进经验提供了良好机遇。

6. 保险市场与金融市场趋于相互融合

为了应对日益激烈的市场竞争,获取最大利润,保险业与金融、证券的界限正逐步被打破。尤其是银行业与保险业的相互融合,在国际金融市场上方兴未艾,"银行保险"的发展令人瞩目。在我国,银保合作还停留在浅层次上。随着业务的发展,银保双方必须在更广阔的领域开展高层次的合作。

7. 民众的保险意识将进一步加强

由于历史的原因,长期的计划经济体制下,我国民众的保险意识淡薄。随着计划经济体制的解体,改革开放的不断深入,民众的保险意识必然会得到加强。民众认识到保险在转移风险、分担损失方面的重要功能,也认识到保险与银行储蓄存款、股票、债券一样,也是一种投资工具。民众保险意识的提高,对保险事业的进一步发展必将起到积极的促进作用。

8. 保险创新成为市场主旋律

在当今时代,信息网络对保险创新提出新的要求。我国保险创新主要表现在保险业务创新、保险组织制度创新和保险管理制度创新等方面。随着保险需求的多样化、专业化,投保人的保险要求更加明确、具体,险种不断创新、细化,保险的范围、领域也不断扩大。

思考题

1. 什么叫保险市场?它有什么功能?
2. 概述保险市场需求与供给的关系。
3. 影响保险需求的因素有哪些?制约保险供给的因素是什么?
4. 名词解释:完全垄断型保险市场、自由竞争型保险市场、混合型保险市场。
5. 概述英国、法国、美国、日本和中国香港地区的保险市场。
6. 中国保险市场的特点是什么?它的发展趋势怎样?

第十九章 再 保 险

☞ **学习目的**

使学生了解再保险的基本概念、职能及作用,再保险的形式与种类,再保险市场的特点及组织形式,中国及世界主要的再保险市场。

第一节 再保险概述

一、再保险的概念

再保险亦称"分保",是以直接保险业务(原保险)的存在为前提的一种保险,是保险人通过签订合同的形式,把自己承保的风险责任全部或部分转移给其他保险人进行保险的行为。所以,在国际上,再保险又称为"保险人的保险"。我国《保险法》第28条第1款规定:"保险人将其承担的保险业务,以分保形式部分转移给其他保险人的,为再保险。"承受风险责任转移的一方,称为"再保险人",或称"分入人"或"分保接受人";将风险责任转移的一方,称为"原保险人",或称"分出人"。再保险业务可在本国范围内进行,对保险金额较大的项目或超出国内保险市场承受能力的项目,可在国际保险市场上进行分保,称为"国际再保险"。

再保险与原保险相比,在权利义务诸方面有相同之处,也有明显区别。从合同当事人看,一般保险合同的一方是投保人,另一方是保险人;而再保险合同是保险人与保险人之间签订的一种契约,与原投保人无关。从保险标的看,一般保险合同的保险标的是被保险人的财产、人身及其有关的利益和责任;而再保险承保的是原保险人对被保险人承保合同责任的一部分或全部。从合同性质看,原保险合同中的财产保险合同属于经济补偿性质,人身保险合同属于经济给付性质;而再保险合同全部属于经济补偿性质,再保险人负责对原保险人所支付的赔款或保险金给予一定的补偿。从缴纳保费方式看,在一般保险合同中,投保人向保险人支付保费是单向的;而在再保险合同中,分出人要相应支付一部分保费给分入人,称为"分保费"或"再保险费"。分出人在承保业务时要支付一定的开支,因此要向分入人收取一定的费用,这种费用称为"分保手续费",也称"分保佣金"。此外,再保险人获得盈利时,按照合同规定,从中提取一定比例的盈余作为支付给原保险人的报酬或奖励,称为"盈余佣金"。

再保险与共同保险同样是分散风险、扩大承保能力、稳定经营的重要方法,但是两者有显著的不同。共同保险中的各个保险人都与被保险人有直接的、相互平等的法律关系;而再保险中的再保险人只与原保险人有法律关系,与原被保险人无任何法律关系。共同保险是对承保风险损失的第一次分摊,是一种横向的风险转移;而再保险则是对承保风险损失的再一次分摊,是一种纵向的风险转移。

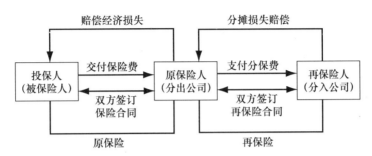

二、再保险的职能

自然界巨灾发生的随机性很大,很难预料,任何保险人的资金和承受风险的能力也总是有限的。把不规则的、偶发性的自然灾害和意外事故的责任在同业之间共同分担,取得大面积的平衡(地区之间和各类保险业务之间的平衡),以分散危险,这是再保险的基本职能,也是符合"大数法则"基本原理的。

运用"大数法则",可将少数危险单位遭受的不确定性损失变为多数危险单位可预知的损失,使保险费计算较为正确,保证保险费收入足以补偿损失,维持保险人经营的稳定性。一般保险人承保同类风险单位是有限的。特别是诸如航空保险等,一般保险人无法承保足够数量的风险单位,很难使实际损失率与预期损失率取得一致。通过再保险,可使同类风险单位扩大到最大范围,使损失概率在更大范围内平衡,为保险人制定费率提供更科学的依据。

"大数法则"的另一个重要条件是,每个风险单位的保险金额必须是均等的。均等的保险金额才能使风险不致过分集中,达到风险分散的目的。实际业务中,风险有大有小,保险金额不可能是均等的。通过再保险,保险人将超过自己承保能力的风险分保出去,同时接受其他保险人分来的业务。这样,就扩大了承保面,争取大面积平衡以稳定经营。

对"大数法则"而言,每个风险单位都是单独面临可能发生的损失,并无责任积累。但是,在实际经营中,经常有责任积累的情况。保险人赔偿的不是一个风险单位的损失,而是多个风险单位的损失。这种叠加的损失赔偿责任是巨大的,是一家保险公司,特别是未积累相当数额准备金的一些初具规模的保险人的资金力量所承受不起的。因此,再保险还具有积聚资金以应付巨灾风险的职能。

风险转移是再保险关系建立的基础,而再保险的职能在于风险分散。

三、再保险的作用

1. 保证业务稳定

再保险可保证业务稳定,使保险人的保费收入能够充分满足赔偿支出。根据"大数法则",业务量越大,越符合损失概率,而业务量小将使保险公司处在较大的风险中。当保险人承保的业务赔款和费用超过保费收入时,就会出现亏损;反之,则将盈利。因此,经营结果显示出不稳定性。保险人是经营风险的企业,如果其本身业务不稳定,必将损害保户的利益,由于涉及面很广,可能引起社会的不安定。因此,许多国家对保险人的承保限额和自留责任等再保险的安排用法律加以限制,以保障被保险人的利益。

再保险可减少这种经营上的不稳定,在损失较少的年份,似乎要多付再保险费而减少盈利;而在损失较多的年份,由于从再保险人处摊回赔款,使保险公司减少赔偿并获得一定利润。这样,就达到了控制损失、稳定经营、获得均衡利润的目的。

2. 扩大承保能力

任何保险人都希望业务做得越多越好。但是,保险人的承保能力受资本和准备金等自身财务状况的限制。为保障被保险人的利益,许多国家对保险人承保业务量都有明确规定,主要内容包括两个方面:(1) 规定保险机构的最低资本额,规定每笔业务或每一危险单位的最高自留额不能超过其资本加准备金的一定比例。我国《保险法》第103条第1款规定:"保险公司对每一危险单位,即对一次保险事故可能造成的最大损失范围所承担的责任,不得超过其实有资本金加公积金总和的百分之十;超过的部分应当办理再保险。"有了再保险业务,保险业务量就不再受限制,只要有分出能力,就可接受任何保额的保险业务。许多保险人往往将安排好再保险合同作为接受大保额业务的前提。(2) 规定保险人必须具有与其业务规模相适应的最低偿付能力。低于规定数额的,应当增加资本金,补足差额。我国《保险法》第102条还规定:"经营财产保险业务的保险公司当年自留保险费,不得超过其实有资本金加公积金总和的四倍。"换言之,保险人的资本额不能低于自留保费的1/4,保险人的业务量受到其资本额的限制。在不增加资本的情况下,通过再保险可增加保险人的业务量。由此可见,再保险可扩大保险人的承保能力。

3. 有利于企业经营

有些国家的保险法规规定,保险人在计算未到期责任准备金时不能扣除营业费用。在再保险业务中,原保险人可在支付给再保险人的保费中扣除未到期责任准备金和分保手续费。由于分保手续费率一般高于营业费用,所以原保险人在扣除营业费用后还可以获得一定的收益。

此外,保险人办理再保险业务后,在收到保户的保费和支付再保险费之间有一定的时间差。特别是合同再保险,再保险费要在季度或半年末才支付,保持了一定的可运用资金。

4. 形成巨额联合保险基金

再保险可将各个独立的、为数较少的保险基金联合起来,形成国际范围的巨额保险基金和庞大的保险服务网络,从而有条件承担高额保险业务,并且不影响各个保险人自身的财务稳定。

由于再保险业务往往是在国际范围内进行的,所以通过再保险业务的开展,可增进对国际保险和再保险市场的了解,便于学习和引进新的保险技术。

第二节 再保险的形式与种类

一、再保险的形式

分出保险公司可运用不同的再保险形式与分入保险公司建立再保险关系。再保险的形式基本上可分为三种:

1. 临时再保险

临时再保险是再保险的最初形式。顾名思义,临时再保险是原保险人根据自身业务的需要,与再保险人临时达成协议的一种再保险行为。临时再保险的本质在于对某一风险是否要安排再保险、再保险额多少,完全根据保险人本身承受风险累积的情况决定。它是以一张保单或一个风险单位为基础,逐笔与再保险人接洽的。再保险人是否愿意接受、接受多少,或是否要调整再保险条件等,可视风险的性质、本身承担的能力、已接受风险累积责任以及与原保险人的业务联系等因素自行决定。这些都可由双方当事人临时商定。临时再保险的最大特点是,分出人与分入人对再保险业务均无义务或无强制性,可自由选择。临时再保险业务以个别保单或风险单位为基础,保险人可对各种业务灵活进行自由取舍,以发展业务和稳定业务。临时再保险的不足之处在于,接洽较为费时,能否分出事先不知,容易影响客户投保,非经再保险人同意不可更改承保条件。对双方来说,临时再保险的费用较高,手续较繁。临时再保险一般适用于新开办的或不稳定的业务。新开办的业务量较少,尚不够条件组织合同分保,或有的业务虽可组织合同分保,但业务经营尚不稳定,保险人可采用临时分保的办法,从中取得经验,为业务的进一步开展创造条件。

2. 合同再保险

合同再保险是在临时再保险的基础上发展起来的,又称"固定再保险"。它是指分出人和分入人订立固定再保险合同,凡属合同规定范围内的业务,分出人必须按合同规定的条件向分入人办理分保,分入人也必须接受分保,承担责任,不能拒绝。在再保险合同中,一般规定再保险业务范围、地区范围、除外责任、分保手续费、自留额、合同最高限额、账单编制和付费等各种分保条件,明确双方的义务和权利。合同一经签订即具有法律效力,双方均应遵守。合同再保险具有强制性,双方对合同订明的业务种类不能自由选择,一切业务都须按合同规定办理。

合同再保险的业务面比较广泛,既包括分出人承保的某一险种的各类业务,也包括来自各分支机构的业务,这与临时再保险的情况完全不同。合同再保险一般不定期限,具有长期性,既可适用于比例再保险,也可适用于非比例再保险。

3. 预约再保险

预约再保险又称"临时固定再保险",是介于临时再保险与合同再保险之间的一种再保险方式。通常做法是,凡属于合同中订明的业务种类与范围,分出人可分给分入人,也可不分给分入人。但是,分出人与分入人一经办理再保险合同,分入人必须接受,不得拒绝。因此,这种再保险方式对分出人来说,与临时再保险一样有自由选择权;对分入人来说,则与固定再保险一样具有强制性。

运用预约再保险,对分出人来说,可增加承保能力,是对合同再保险的自动补充。如有大额业务,超过合同再保险限额时,可安排预约再保险,无须与再保险人逐笔联系。预约再保险的优点是,有利于再保险分出人对超过合同限额业务的自动安排,也有利于经纪人迅速安排业务。它的缺点是,再保险接受人对业务质量不易掌握,稳定性较差,且具有强制性。因此,此类业务一般较受分出人欢迎,而不受分入人欢迎。

二、其他再保险形式

1. 集团分保

集团分保是指多家保险人为集中共同的承保能力而组成集团。集团的每个成员按协定把各自承保的部分或全部业务分给集团,集团也按照商定的比例将集中的业务转分给各个成员,使每个成员同时获得其他成员所承担的业务。因此,参加集团的保险人既是分出人又是分入人。

集团分保可在一个地区甚至一个国家内利用集体力量相互支持,互通有无,既分散风险,又防止保费外流。同时,集团分保还简化了再保险手续,减少了临时分保的安排。此外,集中管理也比单独经营节省管理开支,便于对保费及赔款进行统计分析,对费率进行估计。总之,保险人参加了再保险集团,有利于风险的分散和业务经营的稳定。这种再保险集团在国际上为数不少。

2. 转分保

转分保是指保险人将接受的部分或全部再保险业务再次转分给其他保险人。业务双方分别称为"转分保分出人"和"转分保接受人"。通过这种形式的再保险,分出人可减轻自身的再保险责任,避免风险的集中和积累,还可获得一些手续费的收入。专业再保险人的分出合同都属于转分保合同。

3. 分保交换

分保交换是指两个保险人之间根据平等互利的原则,将自己承接的保险业务,按业务的成绩和保费数量对等进行互换。其目的在于,分散风险,保持双方保费收入和盈利不减少。因此,这种业务交换一般是以自己较好的业务(保险费额大、出险率较低、稳定性强的业务)交换对方较好的业务。这种交换一般以保费数量和盈余的对等为基础,但无须一致;发现不一致的情况时,可在下一业务年度进行洽商调整。业务交换一般用同类险种合同,也有不同类业务进行交换的情况。分保交换只适用于比例再保险合同,非比例再保险合同和临时再保险合同一般不能用于交换。

三、再保险种类

在再保险中,原保险人即分出人根据自身的财力,对每一个风险单位,确定一个自己能够承担的最高责任限额,称为"自留额"。分出人将超过自留额部分的风险责任转让出去,这部分责任称为"分保额"或"分保责任额"。另外,根据分保双方承受能力的大小,对自留额和分保额均有一定的控制,如果保险责任超过自留额和分保额的控制线,则超过部分应由分出人自负或另行安排分保。

根据自留额和分保额的计算基础不同,再保险可分成比例再保险和非比例再保险,前者的自留额和分保额是以保险金额为基础确定的,后者是按照赔偿金额确定的。

1. 比例再保险

比例再保险是指分出人与分入人相互订立合同,按照保险金额比例分担原保险责任的一种分保方法。其特点是,保险人有义务将承保的每一危险金额,按约定的比例,向再保险人办理再保险,再保险人也有义务接受,双方均无选择权。在比例再保险中,分出人自留额和分入人分保额都表示为保额的一定比例,该比例也是双方分配保费和分摊赔款时的依据。这一点充分显示了保险人和再保险人利益的一致性。比例再保险又分为成数再保险、溢额再保险以及成数和溢额混合再保险。

(1) 成数再保险

成数再保险是最简单的一种再保险方式。原保险人将每一风险单位的保金额,按双方商定的比例,确定原保险人的自留额和再保险人的再保险金额,保费、赔款的分摊均按同一比例计算。成数再保险合同规定,不论分出人承保的每一风险单位的保额多少,只要在限额之内,都按约定的比例分担责任,且自动生效。对保额超出合同规定限额的部分,需寻找其他方式处理,否则超出部分责任将复归原保险人承担。成数再保险的特点是,就经营成果(即盈与亏)而言,原保险人与再保险人的利益一致,不存在对分入人有何不利的选择。在业务管理上,保费和赔款的分摊均按约定的比例计算,无须逐个确定,手续简单,节省人力和费用。该业务可用于交换,争取回头业务。不足的是,原保险人如遇较小业务,能自己承担,因有约在先,仍有义务进行再保险,要多支出再保险费。遇到业务状况不佳时,原保险人不能减少自留额。此外,由于成数分保按保险金额的一定比率划分双方责任,导致原保险合同保险金额高低不齐的问题在成数分保之后仍然存在,因而不能balance风险责任。为防止责任累积而设置的合同最高限额限制超额部分,势必要另行安排其他再保险。因此,成数再保险还必须借助其他形式分散风险。成数分保一般适用于小公司、新公司和新业务,因为分出人与分入人的利益均等,具有合伙经营的性质。

(2)溢额再保险

分出人承保后,按危险单位分别确定自留额,将超过自留额的剩余部分即溢额,根据合同的约定分给分入人。分保接受人按原保险金额所负责任的比例计算每一笔分保业务的保费和分摊赔款。如果接受的业务保额在自留额之内,没有溢额,则无须办理再保险,这是与成数再保险的最大区别。分出人可根据业务状况好坏及自己财务能力确定自留额的大小。一般来说,损失率大、出险机会多的业务的自留额小;反之,自留额大。在溢额再保险中,将自留额的一定倍数作为分保额,分入人承受的限额则以约定的最高倍数为限,这种倍数又称为"线数","1线"相当于分出人的自留额。由于承保业务的保额增加,或由于业务的发展,有时需要设置不同层次的溢额,依次称为"第一溢额""第二溢额"等。当第一溢额的分保限额不能满足分出人的业务需要时,可组织第二甚至第三溢额,作为第一溢额的补充。

为了说明溢额再保险的保险金额、自留额、分保额和线数的关系,列表举例如下:

案例	原保险金额	原保险人		再保险人	
		自留额	10万元	第一溢额3线	第二溢额2线
1	70000元		100%		
2	400000元	100000元	25%	300000元	
3	600000元	100000元	16.6%	300000元	200000元

溢额再保险的特点是,分出人对每个风险单位的责任都可根据业务质量的

好坏确定留取自己认为合适的金额,比较灵活,也可用于分保交换。在实际运用中,由于分出人和分入人对责任承担的比例是随着保险金额的不同变动的,双方的利益往往不一致。合同中的自留额和限额(线数)可根据不同的风险确定,保费及赔款的分摊均需逐笔计算,在业务管理上比成数分保烦琐。

溢额再保险运用于多种保险业务,一般较多的是火险和船舶险,因为可根据危险程度的不同规定不同的自留额。

(3) 成数和溢额混合再保险

成数和溢额混合再保险是指将成数再保险和溢额再保险组织在一个合同里,以成数再保险的限额作为溢额再保险的起点,确定溢额再保险的限额。关于成数和溢额混合分保责任分配,列表举例如下(假定成数分保最高限额为50万元,溢额合同限额为4线):

保险金额	成数分保			溢额分保金额
	再保险金额	自留额	分保额	
100000	100000	40000	60000	
1000000	500000	200000	300000	500000
2000000	500000	200000	300000	1500000

成数和溢额混合分保合同并无一定的形式,可视分出人的需要和业务品质而定。这种混合合同通常只适用于转分保业务和海上保险业务,多在特殊情况下采用。某种业务若组织成数再保险合同,则要支付较多分保费;若组织溢额再保险合同,保费和责任又欠平衡。在这种情况下,就可以采用这种混合再保险方式,以协调各方利益。

2. 非比例再保险

非比例再保险是指以赔款作为计算基础的再保险方式,又称"超额损失再保险"。分出人与分入人双方协议规定一个赔款限额和赔付率(赔款净额与净保险费收入的比例)限度,凡是在规定限额以内的赔款由分出人自行赔付,超过这个限额的赔款部分则由分入人按照协议规定承担责任,原保险人按约定将其保费收入的一部分付给再保险人,再保险费率不按原保费率计算,而是按协议规定计算。

这种再保险方式的优点在于,对于赔款额超过协议规定的赔款限额或赔付率限度的部分,由再保险人负全责。这样,分出人就不会因为巨额赔款而受到冲击,始终将其责任限定在一个固定的数额内,或者使某一业务的赔付率保持在安全线内,从而扩大分出人对每一风险单位的承保能力,限制分出人的自负责任。非比例再保险不用逐笔决定再保险、进行再保险登记和寄送报表,只需在发生损失时寄送损失报表,因此手续和账务处理较简单,可节省营业费用。不足的是,这种再保险形式不能进行交换,分出人得不到回头业务,分入人不提供准备金。双方经营业务的结果无直接联系。如果有大的赔款,会导致再保险人亏损,而原保险人仍可有盈余;小额赔款较多时,仅由原保险人赔付,再保险人可能无任何责任。非比例再保险按计算赔款的基础不同可分为两种:

其一是超额赔款再保险,是指对原保险人,因同一原因发生任何一项损失赔款,或因同一原因遭致的各种损失赔款的总和超过双方当事人所约定的分出人自负赔款时,由再保险人负责至一定额度。也就是说,原保险人将同一原因所导致的赔款限制在自己的能力范围之内,将超过部分转嫁给再保险人。不论是小额赔款的积累,还是巨额赔款的发生,均有保障。当然,这并不意味着再保险人的责任可漫无边际。对再保险人所承担的责任,有责任限度。巨额保险可由几个分入人根据不同限额档次承担赔款责任,各限额档次的费率均不相同,档次愈高,费率愈低。这种再保险方式比较适合业务规模小或经验不足、安排溢额保险有困难的原保险人。原保险人自负赔款额一般都偏低。超额赔款再保险在许多情况下都可运用,在异常灾害、巨额保险方面运用得更为普遍。

其二是超额赔付率再保险,亦称"停止损失再保险"。其基础是赔付率,不是赔款金额。超额赔付率再保险以一个年度的赔款和保费收入总额的比例计算自留责任额和分保责任额,由分出人与分入人约定一个赔付率限额,在此限额内的保险赔款由分出人自行负责,超过赔付率的赔款由分入人负责赔偿。

超额赔付率再保险是以赔款率控制损失,承保条款主要以赔款率为中心规定当事人双方的责任限度。其作用在于,保护原保险人不因承保业绩在某年度突然发生变化,使其经营遭受严重打击而引起亏损,使原保险人的经营状况保持在能够承受的范围之内。这种再保险方式较多用于小额损失集中、年度变化较大、经营很难稳定的业务。

第三节　再保险市场

一、再保险市场的特点

市场是商品买方和卖方交换商品的场所,再保险市场则是买卖再保险的场所。和一般市场一样,再保险市场可以是买卖双方面对面的有形市场,也可以是买卖双方用其他形式联系的无形市场。由于再保险是一种特殊的商品,因此再保险市场也是一种具有特殊因素的市场。

首先,再保险市场具有国际性,再保险业务通过国际保险市场趋向国际化。世界上不少国家,特别是发展中国家,在保险技术、承保能力方面,都需依赖国际保险市场。这种联系大多数都是通过分保形式实现的。随着跨国再保险公司的发展,它们在许多国家的重要城市设立分支机构或代理机构,吸收当地保险人的再保险业务,逐渐形成了国际保险中心和国际再保险市场。

其次,再保险市场是由再保险买方和卖方以及再保险经纪人组成的。保险人是再保险业务的买方,将自己承保的业务分出给再保险人。作为再保险业务的卖方,再保险人向保险人承担一部分风险。作为国际再保险市场上的中间人,再保险经纪人一方面为分出人安排业务,另一方面向再保险分入人介绍业务。在有些市场,由保险人和再保险人直接进行交易。在另一些市场,则通过经纪人安排国际再保险业务。尤其是伦敦市场,再保险业务绝大部分由经纪人代理。例如,劳合社经营再保险业务,全部由经纪人安排。

最后,由于广泛经营各类再保险业务,再保险市场积聚了大量保险资金,对分散巨大风险有充分的保障。同时,再保险市场也集中了各方面的技术力量,对促进原保险人改进经营管理,在保险技术方面进行协助,都起到了积极的作用。

二、再保险市场的组织形式

再保险市场的主要组织形式大体有如下几种:

1. 一般保险公司

一般保险公司是经营直接保险业务的保险人,兼营再保险。在当今国际保险市场上,许多经营直接业务的保险人往往接受再保险业务,更多的是以自己的分出业务与同业进行交换再保险。许多保险人的再保险部门逐步发展壮大,单独成立办理再保险业务的子公司,进入再保险市场。

2. 专业再保险公司

专业再保险公司,或称"再保险公司",专门经营再保险业务,对接受的再保险业务,除自留额外,向外转分一部分,因此是再保险市场上的主要供给方之一。它们既可直接与客户建立业务联系,也可通过再保险经纪人与客户建立间接的业务联系。专业再保险公司可在业务承接、赔款处理和人员培训等方面为客户提供技术上的帮助。当今世界上有影响的国际性再保险公司有德国慕尼黑再保险公司、瑞士再保险公司、美国通用保险公司、英国商业和通用再保险公司等。

3. 再保险集团

再保险集团是由几个或多个保险人或再保险人为集中承保能力而建立的集团。参加者将某种业务的全部或部分提供给集团,由集团在会员公司之间重新分配限额,统一办理再保险,增进会员公司之间的承保能力和自留力量,争取有利的再保险条件,增加吸收分入业务数量。参加再保险集团的保险人,一般既是分出人又是分入人。它们将本身承保的全部业务,除自留额外的全部溢额或规定的一部分,交给集团,由集团规定总的自留额,各成员公司在集团自留额内认占份额。这样,集团的会员公司之间互相交换各自承保的业务。

4. 再保险经纪人

通过再保险经纪人发展再保险业务是再保险市场的主要形式之一。直接保险人同时经营再保险业务,即使委托国内外代表或分支机构进行联系,再保险活动范围也总是有限的。它们缺少再保险方面的专业技术和经验。因此,需要依靠和利用经纪人接受再保险业务,或分出保险业务。再保险经纪人在再保险市场上的主要作用在于:一是提供信息,从分出人和分入人两个角度分析研究市场,保证双方对有关情况基本明了后再签订再保险合同;二是洽谈双方的分保条件,一般由经纪人起草合同文件,然后由双方核准签字;三是及时向分保人提供业务账单以进行结算。

5. 再保险代理人

再保险代理人与再保险经纪人的性质不同,可以是一个人或者一个组织,代理一个或者若干个保险人接受再保险业务。委托代理人时,一般要以书面形式指定接受的最高金额。代理人根据委托书的授权范围,代理所规定的限额以内的各种业务;若超过规定额度,需征得委托人同意后方能接受。

再保险代理人的主要任务是,在授权范围内,以自己的独立意志,与再保险分出人联系,办理再保险方面的有关事宜和手续,由委托人支付一定的劳务报酬,即代理费。其具体职责有:一是代表委托人核保、签订再保险合同;二是将原保险合同的一部分安排再保险;三是收集保费、投资基金以及保持准备金;四是处理、给付赔款。

与再保险经纪人一样,再保险代理人也不负责代理业务的最终经营结果。因此,委托人需要慎重选择代理人。直接承保人通常应与代理人签订合同,明确各方的权利和义务;而代理行为所产生的权利和义务,直接由委托人承担。代理人和经纪人的主要区别是:经纪人一般不办理分保手续,但可为分出人和再保险接受人传达文件、代理结算账务。

6. 伦敦劳合社承保组合和美国纽约保险交易所

伦敦劳合社是保险风险的最大承担者,差不多所有风险都可在劳合社投保,它也是世界闻名的国际保险市场。劳合社承保组合所经营的业务比较复杂,既有世界各地的直接业务,也有它所接受的再保险业务。劳合社在国际再保险市场上采用各种方式购买再保险业务。劳合社承保组合是国际再保险市场上较为特殊的买方,同时也是再保险市场上重要的卖方,其私人承保组合保费收入的大部分来源于再保险费。

美国在世界各国保险费收入中占首位,由于风险承担的心理和能力,其相当部分保险业务分保给了伦敦劳合社和其他国际性再保险公司。为在世界保险市场上与劳合社相抗衡,美国于1980年正式成立纽约保险交易所。这标志着美国第一次有了把承保人和经纪人聚在一起的保险中心市场。纽约保险交易所的经营方式类似于劳合社,绝大部分业务是再保险,由于承保人的人数少,在世界保险市场上的声誉远不及劳合社。

三、世界主要的再保险市场

1. 伦敦再保险市场

英国保险市场是世界上独一无二的双轨市场,它由两个市场构成:一个是以劳合社为代表的由个人承保商组成的保险市场;另一个是由保险公司组成的保险市场,称为"公司市场"。英国的承保技术在国际上具有权威性,许多保险条款为世界各国所仿效,许多新的险种都起源于英国。因此,伦敦再保险市场是随着伦敦作为国际保险中心发展起来的,无论是劳合社承保组合还是英国保险公司,在办理国际性业务方面都具有悠久的历史,为伦敦市场上再保险业务的办理提供了丰富的经验和大量的专业人才。另外,伦敦作为国际金融中心的地位也促进了伦敦再保险市场的发展。在伦敦再保险市场上,再保险的卖方主要是劳合社和经营直接业务的公司,而不是专业再保险人。英国的再保险业务有50%是由劳合社承保的。劳合社每年的高额保费收入的一半来自再保险业务。由于历史的原因,伦敦再保险市场的水险业务占再保险业务的很大比重。同时,该市场也是世界再保险市场上提供巨灾风险保障的中心,已形成了伦敦超赔分保市场,专门为诸如地震、洪水等巨灾性损失提供全面、稳妥的保障。它还为意外险、责任险等承担分保责任。

2. 美国再保险市场

美国保险市场相当发达,在当今世界保险市场上处于举足轻重的地位。美国再保险市场也是世界再保险市场上较为重要的市场之一。美国一些专业再保险人的规模在世界上名列前茅,一般都与分出人直接联系。当然,再保险经纪人在再保险市场上也起着重要的作用,负责安排美国国内业务的分出。

美国再保险市场的主要特点是,再保险业务主要来源于国内。为减少向国外流出保费,近年来,美国以其雄厚的经济实力,在国内建立保险交易所,组织吸收大量溢额保险,减少分保费外流。与此同时,美国许多再保险人和经营直接业务的公司在世界其他再保险中心设立机构,凭借其强大的资金实力,向其他国家渗透。美国在国际保险市场上的活动和发展十分迅速。

3. 欧洲大陆再保险市场

由于世界最大的两个专业再保险公司慕尼黑再保险公司和瑞士再保险公司分属德国和瑞士,因此欧洲大陆再保险市场在国际范围内影响很大。德国是欧洲大陆最大的再保险中心,其再保险市场在很大程度上是由专业再保险公司控制的,直接在保险公司办理再保险的业务量很有限。慕尼黑再保险公司立足于强大的国内保险市场,其再保险业务主要来源于德国境内的保险业务。近年来,它将经营范围扩展到国际上,并成为重要的国际性再保险公司。欧洲大陆第二大再保险中心是瑞士。与德国再保险市场一样,瑞士再保险市场上也是专业再保险公司占统治地位。世界上第二大再保险公司瑞士再保险公司设在苏黎世的总部和它在世界各地的分支机构,在全世界范围内开展业务,在经营上一开始就具有国际性。

欧洲大陆再保险市场上的主要专业再保险人经常不断地向世界各地派出代表,通过与分出人的直接接洽获得业务。一些规模不大的专业再保险人则大多通过经纪人接受业务,以降低业务招揽成本。

4. 日本再保险市场

日本国内再保险集团通过向本国非寿险公司提供再保险业务,使本国几乎所有的公司都进行再保险经营,在国内形成了较为完整的再保险市场。在此基础上,日本国内主要保险人通过与海外保险人进行业务交换,逐步吸收国际再保险业务,使业务范围逐步向国际化发展,不限于以本国业务为主。日本再保险市场承接国际业务的能力相当可观,东京已成为国际再保险中心之一。

四、中国再保险市场

再保险市场是完善的社会主义市场经济体系的重要组成部分,以科学发展观为指导,保险业要实现可持续发展,再保险市场也要协调发展。当前,我国国民经济的持续稳定增长极大地带动了保险市场的繁荣,同时人民生活水平不断提高,由温饱型迈向小康型,因而对保险保障的需求也日益增长,需要分保的业务量越来越大,保险市场对再保险的需求日益强烈。我国再保险业的监管环境得到了改善,监管水平不断提高。在市场环境上,随着偿付能力监管的实施,以及一些保险公司股份制改造和上市监管的要求,保险公司的风险意识不断增强,再保险需求得到极大提高。我国的保险深度和保险密度仍有很大的提升空间,这不仅为直接保险的发展带来巨大潜力,也是再保险发展的巨大动力。加入WTO后,再保险业对外开放,对加快形成再保险市场竞争格局,提高我国再保险业总体水平和竞争力,具有重要的历史意义。随着对国内保险、再保险了解的逐渐加深,国际合作会越来越密切。因此,我国有着极为巨大的再保险市场需求。

一个完善的再保险市场,要有一定数量的保险实体,其中包括分出公司、中介公司和分入公司,形成适度竞争的格局。我国再保险主体缺乏,虽然已有数十家保险公司、若干家中介公司和中国再保险公司,多家兼营再保险业务的直接保险公司设有自己的再保险部门,但是经营分出、分入业务的非常少,还未形成一个竞争性的再保险市场。因此,要增强分保意识,加强承保能力,提高服务水平,培养专业人才,增加竞争主体,着力于提高我国再保险业的整体竞争力,大力开展国际分出、分入业务;同时,要加大直接保险公司的再保险业务的经营力度,开办再保险经纪公司。总之,再保险的发展应该坚持市场化取向,建立多层次的、适应经济体制要求的再保险市场。

思考题

1. 什么叫再保险?它有什么作用?
2. 再保险的形式和种类有哪些?
3. 名词解释:成数分保、溢额分保、成数和溢额混合分保、超额赔款分保、超额赔付率分保、临时分保、合同分保、预约分保。
4. 概述国际再保险市场的特点。
5. 为什么要建立中国的再保险市场?

第二十章 人身保险

☞ 学习目的

使学生了解人身保险的基本概念、性质和特点,了解人身保险的分类,熟悉人身保险的几个基本险种的主要内容,掌握人身保险的常见条款及特约条款。

第一节 人身保险概述

一、人身保险的概念

人身保险是指以人的生命和身体(健康和生理能力、工作能力等)作为保险标的的一种保险。保险人根据投保人的要求,通过签订保险合同,向被保险人收取一定的保险费。当被保险人遭遇不幸事故、病痛、意外灾害、衰老以致丧失工作能力、伤残、死亡、年老或保险期满时,保险人承担给付预定的保险金或年金的义务。

人身危险是客观存在的。人的死亡、伤残、患病、衰老等是难以准确预计的随机事件。天灾、人祸以及各类疾病都会给人们带来生命危险,或增加人们的经济负担。即使是必然发生的人身死亡危险,也因其死亡时间难以预料而成为不确定事件。因此,人身危险可成为保险危险,可得到保险的保障。

二、人身保险的特点

财产保险的对象是各种各样的物质,人身保险的对象是人的生命和身体。两相比较,人身保险具有的特点显而易见。

1. 人身保险是定额保险

各种财产都有客观的实际价值可以衡量,或根据生产成本,或参考市价。即使是少数没有市价的财产,也可客观地进行估价。人的生命不是商品,其价值无法用货币进行衡量,如果确定保险金额不合理,与被保险人的社会地位和经济状况不相适应,就有可能出现道德危险,甚至还会危及被保险人的生命。过高的保险金额将意味着投保人需交纳高额的保险费,一旦超过其承受能力,不能按时缴付保险费,保险合同就会失效。因此,人身保险的保险金额是根据投保人自报的金额,由保险人参照投保人的经济情况、工作地位、生活标准等因素加以确定,并根据其合理性及缴付保险费的能力决定是否承保。总之,它是根据被保险人的保险需要和支付保险费的能力,由双方当事人事先约定一个数目作为保险金额,在保险事故发生时,由保险人依照约定给付保险金。

2. **人身保险具有给付性**

财产保险的保险金额是根据财产的实际价值确定的,在补偿灾害事故损失时,只能以实际价值为限。因此,财产保险具有补偿性。人身保险一般不适用这种补偿性。作为定额保险,人身保险的保险金额不是根据保险标的的实际价值确定的,因此不存在超额投保,也不受重复保险的限制。被保险人不论参加哪一种人身保险或先后参加哪一种保险,当发生保险事故时,都可以在每一张保险合同中分别得到约定的保险金。

在财产保险中,保险人根据保险合同向被保险人赔偿后,有权取代被保险人向肇事的第三者追偿。但是,在人身保险中,被保险人或受益人在得到保险人支付的保险金后,并不因此而转移追偿权,仍可对第三者进行追偿。因为人的生命价值是不能定量的,不像财产保险有实际价值的限制。

3. **人身保险具有风险的变动性**

在财产保险中,如社会环境、管理条件不变,财产遭受灾害的概率基本上变化不大,不会因为风险逐年变化而调整费率。在人身保险特别是人寿保险中,其风险率是通过死亡率测定的。不同年龄的人,死亡率也不同,死亡危险随着年龄的增长而逐年增加。特别是人到晚年,死亡率上升的速度加快。如果按风险率确定费率,那么被保险人在晚年最需要保险保障的时候,因无力缴付保险费而不能参加保险,人寿保险就失去了存在的意义。此外,还可能出现身体健康的人考虑费率上升而退出保险,体弱多病者考虑风险程度增大而坚持投保的逆选择现象。为避免费率年年变动,使人到晚年仍可获得保险保障,一般人身保险采用"平准保费法",以均衡的费率代替每年更新的自然保险费率,即初保年份的费率要高于自然保险费率,晚期则低于自然费率,保险人通过初保时多收的保险费弥补以后年份少收的保险费。这种均衡保险费还可以使被保险人养成一个定期定额支付保险费的储蓄习惯,从而降低了风险变动性的影响。

4. **人身保险的储蓄性**

人身保险除提供一般保险保障外,还兼有储蓄性质。当保险合同期满时,被保险人或受益人可收回保险金额的全部或部分。人寿保险的纯保险费一般由两部分组成:一部分是危险保险费,是根据每年危险保险金额计算出来的自然保险费;另一部分是储蓄保险费,也是投保人的储金,以积存责任准备金,这种准备金实质上是投保人存放在保险人那里的储蓄存款。保险人可将这笔保险费投资、贷款,获得利息收益,为被保险人的保险储金增值。

因为人身保险的某些种类具有储蓄性,所以人身保险的被保险人可以在保险单的责任准备金额内,用保单作抵押,向保险人借款;也可以在中途解除合同时领回保单现金价值,利用这种存款改投其他保险等。

5. 人身保险的长期性

财产保险的保险期限一般不超过一年,期满后可以续保。人身保险合同大都属于长期性的,保险有效期可持续几年或几十年。由于人身保险这种长期性的特点,它与财产保险在保险费交付、给付保险费利息、资金运用和内部管理等方面都有许多不同。人身保险期限虽长,但不需要每年更新保单。保险费收入稳定,可积聚巨额的、可供长期运用的资金,保险人可从中获得收益,也可以利息方式返还给投保人。根据习惯做法,保险人不能任意中途中止保险合同。但是,在较长的保险期限内,各种保险条件难免会有变化,特别是物价变动等因素会使保险合同双方的利益受到影响。因此,有时需要修正合同内规定的某些权利义务,但只允许作对投保方有利的修改。

第二节 人身保险种类

人身保险又称"人寿保险",因为最初人身保险只对人的死亡进行保险。早期的死亡保险是从定期死亡保险开始的,后来发展为终身保险。然而,死亡保险不能满足被保险人生前的生活需要,于是又出现了生存保险、生死两全保险以及各种意外伤害保险和健康保险,使过去的人寿保险发展为现在的人身保险。随着经济的发展,人民生活水平不断提高,为满足不同阶层对人身保险的需求,保险种类不断增加,新险种层出不穷,人身保险的范围不断扩大。人身保险可按保障范围划分为人寿保险、人身意外伤害保险和健康保险。根据投保对象不同,可将人身保险分为以个人为对象的普通人身保险和以团体为投保人的团体人身保险。前者是指一张保单只能为一个人或一个家庭提供保障的保险。后者是指一张保单可以为某一单位的所有职工或其中绝大多数员工(中国保监会规定,至少75%以上的员工,并且绝对人数不少于8人)提供保险保障的险种,它又可分为团体人寿保险、团体年金保险、团体健康保险等。根据储蓄投资功能的强弱,人身保险又可分为分红保险和投资连结类保险等。根据实施方式的不同,人身保险还可分为自愿保险和法定保险等。

一、人寿保险

人寿保险有广义与狭义之分。广义人寿保险就是人身保险,狭义人寿保险是指以人的生死为保险事故的一种保险。当发生保险责任范围内的事故时,保险人对被保险人履行给付保险费的义务。这是人身保险的主要形式,也是最早产生的一个险种。人寿保险可简称为"寿险",通常分为死亡保险、生存保险以及两全保险。另外,还有可视为生存保险的年金保险。

1. 死亡保险

根据保险期间不同,死亡保险有定期死亡保险和终身死亡保险之分。

定期死亡保险习惯上称"定期保险",是指被保险人在约定期间内发生死亡事故,由保险人负责给付保险金;如期限届满,被保险人仍然生存,保险人就不再尽保险责任,也不退还保险费。这种保险的期限不长,适用于暂时需要保险的人。当被保险人短期担任一项有可能危及生命的临时工作,或短期内因被保险人的生命安全而影响投保人的利益时,定期保险可提供保障。由于定期保险不返还保险费,保险费中不含储蓄因素,因此其保险费低于任何一种人寿险。这种保险对经济收入较低又需要保险的人最为合适,但要防止"逆选择"。

终身死亡保险是一种不定期死亡保险,也是一种不附加生存条件的死亡保险,简称为"终身寿险"或"终身保险"。保险人一直负责到被保险人死亡时为止,即对被保险人终身负责,最终必定要给付一笔保险金。因此,它的费率高于定期保险。终身保险合同不规定期限,合同自生效之日开始,一直到被保险人死亡为止。终身保险的主要形式有三种:一是普通终身保险。被保险人终身缴付保险费,保险费是平准的,不随年龄增加而增加。这种保险适合于需要终身保险和乐于增加额外储蓄的人。二是限期缴费终身保险。为避免被保险人因晚年无力支付保险费而导致保险合同失效,合同规定,被保险人必须在有限期内(如10年、20年、30年),或在某一特定年龄前(60岁或70岁),缴清全部保费。交费的年限越短,每年缴付的保险费越多,保险费内包含的储蓄因素也就越多。三是趸缴终身寿险。投保人在投保时一次性交清全部保险费。趸缴终身保险可以避免因停交保险费而致保单失效的情况发生。

此外,终身保险还可附加一定保额的定期死亡保险,规定在约定期限内,如被保险人死亡,其受益人可以领取10倍或20倍于终身保险的保险金。

2. 生存保险

生存保险是指以被保险人在规定期限内生存作为给付保险金条件的保险。即被保险人要生存到约定期限时,保险人才给付保险金。如被保险人在此期间死亡,所缴保险费不退还。生存保险可使被保险人到一定期限后,领取一笔保险金,以满足其生活上的需要。生存保险一般不单独设立,往往与其他险种结合起来办理。

3. 两全保险

两全保险是指被保险人在保险期限内死亡,保险人给付受益人保险金;被保险人在保险期满后仍生存,保险人给付被保险人保险金。两全保险又称"生死合险""混合保险"等,它是死亡保险和生存保险的综合。其主要特点是,被保险人不论生存或死亡,在达到一定期限后,保险人均给付保险金。因此,两全保险既提供保障,也具有储蓄性质。当被保险人在合同期间死亡后,两全保险能为他的家属提供一笔资金。如被保险人在合同期满后仍健在,但是由于年老而丧失部分收入来源,仍可依靠保险金得到生活保障。

4. 年金保险

年金保险是指保险人在被保险人生存期间按期给付一定金额的保险费。由于年金给付期是被保险人的生存期,所以年金保险也可称为"生存保险"。年金保险与一般人寿保险的不同之处在于,年金是采用整存零付或零存零付的方式,不是采用零存(按期缴付保险费)整付(死亡或期满后整数领回)的方式。保险人和投保人签订年金合同后,投保人须先向保险人存入一笔数额较大的保险储金。根据合同规定,被保险人从某一特定日开始,可依约定按年、季或月从保险人处领取保险金,直至被保险人死亡为止。年金保险按保险期限不同可有两种形式:凡被保险人在生存期间均能按期领取年金的为终身年金,也称"不限定年金";仅以某一特定期间为限,并在此期间仍以被保险人的生存作为领取年金条件的为定期生存年金,由于其年金给付期事先已经限定,因此又称"确定年金"。

二、人身意外伤害保险

人身意外伤害保险是指被保险人在保险有效期间,因遭遇意外事故,致伤致残或死亡时,保险人根据合同规定给付全部或部分保险金的保险。人身意外伤害保险只承担意外伤害责任,不承担因病死亡等其他保险事故的给付义务。与人寿保险相比较,意外伤害险的主要特点是,危险程度与被保险人的年龄无关,不涉及人的生死等自然规律;不像人寿保险以生命作为保险费率的主要依据,而是根据以往各种意外伤害事故发生概率的经验统计确定费率。

意外事故是指外来、意外和突发的事故。外来是指伤害是由于被保险人身体外部的作用引起的,而身体内在原因影响身体健康属于疾病保险的范畴。意外是指事故发生是偶然的、不可预料的或非本意的。假如属本人有意行为所致伤害,则不是意外事故。突发是指事故突然发生,即事故发生的原因与伤害的结果之间具有直接的、瞬间的关系。构成意外事故,以上三个要素缺一不可,属原则性规定。由于意外事故的性质复杂,为避免保险事故发生时的争议,许多国家在保险条款中对承保的意外伤害都采取列举的办法。

案例分析

某年4月10日,赵某为其母钱某投保了福寿安康保险20份,交保险费2000元,保险金额为疾病身故8600元,意外伤害身故17200元。钱某于第三年8月15日突发脑溢血死亡,投保人(受益人)在当地卫生院取得了死亡诊断书,在当地派出所取得了死亡销户证明书,并提供了保单、所在村委会证明、本人索赔申请书等有关材料,向寿险公司索赔。保险人根据上述材料进行调查核实,与投保人赵某达成一致,按福寿安康保险条款规定的疾病死亡给付标准给付了8600元。赵某于被保险人死亡后的次年9月28日领取了此笔保险金。

同年12月,赵某以其母是上厕所摔倒致死为由,要求保险公司给付17200元意外伤害保险金,被拒绝,起诉至法院。

一审法院认为,被保险人钱某因跌伤导致脑溢血而死亡,被告按疾病死亡标准给付受益人保险金,明显不当。原告要求按意外伤害致死标准给付死亡保险金的诉讼请求成立。法院判定由保险公司补付原告保险金8600元。

本案的焦点是意外伤害与疾病的认定问题,主要涉及条款执行及保险赔款多少是否准确。

首先,所谓"意外伤害",是指在被保险人没有预见到或与意愿相违的情况下,突然发生的外来侵害对被保险人的身体明显地、剧烈地造成损伤的客观事实。其次,高血压和动脉硬化是脑溢血的最常见的原因,脑溢血是疾病本身发展到一定阶段的表现及结果。最后,县公安局鉴定已明确指出:其死亡属正常死亡性质。这些说明,本案不论从事实上还是从理论上说,都属于疾病死亡。也就是说,钱某死亡的主要原因是疾病诱发,并非意外伤害。

一审结束后,保险公司不服,提出上诉。二审中级法院接到保险公司的上诉后,经过认真审理,判定保险公司的理赔给付理由成立,数额合理。在事实面前,受益人赵某自愿放弃了诉讼请求。

这里要指出的是,一旦在事实和条款面前认识统一、协商一致,应签订一份协议,否则事后出现纠纷,会很被动,既花了精力,又损坏了公司荣誉,并给骗赔者以可乘之机。

按保险危险不同,意外伤害保险可分为两种:

(1) 普通意外伤害保险。这是为被保险人因意外事故致身体蒙受损伤而提供保障的一种保险。这种保险大多采用短期保险的形式,以一年或不到一年为期,根据双方当事人的约定,决定保险内容、保险金额和保险方式。

(2) 特种伤害保险。这种保险的保障范围仅限于特种原因或特定地点造成的危险,有旅游伤害保险(承保被保险人在指定的旅途中发生的伤害事故)、交通事故伤害保险(承保被保险人因交通事故遭受的伤害)、电梯乘客意外伤害保险(承保被保险人在乘电梯时发生的意外伤害)等。

三、健康保险

健康保险也称"疾病保险",是指被保险人在患疾病时发生医疗费用支出,或因疾病所致残疾或死亡时,或因疾病、伤残不能工作而减少收入时,由保险人负责给付保险金的一种保险。

健康保险的主要业务种类有:(1)医疗费用保险。这是提供医疗费用保障的保险,是健康保险的主要险种之一。常见的医疗费用保险有普通医疗保险、住院保险、手术保险、综合医疗保险、特种疾病保险等。(2)残疾收入补偿保险。这是提供被保险人因疾病所致残疾后不能继续正常工作时所发生的收入损失的补偿保险。(3)住院医疗保险。按不同投保主体分类,住院医疗保险包括一般住院医疗保险、学生及幼儿住院医疗保险、农村住院医疗保险、团体住院医疗保险等。(4)疾病保险。(5)生育保险。

四、投资连结保险

投资连结保险是指包含保险保障功能并至少在一个投资账户中拥有一定价值的人身保险。这种保险最早产生于20世纪50年代的欧洲,与传统寿险产品的根本区别在于,它将投资选择权和投资风险同时转移给客户。60、70年代开始,欧美金融市场波动加剧,保险公司的经营稳健性受到巨大挑战,同时面临股票市场、共同基金的竞争。于是,保险公司开始大力推行投资连结保险,并使之迅速成为欧美保险市场的主流产品。从90年代起,投资连结保险在美国的保费年增长率达30%以上,在英、法、荷等欧洲国家的市场份额超过40%。1999年,我国寿险业在上海推出了"平安世纪理财投资连结保险"。这标志着我国寿险业开始了产品结构的重大调整,是一次巨大的飞跃。

投资连结保险是寿险与投资基金结合的产品,其特点:一是保险的保障功能与投资功能高度统一。投保人在购买保险保障合同时,可以获得保险基金的投资选择权,享受期望的投资回报。二是投资风险的转移。由于投资风险由投保人承担,保险人用同样的资本金可承担更大的保险风险,有利于扩大业务规模。三是产品对客户有更高的透明度。投保人在任何时候都可以通过电脑终端或电话询问其保单的保险成本、独立账户投资收益及资产价值。四是为客户提供更大的方便。按国际做法,客户可通过购买一张投资连结保单,获得其所需的所有保险保障。五是弱化了精算技能的要求,更强调电脑系统的支持。因此,该产品的投保人可以任意选择或中途变更其投资组合。

从产品设计上看,投资连结保险分成普通账户和独立账户进行管理,客户交纳的保险费按一定规则分配,进入两个账户。在普通账户内的资金按传统寿险方式运作,用于保证对客户的最低保险责任。独立账户下有若干投资组合,每个投资组合都分成若干等价值的基金单位,客户有权决定保险费在投资组合之间的分配比例并中途转换。进入独立账户的保险费全部注入客户选定的投资组合,用于现金价值积累,其投资收益直接导致现金价值增减,最终决定对客户的给付金额。保险公司可设立多个独立账户,但一般对每个险种只提供一个独立账户。1999年我国推出的第一批投资连结保险,其独立账户内的资金投资渠道最初主要是银行存款、债券市场,基金市场的投资限定不得超过15%—30%。2001年,投资连结保险投资于基金市场的比例限制被放开,可以达到100%。随着我国保险市场的规范、保险监管的加强、资本市场的发展,投资连结保险的投资渠道会不断放开,遍及金融市场的每一个角落。

目前,我国保险市场上投资连结保险合同的类型主要有两种:(1)固定保险费的变额寿险合同。投保人应该定期、定额支付保险费,每期保险费扣除各种费用(包括销售费用、保险成本、维持费用等)后,其余部分进入投资账户用于投资,如过了宽限期仍没有支付保险费,则保险合同失效。(2)保险费和保险金额均可调整的变额万能保险合同。保险费的支付时间和金额可以变动,保险金额在一定的范围内也可以调整,保险费扣除销售费用后全部进入投资账户,保险成本、维持费用以卖出投资账户各基金单位的形式扣除。

五、分红保险

分红保险是指保险公司在每个会计年度结束后,将上一年度该类分红保险实际经营成果优于保守定价假设的盈余,按一定比例向保单持有人分配的人寿保险。这种保单最初仅限于相互保险公司签发,现在股份制公司也可采用。在分红保险保险费的计算中,预定利率、预定死亡率及预定费率的假设较为保守,均附加了较大的安全系数,因而保险费相对较高。保险公司理应将其实际经营成果优于保守定价假设的盈余以红利的形式返还一部分给保单持有人。红利的来源主要有"三差":死差益、利差益、费差益。[①]

分红保险的特点是:在保证保险利益的基础上,保单持有人与保险公司共同承担经营的风险,同时使保单持有人有机会分享保险公司大部分经营收益。分红保险与投资连结保险的不同之处在于:投资连结保险将保险费区分为保障部分和投资部分,分红保险则不区分;投资连结保险只是对利差益的分配,分红保险则是对"三差"按比例分配。分红保险与投资连结保险的共同之处在于:客户的实际收益都与保险公司的业务经营能力、投资效益直接联系,因此客户在选择此类保险时,往往挑选那些风险控制能力强、投资经验丰富的保险公司。

我国寿险市场自2000年起已陆续推出各种分红型保险,归纳起来主要有三种:(1)终身型分红险种。它是一份终身分红的人寿保险,既能为客户提供死亡风险保障,又能终身分红。(2)两全型分红保险。它既承保被保险人在约定的保险期间内死亡,又承担被保险人在约定的保险期限或保险期限届满时仍生存

---

① 死差益是指人的实际寿命比预定寿命短而使保单获益。利差益是指银行利率高于预定利率而使保单获益。费差益是指实际费用率低于预定费用率而使保单获益。

的生存给付,同时年年分红。(3)附加两全型分红保险。它要求客户只能以附加险的形式投保,其他方面与两全型分红保险类似。分红保险红利领取的方式有三种:累积生息、抵交保险费以及购买交清增额保险。

第三节 人身保险常见条款

一、人身保险的一般条款

人身保险的一般条款有以下几种:

1. 不可抗辩条款

不可抗辩条款又称"不可争议条款",是人身保险合同常见的条款之一。该条款规定,自保单生效(或合同复效)之日起,超过法定时限后(一般为两年),保险合同成为不可争议的文件,保险人不能以投保人在投保时违反如实告知义务如误告、漏告、隐瞒某些事实为理由,而主张合同无效或拒付保险金。也就是说,以被保险人投保以后的两年作为可抗辩时间,在此期间,保险人如对合同条款有不同意见,可向被保险人提出;超过时间,只有投保方可中止合同,而保险人不得任意解除合同。由于人身保险合同是一种最大诚信合同,要求投保方必须对被保险人的健康等情况,在申请投保或申请复效时履行如实告知义务。如投保方有意隐匿或因过失遗漏或作不实的说明,足以变更或减少保险方对危险的估计的,保险人有权解除合同。这是为了保障保险人的正当权益,防止投保人在不符合可保条件的情况下通过保险图谋保险金。但是,保险人不可滥用这个权利,在发生保险事故时,借口投保人在填报保单时失实而不履行给付责任,致使被保险人失去保障,使保险声誉受到损害。人身保险大都是长期合同,时间过久,不易核实投保时的告知是否属实。特别是被保险人死亡后,受益人也不一定了解投保人当初的告知情况。因此,有必要对保险人以告知不实为由行使合同解除权的时间加以限制,以保护投保方的利益。在国际上,通常是在被保险人的健康方面适用这一条款。我国2009年新《保险法》在关于如实告知的规定中,增加了不可抗辩条款。即第16条规定:"订立保险合同,保险人就保险标的或者被保险人的有关情况提出询问的,投保人应当如实告知。投保人故意或者因重大过失未履行前款规定的如实告知义务,足以影响保险人决定是否同意承保或者提高保险费率的,保险人有权解除合同。前款规定的合同解除权,自保险人知道有解除事由之日起,超过三十日不行使而消灭。自合同成立之日起超过二年的,保险人不得解除合同;发生保险事故的,保险人应当承担赔偿或者给付保险金的责任。投保人故意不履行如实告知义务的,保险人对于合同解除前发生的保险事故,不承担赔偿或者给付保险金的责任,并不退还保险费。投保人因重大过失未履行如实告知义务,对保险事故的发生有严重影响的,保险人对于合同解除前发生的保险事故,不承担赔偿或者给付保险金的责任,但应当退还保险费。保险人在合同订立时已经知道投保人未如实告知的情况的,保险人不得解除合同;发生保险事故的,保险人应当承担赔偿或者给付保险金的责任。保险事故是指保险合同约定的保险责任范围内的事故。"

2. 宽限期条款

宽限期条款规定,对到期尚未缴纳保险费的被保险人,给予一定时间(我国2009年新《保险法》规定为30天。即第36条规定:"合同约定分期支付保险费,投保人支付首期保险费后,除合同另有约定外,投保人自保险人催告之日起超过三十日未支付当期保险费,或者超过约定的期限六十日未支付当期保险费的,合同效力中止,或者由保险人按照合同约定的条件减少保险金额。被保险人在前款规定期限内发生保险事故的,保险人应当按照合同约定给付保险金,但可以扣减欠交的保险费。")的宽限期,宽限期满仍未缴费,保单才失效终止。因为一般人身保险都是长期合同,要在相当长的时期内持续不断地缴纳保费,投保人有可能由于各种原因不能如期缴纳保险费。规定缴付保险费宽限期,既方便投保方,也可使合同不轻易失效。宽限期间又称为"优惠期间",在此期间,尽管投保人尚未缴付保险费,但保险合同继续有效。如在宽限期内发生保险事故,保险人仍承担保险责任,但在应给付的保险金中扣除欠缴的保费。在宽限期届满后,如投保方仍未缴保险费,保险合同停止效力。

3. 中止、复效条款

如果投保方在宽限期内仍未缴付保险费,保险合同就会失效,即合同中止。投保人如果仍有保险需求,可申请恢复原合同的保险效力,也可申请订立新的保险合同。旧合同复效要比订立新合同更有利于投保方。特别是已超过投保年龄的被保险人,只有通过恢复原合同的效力,才能继续获得保险保障。

复效条款规定,在保险合同失效后的一定时间内(我国法律规定为两年),如被保险人身体状况仍符合可保条件,可申请复效,经保险人同意并由投保人补交失效期间的保险费后,保险合同即恢复生效。

由于申请复效往往会出现逆选择因素,一般保险人对复效申请特别慎重,投保人办理复效申请的手续几乎等同于重新订立保险合同的手续,往往要求提供一些必要证明,如被保险人的身体健康证明、体检证明等。

4. 误报年龄条款

误报年龄条款通常规定了对投保人在投保时误报被保险人年龄的处理办法。该条款一般分为两种:一是年龄不实影响合同效力的情况。被保险人真实年龄不符合合同约定的年龄限制时,保险合同为无效合同,保险人可解除保险合同,并向投保人退还保险费。根据我国法律,年龄误报,并且真实年龄不符合合同约定的年龄限制的,自合同成立之日起已逾两年的,属有效合同。二是年龄不实影响保险费及保险金额的情况。投保人申报的被保险人年龄不真实,致使投保人支付的保险费少于或多于应付保险费的,保险金额根据真实年龄进行调整。调整的方法是:实交保险费少于应交保险费的,投保人可以补交少交保险费的本利,或按已交保险费核减保额;实交保险费大于应交保险费的,无息退还多收的保险费。

5. 贷款条款

长期人身保险合同具有储蓄性质和现金价值。因此,人身保险合同通常规定贷款条款。贷款条款规定,被保险人在缴付保险费超过规定期限(一般两年)后,可以保险合同为抵押申请贷款。贷款额不可超过保单中当时现金价值的一定比例,并要承担贷款利息,贷款期满后归还本息。当发生保险事故时,保险人从应付的保险金中扣除贷款本息,将余额给付受益人,而受益人不得有异议。另外,我国《保险法》第34条第1款规定:"以死亡为给付保险金条件的合同,未经被保险人同意并认可保险金额的,合同无效。"

6. 保单转让条款

保单所有人可以转让人寿保险单,转让时不必经过保险人的同意,但转让后应以书面形式通知保险人,否则保险人不受此项约束。保险人得到转让通知后,向转让后的保单所有人支付保险金。如果被保险人死亡,保险人对受让者给付相当于未偿债务的保险金,然后将余款给付指定的受益人。以死亡为给付条件的人寿保险单的转让,必须经被保险人同意。我国《保险法》第34条第2款规定:"按照以死亡为给付保释金条件的合同所签发的保险单,未经被保险人书面同意,不得转让或者抵押。"

转让有绝对转让和相对转让之分。绝对转让是指将保险单的所有权利都转移给受让人。相对转让是只将部分权利有限制、有条件地转移给受让人,一旦这些限制或条件解除时,转让的权利复归原保单所有人。

7. 自杀条款

自杀有广义和狭义之分。从广义上说,非他杀即为自杀。但是,从法律上说,自杀仅指有自杀意图而自杀的行为。因此,一般保险条款往往写明"故意自杀"字样,属狭义范围。

自杀导致的危险一般被列为除外责任,主要是为了避免蓄意自杀或企图通过保险为家属谋取一笔保险金,从而助长道德风险,影响保险人的正常利益。但是,如果将所有自杀均列为免责,对不是为图谋保险金而发生的自杀也完全不给予保险金,将使受益人的权益受到损害。为此,一般人身保险合同的自杀条款规定,把自杀限制在签发保单后或保险复效后的一定期限内(一般为两年),在此期间内自杀列为除外责任,不给付保险金,仅返还已缴的保险费;超过这一期限自杀亦应列入保险责任,不论自杀动机如何,保险人都给付保险金。这是因为,在正常情况下,很难想象一个人有可能在若干年前预谋自杀,并于若干年后付诸实施。我国《保险法》第44条规定:"以被保险人死亡为给付保险金条件的合同,自合同成立或者合同效力恢复之日起二年内,被保险人自杀的,保险人不承担给付保险金的责任,但被保险人自杀时为无民事行为能力人的除外。保险人依照前款规定不承担给付保险金责任的,应当按照合同约定退还保险单的现金价值。"

总之,自杀条款的作用在于,既能适当防止道德风险,保护保险方的利益,又能保障受益人不致因亲人的自杀而不能得到应有的生活保障。

案例分析

2000年10月2日,投保人林某(女)为自己及家人投保了家庭人身还本保险,共缴纳保险费3000元。林某本人的保险金额为20000元。受益人均指定为林某之父。保险责任为意外身故、伤残。合同期满,将返还本金3000元。保险有效期为两年,如到期未提取保险储金,则本合同自动生效。

2003年10月8日,被保险人林某因夫妻感情恶化而自杀身亡,受益人林某之父随后向保险公司提出给付保险金的申请。保险公司根据保险合同约定(保险合同明确约定自杀属于除外责任),以自杀为除外责任为由,作出拒付保险金的处理决定。

受益人对保险公司的拒付决定有异议,随后向当地法院提起诉讼。林某父亲认为,被保险人发生保险事故距合同成立之日已满两年,根据我国《保险法》,保险公司应当按照保险合同向被保险人的受益人支付保险金。保险公司则认为,根据保险合同约定,自杀为除外责任,并已经在条款中明示,所以保险公司不应承担保险责任。

一审法院认定保险公司与投保人林某签订的保险合同依法成立,据此判决:被告给付原告保险金20000元。保险公司不服,上诉至中级法院。

二审法院经审理查明:投保人林某是到其兄家探亲时,在保险公司为自己及父亲、丈夫、女儿投保的"家庭人身还本保险",投保人与保险公司签订的人身保险合同合法有效。合同期满后,林某未提取保险储金。依照原合同约定,该合同即自动继续生效,合同内容不变。被保险人林某系自杀身亡,按照合同约定属于除外责任,保险公司不应承担给付本案保险金的责任。原判认定事实清楚,但适用法律不当。改判保险公司不需向受益人林某之父支付本案保险金20000元。

本案二审法院的判决是正确的。我国2002年《保险法》第66条第2款的规定只适用于长期人身保险,因为长期人寿保险生效两年后,由于投保人的生活环境、工作条件等可能发生变化,一般不会存在投保人为了获取死亡保险金投保,然后在两年后自杀的情形。自杀者大多是在特定环境下一时冲动，以自己的生命为代价骗取保险金而计划在较长时间内自杀的情形发生的可能性较小。所以，2002年《保险法》规定，被保险人在合同成立之日起两年后自杀身亡的，保险人可以按照合同给付保险金。续保则不同，投保人是根据续保时的条件及自己的心理投保的。此案中，就存在着投保人有道德风险的可能，所以对2002年《保险法》第66条第2款的适用范围应严格予以界定。保单续签，虽然合同内容与续签前是一样的，但是保险期限应重新计算，所以保险责任只能从续签合同约定的时间开始计算。本案的正确判决正说明了这一问题。

8. 受益人条款

人身保险的受益人是由投保人或被保险人在合同中指定的。在发生保险事故，被保险人死亡时，受益人享有保险金请求权。如没有指定受益人，则由保单持有者的法定继承人领取保险金。受益权不能继承。当受益人先于被保险人死亡时，受益权不能转给继承人，而是回归保单持有人，由其另行指定受益人。受益人领取保险金是来自受益权而不是继承遗产，也并非代理投保人行使权利，因而无须履行因继承而产生的各种义务或承担保险费的缴付义务等。受益人的指定无须受益人同意，但要取得被保险人的认可。受益人对保险标的可不具有保险利益。

9. 红利任选条款

如果投保人投保分红型保险，就可享受保险公司的红利分配权利，并且对此权利有不同的选择方式。关于分红保单的红利来源以及红利的领取方式，前文已述，兹不赘言。

10. 现金价值选择条款

人身保险的费率组成中含有储蓄因素，特别是长期性储蓄保险的纯保险费往往含有很大比重的储蓄保险费。在人身保险合同交费达到一定时间后，逐年积存相当数额的责任准备金，并且随着时间的延伸而不断地增长。这种积存的准备金不因保险效力的变化而丧失其价值，投保人有权任意选择有利于自己的方式处理这种现金价值。保险人对保险单积存的现金价值终将根据投保人的选择以不同方式返还给投保方，有时是用现金给付，也可以改保交清保险或展期保险的方式给付。

二、人身保险的特约条款

特约条款又称为"附加特约"，在人身保险合同中以附加条款的形式出现。通过设置附加条款，可以扩展其对被保险人的保险保障。

1. 保费豁免特约

被保险人在规定的年龄之前，由于遭受意外伤害或疾病而完全丧失工作能力,在一段等待期后,保险人可豁免其部分或全部交费义务。该保单的现金价值、死亡给付、红利与所有保费完全交清后的保单完全相同。保费豁免条款实现的限制条件为:(1)对被保险人丧失工作能力的年龄作出限制,一般限定在60岁或65岁,而且被保险人始终没有恢复健康。(2)要获得保费豁免,必须有一个6个月的等待期。如果以后免交保费,则会退还被保险人在等待期内所交的保费。(3)要获得保费豁免,有时需要另外支付少量的附加保费,有时并不需要另外加收保费,因为已经包括在费率内。(4)完全丧失工作能力的认证是保费豁免条款中很重要的一点。完全丧失工作能力既可由意外事故引起,也可由疾病引起。通常,失明、丧失双手、丧失双脚或同时丧失一手一脚均属于完全丧失工作能力。(5)该条款通常可以附加在分期支付保费寿险保单上,保费的免交要视具体的条款而定。例如,有些特约规定只能获得主险保费的优惠。

2. 保证可保性特约

保证可保性特约又称为"保证加保选择权""保证可保性附加特约",规定被保险人无须提供新的可保证明,就可以在将来的某个时期重新购买与原来的保险责任相同的保险。但是,投保人购买额外的保险要受到一定的限制,如日期、年龄、行使限制等。每次加保日期(每隔三年一次)能够买的保险金额仅限于基本保险单的面额,而且有最低金额和最高金额的限制。如果被保险人结婚或生了孩子,就可以在下一个加保日期之前提前加保,但总的加保次数不增加。如果被保险人不行使加保权利,则过期作废。该特约条款的细节和名称随保险人的不同而有所不同,但遵循相同的模式。如果原始保单包含一个保费豁免条款,而且被保险人丧失了工作能力,那么新保单也要包含保费豁免条款。

3. 丧失工作能力收入附加特约

如果被保险人完全丧失工作能力,将按期获得保险金额一定比例的给付。被保险人的年龄一般限定在55岁或60岁之前;有6个月的等待期,但不退还等待期内所支付的保费;对完全丧失工作能力的定义与保费豁免条款一般是相同的;丧失工作能力的被保险人必须满足严格的标准,例如被保险人必须是全日制雇员;还有除外责任,如因违法行为、战争服役等引起的丧失工作能力不包括在内。

4. 意外死亡附加特约

意外死亡附加特约又称为"双倍补偿附加条约"。如果被保险人死于意外事故,保险公司将给付保单面额的双倍补偿。如果被保险人作为付费乘客在公交事故中死亡,赔偿的数额通常是保单面额的三倍。由于该特约条款的规定并没有因此增加很多保费成本而又表现为提供双倍的保险补偿,所以在美国广为流行。该条款规定,只有死亡是由意外事故造成时才获得这种双重补偿。所以,不要错误地认为有了意外死亡附加特约就能获得双重保护。该条款还规定,必须在意外事故发生的一定期限内死亡,一般为 90 天内。由于现代医疗技术的快速发展,许多保险人现在规定了更长的期限,如 120 天、180 天甚至 1 年。被保险人在约定的年龄前(如 60 岁或 65 岁)死亡,才属于保险责任。该附加特约的费用较低,规定了较多的除外责任。

5. 生活费用附加特约

保单的保险金额可以随着消费价格指数的变化而自动调整。保险人要求在消费价格指数增加一定比例时,保险金额自动增加相同比例,保险费也相应增加;而消费价格指数降低时,保险金额不变。

6. 提前死亡给付特约

南非和美国先后于 1983 年和 1988 年在保单中引入该附加条款。它通常在重大疾病或晚期疾病发生时使用。保险人在被保险人死亡前,通常向保单持有人支付其保险金额的一部分。因为在实际生活中,被保险人或其家属为了看病,必须支付一笔高额的医疗费用,而医疗和伤残保险金由于有免赔、共同保险、最高限额限制的保险收益以及除外条款等内容,可能会大大低于这笔医疗费用。

思考题

1. 什么叫人身保险?它有什么特点?
2. 名词解释:定期死亡保险、终身保险、生存保险、两全保险、年金保险、投资连结保险、分红保险。
3. 什么叫人身意外伤害保险?它包括哪些内容?
4. 什么叫健康保险?它的业务种类是什么?
5. 概述人身保险的一般条款和特约条款。

第二十一章 财产保险

☞ **学习目的**

使学生了解财产保险的基本概念、可保利益和保险责任范围,掌握企财险、家财险、货运险、机动车辆险和工程险等财产保险基本险种的主要内容和特点,掌握财产保险险种的责任范围、附加险、除外责任、保险金额和费率计算等,了解科技保险和核保险的基本情况。

第一节 财产保险概述

一、财产保险的概念

财产保险是保险的基本类别之一,其保险对象是灾害事故中可能遭受损失的财产或与其相关的利益。财产保险是补偿性保险,当被保险财产遭遇保险单上规定的危险,发生损失时,由保险人承担经济补偿责任。

财产保险是以财产及其相关利益为保险标的的保险。它有广义和狭义之分。广义的财产保险是指以财产及其相关利益为保险标的的各种保险,既包括火灾保险、海上保险、陆上运输保险、航空保险以及各种以物质财产为保险对象的保险,又包括农业保险、责任保险、保证信用保险等。狭义的财产保险仅指上述广义的财产保险中的第一项,即财产损失保险。

财产保险的标的可以是有形的,也可以是无形的。财产的种类可分为动产、不动产、无形的利益和权利义务等。但是,并非所有的财产及其相关利益都可以作为财产保险的标的,只有根据法律规定符合财产保险合同要求的财产及其相关利益才能成为财产保险的标的。

二、财产保险的可保利益

财产保险的可保利益是指投保人对保险标的具有法律上可以主张的利害关系。由于财产保险保障的是投保人对财产的可保利益,因此投保人不但对财产的物质本身具有可保利益,而且对预期的、非物质的利益同样具有可保利益。

财产保险的可保利益在投保时必须具备,在发生保险事件,保险人进行赔付时也必须具备。财产保险合同生效后,如果保险人发现被保险人对保险标的无可保利益,保险合同自动失效。在保险合同有效期内,如果被保险人的可保利益已经终止或转移,即使发生保险财产损失,被保险人也不能得到任何赔偿。

财产保险的可保利益大体分为三种:

(1) 所有权。财产的绝对所有人,包括受托人和受益人,无论投保财产是个人所有还是与他人共有,或是接受委托的财产,对财产都具有可保利益,因为他们是财产的有效所有人。

(2) 占有权。对财产安全负责或享有留置权的人,虽然保险财产非自己所有,但是财产发生损失时,仍负有一定的法律责任。他们对该财产具有可保利益。

(3) 按合同规定产生的利益。在抵押贷款中,抵押人对财产具有可保利益,受押人对财产也具有可保利益。在房屋租赁合同中,房屋承租人对承租的房屋具有可保利益。这些人都是根据合同对财产产生可保利益的。

三、财产保险责任

造成财产损失的原因很多,如火灾、水灾、雷击、风暴、地震、海啸等。财产保险承担的风险责任只限于不可抗力的自然灾害和意外事故,其赔偿范围是这些灾害事故引起的直接损失,一般不包括间接损失。

在财产保险中,保险人的责任不包括被保险人的故意行为导致保险财产的损失。这种故意行为是指道德风险,是一种恶意行为。但是,并非所有的故意行为都属于恶意行为。在海上保险中,共同海损责任就是一种故意行为,经投保人要求,可列入海上保险的责任范围。在财产保险中,除船舶保险、建筑工程保险、安装工程保险等外,保险人一般不承担灾害事故中被保险人对第三者的赔偿责任。

第二节 企业财产保险与家庭财产保险

一、企业财产保险概述

企业财产保险简称"企财险",是财产保险的主要险种,它以各类工商企业及其他经济组织、机关事业单位等存放在一定地点、一定状态的固定资产、流动资产以及与企业经济利益相关的财产为主要保险对象。它具有一般财产保险的性质。在我国保险业发展初期,企业财产保险在全部保险业务中占重要地位,也是保险人竞争的焦点之一。

企业财产保险标的的范围包括被保险人所有,或替他人保管,或与他人共有并且由被保险人负责的财产。保险标的涉及的范围有可保财产、特保财产和不保财产。可保财产是指为保险人所接受的财产,通常通过两种方式反映:(1)会计科目,如固定资产、流动资产等;(2) 企业财产项目类别,如房屋、成品等。特保财产亦称"特约保险财产",与一般可保财产不同,它是指经保险双方特别约定后在保险单中载明的保险财产。特保财产有两种:不提高费率的特保财产和提高费率的特保财产,前者如金银、首饰等,后者如矿井、矿坑内的物资设备等。不保财产是指保险人不在本保险业务中承保的财产。

企财险保险金额是保险人对被保险财产遭受损失时所负担损失补偿的最高额度,也是计算保险费的依据。根据财产种类不同,企财险保险金额分别采用不同的计算方式。企业固定资产保险金额有以下三种确定方法:

(1) 按账面原值确定保险金额。固定资产购置时的原始账面价值,在账面原值与实际价值比较一致的情况下,可采用此种方法。

(2) 按账面原值加成数确定保险金额。经保险人与被保险人协商一致,在固定资产原值基础上附加一定成数。当账面原值与实际价值差距过大时,可采用此种方法,使之趋近于重置重建价值,使被保险人得到充分保障。

(3) 按重置重建价值确定保险金额。即重新购置或重建该固定资产所需支付的全部费用。当账面原值与实际价值差距过大时,可直接按重置重建价值确定保险金额。

企业流动资产的保险金额由被保险人按最近12个月任意月份的账面余额确定,或由被保险人自行确定。

企业账外财产和代保管财产的保险金额可以由被保险人自行估价或按重置价值确定。

二、企业财产保险的责任范围

企业财产保险承保的风险主要有两种:一是基本险,二是综合险。这两种险别的保险责任和责任免除有很大不同。

企业财产保险的基本险的保险责任包括:火灾、雷击、爆炸、飞行物体及其他空中运行物体坠落。另外,保险人对下列损失也负责赔偿:被保险人拥有财产所有权的自用供电、供水、供气设备因保险事故遭受损坏,并引起停电、停水、停气,以致造成保险标的的直接损失;为抢救保险标的或防止灾害蔓延,采取必要措施所造成的保险标的的损失;保险事故发生后,被保险人为防止或减少保险财产的损失所支付的必要、合理费用。基本险对战争、罢工、被保险人故意行为、核反应、地震、暴风、暴雨、洪水、泥石流、抢劫、盗窃、水管破裂等,以及各种间接损失不负责赔偿。通过附加险的形式,基本险可以承保地震、暴风、暴雨、洪水、抢劫、盗窃、水管破裂等风险。

企业财产保险的综合险的保险责任比基本险多,承保暴风、暴雨、洪水、台风、泥石流、雪灾、雹灾、崖崩、突发性滑坡、地面突然塌陷等。上述风险在基本险中属除外责任。综合险对堆放在露天或罩棚下的保险标的遭受暴风、暴雨袭击,仍然作为除外责任。综合险也可以有附加险形式,附加承保地震、盗抢、水管破裂等。

三、企业财产保险费率

企业财产保险费率是指保险人根据企业财产保险金额和保险期限收取保险费的计算标准率。不同企业财产的种类,按其性质、危险的大小、损失率高低和经营费用等制定出不同的企业财产保险费率。企业财产保险费率主要有以下几种:

1. 基本费率

基本费率分工业险、仓储险和普通险三类。工业险费率是根据工业生产企业使用的原材料及其主要产品、工艺流程的危险程度等因素确定的。仓储险费率是专门适用于存储商品物资的仓库或处所的费率,是根据存储商品物资本身的性质和危险程度确定的。普通险费率适用于工业险和仓储险之外的各种企业、机关事业单位,是按其占用性质和危险程度确定的。

2. 特约费率

原保险责任不能满足被保险人的需要,经投保方与保险方协商,决定扩大保险责任范围或保险财产范围,由此提高的费率称为"特约费率"。它在一般费率的基础上加一定的百分比。特约费率分全国性和地区性两种。

3. 短期费率

企业财产保险费率通常是以一年为期限计算的年费率,为适应不到一年期短期保险的需要,在全年费率的基础上规定短期费率。凡保险期限少于一年或被保险人要求中途退保的,保险人均按规定的短期费率收费或退费。不满一个月的按一个月计算,不按日计算,目的在于鼓励投保人按年结算保费。对保险人提出终止保险合同的,均按日计算退还保险费。

四、企业财产保险被保险人的义务

企业财产保险被保险人在保险合同履行期间应尽一定的义务。例如,被保险人应当在保险起保后 15 天内,按保险费率计算的金额一次缴清应付的保险费。这是保险合同生效的先决条件,也是被保险人应履行的基本义务。被保险人的保险金额较大,保险费一次付清有困难的,可与保险人协商分期支付。被保险人必须遵守有关保护财产安全的各种规定,接受有关部门和保险人关于财产安全状况的意见,切实做好安全防灾工作。保险财产如发生责任范围内的灾害事故,被保险人应采取必要措施进行救护,以防止损失加重,并立即通知保险人。

对上述各项义务,被保险人必须严格履行,否则保险人有权从通知被保险人之日起终止保险责任或拒绝赔偿损失。

五、家庭财产保险概述

家庭财产保险简称"家财险",是指以城乡居民家庭财产为主要保险标的的一种保险。其目的是,通过保险形式,组织社会性的集体互助,保障人民财产在遭受自然灾害或意外事故造成损失时,及时得到经济补偿。家庭财产保险是安定人民生活、稳定社会的一种重要保障措施。

家庭财产保险条款明确规定了保险目的、保险财产、不保财产、保险责任、除外责任、保险期限、保险金额、保险费缴付方式、保险理赔和争议问题处理等内容,其形式包括普通家庭财产保险、家庭财产两全保险、家庭财产附加保险等。

家庭财产保险可保财产主要有房屋及其附属设备、衣服、卧具、家具、用具、器具、家用电器、文化娱乐用品、交通工具等生活资料。在农村,家财险可保财产还包括家用农具、已收获的农产品、副业产品、家禽等。对被保险人代管或共管的财产,经与保险人特别约定,并载明在保险单上,存放于保险单规定的地点内,都可投保。

在实际投保过程中,有些家庭财产一般是不可保险的或需特约才可保险。例如,对金银、首饰、珠宝、货币、有价证券、票证、邮票、古玩、古书、字画、文件、账册、技术资料、图表、家禽、花草、鱼鸟、盆景等,以及无法确定价值的财产或正处于紧急危险状态的财产,保险人不予承保。

六、家庭财产保险责任与费率

参加家庭财产保险后,遇火灾、爆炸、雷击、冰雹、地震、龙卷风等自然灾害和意外事故,造成保险财产的实际损失,或为防止灾害蔓延发生的施救、抢救的费用,包括其他合理的费用,由保险人负责赔偿。

保险人对下列原因造成财产的损失不负赔偿责任:战争、军事行动或暴力行为、核辐射污染、被保险人的故意行为、家用电器的过度使用或超电压造成本身的损毁、堆放在露天的保险财产,以及虫蛀、鼠咬、霉烂、变质、家禽走失或死亡等。

家庭财产保险的特约责任是盗窃危险,它是家庭财产保险的附加险,保险人一般不单独承保盗窃险。

家庭财产保险的期限一般为一年。对于一些特殊性质的家庭财产保险,期限也有长达三到五年甚至十年的。投保人到期可以续保,但必须办理续保手续。家庭财产保险的费率往往以投保财产千分率计算,对集体投保的,保险公司往往还给予优惠。

七、家庭财产保险的特点

家庭财产保险的保险金额由被保险人根据财产的实际价值自行确定。投保时,不用按项细列家庭财产的实际价值。保险人一般不事先证实家庭财产的实际价值。这就要求投保人在确定保险金额时,必须掌握保险金额不得超过保险财产实际价值的原则。

当家庭财产发生保险责任范围内的事故,造成保险财产的损毁时,保险人按第一危险责任给予赔偿。不管家庭财产有多少,只要损失在保险金额规定的范围内,保险人得按实际损失赔偿,这对被保险人比较有利。

第三节 货物运输保险

一、货物运输保险的概念

货物运输保险属财产保险范畴,是指以运输过程中的各种货物作为保险标的的保险。不论国际贸易还是国内贸易,都离不开运输这个环节。货物在运输途中遭受自然灾害和意外事故是不可避免的。货物运输保险就是对货物在运输途中因遭受保险责任范围内的事故而造成的货物损失,由保险人给予经济补偿。

货物运输保险的保障范围一般包括三个方面:

其一,风险保障,是指货物在运输途中遭受火灾、爆炸、风暴、地震、海啸等各种自然灾害,以及运输工具发生碰撞、倾覆、沉没、出轨、坠落等各种意外事故,包括货物遭受偷窃、雨淋、破碎、受潮、腐烂、变质、串味等外来因素造成的损失。

其二,损失保障,是指货物在运输途中遭受以上各种自然灾害和意外事故造成的经济损失。

其三,费用保障,是指货物在运输途中遭受保险事故,除货物发生损失外,还会产生一些相关费用,如合理的施救费用、保护救助费用等。在保险金额范围内,这种损失费用也由保险人负责赔偿。

二、货物运输保险的特点

货物运输保险是财产保险的一种,与一般财产损失保险相比,有以下几个特点:

1. 保险标的的流动性

一般财产损失保险的标的表现为静止状态,货物运输保险的标的则处于流动状态。

2. 保险责任起讫时间的不确定性

一般财产保险的期限为一年,也可根据年费率折算成按月计算的短期保险,因此是按日历日期确定的起讫日。货物运输保险的时间是以约定的运输路程为准,其保险责任起讫时间也是根据货物运输路程的长短而定,是以运输货物启运离开堆放地始,经运输至目的地交付收货人或存入仓库、存放地的一定日期止,即"仓至仓",一般不以日历日期确定起讫时间。

3. 保险责任的广泛性

货物运输保险不但有普通财产保险责任范围,负责保险财产的直接损失和间接损失,而且对货物的破碎、渗漏、雨淋、腐烂、变质、串味等导致的损失也负责赔偿。此外,货物运输保险对按一般惯例应分摊的共同海损和救助费用也承担赔偿。

三、货物运输保险的责任范围

货物运输保险的责任一般分为四种:

其一,普通责任,是指保险人对各类运输工具运送货物可能遭遇的危险所造成的损失及由此引起的费用支出给予的保障。

其二,特定责任,是指保险人对某种运输工具运送货物可能遭遇的特有危险所引起的损失及有关费用支出给予的保障。

其三,附加责任,是指保险人对那些特殊保险事故所导致的损失和费用支出给予的保障。

其四,除外责任,是指保险人对货物运输途中不予承保的责任。有时,为了明确责任界限,经保险人与被保险人协商同意,将部分不予承保的风险放到附加责任中予以承保。

四、货物运输保险的种类

货物运输保险的种类可分为:

1. 国内水路、陆路货物运输保险

国内水路、陆路货物运输保险分为基本险和综合险两种,保险责任期限一般以"仓至仓"条款为依据,保险金额可由保险人根据支付能力和保障需要选择离岸价、到岸价或者目的地销售价。

基本险的保险责任有:(1)因火灾、爆炸、雷电、冰雹、暴风、暴雨、洪水、地震、海啸、地陷、崖崩、滑坡、泥石流造成的损失;(2)由于运输工具碰撞、搁浅、触礁、沉没、出轨、隧道或码头坍塌造成的损失;(3)装货、卸货或转载货物时,遭受不属于包装质量不善或装卸人员违规操作所造成的损失;(4)按国家规定或一般惯例应分摊的共同海损费用;(5)发生上述事故时,因纷乱造成货物散失以及施救、保护货物的直接、合理费用。

综合险的保险责任除上述基本险的保险责任外,还包括:(1)因受震动、碰撞、挤压而造成破碎、弯曲、凹瘪、折断、开裂或包装损坏使货物散失的损失;(2)流体货物因受震动、碰撞、挤压致使所用容器(包括封口)损坏而渗漏的损失,或因液体渗漏造成用液体保藏的货物腐烂变质造成的损失;(3)遭受盗窃或因承运人责任造成提货不着的损失;(4)符合安全运输规定而遭受雨淋所导致的损失。

除外责任有:(1)战争、军事行动;(2)核事件或核爆炸;(3)保险货物本身有缺陷或自然损耗,以及由于包装不善造成货物损失;(4)被保险人故意行为或过失造成货物损失;(5)其他不属于保险责任的损失。

2. 航空货物运输保险

航空货物运输保险是指以空运过程中的风险作为保险范围的保险。航空运输速度快,但运费高、承运量小,特别适合运输那些季节性强和贵重的货物。同时,航空运输的风险较大。

航空货物运输保险分为航空货物运输保险和航空货物运输战争险两种。航空货物运输险又分为航空险和航空一切险两种,承保货物在空运过程中遭受自然灾害或意外事故时发生的损失。航空货物运输战争险承保货物在空运过程中因战争风险所遭受的损失。

3. 海洋(陆上、航空)货物运输保险①

4. 邮包保险

邮包保险是指以邮包运送过程中的货物为保险标的的保险。它通常用于寄送包裹或国际贸易中的样品买卖,包括海运、空运、陆运三种运输方式。

邮包保险可分为邮包保险和邮包战争险两种。邮包保险又分为邮包险和邮包一切险两种,承保在海运、空运、陆运或三种方式联运过程中因自然灾害或意外事故所导致的邮包货物的损失。邮包战争险承保邮包在运输途中因战争风险所造成的运送货物的损失。

第四节 机动车辆保险

一、机动车辆保险概述

机动车辆保险是以机动车辆本身及其相关利益为保险标的的一种不定值财产保险。机动车辆是指汽车、电车、电瓶车、摩托车、拖拉机、各种专用机械车和特种车等。机动车辆保险一般包括基本险和附加险两部分。基本险又分为车辆损失险和第三者责任险。

机动车辆保险是随着汽车工业的发展而诞生的。世界上最早的机动车辆保险单是1895年由英国法律意外保险公司签发的,保费为10—100英镑的汽车第

---

① 详见本书第二十二章"海上保险"。

三者责任保险单。当时,汽车火险可以加保,但要增加保险费。经过上百年的发展,机动车辆保险在绝大多数国家均由任意保险发展到强制保险,从以过失责任为基础转变为以绝对责任或无过失责任为处理交通事故的法律基础。这种改进不仅确保了车辆所有人在肇事后具有相当的偿付力,而且使受害人能及时得到经济补偿。

由于经济的发展,机动车数量不断增加,在各国非寿险中,机动车辆保险均占有举足轻重的地位。在我国,机动车辆保险已成为财产保险业务中的第一大险别。随着我国加入WTO,汽车市场的扩容以及家庭小汽车的普及,机动车辆保险的前景非常广阔。

二、机动车辆保险的基本特征

机动车辆保险的基本特征可以概括为以下几点:

其一,机动车辆具有陆上运行的特点。陆上运行条件错综复杂,路况不一,人车混行和各种车辆混行等,均使机动车辆的风险增大。

其二,机动车辆的流动性大,行程不固定。机动车辆是运行中的标的,经常处于运行状态,其运行路线不似飞机、船舶等交通运输工具那样相对固定,尤其是跨省、市、区的运行给机动车辆的承保与理赔带来很多不便。因此,加强机动车辆保险运作的规范性和系统性,充分适应其流动性大、行程不固定的特点,显得十分重要。

其三,机动车辆保险的业务量大,投保率高。我国各地机动车辆的存量和增量都很大,随着社会经济的持续发展,机动车辆将继续增长,构成业务量极大的保险市场。对机动车辆第三者责任的强制性承保,使得这一市场能够得到充分的发掘。因此,机动车辆保险的投保与承保率相对于其他财产保险是很高的。

其四,开展第三者责任险的目的在于维护社会公众的利益,从而起到安定社会的作用。在一般财产保险中,保险人维护的仅仅是被保险人的经济利益,投保与否完全取决于保险客户的意愿。在机动车辆第三者责任保险中,投保人参加保险并交付保险费通常被视为其应尽的义务,保险赔款亦以受害人的索赔权限为限,并最终由被保险人之外的受害方受益。

三、机动车辆保险的责任范围

在机动车辆保险中,车辆损失险、第三者责任险是构成其基本险的主干险种。虽然第三者责任险属于责任保险,但是由于它与车辆损失险联系密切,所以在此将机动车辆保险的责任范围分为车辆损失险的责任和第三者责任险的责任一并介绍。

车辆损失险的保险责任可以分为碰撞责任与非碰撞责任两大类。碰撞是指被保险车辆与外界物体的意外接触，包括车辆与流动物体的碰撞，如行驶中的车辆相互碰撞；还包括车辆与固定物体的碰撞，如车辆与建筑物、车辆与电线杆或树木等碰撞。碰撞是车辆损失险主要的责任风险。非碰撞责任可以分为下列几类：

（1）保险单上列明的各种自然灾害。例如，洪水、暴风、雷击、地陷、雹灾、泥石流等。

（2）与财产保险综合险等相通的意外事故。例如，火灾、爆炸、空中运行物体的坠落、隧道坍塌等。

（3）倾覆。这是指被保险车辆因灾害事故造成本身倾斜、车体触地，使其失去正常状态和行驶能力，且不经施救不能恢复行驶。例如，车辆翻入山沟、车轮滑入路沟、车辆急转弯时翻倒在地，均属于翻车事故。

（4）冰陷。这是指在经过交通管理部门允许行驶车辆的冰面上，被保险车辆通过时，冰面突然下陷，致使车辆损坏。

（5）载运保险车辆的渡船遭受自然灾害或意外事故（只限于驾驶人员随车照料者）。

（6）发生保险事故时，被保险人对车辆采取施救、保护措施所支出的合理费用，亦由保险公司负责赔偿。此项费用最高不得超过保险金额。

机动车辆第三者责任险的保险责任是：对被保险人允许的合格驾驶员在使用被保险车辆的过程中发生意外事故，致使第三者遭受人身伤亡或财产的直接毁损，依法应当由被保险人支付的赔偿金，保险人依照保险合同给予赔偿。在此，应当注意两点：

（1）直接损毁。这是指道路交通事故中一次直接造成第三者人身伤亡及财产损失的赔偿责任，包括受害者的死亡补偿、伤残补偿、医疗补偿及财物损毁补偿。例如，汽车撞倒路边树木，树木又撞倒电线杆，电线杆再压倒房屋，导致房屋内的财产受损和人员伤亡。在事故现场，树木、电线杆、受损房屋、室内受损财产和伤亡人员等均是直接损失，因此产生的交通堵塞、停电、停产等损失则为间接损失。保险人对间接损失不负责任。

（2）对被保险人依法应当支付的赔偿金，保险人依照保险合同的规定进行补偿。在我国，交通事故是由公安部门处理的。公安部门处理交通事故的职责是：处理交通事故现场，认定交通事故责任，处罚交通事故责任者，对损害赔偿进行调解。经过调解未达成协议的，当事人可以向人民法院提起诉讼。对保险人而言，公安部门的处理是其承担责任与否的基础性依据，却又不是完全按照公安部门的处理结论承担赔偿责任，因为制约保险双方的直接法律依据应当是保险合同。因此，首先，被保险人应当在交通事故中对受害方负有经过公安部门认定的损害赔偿责任；其次，要看这种责任是否符合保险合同中应当由保险人负责的规定,在保险人的理赔中,应当依法扣除保险合同中规定的不赔部分或可以免负责任的部分。

四、机动车辆保险的除外责任

与责任范围一样,机动车辆保险的除外责任也分为车辆损失险的除外责任和第三者责任险的除外责任。

在车辆损失险的除外责任方面,保险人通常对下列风险造成的损失不负责任:

(1)战争、军事冲突或暴乱;

(2)酒后开车、无有效驾驶证(包括虽有驾驶证,但与所驾驶车辆不符,以及持学习驾驶证单独开车)、人工直接供油(不经过车辆正常供油系统供油,极易引起灾害事故);

(3)受本车所载货物撞击;

(4)被保险人或其驾驶人员的故意行为等。

与此同时,保险人对被保险车辆的下列损失也不负责任:

(1)自然磨损、朽蚀、轮胎自身爆裂或车辆自身故障;

(2)被保险车辆遭受保险责任范围内的损失后,未经必要的修理而致使损失扩大;

(3)被保险人因发生交通事故而导致的间接损失;

(4)其他不属于保险责任范围内的损失与费用(如被保险人在保险期间增加挂车,但未向保险人报告并批注,该车发生保险事故导致标的损失时,保险人可以被保险人未履行危险通知义务为由拒绝赔偿)。

需要说明的是,车辆轮胎爆裂虽然不属于保险人负责的范围,但是因轮胎爆裂而造成车祸,致使被保险车辆受损,保险人仍需负责,部分损失情况下应当扣除爆裂轮胎的损失,全部损失情况下则全部赔偿。

1996年以前,我国机动车辆保险在车身险中普遍将被盗风险列为基本保险责任,之后经过对旧条款的修订,被保险车辆的失窃风险已被列为附加保险责任。如果保险客户想转嫁这一风险,必须加保盗抢保险,保险人方对此负责。

在机动车辆第三者责任保险中,保险人对于下列人身伤亡和财产损失不负赔偿责任:

(1)被保险车辆上的一切人员和财产。驾驶员、售票员、工作人员、乘客、搭客等都不属于第三者(但下车后除驾驶员外,其他人员都可视为第三者);车上的货物、行李、燃料、仪器等财产物资因属于被保险人所有或负有代行管理职责,也不能视为第三者的财产物资,其损失亦不能在第三者责任保险项下获得赔偿。如果该项损失通过投保相关的附加保险,并在保险单上注明,保险人可以负责赔偿。

(2) 被保险人所有或代为保管的财产物资,均视为被保险人所有,不属于第三者责任范畴。

(3) 经公安部门或人民法院裁定应当由被保险人负责的间接损失,保险人不负责赔偿。

(4) 无有效驾驶证或酒后驾驶车辆出险所造成的损害,保险人不负赔偿责任。

(5) 私有车辆的被保险人及其家庭成员,以及他们所有或代管的财产物资,保险人不负赔偿责任。

(6) 被保险人的故意行为所造成的损害,保险人不负赔偿责任。

(7) 拖带未保险车辆或其他拖带物造成的损失,保险人不负赔偿责任。

五、机动车辆保险金额、保险费

机动车辆损失险的保险金额,可以按重置价值即投保时同类机动车辆的市场价确定,也可以由保险双方协商确定,或者按投保车辆的使用年限通过计算确定。在保险期间,被保险人在下列情况下可以要求调整被保险车辆的保险金额:增减设备、车辆修复后明显增值、车辆价格大幅度变动等。当被保险人提出调整保险金额申请后,保险人经查实,可以通过批改原有保险合同,使被保险车辆的保险金额得到调整。

机动车辆第三者责任险的赔偿限额采用每次责任限额的方式,即在合同有效期内,无论发生多少次保险事故,保险人均负有补偿责任,每次承担的责任以约定的责任金额为限。

现行保险市场上,各保险公司根据机动车辆的不同使用性质,将其分成若干种类,如家庭自用、营业运输、非营业运输及特种车辆等类别;同时,根据不同的车辆种类以及进口与国产等性质,规定相应的保险费率。保险人可以从费率表中查到各种车辆的适用费率。车身险的保险费由基本保险费和保险金额乘以适用费率两部分组成,即基本费率是统一的,针对保险金额收取的保险费则是有差别的,其计算公式如下:

$$车身险保险费 = 基本保险费 + (保险金额 \times 费率)$$

此外,还要根据投保车辆上年度出险情况、交通事故及违章情况进行一定比例的上下浮动调整,才能最终确定投保车辆的保险费金额。这些因素在各公司、各地都会有所不同。

凡保险期限不足一年的,按短期保险费率计收保险费,包括按月计费与按日计费两种,后者适用于被保险人要求将新购置的车辆在投保时与原先已投保的车辆统一续保日期。

机动车辆第三者责任险的保险费采取的是固定费率制,即不同的车型适用不同最高赔偿限额档次的保险费,不论车辆的新旧程度、价格高低,均适用相同的费率,收取相同的保险费。同时,与机动车辆损失险一样,机动车辆第三者责任险根据投保车辆上年度的实际情况进行一定比例的浮动调整。

六、附加险

机动车辆损失险与第三者责任保险只承保被保险人的车辆本身和第三者责任,且在保险责任范围方面有诸多限制。对于被保险人,还有许多风险未能转嫁。因此,为满足不同投保人的需要,保险人在机动车辆保险中提供了多种附加保险。

1. 附加盗窃险

附加盗窃险是机动车辆保险中最主要的附加险,它承保被保险车辆在停放或行驶中失窃或被劫的风险。通过附加此项保险,当被保险车辆发生被盗抢事件时,保险人可以负责赔偿。有如下几点需要注意:

(1)被保险车辆必须是整车失窃。换言之,保险人对被保险车辆的零部件失窃不负赔偿责任。

(2)被保险车辆失窃后,必须向公安部门报案并经公安部门备案。

(3)被保险车辆整车失窃后,必须经3个月等待期,即失窃3个月以上仍然未破案者,保险人才承担赔偿责任。如果失窃车辆在3个月内被追回,则保险人仅仅负责赔偿其在失窃过程中可能出现的损坏修理费用。

(4)保险人赔偿后,被盗车辆又被追回的,保险车辆应当归保险人所有。如被保险人需要原有车辆,则被保险人必须退回已经获得的保险赔款,保险人仍赔偿因失窃而发生的修理费用等。

2. 其他附加险

除附加盗窃险外,保险人在承保机动车辆损失险的同时,一般还开办下列附加险:

(1)车上人员责任险。即承保保险车辆上人员(包括司机和乘客)因意外事故造成的人身伤亡的风险。

(2)车上货物责任险。即承保保险车辆上装载的货物,因保险车辆发生意外事故所致损失的风险。

(3)无过失责任险。即承保保险车辆与非机动车和行人发生交通事故,造成对方的人身伤亡和财产毁损,保险车辆方无过失,且拒绝赔偿未果,对已经支付的费用无法追回的风险。

(4)车辆停驶损失险。即承保保险车辆发生保险事故,致使车辆停驶损失的风险。

除此之外,各地、各保险公司有多种附加险和附加特约条款,承保机动车辆损失险和第三者责任险以外的各种风险及损失。

第五节 工 程 保 险

工程保险是指以各种工程为主要承保对象的保险。一般而言,传统的工程保险仅指建筑、安装工程以及船舶建造工程项目的保险。进入20世纪后,尤其是第二次世界大战以后,许多科技工程活动获得了迅速发展,工程保险又逐渐增加了科技工程保险。现代的建筑、安装工程规模巨大,技术复杂,专业性强,造价昂贵,工程期间可能遭遇到各种风险损失,传统的财产保险已适应不了。我国在研究国际通用条款的基础上,针对具体情况,也开办了这一险种。这里着重介绍建筑工程一切险和安装工程一切险。

一、建筑工程一切险的概念

建筑工程一切险简称"建工险",是指以各类民用、工业用和公用事业的建筑工程项目为保险标的的保险,保险人承担对被保险人在工程建筑过程中由自然灾害和意外事故引起的一切损失的经济赔偿责任。

二、建筑工程一切险的责任范围

建工险的保险责任是指保险人承保的风险损失补偿限额,它包括在建筑工程中以财产物资为保险标的确定的保险金额、以第三者责任风险为保险标的的赔偿限额以及根据保险双方协商确定的免赔额。

建工险承保的保险责任相当广泛,概括起来主要有以下几类:

(1) 列明的自然灾害,如雷电、水灾、暴雨、地陷、冰雹等。对于地震与洪水,由于其危险性大,一旦发生,往往造成重大损失,国际保险界一般将其列入特约可保责任另行协议加保。

(2) 列明的意外事故,如火灾、爆炸、空中运行物体坠落、原材料缺陷等引起的意外事故,以及工作人员在施工中的过失造成的间接损失。

(3) 盗窃及清理保险事故现场所需费用,也可以将此类风险另行承保。

(4) 第三者责任在建工险中未被列入责任免除,属于其他风险责任。

三、建筑工程一切险的除外责任

在建工险中,除财产保险中的例行责任免除,如被保险人的故意行为、战争、罢工、核污染外,一般还有下列责任免除:

(1) 错误设计引起的损失、费用或责任;

(2) 原材料缺陷如换置、修理或矫正所支付的费用,以及工艺不善造成的本身损失;

(3) 保险标的的自然磨损和消耗;

(4) 各种违约罚金、耽误损失等;

(5) 其他除外责任,如文件、账簿、票据、货币及有价证券、图表资料的损失等;

(6) 如果是一般建工险,除外责任还包括保险责任项下未列明而又不在上述除外责任范围内的其他风险责任。

四、建筑工程一切险的保险金额

建工险的保险金额按不同的承保项目分项确定。建筑工程本身一般以工程的总造价为保险金额,包括设计费、材料设备费、施工费、运杂费、税款及保险费等。考虑到施工期间多种因素的变化,如原材料价格的涨跌等,保险人一般让投保人根据计划价投保,待工程完毕后再按实际造价对保险金额予以调整。其他承保项目的保险金额则以投保标的的实际价值或重置价值为依据,由保险双方协商确定。此外,因地震、洪水等特约灾害造成损失的,保险人一般还另行规定赔偿限额,按保险金额的一定比例计算。在赔偿限额方面,对第三者的财产损失和人身伤亡一般分项确定赔偿限额,并按每次事故、整个保险期间的风险情况确定累计赔偿限额。在免赔额方面,保险人可以根据工程本身的危险程度、工地上的自然地理条件、工期长短、保险金额的高低以及不同的承保项目等因素,与被保险人协商确定。在建筑工程保险市场上,合同工程承保项目的免赔额一般为保险金额的 0.5%—2%,机器设备项目的免赔额一般为保险金额的 5% 左右。有的保险人对地震、洪水等造成的损失还要规定单独的免赔额。

五、建筑工程一切险的费率和期限

建工险的费率应以投保人填写的投保单内容和保险人对投保标的的风险调查为依据,在对风险及其可能产生的损害后果作出评估的基础上,科学合理地进行厘定。保险人厘定费率时,应着重考虑下列因素:保险责任的大小;保险标的本身的危险程度,包括承保项目的种类、性质、建筑结构、施工场所的地理环境等;承包人的技术水平和管理水平;承包人及工程其他关系方的资信情况;保险金额、赔偿限额及免赔额的高低。在综合考虑上述因素的基础上,再结合以往承保同类业务的赔付情况,保险人就可以制定出比较合理的费率标准。需要指出的是,由于保险金额要在工程完毕后才能真正确定,保险费的计收亦应在订立合同时预收,期满时多退少补。

建工险的保险责任期限一般采用工期保险单,即以工期的长短作为确定保险责任期限的依据,由保险人承保从开工之日起到工程竣工验收合格的全过程。但是,对大型、综合性建筑工程,如有各个子工程分期施工的情况,则应分项列明保险责任起讫期。根据建筑工程的种类和进程,可以将合同工程划分为以下几个时期:

(1) 工程建造期,即从开工之日起到工程竣工之日止。

(2) 工程检验考核期,即从工程竣工之日起到通过检验考核之日止。

(3) 工程保证期,即从检验考核通过之日起到建筑合同规定的保险期满日止。保险人在承保时,可以只保一个责任期,也可以连同建筑工程合同保证期一并承保。

六、安装工程一切险的概念

安装工程一切险简称"安工险",是建工险的姐妹险种。它专门承保新建、扩建或改建的工矿企业的机器设备或钢结构建筑物在整个安装、调试期间,由于责任免除以外的一切危险造成保险财产的物质损失、间接费用以及安装期间造成的第三者财产损失或人身伤亡,依法应由被保险人承担的经济赔偿责任。

七、安装工程一切险的责任范围

安工险的适用范围与建工险相同,主要适用于国有、集体企业以及一切涉及利用外资的项目。保险对象为各种工厂、矿山安装机器设备、各种钢结构工程,以及包含机械工程因素的建造工程。

安工险在许多方面,如条款形式、内容,与建工险基本相同,但是在责任规定上与建工险略有区别。例如,《太平安装工程保险条款》第4条的内容是超负荷、超电压、碰线、弧花、走电、短路、大气放电及其他由电气引起的事故。安工险只负责由于上述电气事故造成的其他财产的损失,而不包括电器用具本身的损失。上述保险条款第6条的内容是安装技术不善引起的事故。"技术不善"是指按照要求安装,但没有达到规定的技术标准,在试车时往往出现损失。这是安工险的主要责任之一。承保这一责任时,要求被保险人对安装技术人员进行技术评价,以保证技术人员的技术水平能适应被安装机器设备的要求。

八、安装工程一切险的除外责任

安工险责任免除与建工险责任免除的不同之处在于,建工险对错误设计造成的损失一般除外;而安工险对错误设计"引起的本身损失"除外,对由此引起的其他保险财产的损失予以赔偿。

安工险的第三者责任附加险的保险责任和责任免除与建工险相同。

九、安装工程一切险的保险金额和费率

安工险的保险项目分物质损失、特种危险赔偿和第三者责任三大部分,其中后两部分的内容和赔偿限额与建工险相同。安工险物质损失部分保险金额的确定如下:

(1) 安装项目。本项包括被安装的机器、设备、装置、物料、基础工程(地基、机座),以及工程所需的各种临时设施,如水、电、照明、通信设施。安装工程主要有三类:一是新建工厂、矿山或某一车间生产线安装的成套设备;二是单独的大型机械装置,如发电机组、锅炉、巨型吊车等组装工程;三是各种钢结构建筑物,如储油罐、桥梁、电视发射塔等,安装管道、铺设电缆的工程等。保险金额为项目的承包合同价。

(2) 土木建筑工程项目。这是指由于安装工程需要对厂矿进行新建所产生的施工费、运杂费、保险费、税款及其他费用。本项的保额不能超过安装工程保额的20%,超过20%时,则按建工险费计收保费;超过50%时,则需单独投保建工险。

(3) 场地清理费(同建工险)。

(4) 工程所有人或承包人在工地上的其他财产,保额按重置价值计。

安工险费率的制定依据与建工险基本相似。它的组成除试车为单独的一次性费率和安装施工用的机器设备为单独的年度费率外,其他项目均为整个工期的一次性费率。

第六节 科技保险与核保险

一、科技保险

科技企业或研发机构在进行研究开发、科技成果转换和科技产品推广的过程中,由于研发人员变动、经费不足、开发能力有限和市场环境不确定等内外部原因,会遇到科研失败、科研活动终止或达不到预期科研目标等风险。科技保险就是对高新技术创新过程中遭遇风险所造成的损失承担赔偿责任的新型保险品种。

大力发展科技保险对促进企业高新技术创新,掌握核心技术,提高核心竞争力,营造良好的创新和创业环境有着十分重要的作用。高投入、高风险的高新技术产业以及相关活动在出现损失后,可以获得保险机构的赔偿,化解了研发机构的风险,使研发活动得以延续,打消了高新技术企业的出资人、科技工作者对风险的顾虑,有利于促进科技与经济的繁荣和发展。

与一般商业保险相比,科技保险有其自身的特点:第一,专业性。创新活动和创新成果要求保险提供有针对性的产品,能为产品研发、技术交易、产业化提供专门化的保障。第二,不确定性。科技风险因素复杂多变,使得预测存在一定的困难。由于不能清晰地估计可能出现损失的概率以及损失的大小,在保险费率和损失赔偿金的确定、责任认定和技术鉴定等方面就难以把握,往往只能通过估算、调整、替代等方式决定损失的额度。第三,高风险性。科技创新活动涉及的各个环节中存在诸多不确定因素,而且需要很大的投入才能获得成功。一旦发生事故,即使遭受的直接损失得到补偿,研发工作有时仍难以为继。

近年来,我国政府十分重视科技创新和科技保险,出台了许多政策和保障措施。2006年2月国务院发布的《国家中长期科学和技术发展规划纲要》提出,要"鼓励保险公司加大产品和服务创新力度,为科技创新提供全面的风险保障"。2006年6月国务院颁布的《关于保险业改革发展的若干意见》也明确指出,要"发展航空航天、生物医药等高科技保险,为自主创新提供风险保障"。2006年底,中国保监会和国家科技部联合下发了《关于加强和改善对高新技术企业保险服务有关问题的通知》(保监发〔2006〕129号),标志着我国科技保险在政府支持下正式启动。我国目前主要通过政府引导和市场推动相结合的方式,在服务技术创新的同时,兼顾相关风险分担,积极推进科技保险的发展。

二、核保险

核科学技术的发展和核能的和平利用是20世纪人类最伟大的成就之一。20世纪70年代,核电技术趋于成熟以及中东战争引发的石油危机,催生了世界核电站建设的高潮,核能源被许多国家视为重要能源类型之一。1980年,世界核电消费比1970年增长了7倍。但是,美国三里岛核电站、前苏联切尔诺贝利核电站以及日本东海村铀转化工厂等地严重的核泄漏事故的发生,使核能发展受到了严重打击,核电站的建设速度也因此变缓。近年来,随着其他能源的价格迅速上涨,世界范围内能源的紧缺,核电能再次成为人们关注的焦点。

核电站的造价远远高于常规电站,设计的寿命周期很长,一般为40年,有的甚至长达60年。其风险事故的发生率低,但一旦发生,则多为巨灾。由于核风险具有发生率低和价值高的特点,所以它通常被常规保险市场列为除外责任。因此,需要特定的核保险市场运作和安排。在国际上,核保险分为共保和自保两种形式,前者是由保险公司组成核共体共同承保核风险,后者是由核电站组成自保组织承保核风险。世界上最早的核共体出现在1956年,第一张核保险单是在1957年3月22日由美国核共体签发的。目前,以共保形式为核电站提供保险服务的国家和地区已有三十多个,我国是其中之一。

我国的核保险是随着核电站的发展而成长起来的。我国自主设计建设的第一座核电站是 1991 年建成并投产的秦山核电站。截至 2004 年 9 月,我国已有 9 台核电机组投入运行,两个核电站进入核岛供货招标阶段。1994 年,第一家中外合作建设的大亚湾核电站建成投产。同年,我国的核保险业应运而生。当时提供核保险的是原中国人民保险公司,并由该公司独家承保、独家办理对外分保业务。1999 年 9 月 2 日,中国核保险共同体(简称"中国核共体")正式宣布成立。这标志着我国大陆的核保险由单个公司承保走向共同承保,在承保方式上与国际接轨。中国核共体承担着为我国核电站提供保障服务的重任,既向海外转移境内部分核保险风险,也接受部分境外核保险业务,并代表中国核共体成员公司加入世界核保险共同体体系,参与或组织有关活动。

我国核电保险的承保标的有两类,一是核电站以及核燃料和核废料等核材料的储存、运输,二是其他科研民用核设施。核电保险主要承保上述标的的核物资损失险、机器损坏险、利润损失险和第三者责任险等。

一般而言,国内核电站从建设到运营需要四份保单:

(1) 建设期间的建筑安装工程一切险保单。除了运行调试时与普通建工险有差别外,该保单与一般建工险并无实质区别。

(2) 运营期间的物资损失险保单。该保单承保被保险财产因常规风险和核风险导致的意外灭失、损毁或损坏。

(3) 第三者责任保单。该保单承保因常规事故和核事故的发生,核电站应对第三者承担的损害进行赔偿的责任。

(4) 机器损坏险保单。

目前,我国的核电保险所积累的保险费规模还非常小,其业务的 90% 要从国际市场上获得再保险支持。

思考题

1. 财产保险的概念是什么?其标的有什么特征?
2. 财产保险的可保利益有哪几种?
3. 企业财产保险的保险金额确定有哪几种方法?
4. 家庭财产保险的特点是什么?
5. 简述国内货物运输保险的特点。
6. 机动车辆保险的概念、特点是什么?
7. 建工险、安工险的保险金额如何确定?

第二十二章 海上保险

☞ 学习目的

使学生了解海上保险的基本概念和特点,以及海上保险的各种不同的分类方法;熟悉海上保险的几个基本险种的主要险别和附加险,以及几个基本险种的主要保险条款。

第一节 海上保险概述

一、海上保险的概念和特点

海上保险,俗称"水险",主要承保被保险人因海上意外灾害事故所造成的船舶、货物以及其他财产损失、费用损失和有关责任的赔偿。海上保险是现代保险的起源。

随着经济的发展和海上资源的不断开发,海上保险的保险标的由船、货、运费等逐步扩展到船舶建造、海上作业和海上资源开发,以及与之有关的利益、财产和责任等。随着运输业的发展和各种联运工具的出现,海上保险承保的危险不仅限于海上的危险,还涉及与航海贸易有关的内河、陆上、航空运输的危险和各种联运工具引起的责任,以及外来原因所导致的损失。与早期的海上保险概念相比,今天的海上保险无论内容还是形式都发生了不少变化,概括起来主要有:承保风险扩展了,承保标的变多了,险种险别增加了,保险条款和保单格式改进了。

由于海上保险承保的范围广阔、危险集中、保险标的多样和致损原因复杂,因而形成了以下特点:

(1) 承保风险的综合性。海上保险承保的是致损原因复杂的综合性风险,其不确定性要比陆上风险大得多。船舶在海上航行,不仅会遇到诸如台风、海啸等不可抗拒的自然灾害,还可能遇到海盗、船员盗窃、船舶被有关当局扣押等人为灾难,以及船舶自身缺陷导致的船舶失灵、搁浅、碰撞等。此外,海上保险还承保与航程有关的内河和陆上风险。它不但承保动态风险(海陆运输),而且承保静态风险(途中仓储),以及其他特殊的和外来的一切风险。

(2) 承保标的的流动性。船舶与货物运输要求从一个港口到达另一个港口,经常处于流动状态,保险标的难免在不同地点产生价格差异。因此,海上保险大多采用定值保险。

（3）承保对象的多变性。一般财产保险的保单是不能随标的所有权的转移而转移的。海上保险由于国际贸易经营的需要，其保险权益可以通过持有人背书而随物权凭证的转移而转移。也就是说，保单的最后持有人有权提出索赔。

（4）险种和险别的多样性。海上保险由于运输方式和各种保险标的要求保障的内容不同，客观上需要有不同的险种和险别。在各类险种中，根据保障内容的不同，又可以具体分为不同层次的若干险别。因此，海上保险的条款也具有复杂性和多样性。

（5）保险关系的国际性。在涉外业务中，海上保险保障的对象主要是国际贸易，以远洋运输及其他有关对外经济活动为主。因此，在海上保险合同的履行过程中，经常涉及有关国际经济、法律关系，并需要按国际惯例处理有关业务。

二、海上保险分类

海上保险的分类方式大体有以下几种：

1. 按保险标的分类，主要有：

（1）海上货物运输险。该保险主要承保各种海上运输工具所载运的一切货物。

（2）船舶保险。该保险承保各类船只，包括其船壳、机器、设备以及用具，并承保各种钻井平台、浮吊、水上仓库等水上浮动物体。

（3）运费保险。承运人对到付的运费、租船人对预付的租船费、船东对到付的租船费或将来的预期运费都可以投保运费保险。

（4）保障与赔偿保险。该保险属责任保险范畴，简称"保赔保险"。它是由保险人承担船方违反运输合同而产生的经济责任，以及航运管理上的过失所引起的法律责任的保险。这种保险在国外最初由船东之间的互助保险组织即船东保障与赔偿协会承办。后来，保险人为扩展业务，也开展保赔责任保险，并设保险保赔协会。

（5）海上石油勘探开发保险。这是一种有关海上作业的综合性保险，主要承保海上石油勘探过程中发生的各种危险，包括气候危险、火灾危险、井喷危险、作业船舶和操作作业事故等。

海上货物运输险、船舶保险、运费保险是基本险种，构成海上保险的主要内容。

2. 按保险期限分类，主要有：

（1）定期保险。按保险合同规定，双方对保险标的所负责任起讫，以期限划分,通常为一年,也可以为半年,最短为三个月。船舶保险一般采用定期保险。在规定期限内,船舶每次航行无须通知保险人。

(2) 航程保险。该保险的保险期限以航程起讫划分。按合同规定,保险人只以指明的港口之间的航程为责任起讫,分单程、往返航程或多次航程等。海上货物运输保险和不定期航行的船舶往往采用这种保险。

(3) 混合保险。这是将定期保险与航程保险相结合的保险。它以航程为主,同时为避免航次中拖延时间过长,又具体规定了期限加以限制,保险人的保险责任终止则以两者中先发生的为准。例如,一货船以上海至伦敦单航次投保混合险,时间从5月15日至7月14日,共两个月。若货船早于7月14日抵达伦敦,则保险责任即在抵达日终止;若货船迟于7月14日到达伦敦,则保险责任以7月15日为终止日。

3. 按特定危险分类,主要有:

(1) 船舶建造保险。该保险承保船舶在建造、下水、试航及交付过程中所发生的损毁灭失。

(2) 停泊保险。船舶由于不营业或需维修等原因,在港内长期停留,可投保停泊保险。停泊期间的保险费率因停留期间的危险因素比航运期间相对要少而相应降低。投保定期保险的船舶因故在港区内连续停泊的时间超过30天,也可视为停泊保险。保险人将定期保险和停泊保险之间的保险费差额部分退还给被保险人,称为"停泊退费"。

4. 按保险价值分类,主要有:

(1) 定值保险。保险人与被保险人事先对保险标的约定一个价值,载明于保险合同中,作为确定保险金额的基础。保险人据此收取保险费,并在保险标的发生损失时作为计算赔款的依据。如危险事故发生使标的全损,保险人将按约定价值给予补偿,与保险标的受损时价值涨落无关;对部分损失,则按实际损失程度赔偿。当事人在投保时,可将货物出售后的预期利润计算在内。海上货物运输保险与船舶保险所承保的标的经常处于流动状态,受时间和空间因素制约,出险后的损失估计在技术上难度较大。因此,这两个海上保险的主要险种一般均采用定值保险。

(2) 不定值保险。保险人与被保险人双方对保险标的事先并不约定保险价值,保险合同上只订明保险金额。保险人的赔偿责任一般以保险标的发生损失时的实际价值进行估计。同样,由于海上保险标的的流动性大,确定保险标的发生损失时的实际价值比较困难,因此在海上保险的实际业务中很少采用不定值保险。

5. 根据货物承保方式分类,主要有:

(1) 逐笔保险。这是由被保险人按一批货物或一艘船只逐笔向保险人申请保险,保险人按每笔业务的风险状况、航程长短及投保条件决定是否承保和确定费率的承保方式。逐笔保险是海上保险业务中最普遍的承保方式。

（2）流动保险。这是保险人对被保险人在约定的保险期限内所运输的多批货物的总价值作出估计,实行总承保的方式。在这种承保方式下,双方需在保险合同中载明运输货物名称、承包险别、航运区域以及保险总金额,并对每条运输船舶每次事故的货物损失确定一个限额。每批货物发运时,通知保险人并自动承保。保险费以总保险金额按一定费率预先缴付,最终结算应缴保险费,采用多退少补的方法。流动保险一般仅适用于承保在一定期限内分批发运、品种单一的进出口货物,如原油、粮食、化肥等。这种承保方式的好处是,保险双方一次签约后,不需要对每批发运的货物再逐一商定承保条件和确定费率。

（3）总括保险。总括保险与流动保险基本相似,也要求保险双方事先约定一个保险期限,在合同上载明保险总金额,保险人对被保险人在合同有效期内发运的每一批货物全部承保。与流动保险不同的是,总括保险的投保人要一次缴清保险费,合同期满后不再结算,如保险总金额有余,保险费也不退还;不规定每条运输船舶每次事故的货物损失限额,也不要求每批货物发运时通知保险人;发生损失时,保险人在该批货物保险金额内按实际损失赔偿,并将每笔赔款从保险总金额中扣除,当保险总金额扣完,保险责任也就此终止。总括保险用于在一定期限内分批发运、航程短、每批发运的货物基本相同且价值低的进出口货物。

（4）预约保险。这是约定承保货物运输的长期保险。保险双方在预约保险合同中规定总的承保货物范围,包括运输货物的种类、承包险别、运输区域、费率以及每批货物的最高保险金额等。当被保险人每次装运货物时,只要申报船名、航程、货物数量及保险金额,保险人则自动按合同承保。保险人将被保险人的每次申报内容作为合同的一部分,据此结算保险费。

与流动保险、总括保险相比,预约保险没有约定的总保险金额,因此保险费不必预付,按货物实际装运情况定期结算。这样,既免除了被保险人预先缴付保险费的负担,又保留了流动保险的好处,无须逐笔商议,不会遗漏,同时还可简化手续,降低费率。预约保险适用于货物批量多、期限长且需要在一定时间内分批发运的进出口货物。在国际贸易中,以 FBO（离岸价格）和 CFR（成本加运费价格）成交的进口货物,通常规定由买方投保,采用预约保险方式,可以避免卖方装船后未及时通知买方导致买方没有及时投保而得不到保险保障的情况发生。

流动保险、总括保险和预约保险异同比较

	保额确定	保险责任	保险费结算	保险期限
流动保险	规定保险总金额	规定每船限额;每发运一批须申报;逐批发运的保额总和达到保险总金额时,保险责任终止	预付一笔保险费,合同期满后结算,多退	约定保险期限
总括保险	规定保险总金额	不规定每船限额;每发运一批不必申报;每次赔款从保险总金额中扣,扣完,保险责任终止	一次付清保险费,合同期满后不再结算;若保险总金额有余,保费也不退	约定保险期限
预约保险	一般不规定保险总金额	规定每船限额;每发运一批须申报;漏报可以补报,补报时已受损,仍赔	定期结算保险费;若有漏报,补报补缴;补报时货已运抵,仍须缴付	分约定限和不定期两种,不定期的,若一方要终止合同,须事先通知对方
共同点	三者均为一次签约,在合同中规定承包货物名称(或范围)、承保险别、费率和航程等;在约定期限内,无须逐笔商定承包田件和确定费率,简化手续			

(资料来源:应世昌编著:《新编海上保险学》,同济大学出版社 2006 年版。)

第二节 海上货物运输保险

一、海上货物运输保险的概念和范围

海上货物运输保险是以航行于国与国之间的海轮所运输的各种货物作为保险标的,保险人对被保险货物在运输过程中遭受保险单中规定的损失负赔偿责任的保险,是海上保险的重要险种之一。

海上货物运输保险的保障范围与国内货物运输保险一样,包括危险保障、损失保障和费用保障三个方面。

1. 危险保障

危险保障是指保险人承保的风险。海上货物运输保险主要承保两类风险:

(1) 海上风险

海上风险也称"海难",是指海上偶发的意外事故或灾害,不包括正常的风浪影响。最主要的海上风险有:

① 恶劣气候,指海上发生的飓风、大浪引起船只颠簸和倾斜,造成船舶的船体、机器设备的损坏,或因此引起的船上所载货物相互挤压、碰撞导致破碎、渗

漏、凹瘪等损失。

② 搁浅，指船底与海底或浅滩保持一定时间的固定状态，导致船舶无法航行。这一状态必须事先预料不到，在意外情况下发生。对有规律的潮汐涨落造成船底触及浅滩，均不作为保险搁浅事故。

③ 触礁，指船体触及海中的岩礁或其他障碍物（如沉船、木桩等）造成的意外事故。

④ 沉没，指船体的全部或大部分已经没入水面以下，并已经失去继续航行的能力。如船体仅一部分下沉，仍具有航行能力，则不能视为沉没。

⑤ 破船，指船舶在航行或停泊时，由于遭受自然灾害或意外事故（如搁浅、触礁等）造成船体破裂。也有些国家将此作为单项危险列入保险条款。

⑥ 碰撞，指船舶与他船或其他固定的、流动的固体物（如码头、桥梁、浮筒、灯标等）意外地猛力接触。船只与海水的接触以及船只停泊在港口内与他船并排停靠在码头旁边，因为波动相互挤擦，均不能视为碰撞。

（2）外来风险

外来风险是指外来原因引起的损失。由货物自然属性、内在缺陷引起的自然损耗或必然发生的损失，不属于外来风险。外来风险有：

① 火灾，指由于物体的燃烧而引起的灾害。海洋运输货物被火焚毁、烧焦，或是火熏、灼热，以及为救火造成的货物损失，均属这一风险范围。

② 偷窃，指暗中窃取，不包括公开的、攻击性的抢劫。

③ 提货不着，指整件托运货物没有交付给收货人。

④ 雨淋，指直接由于雨雪淋湿造成货物的损失。

⑤ 短量，指保险货物在运输途中或抵达目的地后发生重量或数量短缺的损失。

⑥ 玷污，指保险标的在运输途中受其他物质的污染造成的损失。

⑦ 渗漏，指流质或半流质货物在运输途中由于容器破漏引起的损失。

⑧ 破碎，指易碎物品遭受颠簸、震动、碰撞、挤压造成的损失。

⑨ 受潮受热，指由于气温骤变或船舱通风设备失灵，使船舶内的水蒸气凝结，货物受潮受热造成的损失。

⑩ 串味，指货物受到其他带异味物品的影响造成的损失。

此外，保险业务中还有一些特殊的外来风险，主要指战争、罢工、失踪、拒收等。

2. 损失保障

损失保障是指保险人承保损失的性质。由于是海上货物运输保险，因此保险人承保的损失属于海损。

海损按损失程度不同，可分为全部损失与部分损失；按损失的性质不同，可分为共同海损和单独海损。单独海损和共同海损就其损失的程度看,都属于部分损失。

全部损失,简称"全损",是指运输中整批货物或不可分割的一批货物的全部损失。全损又有实际全损和推定全损之分。

实际全损又称"绝对全损"。构成实际全损的情况主要有:保险标的完全灭失;保险标的的所有权丧失,已无法挽回;保险标的受损后已完全丧失其使用价值;船舶失踪达到一定期限。

推定全损是指保险标的的所有权即将丧失,获得收回权所需的费用超过丧失的权利;或保险标的的损失已经发生,预计抢救、修复受损保险标的所花的费用可能超过保险标的的获救或修复后的价值。在这种情况下,被保险人可以要求按部分损失赔偿,也可以按推定全损索赔。推定全损索赔时,被保险人必须先向保险人提出委付,并经保险人承诺接受才有效。如果保险人不接受委付,则保险人按实际损失赔偿。所以,委付是推定全损成立的先决条件。

部分损失是指损失没有达到全部损失的程度。部分损失按其性质不同,分为单独海损和共同海损。

共同海损是指载货的船舶在海上遇灾害事故,威胁船舶、货物、运费等各方的共同安全,为解除威胁,维护船货安全,使航程得以继续完成,由船方有意识地、合理地采取措施,造成某些特殊损失或支付特殊费用的行为。共同海损行为是一种非常措施,是正常航行中所不能做的。因此,构成共同海损必须具备以下六个条件:

(1) 共同海损的危险必须是实际存在的,或者是不可避免的,而且危险是船舶、货物、运费各方共同的危险。任何主观臆测可能发生危险,或仅是针对船舶、货物或运费任何单方面的危险而采取的措施,不能视为共同海损。

(2) 牺牲和费用必须是特殊性质的,并不是根据运输合同应由船方负责的。

(3) 采取的措施必须是自觉的、有意识的。这里的"有意识"是指人为的、故意的行为。

(4) 采取的措施必须是谨慎的,特殊的牺牲和费用是合理的。

(5) 损失必须是共同海损行为所造成的直接后果,不包括间接损失。

(6) 特殊牺牲和支付的费用必须有效果,即保全了处在共同危险中的财产,或者使部分船货获救;否则,就不存在共同海损分摊的基础。

上述六个条件是一个整体,构成共同海损行为时缺一不可。

共同海损的牺牲和费用是为了使船舶、货物、运费等各方免遭损失而支出的,应当由船舶、货物、运费等各方根据最后获救价值共同按比例分摊。

单独海损是指除共同海损以外的部分损失。这种损失只与单独利益方有关,仅由受损者单独负担,不涉及其他货主或船方。保险标的发生单独海损是否可以得到赔偿,由所属的保单条款决定。

3. 费用保障

费用保障是指保险人承保的费用,主要来自救助费用和施救费用两个方面。

(1) 施救费用,指保险标的遭遇保险责任范围内的灾害事故时,由被保险人或其代理人、雇佣人为避免或减少损失,而对保险标的进行抢救、保护、清理等所支付的合理费用。保险人对施救费用负赔偿责任。但是,施救费用的最高赔偿额只能以保险金额为限。

(2) 救助费用,指保险人和被保险人以外的第三者采取救助行为而使船舶和货物有效避免或减少损失,由被救方付给救助方的报酬。目前,世界各国较多采用"无效果,无报酬"的原则,即救助无效果时不付报酬。保险人对保险标的的损失与救助费用的赔偿总和,以不超过保险金额为限。

二、海上货物运输保险的主要险别和附加险

1. 主要险别

海上货物运输保险的主要险别有:

(1) 平安险,指只负责海损事故和自然灾害造成的全部损失,不负责单独海损,也就是不负责部分损失的一种海上货物运输保险。在长期的实践过程中,经不断补充、修订,当前平安险的责任范围已越出只赔全损的限制。我国现行的海上货物运输保险条款中的平安险责任包括:保险货物在运输途中遭遇恶劣天气等,造成整批货物的全损或推定全损;由于运输工具搁浅、沉没、碰撞、失火、爆炸,造成货物的全部或部分损失;在装卸或转运时,一件或数件货物落海,造成货物的部分或全部损失;保险货物遭受承保责任范围内的损失时,被保险人采取抢救或防止货损的必要措施而支付的合理费用;运输工具遇海难后,在中途港或避难港产生的卸货、仓储以及运送等特别费用;共同海损的牺牲、分摊和救助费用;根据"船舶互撞责任"条款规定,应由货方偿还船方的损失。

由于平安险对单独海损原则上不负责任,保障范围比较狭小,因此在实际投保中很少使用。平安险适用于大宗、低值、粗糙、无包装的货物。

(2) 水渍险,指对单独海损也负赔偿责任的一种海上货物运输保险。水渍险对平安险不负责任的部分损失也负赔偿责任。水渍险的责任范围除包括上述平安险的各项责任外,还负责被保险货物由于自然灾害造成的部分损失。因此,水渍险的责任范围要大于平安险。

虽然水渍险承担赔偿部分损失的责任,但是对被保险货物因某些外部因素所导致的分损如碰损、锈损、破碎等不予负责。一般来说,水渍险适用于不大可能发生碰损、破碎或易生锈又不影响使用的货物,如铁钉、铁丝等小五金,以及旧汽车、旧机床等二手货。

(3) 一切险,指在平安险和水渍险的各项责任基础上,将保险货物在运输途中由于外来原因所导致的全部或部分损失列入保险范围。因此,一切险的责任范围是三个主要险别中最大的。但是,不能就此得出一切险承担货物运输途中一切外来风险所造成的损失这样的结论,因为一些特殊外来风险造成的损失并不在该险别的承保范围内。为便于比较,可认为一切险承保的责任范围是水渍险加上11种一般附加险。

2. 附加险

此外,海上货物保险另有几种附加险:

(1) 一般附加险,包括11种外来原因引起的风险责任,有偷窃提货不着险、淡水雨淋险、短量险、玷污险、渗漏险、碰损破碎险、串味险、受潮受热险、钩损险、包装破裂险、锈损险。它们都已包括在一切险的责任范围内。

(2) 特别附加险,与政治、国家政策法令和行政措施等引起的风险有关,主要有交货不到险、进口关税险、舱面险、拒收险、黄曲霉素险等。

(3) 特殊附加险,承保由于战争或类似战争行为以及罢工等原因造成的保险货物的直接损失,主要有战争险、罢工险等。

三、海上货物运输保险条款

海上货物运输保险适用的保险条款有:

1. 中国保险条款

1981年1月1日,中国人民保险公司经中国人民银行(当时的保险监管部门)授权,根据我国保险业务的实际情况,参照国际保险市场的习惯做法,分别制定或修订了海洋、陆上、航空、邮包运输方式的货物运输保险条款,以及适用于上述各种运输方式货物保险的各种附加险条款,统称为"中国保险条款"。它包括《海洋运输货物保险条款》《海洋运输冷藏货物运输保险》《海洋运输散装桐油保险条款》《陆上运输货物保险条款》《陆上运输冷藏货物保险条款》《航空运输货物保险条款》《邮包保险条款》《活畜牲、家禽的海上、陆上和航空运输保险条款》等。以海上货物运输保险条款为主的中国保险条款与国外同类条款项相比,尽管存在着一些差别,但基本内容是相近的。

2. 国际上常用的货物运输保险条款

为了满足有些保险客户的需要,我国保险人也采用以下两种国际上常用的货物运输保险条款:

(1) 英国《协会货物条款》。这是英国伦敦保险协会于1982年在修订1963年《协会货物条款》的基础上制定的。该条款从1983年4月起,随着英国新的海上保险单的推出而被正式使用,并迅速为世界各国和地区的保险人所采用和仿效。该条款主要包括《协会货物A险条款》《协会货物B险条款》《协会货物C

险条款》《协会货物战争险条款》《协会货物罢工险条款》等。

(2) 美国《协会货物条款》。这是由创立于1898年的美国海上保险人协会制定的,于1966年4月1日作过最近的一次修订。

第三节 船舶与运费保险

一、船舶保险的概念和范围

船舶保险是以各种类型的船舶作为保险标的,承保其在海上航行或在港内停泊时遭遇自然灾害和意外事故所造成的全部或局部损失,以及可能引起的责任赔偿。船舶保险责任仅以水上为限。船舶保险的风险集中,牵涉面广,技术要求高,航行范围大,风险难于控制。因此,船舶保险是高风险业务。

船舶保险承保由以下两类风险引起的船舶(包括其船壳、救生艇、机器、设备、仪器、索具、燃料和物料)的全损险和一切险。

1. 传统的海上风险

传统的海上风险按性质不同,可细分为海上自然灾害、海上意外事故和外来风险三类。其中,海上自然灾害和海上意外事故统称为"海难"。

(1) 海上自然灾害,指地震、火山爆发、暴风雨、海啸等自然灾害。

(2) 海上意外事故,指搁浅、碰撞、触碰任何固定或浮动物体、其他物体或其他海上灾难。

(3) 外来风险,指来自船外的暴力盗窃或海盗行为、抛弃货物、核装置或核反应堆发生故障或意外事故。

2. 疏忽式的风险

疏忽式的风险主要是指属于海难范围以外,由于不可预料的疏忽或过失所造成的损失的风险,包括以下五类风险:

(1) 装卸事故,指装卸或移动货物或燃料时发生的意外事故;

(2) 潜在缺陷,指船舶机件或船壳的潜在缺陷;

(3) 疏忽行为,指船长、船员和引水员、修船人员及租船人的疏忽行为;

(4) 有意行为,指船长、船员有意损害被保险人利益的行为;

(5) 防污行为,指任何政府当局为防止或减轻应承保风险造成被保险船舶损坏引起的污染所采取的行动。但是,这种损失应不是由于被保险人、船东或管理人未恪尽职责所致。

在我国,船舶保险的除外责任主要有:被保险船舶不适航;被保险人及其代表的疏忽或故意行为;被保险人恪尽职责应予发现的正常磨损、锈蚀、腐烂、保养不周或材料缺陷,包括不良状态部件的更换和修理;战争险、罢工险的保险责任和除外责任;清除障碍物、残骸等。

二、船舶保险的主要险种

船舶保险的主要险种有全损险和一切险两种。

1. 全损险

全损险是指保险船舶发生保险项下全部损失时,保险人才予以赔付的保险。船舶全损险分实际全损和推定全损两种。

(1) 实际全损,指保险标的的全部灭失。根据我国《船舶保险条款》的规定,船舶的实际全损包括两种情况:一是船舶完全损失,即被保险船舶因碰撞、触礁、沉没而完全损毁或严重损坏不能恢复原状,或者由于被敌对国捕获、没收而不可避免地丧失该船舶;二是船舶失踪,即被保险船舶在超过预计到达目的港日期两个月后,尚未得到它的行踪消息。

(2) 推定全损,指船舶发生事故后,虽未达到全部灭失的程度,但以原状到达目的港已无可能。推定全损也有两种情况:一是船舶全部损毁或灭失已不可避免,二是恢复修理费用、救助费用或两项之总和达到或超过船舶的保险价值。发生推定全损时,被保险人应当办理委付手续。

2. 一切险

一切险是指保险船舶发生保险项下全部损失和部分损失,保险人均给予赔偿的保险。船舶一切险除负责全损险责任外,还包括部分损失以及碰撞责任、共同海损分摊、救助费用和施救费用。

三、船舶保险的主要条款

船舶保险的主要条款包括碰撞责任条款和姐妹船条款两种。

1. 碰撞责任条款

该条款对碰撞和碰撞责任分别作了规定,并确定保险人对碰撞责任所负责任范围和保险金额的赔偿限度。碰撞是被保险船舶发生碰撞事故后引起本身的损失,碰撞责任则是被保险船舶对被碰撞船舶应负的赔偿责任。保险人所负的碰撞责任是在赔偿船舶本身损失以外负责一个保额。即保险人除对被保险船舶的全损或推定全损按保险金额进行赔付外,还须赔偿被保险船舶对第三者应承担的法律责任。

2. 姐妹船条款

两条或数条同属一个船东所有的姐妹船之间的碰撞或救助不构成法律责任,因而不产生赔偿责任或给付救助费的义务,但是会造成经济损失。为了使被保险人得到补偿,可将姐妹船视为分属两个船东所有的船只,对它们之间的碰撞由仲裁人裁定的责任负责赔偿,对它们之间的救助也按救助惯例支付救助费用。

四、运费保险

运费保险以船舶运送货物所收取的酬金为保险标的,并非具有实体性质,是由运送契约所产生的给付义务。运费通常有两种:一是普通运费,即船东为货主承运货物所获取的酬金,一般按货物性质计价收费,又称"提单运费";二是租船运费,是船东出租船舶收取的租船费,对装运货物不采取计件收费,又称"租金运费"。

普通运费按其支付方式可分为预付运费、保付运费、到付运费。预付运费是货主预先支付给承运人或船东的运费。此类运费无须投保,已包括在到岸(CIF)价格中。保付运费是货主事后付给船东或承运人的运费。此类运费也无须投保,因为不管货是否运到,只要不是承运人的责任,货主都须交付运费。实际上,此项费用已打入货物成本。到付运费是货主在货物运抵目的地后支付给船东即承运人的运费。在这种情况下,船东对运费具有可保利益。因此,到付运费是运费保险的承保标的。

运费保险有两种基本类型:一是把运费保险当作船舶保险处理,二是单独承保运费保险。我国还没有单独承保运费保险的条款,必要时可参照伦敦保险协会的运费保险条款,将运费保险包含在船舶保险中一并承保,其保险金额最多不能超过船舶保险价值的25%,运费保险赔付仅以全部损失为限。

思考题

1. 海上保险承保范围的特点是什么?
2. 海上保险的分类方式有几种?
3. 简述海上货物运输保险的保障范围。
4. 名词解释:实际全损、推定全损、单独海损、共同海损。
5. 概述平安险、水渍险、一切险的联系与区别。
6. 概述船舶保险的主要险种和条款。
7. 运费保险的支付方式有几种?

第二十三章 责任保险

☞ 学习目的

使学生了解责任保险的概念、产生与发展过程,掌握责任保险的特点、承保对象,熟悉责任保险的分类及各险种的特点。

第一节 责任保险概述

一、责任保险的概念

责任保险是指以被保险人的民事损害赔偿责任或经过特别约定的合同责任作为保险对象的保险,其承保标的是责任风险。不论企业、团体、家庭还是个人,在进行各种生产经营和日常生活中,由于疏忽、过失等行为造成他人财产损失或人身伤亡,根据法律或合同规定,应对受害人承担经济赔偿责任。如致害人投保责任保险,可将这一风险转移给保险人,由保险人承担致害人(即被保险人)应向受害人所负的经济赔偿责任。

责任保险属于广义财产保险的范畴,是一种无形的、非实体的财产保险。广义的财产保险可包括三类:第一类主要指狭义财产保险,即对有形财产的灭失损毁负赔偿责任;第二类是对预期利益的丧失负赔偿责任,主要包括利润损失保险和信用保险等;第三类是对因事故导致他人人身伤亡或财产损失负赔偿责任,即责任保险。

对投保人而言,一旦因过失、疏忽等行为造成他人人身与财产损失,应依法承担经济赔偿责任,其利益就要受到损失。这时,投保人对可能发生的民事损害事故具有利害关系,构成投保人对民事损害责任风险的可保利益。投保人只能投保自己可能发生的责任风险,这是建立责任保险关系的前提。大量客观存在的民事损害风险和人们对转移风险的需求,是责任保险生存和发展的基础。

二、责任保险的产生

责任保险是市场经济发展到一定阶段的必然产物,它的产生和发展与国家法律制度、国民法律意识息息相关。19世纪末,欧美等国家的法制环境逐渐成熟,司法体制日趋完善,人们的权利意识不断增强,法律责任危险大幅度增加,对责任保险的需求愈见增大。同时,保险公司顺应社会经济发展的需要,开发了一系列责任保险产品,进一步推动了责任保险的发展。

早期责任保险的创新和发展都与雇主责任保险有着密切的关系。19世纪中叶,西方国家的工人阶级为了获得人身和经济的保障而进行了坚决的斗争,迫使各个资本主义国家先后制定了劳工法律,责任保险发展的法律环境基本具备。1880年,英国颁布《雇主责任法》,规定雇主在经营业务过程中因过失使雇员遭受伤害时,须负赔偿责任;雇主若无过失,则不必承担责任。英国在当年成立了专业的雇主责任保险公司。随后,西方各主要国家相继制定了劳工法律,规定雇主的法律责任,从而使雇主责任保险也得到了迅速发展。1889年,美国本土开设了承保雇主责任保险业务的公司。20世纪初,英美两国已将雇主责任保险纳入法定保险之列,随即为众多国家所仿效。

其他种类的责任保险最初多以附加责任的方式承保,并逐渐以新险种的形式出现。

1855年,英国铁路乘客保险公司首次向铁路部门提供铁路承运人责任保险。1875年,英国出现了马车第三者责任保险,专门承保因使用马车而引起的责任,这可以看作汽车第三者责任保险的先导。1894年,第一辆汽车在英国街头出现。1898年,英国法定意外事故保险公司开始向车主签发保单。20世纪40年代,一些国家将机动车第三者责任保险规定为法定保险。之后,更多的国家继起仿效。再加上船舶、飞机第三者责任保险和工程项目责任保险,构成了今天第三者责任保险制度的框架。

1885年,第一张职业责任保险单出现,承保药剂师过失责任。19世纪末,出现了医生职业责任保险。1923年,出现了会计师职业责任保险。随后,职业责任保险逐渐涵盖医生、药剂师、律师、美容师、工程师、建筑师、公司董事和高级职员等数种不同的职业,职业责任保险在发达国家的保险市场上占据了十分重要的地位。

公众责任保险开始于19世纪80年代,最先开办的业务有承包人责任保险(1886年)、升降梯责任保险(1888年)、业主房东住户责任保险(1894年)等。到了20世纪40年代,公众责任保险在工业化国家日渐成熟,已进入家庭,个人责任保险得到发展。进入20世纪70年代,由于公众对损害事故的索赔意识增强和法律的不断完善,公众责任保险已成为西方工业化国家的机关、团体,各种游乐、公众活动场所,以及家庭、个人必需的保障。

1890年,英国出现了主要承保面包师在面团中意外添加蟑螂药粉的责任保险单,这应该是最早的产品责任保险。也有人认为产品责任保险开始于1910年的毒品责任保险。产品责任保险最初承保的产品大多直接与人的健康有关,如食品和药品。随着科技的进步,产品开发和使用过程中的风险也在不断增加,产品责任保险逐步扩展到轻纺、机械、石化、电子等行业的产品。特别是20世纪

60年代以来,产品责任保险得到了迅速发展。

环境责任保险是从公众责任保险中发展出来的新的责任保险类型。随着社会经济的发展,环境污染重大事故不断出现,所涉地域广阔,受害人数众多,赔偿数额巨大。在这种情形下,环境污染责任保险成为各国解决环境损害赔偿问题的主要方式之一。在美国,公众责任保险单最初承保环境责任。1973年以后,公众责任保险单将故意造成的环境污染以及渐进的污染引起的环境责任排除于保险责任之外。被保险人如果要分散其环境责任风险,必须投保专门的环境责任保险。1988年,美国成立了专门的环境保护保险公司。目前,环境责任保险在西方发达国家已经有了较为成熟的发展,美国、瑞典、德国甚至将其纳入强制责任保险的范围。

经过一百多年的发展,责任保险在西方发达国家早已成为门类齐全、险种繁多、专业性强、内涵丰富的主要业务种类,是一种独立、成体系的保险业务,国际上往往在非寿险范围内将它与财产保险并列。20世纪90年代以后,许多发展中国家也日益重视发展责任保险业务。可以肯定,责任保险在21世纪将会成为一种全球性、普遍性的重要保险业务,不仅在发达国家其地位会进一步得到巩固,而且随着许多发展中国家市场经济的发展和法制的日益健全,它也会进入高速发展的阶段。

三、责任保险的特点

责任保险与其他保险相比较,既有许多共同之处,也有十分明显的自身特点:

其一,责任保险比其他任何保险更依赖于完备的法律制度。责任保险的产生和发展,与客观存在的民事责任风险分不开,而如果没有法律作基础,赔偿责任就无从谈起。世界各国都通过各自的立法,颁布各种法律、条例,不仅在民法中,而且在许多单行法中,规定了对损害赔偿事故的处理原则、程序和办法。人们在社会活动中的行为都是在一定的法律规范之内的,在这个意义上才出现因触犯法律造成他人损害或财产损失,应承担赔偿责任。由此,人们才可能想到通过保险转移这种风险,责任保险的必要性才被人们认识和接受。所以,世界上责任保险最发达的地方,也是各种民事法律制度最完备、最健全的地方。责任保险的生存基础是健全的法律制度,尤其是民法。这具体体现在两个方面:一是越来越多的法律的制定与实施使民事责任风险种类呈多元化,责任保险也随之发展;二是民事责任归责原则的变化加大了民事责任风险发生的概率,进而加快了责任保险发展的步伐。

其二,在狭义的财产保险中,保险人的赔款直接支付给被保险人,并归被保险人所有,用以补偿被保险人自己的经济损失。在责任保险中,保险人则不仅直接保障被保险人的利益,还间接保障第三者的利益,两者同时存在。责任保险的直接补偿对象是与保险人签订保险合同的被保险人,当被保险人无损失时,保险人不必补偿。责任保险的间接补偿对象是不确定的第三者即受害人。一方面,保险人赔偿的前提是被保险人之外的第三者遭受损害且依法应由被保险人承担经济赔偿责任;另一方面,保险人的赔偿不仅控制在责任限额内,而且控制在第三者的损失或被保险人受到索赔的金额内。因此,保险人的赔款既可以直接支付给受害人,也可在被保险人赔偿受害人后补偿给被保险人。

其三,责任保险承保的标的是无固定金额的经济赔偿责任,因此责任险保单均无保险金额,而仅规定赔偿限额。保险人承保的赔偿责任是事先无法预料的,如保单上没有规定赔偿限额,保险人的经营就会陷入不确定的风险之中,这是法律所不允许的。所以,在责任险保单中,保险人要明确承担赔偿责任的最高限额,超过限额部分由被保险人自行负担。

四、责任保险的承保对象

责任保险是以被保险人的民事损害赔偿责任为保险对象的。这种民事损害赔偿责任分法律引起和合同规定两种。

法律责任,指承保对象主要是致害人依法应负对受害人的损害赔偿责任。这里的法律责任,主要指的是民事法律责任,而不包括刑事责任。民事法律责任的主要原则是:受害人应获得经济补偿,致害人应承担经济赔偿责任。责任保险承保的法律责任一般分为过失责任和绝对责任两种。过失责任是指被保险人因疏忽或过失违反法律应尽义务或违背社会公共准则而致他人财产或人身损害时,对受害人应负的赔偿责任。过失责任在法律上又被称为"侵权行为"。绝对责任是指不论被保险人有无过失,根据法律规定,均须对他人受到的损害负赔偿责任。这里的损害后果或事实是确定民事责任的关键,即在一起民事损害事故中,只要不是受害人自己故意所为,其人身损害或财产损害就须由致害人承担赔偿责任,而无须过问致害人是否存在过错。

合同责任,指订立合同的一方(被保险人)造成另一方或他人的损害后,根据合同规定应负的赔偿责任。责任保险一般不承保被保险人的合同责任,但经过特别约定,保险人也可以承保。

责任保险承保的合同责任可分为直接责任和间接责任两种。直接责任是指合同的一方(被保险人)违反合同规定的义务造成对方的损害应承担的赔偿责任。间接责任是指合同的一方(被保险人)对另一方造成损害后,根据合同规定应负的赔偿责任。

第二节 责任保险分类

一、责任保险的承保方式分类

责任保险种类繁多,从承保方式看,可分为主要险种的附加险和单独承保的责任保险两种。主要险种的附加险的特点是不出专门的责任保险单,而作为主要险种的附加险或该险种的责任范围之一予以承保。这一类承保方式的责任保险有汽车第三者责任、船舶碰撞责任、海洋石油开发保险的油污责任、飞机保险的第三者责任和旅客责任、建筑和安装工程保险的第三者责任等。单独承保的责任保险采取完全独立的方式承保,每一笔业务都有独立的保险合同作为法律依据。属于此类承保方式的责任保险主要有公众责任保险、产品责任保险、雇主责任保险和职业责任保险四种。

二、公众责任保险

公众责任保险又称"普通责任保险"或"综合责任保险",是责任保险中独立的、适用范围极为广泛的保险类别。它主要承保被保险人在各个固定场所或地点、运输途中,进行生产、经营或其他活动时,因发生意外事故造成他人人身伤亡或财产损失,依法应由被保险人承担的经济赔偿责任。保险人在公众责任保险中主要承担两部分责任:一是被保险人造成他人人身伤害或财产损失依法应承担的经济赔偿责任,二是责任事故发生后可能引起的法律诉讼等需承担支付有关费用的责任。此外,保险人还对受害人的紧急医治等费用负责。保险人的最高赔偿责任不超过保险单上规定的每次事故的赔偿限额或累计赔偿限额。

公众责任险适用范围广泛,业务复杂,险种众多,主要有:

1. 综合公众责任保险

综合公众责任保险承保被保险人在任何地点,因非故意行为或活动所造成的他人人身伤害或财产损失依法应负的经济赔偿责任。从国外类似业务的经营看,保险人在该险种上,除一般公众责任外,还承担合同责任、产品责任、业主及工程承包人的预防责任、完工责任及个人伤害责任等风险。因此,它是一种以公众责任为主的综合性公众责任保险。

2. 场所责任保险

场所责任保险是公众责任保险的主要业务来源。它是指承保固定场所(包括房屋、建筑物、设备、装置等)因存在结构上的缺陷或管理不善,或被保险人在被保险场所内进行生产经营活动时因疏忽发生意外事故,造成他人人身伤亡或财产损失的经济赔偿责任。场所责任保险是公众责任保险中业务量最大的一个险别,广泛适用于商店、办公楼、学校、旅馆、展览馆、影剧院、公园、动物园、游乐场等各种公共娱乐场所和生产经营场所。场所责任保险本身是一类综合性业务,根据场所不同,可进一步分为若干具体险种,例如旅馆责任保险、电梯责任保险、车库责任保险、展览会责任保险、机场责任保险、娱乐场所责任保险、商店责任保险、办公楼责任保险、学校责任保险、工厂责任保险等。

据统计,1996 年至 2005 年,我国共发生火灾约 191 万起,造成约 2.5 万人死亡,直接财产损失约 145 亿元。近年来,随着我国大型商场、酒店、娱乐场所等公众场所内的人口及财产密集程度日益增加,火灾事故带来的损失更为巨大。但是,许多场所的经营者基本没有防范火灾的严格计划或措施,更不愿意花费成本投保火灾公众责任保险。火灾发生后,经营者绝大部分又无力承担对火灾受害人的赔偿责任,最后往往由政府进行灾后救助和经济赔偿。这种政府兜底的做法,不仅大大加重了政府财政负担,而且无法使公众的生命和财产得到根本的保障。为解决这一问题,2006 年 3 月 29 日,公安部和中国保监会联合下发了《关于积极推进火灾公众责任保险,切实加强火灾防范和风险管理工作的通知》,并将上海、深圳、天津、吉林、重庆、山东六地列为首批试点地区,试行火灾公众责任强制保险。2006 年 6 月 15 日发布的《国务院关于保险业改革发展的若干意见》也将火灾公众责任保险列为重点推广险种。火灾公众责任保险是以被保险人因火灾造成的对第三者的伤害所依法应负的赔偿责任为保险标的的保险。发展火灾公众责任保险,通过市场化的风险转移机制,用商业手段解决责任赔偿等方面的法律纠纷,可以使受害企业和群众尽快恢复正常的生产生活秩序,对于切实保护公民合法权益、促进社会和谐稳定具有重要的现实意义。

3. 承包人责任保险

承包人责任保险是指承保各种建筑工程、安装工程、装卸作业和各类加工的承包人在进行承包合同项下的工程或其他作业时造成的损害赔偿责任。按照民法确定的损害赔偿原则和承包合同的一般规定,承包人在施工、作业或工作中造成他人人身伤害和(或)财产损失的损害事故,应当由承包人而不是发包人或委托人承担经济赔偿责任。此外,在承包工程完工后的一段时间内,如果由于工程质量或疏忽等原因导致他人人身或财产损失,承包人同样需要承担相应的赔偿责任,这种责任就是承包人责任。无疑,承包人责任风险是巨大的,而且可能有相当长的潜伏期。因此,承包人有转嫁损害赔偿责任风险的必要。

承包人责任保险始于 1886 年的英美保险市场,是最早出现的责任保险险种之一。它专门承保承包人在进行承包合同项下的工程或其他作业时以及完工工程可能造成的损害赔偿责任。在经营实务中,被保险人(承包人)的分承包人也可以作为共同被保险人而获得保障。对于建筑、安装工程中的损害赔偿责任,也可以在建筑、安装工程保险(财产保险)的基础上,扩展承保或附加第三者责任保险承保。

4. 承运人责任保险

承运人责任保险是指承运人根据运输合同、规章或提货单等与发货人或乘客建立承运、客运关系,在承担客、货运输任务过程中,对旅客、乘客或托运人所发生的责任事故,依法负有损害赔偿责任。这种责任就是承运人责任保险的承保对象。承运人责任保险根据不同的运输工具、运输对象和运输方式,可有不同的险种,常见的有旅客责任保险、承运货物责任保险等。

旅客责任保险承保被保险人(承运人)在运送旅客过程中,因发生意外而致使旅客人身伤亡或行李损失,依法应当由被保险人承担的经济赔偿责任。按照保险区域划分,旅客责任保险分为境内的旅客责任保险和国际运输线上的旅客责任保险。

承运货物责任保险承保的是承运人对其所运载的货物的损害赔偿责任。这些损害赔偿责任包括货物本身的价值、包装费、运杂费、保险费等,由保险人在赔偿限额内赔偿。承运货物责任保险一般分为航空货物责任保险和水陆货物责任保险两大类。

5. 个人责任保险

个人责任保险习惯上被划入公众责任保险,但实际上是承保个人或家庭各种责任风险的独成体系的责任保险。个人损害赔偿的法律责任主要分为三项:一是个人侵权行为造成对他人身体或财物的损害赔偿责任。例如,骑自行车撞伤了行人,骑车者应当承担被撞者的医药费、误工工资等损失赔偿责任。二是个人或家庭所有的静物责任,主要指归个人或家庭所有的物质财产在个人不作为时发生意外而造成对他人身体或财物的损害赔偿责任。例如,阳台上的花盆由于自然力或其他意外导致落下砸伤他人或损坏了他人的财物,花盆的主人依法应对受害者负赔偿责任。三是个人或家庭饲养的动物责任,主要指个人或家庭饲养的动物在个人不作为时造成对他人身体或财物的损害赔偿责任。例如,个人饲养的狗咬伤行人,狗的主人就要对伤者的损失承担赔偿责任。任何个人或家庭都可将自己或自己的所有物可能造成损害他人利益的责任风险通过投保个人责任险转移给保险人。个人责任保险在西方发达国家发展迅速,在众多具体险种中,比较流行的有住宅责任保险、综合个人责任保险、个人职业责任保险、运动责任保险等。

6. 若干附加条款

除上述主要的公众责任保险类别外,为满足不同保险客户的需要,保险人通常还设置很多公众责任保险附加条款,供被保险人选择。较为流行的公众责任保险附加条款有:

(1) 交叉责任条款。该条款适用于某个公众责任保险合同项下有一个以上的被保险人的业务,它要求多个被保险人之间对相互的第三者责任不予追究,实质上相当于每一个被保险人都有一份独立的保险合同。

(2)合同责任条款。这是责任保险中的一般除外责任,根据被保险人的要求并经保险人同意,也可以作为特别约定责任加保。该条款明确取消公众责任保险中有关"合同责任除外"的条款,保险人同意负责赔偿被保险人因合同而必须承担的经济赔偿责任,同时也要求被保险人在投保时必须将所有合同责任均向保险人申报并提供副本,以使保险人了解该合同责任风险的大小并据此增收保险费,保险人对未申报的部分不负责赔偿。

(3)锅炉爆炸责任条款。爆炸引起的责任赔偿是公众责任险中一项基本的除外责任。但是,对于蒸汽锅炉爆炸引起的损害赔偿责任,在经过与保险人的特别约定后可以加保。

(4)食品、饮料条款。该条款承保由被保险人自制且就地消费的食品、饮料可能导致的赔偿责任。

案例分析

某洗浴中心于开业初期向某保险公司购买了公众责任保险,保险期限为一年,自2001年11月20日至2002年11月19日,每次事故赔偿限额为20万元,累计赔偿限额为200万元。后顾客童某来此消费,在从蒸浴间出来时,未注意到门前的窨井正在维修且未加盖窨井盖,右脚不慎踩入井内,被井中阀门螺杆扎中右脚掌心,深入脚骨,并因身体失衡摔倒在地。后经诊断,童某的右足外伤并感染,同时因为摔跤导致轻微脑震荡和骨盆破裂。童某在住院治疗131天后出院,其间共支付医疗费、交通费、护理费等30万元。出院后,童某与洗浴中心经营者没有达成赔偿协议,遂向人民法院提起诉讼。经法院判决,洗浴中心在管理上存在疏忽、过失,导致意外事故发生,使消费者受到人身意外伤害,应该承担赔偿责任。后洗浴中心向保险公司提出索赔。保险公司经查勘后确认,最终按照合同规定赔偿洗浴中心18万元。

三、产品责任保险

产品责任保险承保被保险人因其所制造、销售和修理的产品质量有缺陷,致使产品使用者或他人遭受人身伤害和财产损失,依法应承担的经济赔偿责任。产品责任保险的投保人是一切可能对产品事故造成损害负有赔偿责任的人。制造商、出口商、进口商、批发商、零售商、修理商等都可以是投保人。根据具体情况,可以由他们中的任何一人投保,也可以是几个人或全体联合投保。除投保人是当然的被保险人外,如投保人提出,并经保险人同意,其他有关各方也可作为被保险人载入保单,并规定各被保险人之间的责任互不追偿。

产品责任保险的保险责任由两部分组成:一是产品发生事故造成消费者或其他任何人的人身伤亡、财产损失,依法应由被保险人承担的责任;二是被保险人为产品事故所支付的诉讼、抗辩费用以及其他保险人事先同意支付的费用。但是,产品责任保险仅承担产品在使用过程中因其内在缺陷而发生意外致使消费者或使用人伤亡和财产损失的赔偿责任,产品本身缺陷引起的产品本身损失不在保险范围之内。

产品责任保险的承保方式一般以统保为条件,即要求被保险人将其生产的全部产品、某种类产品或某一批产品全部向保险人投保,以防止被保险人的逆选择。产品责任保险的责任期限通常为一年,到期可以续保。产品责任保险的理赔通常以产品在保险期内发生事故为基础,在保险人允许的情况下也可以采取期外发生制。

在西方国家的责任保险领域,产品责任保险是发展最为迅速的险种。这与各国商品经济发达程度、对产品事故损害赔偿的法律制度以及消费者的索赔意识有密切的关系。在对产品责任引起的法律赔偿处理上,由于各国情况不同,实际做法也不完全一致。概括起来,国外对产品责任实行的法律有两种:一种是绝对责任制,以美国为代表;另一种是过失责任制,以西欧、日本为代表。相比之下,前者更为严厉。

案例分析

人工股骨产品责任保险案

北京某生物医学工程公司将产品人工股骨投保产品责任保险。该产品植入病人高某体内两年后,断裂在其体内。高某请求该生物医学工程公司赔偿医药费、误工费等实际支出。被保险人要求依该生物医学工程公司与保险公司的产品责任保险合同,赔偿10万元。

我国《产品质量法》第41条第1款规定,因产品存在缺陷造成他人人身、缺陷产品以外的其他财产损害的,生产者应当承担赔偿责任。据此,产品本身存在内在缺陷是构成产品责任的一个必要的前提条件。所以,本案应首先确定所涉及的产品是不是不合格产品,然后才涉及责任赔偿。经国家医药管理局指定的医用产品鉴定单位对取出的人工股骨进行鉴定分析,结论是:该人工股骨符合国家标准和国家医药管理局制定的行业标准,是合格产品。该产品是医用产品,产品出产时并未作使用年限的承诺,因为每个人的具体生理条件不同。况且,目前科学技术的发展水平还没有达到产品能够替代人骨终身使用的程度。据此,法院判决驳回原告高某的诉讼请求,被告生物医学工程公司无民事损害赔偿责任。根据法院的判决,保险公司不应承担保险赔付责任。

四、雇主责任保险

雇主责任保险是最早的一个责任保险险种。世界各国一般都有法律明确规定,雇主对雇员因工作引起的伤、残、职业病、死亡等负有责任。随着雇主责任立法的不断完善,雇主面临的责任越来越大。为了保持经营上的稳定,雇主十分愿意将其对雇员所负的赔偿责任等不稳定因素,通过保险的形式转移给保险人。西方国家的雇主责任保险比较发达,在许多国家是作为一种强制性的保险业务,也有一些国家将类似业务纳入社会保险范围。

雇主责任保险承保被保险人(雇主)的雇员在受雇期间因工作意外导致伤、残、死亡或患有与职业有关的职业疾病,依法或根据雇佣合同应由被保险人承担的经济赔偿责任。雇主承担的这种责任包括雇主自身的故意行为、过失行为乃至无过失行为所导致的雇员人身伤害赔偿责任。但是,保险人为了控制风险,保证保险的目的与社会公共道德相一致,一般将被保险人的故意行为列为除外责任,主要承保被保险人的过失行为和无过失行为所造成的雇员损害赔偿责任。构成雇主责任的前提条件是雇主与雇员之间存在着直接的雇佣劳动合同关系。

雇主责任保险是由各行业的雇主投保并作为保单上的被保险人。雇主一般须将法律规定属于"雇员"范围内的全体人员一起投保,而不能挑选其中部分人员投保。不属于法律规定的"雇员"范围内的工作人员(即没有正式雇佣合同的临时人员等)、不在本国或法律规定范围内的工作人员不属于承保范围,但双方事先约定的另当别论。由于雇主责任保险的承保对象是雇主的责任,因而雇主自身包括企业董事会成员在工作地点的人身伤亡、雇员的财产损失以及雇员由于一般疾病施行内外科治疗手术所导致的伤残或死亡都不在该保险责任范围之内。

保险人对雇主承担的责任一般包括:雇员在保单列明地点及保单有效期内从事与其职业有关的工作时遭受意外,导致伤、残、死亡,被保险人依法或依雇佣合同应承担的经济赔偿责任;因患有与其工作有关的职业疾病导致雇员伤、残、死亡的经济赔偿责任;被保险人依法应承担的雇员的医药费;应支出的抗辩费用、律师费用、取证费用等法律费用。

投保雇主责任保险在许多国家已成为雇主必须履行的法定义务,具体做法各异。在日本,这种强制保险由政府指定机构办理,称"劳工赔偿保险"。由于强制保险对雇员仅给予最基本的赔偿,因此日本允许商业保险人开办自愿雇主责任保险予以补充。在英、美等国或地区,这种保险仍由商业保险人经营,法律只规定雇主必须投保,但并不规定向哪一个保险人投保。

案例分析

假如买了雇主责任险

保姆焦女士在雇主刘先生家擦玻璃时不慎从楼上坠亡。事后,焦女士的家人以"雇主应承担责任"为由,将雇主刘先生告上法庭。焦女士的家人起诉称,刘先生家一直雇焦女士当保姆。2004年11月7日,焦女士在刘先生家擦玻璃时不慎意外坠楼身亡。他们认为,焦女士的死给全家人造成了巨大的财产损失和精神伤害,因此希望法院判决刘先生支付死亡赔偿金等费用。

雇主刘先生没有否认焦女士意外坠楼身亡的事实,但他同时认为自己也很冤枉。他说,焦女士是和自己住在同一个小区的邻居。从2001年至2004年9月,他家雇用焦女士帮忙照料家务。不过,在2004年9月以后,因为家里不再需要保姆帮忙,他们就解除了和焦女士之间的雇佣关系。可焦女士却向他哭诉家里生活困难,希望能在他家继续帮忙。刘先生觉得他是从友情和社会责任感的角度考虑,决定以后尽力帮焦女士。焦女士出于对他的感激,此后经常来他家走动。刘先生认为此时焦女士的身份已经不再是保姆了,所以双方没有雇佣关系。

此外,刘先生还说,出事前,焦女士说要擦玻璃时,他明确阻止过。但是,焦女士还是自己来到他家,自行清理了家务,结果造成了意外事故。出事后,他已经给焦女士的丈夫27979元的经济帮助。

法院审理认为,根据法律规定,雇员在从事雇佣活动中遭受人身损害,雇主应承担赔偿责任。本案中,刘先生虽然辩称事发时焦女士已没有保姆身份,但从"2004年9月后,焦女士仍来刘先生家帮忙干活,仍掌握着刘家的钥匙,焦女士擦玻璃时刘先生没有明确拒绝"等情节看,双方仍存在着事实上的雇佣关系。同时,刘先生家的窗户未安装护栏,而刘先生也未对此采取安全措施,存在一定过错。焦女士长期在刘先生家做保姆,在明知窗户没有护栏的情况下仍未尽谨慎义务,也对事故负有过失责任。据此,法院一审判刘先生一次性支付死者家属死亡赔偿金15.6万多元。

由以上案例不难看出,倘若刘先生在雇用焦女士时为其购买几十元的雇主责任保险,就不会受巨额经济补偿压力之苦了。

(资料来源:薛善蒙:《假如买了雇主责任险》,载《中国保险报》2006年8月7日。)

五、职业责任保险

职业责任保险是指承保各种专业技术人员在从事职业技术工作时,因工作疏忽或过失造成合同对方或他人的人身伤亡和财产损失,依法承担的经济赔偿责任。由于职业责任保险与特定的职业及其技术性工作密切相关,在国外又被称为"职业赔偿保险"或"业务过失责任保险"。

职业责任实际上是一种失职行为。当事人遭受职业技术人员在工作中因疏忽、遗漏、过失行为造成的损失或伤害,这就产生了职业责任。在国外,医疗事故或设计事故的经济赔偿责任是一般技术人员难以承受的,因此投保职业责任保险是非常普遍的。

职业责任保险一般由提供专业技术服务的医院、设计院、美容院、会计师事务所、律师事务所等单位投保,投保人往往是一个单位。个体专业技术人员可投保个人职业责任保险,属个人责任保险范畴。

职业责任保险只负责专业人员由于职业上的疏忽行为、错误或失职造成的损失,不负责与该职业无关的原因造成的损失。保险人承保的赔偿责任包括两个方面:一是被保险人对合同对方或他人财产损失或人身伤害应负的法律赔偿责任,二是经保险人同意或保险单上列明的有关费用的补偿。职业责任保险所承担的职业责任风险,不仅包括被保险人本身,还包括被保险人前任、被保险人的雇员和从事该业务的雇员的前任因疏忽行为所导致的职业责任。

以被保险人从事的职业为依据,职业责任保险还可以细分为医疗责任保险、律师责任保险、会计师责任保险、建筑师责任保险、设计师责任保险、美容师责任保险、兽医责任保险、教师责任保险、保险经纪人和保险代理人责任保险等许多具体险种。

案例分析

甲医院于 2003 年 3 月向乙保险公司投保医疗责任保险,保险期限为一年(2003 年 3 月 1 日至 2004 年 2 月 28 日),追溯期从 2001 年 3 月 1 日起。保险合同约定:累计赔偿限额为 320 万元,每次事故赔偿限额为 20 万元。患者徐某于 2003 年 3 月 25 日因交通事故导致颅骨骨折、胸腹积压综合症并胸腔急性出血,急诊住甲医院后经抢救无效死亡,医患双方由此产生医疗赔偿纠纷。某市卫生法研究会医疗纠纷调解中心组织专家鉴定组鉴定,专家们对医疗行为是否违反法律规范及医疗护理操作规范、是否存在医疗过失、医疗过失与死亡后果进行了因果分析与责任分析。鉴定组一致认为:被保险人的医疗行为违反了医疗法律规范及各种医疗护理操作常规,医疗行为与患者死亡后果中的责任程度达到主要责任以上,构成一级甲等医疗事故。经调解,纠纷双方达成协议:由被保险人一次性补偿患者近亲属医疗费、丧葬费、被抚养人生活费等共计 12 万元。保险公司遂根据保险合同的约定向被保险人支付了保险金。

思考题

1. 什么叫责任保险？它有什么特点？
2. 责任保险承保对象有哪些？
3. 概述公众责任保险、产品责任保险、雇主责任保险和职业责任保险的特点。
4. 如何区分单独责任保险与主要险种的附加责任险？

第二十四章 信用、保证保险

☞ **学习目的**

使学生了解信用、保证保险的概念、特点和它们的区别,以及信用、保证保险的种类。

第一节 信用、保证保险概述

一、信用、保证保险的概念

信用、保证保险是由保险人为被保证人向权利人提供担保的保险。当被保证人的作为或不作为致使权利人遭受经济损失时,保险人负经济赔偿责任。因此,信用、保证保险实际上是一种担保业务。

在信用、保证保险中,涉及的当事人有三个方面,即保证人(保险人)、权利人(被保险人或受益人)和义务人(被保证人)。投保方既可以是义务人,也可以是权利人。因此,根据投保对象不同,信用、保证保险可分为信用保险和保证保险两种。

信用保险,指权利人作为投保人直接向保险人投保,由保险人担保被保证人的信用,也就是权利人要求保险人为他人(被保证人)的信用提供担保。

保证保险,指被保证人(义务人)根据权利人的要求,向保险人投保,要保险人担保自己的行为。保险人承保的是投保人自己的信用。换言之,保证保险是被保证人作为投保人向保险人投保,由保险人为自己向权利人提供担保。

当权利人因被保证人发生保险责任范围内的保险事故遭到经济损失,而被保证人又不能补偿其损失时,作为担保方的保险人才行使代为补偿的责任。同时,被保证人对保险人(保证人)为其向权利人支付的任何补偿均有返还给保险人的义务。

信用、保证保险合同首先出现于约18世纪末19世纪初,它是随商业信用的发展而出现的。目前,我国开办的信用、保证保险的业务范围小,涉及的险种也较少。由于我国此类保险业务的开展起步较晚,市场环境下各项信用制度尚未健全,保险公司的业务经验不足,风险防范能力差,加之理论界对信用、保证保险的研究及立法相对滞后,因而信用、保证保险还显得很不成熟。

二、信用、保证保险的特点

与一般商业保险相比,信用、保证保险有如下共同特点:

(1) 一般保险合同是在投保人和保险人之间签订的,因此它的合同当事人只有两方;而信用、保证保险的合同当事人有三方,即保证人、被保证人和权利人。信用、保证保险中的保证人一般为保险人。被保证人是合同当事人的一方,可以是法人,也可以是自然人。权利人是享受保证保险合同保障的人,是享受与被保险人签订合同利益的一方。当被保证人违约或不忠诚而使权利人遭受经济损失时,权利人有权从保险人处获得补偿。

(2) 在信用、保证保险中,保证人(保险人)承诺的责任通常属"第二性"付款责任。信用、保证保险合同是保险人对另一方的债务偿付、违约或失误承担附属性责任的书面承诺。这种承诺是在信用、保证保险合同规定的履行条件已具备,而被保证人不履行合同义务的情况下,保险人即保证人才履行赔偿责任。当发生保险事故,权利人遭受经济损失时,只有在被保证人不能补偿损失的情况下,才由保险人代为补偿。

(3) 被保证人对保证人为其向权利人支付的任何赔偿,有返还给保险人的义务。由于信用、保证保险承保的是一种无形的信用风险,保险人必须事先对被保证人的资信进行审查,并要求被保证人提供反担保,以保障其对权利人支付的任何赔偿都能从被保证人处得到返还。

(4) 从理论上说,保险人经营这类业务只是收取担保费而无盈利可言。这是因为,信用、保证保险均由直接责任者承担责任,保险人不是从抵押财物中得到补偿,就是行使追偿权追回赔款。

三、信用保险和保证保险的区别

在实务中,尽管信用保险和保证保险承保的标的都是信用风险,但是两者又存在着一定的区别,主要表现在以下几个方面:

(1) 信用保险是通过填写保险单承保的,其保险单与其他财产保险保险单并无大的差别,都规定了责任范围、除外责任、保险金额(责任限额)、保险费、损失赔偿、被保险人权利义务条款等;而保证保险是通过出立保证书承保的,与财产保险保险单有本质区别,其内容比较简单,只规定担保事宜。

(2) 信用保险的被保险人是权利人,承保的是被保证人(义务人)的信用风险,除保险人外,保险合同中只涉及权利人和义务人两方;而保证保险是义务人应权利人的要求投保自己的信用风险,义务人是被保证人,由保险公司出立保证书担保,保险公司实际上是保证人。保险公司为减少风险,往往要求义务人提供反担保(由其他人或单位向保险公司保证义务人履行义务),这样保证保险中还涉及义务人、反担保人和权利人三方。

（3）信用保险中,被保险人交纳保费是为了把可能因义务人不履行义务而使自己受到损失的风险转嫁给保险人,保险人承担着实实在在的风险,必须把保费的大部分或全部用于赔款。保险人赔偿后虽然可以向责任方追偿,但是成功率很低。保证保险中,义务人(被保险人)交纳保费是为了获得向权利人保证履行义务的凭证,即保险人只出立保证书,履约的全部义务还是由义务人自己承担,理论上说没有发生风险转移；保险人收的保费则是凭其信用资格而获得的一种服务费,风险或损失仍由义务人或反担保人承担,在两者都没能力承担时才由保险公司代为履行义务。因此,对保险人而言,保证保险的风险相对小得多。

第二节　信用、保证保险的种类

一、信用保险种类

信用保险的业务主要分国内信用保险、出口信用保险和投资保险三类。

1. 国内信用保险

国内信用保险也称"商业信用保险",是指在商业活动中,一方当事人作为权利人,为了避免对方当事人的信用风险,要求保险人将对方当事人作为被保证人并承担由于被保证人的信用风险而使权利人遭受商业利益损失的保险。国内信用保险主要包括贷款信用保险、赊销信用保险、预付款信用保险和个人贷款信用保险。由于目前社会信用体系尚未有效建立,保险公司一般谨慎开办国内信用保险,所以市场上国内信用保险的业务还很少见。

2. 出口信用保险

出口信用保险是指承担出口商因买方不履行贸易合同而遭受的损失。进出口贸易的付款方式一般有托收和信用证两种。以信用证方式支付,因有银行担保,对出口商来说,收回货款比较可靠。但是,对进口商来说,要银行开具信用证,就要增加经济负担。因此,为节约开支,大多数进口商愿意以托收方式支付。出口商因此要承担货物出运后得不到货款或进口商不履行债务的政治上、商业上的全部风险。开办出口信用保险,可推动、促进和鼓励商品的出口,保障本国出口商在国际贸易市场上的竞争地位。出口信用保险不同于一般的保险,它在相当程度上承保的是进口商的道德风险,因而风险比较复杂,需要有一整套承保理赔的专业调查网络予以配合,这是一般保险人无力承受的。因此,世界各国出口信用保险一般都由政府直接办理,或由政府投资成立一个专门负责提供出口信用保险的经营实体办理。有的国家政府则委托私营机构代理。因此,出口信用保险作为政策性的保险业务,一般都作为国家外贸政策的一部分,由政府或政府委托的机构办理。我国的出口信用保险原先由一家保险公司经营。2002年,我国正式设立了专业的出口信用保险公司,负责办理出口信用保险。

出口信用保险的责任范围可概括为三类,即商业信用风险、政治风险和外汇风险。出口信用保险业务受国际政治和经济情况影响,政治稳定,经济发展正常,信用风险就小;反之,信用风险就大。

出口信用保险通常分短期和中长期两种。短期出口信用保险合同适用于持续性出口的消费性货物,期限在180天之内,采用固定保险合同形式。中长期出口信用保险合同适用于资本性货物,如船舶、飞机、成套设备等出口,以及工程承包、技术服务等合同,信用期限在180天以上或5年、8年,采用非固定保险合同格式。

3. 投资保险

投资保险又称"政治风险保险",是为保障海外投资者利益而开办的一种保险。国际投资是国际资本输出的一种形式,对资本输出国来说,是为过剩资本谋求出路,获取高额利润;对资本输入国来说,是利用外资,解决国内资金不足,引进技术,发展民族经济。但是,向海外投资,特别是私人直接投资会面临各种不同的风险。

投资保险是为鼓励和保障海外投资开办的保险,主要承保被保险人(投资者)由于资本输入国政治原因或签约双方不能控制的原因遭受损失的保险。其保障范围主要有三类:

其一,外汇风险(又称"禁止汇兑风险")。例如,东道国政府实行外汇管制,禁止外汇汇出;因东道国发生战争、革命或内乱而使得外汇交易无法进行;东道国政府对投资者各项应得金额实行管制或冻结;东道国政府取消对投资者应得金额汇回本国的许可;东道国政府对投资者应得金额的没收;等等。

其二,征用风险(又称"国有化风险")。投资者的投资项目、资产被东道国政府或地方政府、团体征收或被国有化。

其三,战争或类似战争风险。这包括由于战争、革命、叛乱、罢工、暴乱等而使投资者的财产遭受损失或被剥夺留置等,但不包括一般的骚乱风险。

投资保险仅保障投资者投资资产中有形资产的直接损失,不包括间接损失,也不包括文件、档案、证券、现金等的损失。

投资保险的保险期分为短期和长期两种,短期为一年,长期为3年至15年。投保3年后,被保险人有权要求注销保单;未到3年提前注销保单的,被保险人须交足3年保费。

二、保证保险种类

保证保险通常分为忠诚保证保险、确实保证保险和产品保证保险三类。

1. 忠诚保证保险

忠诚保证保险又称"诚实保证保险",是指权利人因被保证人的不诚实行为而遭受经济损失时,由保险人作为保证人承担赔偿责任。此类保险中,雇主为权利人,雇员为被保证人,雇员的诚实信用为保险标的。忠诚保证保险的保险责任通常承保两大类风险,即欺诈和不诚实,承保的危险有:(1) 偷窃,指暗中用非暴力手段非法拿走权利人财物;(2) 非法侵占,指将权利人所有而由被保证人保管的财物据为己有;(3) 伪造,指以欺诈手段假造票据或其他文件,或将其加以重大的更改;(4) 私用,指非法拿走权利人财物供己使用;(5) 非法挪用,指未经所有人同意,擅自将其资金移供别人使用;(6) 故意误用,指以损害权利人为目的,故意将权利人财物用于其所不欲的用途而使权利人遭受损失。

国际上较常见的忠诚保证保险有三种:

其一,指名保证。它又分个人保证和表定保证。个人保证是指以特定的个人作为被保证人,当雇主遭受损失时,只有证明确为这一特定雇员单独或与他人合谋所造成的,才能获得保险人的赔偿。这类保险中,雇员的名字和保险金额均明确载于保险单上,如果该雇员离开了公司,则保险即行终止,并不适用于任何接替该雇员职位的人,除非保险单上有特别约定。个人保证通常由被保险人支付保费。表定保证与个人保证的区别在于,它承保两个以上雇员,每人各有保额,以列表的方式标出并列明被保证人,因此实际上只是对若干个人保证合同的合并。

其二,职位保证。它又分单一职位保证和职位表定保证。单一职位保证是指承保某一职位上的若干被保证人,而不论何人担任此职位。职位表定保证是指同一保证合同承保几个不同的职位,每一职位有各自的保证金额。

其三,总括保证。即在一个保证合同内承保雇主所有的正式雇员。它又分普通总括保证和特别总括保证两种。普通总括保证是指对单位全体雇员不指出姓名和职位的保证。特别总括保证是指承保各种金融机构的雇员由于不诚实行为造成的损失。

2. 确实保证保险

确实保证保险是国际保险市场上常见的保证保险的一种,是对业主或其他权利人的保证,其保险标的是被保证人的违约责任。当权利关系人因无力或不愿履行应尽义务而使权利人遭受损失时,由保险人代为赔偿。确实保证保险与忠诚保证保险的区别在于,后者涉及的是雇主与雇员关系,前者没有这种关系;后者所承保的危险是雇员不诚实和欺诈行为给雇主带来的损失,前者承保的危险是被保证人履行义务的能力和意愿;后者可由被保证人购买,也可由权利人购买,前者只能由被保证人购买。

国际上常见的确实保证保险有以下几种：

其一，履约保证保险，指保证被保证人能履行与权利人签订的合同，如被保证人不履约而使权利人遭受经济损失，由保险人负责补偿。其保险标的是被保证人的违约责任。

其二，司法保证保险，指由法律程序引起的保证。它又分诉讼保证和信托保证两种。当原告或被告为自己的利益要求法院采取某种行动可能伤害另一方的利益时，法院通常要求请求方提供某种诉讼保证。诉讼保证包括保释保证、扣押保证、上诉保证以及禁令保证等。信托保证主要用于保证根据法院命令为他人利益而管理财产的人忠诚尽责。

其三，特许保证保险，指从事某一活动或某一行为向政府申请执照或许可证时必须提供的保证。它通常用于保证领照人如违反政府法令或公众利益时应负的赔偿责任，或用于保证领照人对其产品缴纳规定租税的责任。

其四，公务员保证保险，指对政府工作人员的诚实信用提供保证。它又分为诚实总括保证和忠实执行职务保证两种，前者对公务员不诚实或欺诈等行为所造成的损失承担赔偿责任，后者对公务员因工作中未能忠于职守而给政府造成的损失承担赔偿责任。

其五，存款保证保险，指以银行为投保人向保险人投保，保证存款人利益的保证保险。

3. 产品保证保险

产品保证保险又称"产品质量保证保险"或"产品信誉保险"，承保被保险人因制造或销售的产品丧失或达不到应有的效能而对买方承担的经济赔偿责任。即保险人对质量有缺陷产品本身以及由此引起的间接损失和费用承担赔偿责任。它包括对用户或消费者负责更换或整修不合格产品或赔偿质量有缺陷产品的损失和费用；赔偿用户或消费者由于质量有缺陷产品花费的额外费用；被保险人根据法院判决或政府的命令，收回、更换或修理已投放市场的质量有缺陷产品造成的损失和费用。

产品保证保险与产品责任保险都与产品有关，前者的保险标的是产品质量，而后者的保险标的是产品责任。前者是保险人以担保人的身份对产品质量提供担保，只对产品本身的质量实施保险，属于信用保证保险的范畴；而后者是保险人为被保险人的产品可能产生的民事损害赔偿责任提供经济保障，属于责任保险的范畴。

案例分析

贾汪农行诉贾旺保险公司
借款保证保险合同理赔案

2001年4月13日,贾汪农行与贾汪保险公司签订《汽车消费贷款保险业务合作协议书》(以下简称《保险协议书》),约定:为培育汽车消费市场,贾汪农行为不能一次性向指定汽车销售商支付货款的购车人提供购车消费贷款,并督促购车人向贾汪保险公司办理汽车消费贷款保证保险和机动车辆消费贷款保险。购车人(投保人)如不能按期偿还贷款本息,保险公司承担连带还款责任。机动车辆消费贷款保险实行10%的绝对免赔率。

2001年5月15日,贾汪农行属下分理处与消费者王世猛签订《消费借款合同》(以下简称《借款合同》),约定:分理处向王世猛发放汽车消费贷款14万元,借款期限自2001年5月15日起至2003年5月15日止。若王世猛不能按期足额还本付息,分理处有权提前收回已发放的贷款,并按规定对逾期的本金按日2.1‰计收逾期利息。合同还对其他事项作了详细约定。同日,分理处与贾汪保险公司、王世猛三方签订《分期还款消费贷款履约保险合同》(以下简称《保险合同》),约定:分理处向王世猛发放14万元汽车消费贷款,王世猛向贾汪保险公司购买"分期还款履约保险"等险种。若王世猛连续6个月未履行合同规定的还款计划,保险公司负责向分理处赔付王世猛所欠所有未清偿贷款本息及逾期利息。保险金额为154000元,保险费为3080元,由王世猛一次足额交纳。保险期限为自2001年5月15日零时起至2003年11月15日零时止。三方另约定:贾汪保险公司所承担的分期还款履约保险责任为不可撤销的连带责任。

此后,王世猛分三次共偿还贷款本金33317.50元,利息4446.51元。王世猛从2002年2月起未履行还本付息的义务,贾汪保险公司亦未履行保险责任。截止到2003年3月31日,王世猛尚欠本金106682.42元及利息5879.32元未付。2003年3月24日,原告贾汪农行诉至法院,要求两被告连带给付本金106682.42元及利息5879.32元。

徐州市贾汪区人民法院认为,《保险协议书》《借款合同》《保险合同》均系当事人之间的真实意思表示,不违反相关法律的强制性规定,应为合法有效合同。王世猛已连续6个月以上未履行还款义务,其行为已构成违约,应承担相应的民事责任,其除应按合同约定偿还全部贷款外,还应支付合同期内利息及逾期利息。

三方签订的《保险合同》的性质应为保证保险合同,王世猛按期还本付息的义务即为该保险合同的标的,因此贾汪保险公司应依照约定承担相应的赔偿责任。合同中约定了贾汪保险公司有10%的绝对免赔率,因此贾汪保险公司对王世猛所欠贷款本息的90%承担赔偿责任。法院依照《中华人民共和国民事诉讼法》第130条,《中华人民共和国合同法》第205条、第206条、第207条,《中华人民共和国保险法》第24条,以及相关法律、法规的规定,作出民事判决:一、被告王世猛于本判决生效后10日内一次性偿还原告贾汪农行借款本金106682.42元及利息5879.32元。二、被告贾汪保险公司对上述款项的90%承担连带清偿责任。案件受理费3758元,由两被告共同负担。宣判后,两被告均未上诉。

(案例来源:中国法院网。)

思考题

1. 什么是信用、保证保险?它有什么特点?
2. 信用保险和保证保险有何不同之处?
3. 概述忠诚保证保险、确实保证保险、出口信用保险和投资保险。
4. 名词解释:个人保证、表定保证、职位保证、总括保证。

第二十五章　农业保险

☞ 学习目的

使学生了解农业保险的概念、作用、分类,种植业保险、养殖业保险的概念、保险金额的确定和理赔,以及农业保险的经营原则和实施方式。

第一节　农业保险概述

一、农业保险的概念

农业保险是指在农业生产经营过程中,对种植业和养殖业因自然灾害或意外事故蒙受的损失,由保险人给予经济补偿的一种保险。由于农业生产具有周期长、季节性强、不稳定性高以及露天作业等特点,农业生产抵御自然灾害和意外事故的能力较差,经办农业保险业务的风险也较大。因此,世界各国普遍将农业保险视为政策性保险业务,在财政资金上予以扶持和支持。目前,我国由政府主导,设立专门的农业保险公司,政府给予一定的资金补贴和政策扶持,采取商业化经营的方式,逐渐开创了一个全新的农业保险模式。截至2013年底,全国已经开设了安信、安华、阳光等多家专业农业保险公司;同时,还有部分财产保险公司兼营农业保险业务,如中华联合财产保险股份有限公司、中国大地财产保险股份有限公司等。此外,一批外资保险公司也被引进,如法国安盟保险公司等。

二、农业保险的作用

1. 稳定财政收支

当农业遭受保险责任范围内的经济损失时,可通过农业保险进行经济补偿,从而减轻政府发放救济款项和突如其来的经济负担。

2. 促进农业生产发展

通过保险承担农业生产过程中的风险,可确保农业再生产的持续进行和新科技的推广应用。

3. 稳定农村的社会生活

自然灾害发生后,农民可通过参加保险得到经济补偿,不至于因农业生产风险造成生活和生产上的困难。

4. 积累巨灾基金

开展农业保险,通过保险资金积累和运用,形成巨大的风险基金,有利于对农村因特大自然灾害所造成的经济损失进行补偿。

5. 促进农村精神文明建设

通过保险资金积累和对受灾农民的经济补偿,有利于培养农民的自力更生和互助合作精神,促进农村精神文明建设。

6. 增加农业贷款资金保障

开展农业保险,改善农民的信贷地位,使农民归还贷款能力增强,有利于农民发展再生产。

7. 促进农村植保、畜保工作的开展

开展农业保险,保险人从自身的业务出发,主动配合植保、畜保工作,促进被保险人对农业的疫病防范工作,从而减少疫病的发生,有利于提高农业生产的质量和数量。

三、农业保险的分类

农业保险可按保险对象、保险责任和保险金额等进行分类。

1. 按保险对象分类

(1) 农作物保险,指以水稻、小麦、玉米、红薯等粮食作物和棉花、烟叶、油料等经济作物为保险对象,以这些农作物在生长期间因自然灾害或意外事故导致收获量的减少或生产费用的损失为保险责任的保险。

(2) 收获期农作物保险,指以粮食或经济作物成熟后离开生长地进行场院、炕房、脱粒、烘烤等初级加工时,因自然灾害或意外事故造成农作物初级产品的损失为保险责任的保险。

(3) 森林保险,指以人工林或天然林为保险对象,以林木生长期间因自然灾害或意外事故造成林木价值或营林生产费用损失为保险责任的保险。

(4) 园林、苗圃保险,指以生长中的各种经济树木(果树、名贵观赏树木等)和花卉为保险对象的保险。

(5) 牲畜保险,指在饲养过程中,以各种役用、乳用、肉用、种用大牲畜为保险对象的保险。

(6) 畜、禽保险,指以商品性的家禽、家畜为保险对象,以饲养期间意外死亡损失为保险责任的保险。

(7) 水产养殖保险,指以人工饲养的鱼、蟹、虾、珠等为保险对象,以养殖过程中的疫病、投毒、盗窃和自然灾害造成水产品经济损失为保险责任的保险。

(8) 其他特种养殖保险,主要有人工饲养的珍贵动物保险,如鹿、貂、狐、麝等;还有人工饲养的蜜蜂、家蚕等昆虫保险。

2. 按保险责任分类

(1) 单一责任保险,只承保某一单一风险,如雹灾保险。

(2) 混合责任保险,一般以列举方式,承保两种以上的风险。

(3) 一切险,承保的风险种类较多,一般也是列举式的,不是指农业生产可能出现的一切风险。

3. 按保险金额分类

(1) 种植(养殖)业收获保险,指以种植(养殖)的预期收获量为标的的保险,当保险标的遭受保险责任范围内的灾害致使收获量损失时,其不足部分由保险人负责赔偿。

(2) 种植(养殖)业成本保险,指以种植(养殖)业成本为标的的保险,保险人只负责在种植(养殖)成本费用范围内的经济损失责任。

第二节 种植业保险

一、种植业保险的概念

种植业保险是指以各种粮食作物、经济作物为保险对象的保险,又称"农作物保险"。按农作物的生长阶段,它可分为生长期农作物保险和收获期农作物保险。

生长期农作物是活的有机体,每一种农作物的生长都有自己的规律。阳光、水分、土壤、肥料、空气都是农作物生长的基本要素,同时又是制约农作物生长的破坏因素。收获期农作物保险是指保险人对农作物从开始收割或采摘到完成初加工进入仓库期间的保险。

二、种植业保险的期限与金额

种植业保险的期限是根据不同农作物的生长期确定的,一般从农作物出土定苗开始(如水稻从插秧开始、棉花从移株开始),到成熟收割为止。对于分期收获的农作物(如烤烟等),其保险期限到最后一茬收获为止。对于收获期农作物保险,则到入仓前为止。

种植业保险金额的确定主要受保险人的技术水平和农民对保险费承受能力的制约,有两种方法:(1) 承保作物成本,保险金额主要由机耕费、种子费、肥料费、灌溉费、工具折旧费、劳动力成本等项组成;(2) 承保收获量,以预期的收获量为保险金额,一般要加以限制,承保收获量的一定比例,以避免道德危险。

三、种植业保险的定损与理赔

农作物发生保险责任范围内的损失后,定损工作比一般财产险复杂,主要方法有查株数穗法和抽样实测法。对农作物保险的赔款计算,根据承保成本或承保收获量的不同,其计算方法也不同。

按成本承保,当农作物全部损失时,它的计算公式为:

$$赔款 = 实际投入成本 \times (1 - 免赔率)$$

当农作物部分损失时,它的计算公式为:

$$赔款 = 实际投入成本 \times \frac{受损农作物}{农作物总数} \times (1 - 免赔率)$$

按收获量承保,当农作物全部损失时,以保险金额减去免赔额计算。当农作物部分损失时,它的计算公式为:

$$赔款 = (投保时双方约定产量 - 出险后实际收获量) \times 国家收购价 \times (1 - 免赔率) \times 承保成数$$

在保险期限内,连续发生保险事故进行赔款时,其累计赔付金额以保险单上注明的保险金额为限;农作物部分损失时,保险单继续有效,有效保险金额为原保险金额与赔偿金额的差额;保险亩数低于实际种植的亩数时,保险人应按保险亩数与实际种植的亩数的比例进行赔偿;残值一般作价给投保人。

四、种植业保险费率

种植业保险费率的计算非常复杂,首先必须掌握大量的有一定年限的真实资料。由于农业生产的特殊性,资料往往难以获得。当有了一定的资料后,对某一农作物保险费率的计算大体分三个步骤:(1) 计算损失率,从而确定纯费率;(2) 用均方差计算危险附加;(3) 根据保险人的行政费用、代理手续费、防灾费等因素,计算出毛费率,即为向投保人收取保费的费率。

第三节 养殖业保险

养殖业保险是以牛、马、骡、驴等大牲口,猪、羊、兔、鸡等畜禽,以及鱼、虾、蟹类为保险标的的死亡损失保险。经保险人与投保人双方同意,可特约承保一些其他责任。

一、养殖业保险的承保对象

养殖业保险的主要承保对象有:以役用、乳用、肉用、种用的马、牛、骆驼等为对象的大牲畜保险;以肉用、皮用、毛用的猪、羊、鸡、鸭、兔、鱼、虾、蟹、貂、鹿、麝、蜂、蚕等为对象的家畜、家禽、养鱼、珍贵动物保险。养殖业保险对象品种繁多,保险双方可根据各自的要求和可能,承保一些有特殊需要的养殖动物或昆虫之类。

二、养殖业保险的期限与金额

养殖业保险一般以一年为保险期限,也有以一个养殖周期为保险期限的。

总之,为适应实际需要,期限可不尽相同。保险期限自保险合同签订后,中途不得改变。如有特殊需要,双方可以批单形式变更保险期限。

保险金额是保险人对被保险人负担某一养殖品种在发生保险责任范围内的损失时所赔偿的最高限额。养殖业保险金额可根据双方协商确定,也可根据账面价值确定。不论以何种形式确定保险金额,为避免道德危险和保险人技术上的不足,一般都必须确定一个相对免赔率或绝对免赔额,保险金额一般为实际价值的60%—70%,必要时应确定最高赔偿限额。

三、养殖业保险责任与理赔

养殖业保险责任一般包括:各种自然灾害,如洪水、火灾、风灾、地震、爆炸、雷击、冰雹、雪灾、泥石流等造成的死亡;各种意外事故,如野兽伤害、互斗、中毒、摔跤、淹溺、触电、碰撞,以及空中运行物体或固定物体坠落、倒塌所导致的死亡;各种疫病和疾病造成的死亡;等等。为进一步明确责任,在养殖业保险中还规定了一些除外责任。

养殖业保险的赔偿处理比较复杂,保险人要做深入细致的调查核对工作,做到准确、合理。在养殖业赔偿中,理赔人员要做好查勘记录,主要内容有:出险时间、出险地点、死亡原因、施救经过、责任确定、残值处理、核损情况、定损依据、赔付金额等。具体计算公式因不同标的而异。例如,生猪、羊、兔等保险的赔款公式为:

$$实际赔款 = (尸体重量 \times 单价 - 残值) \times 承保成数 - 免赔额$$

比例赔付的公式为:

$$实际赔款 = \left(\frac{投保数}{符合投保的实际存栏数} \times 死亡牲畜保险金额 - 残值 \right) \times 承保成数 - 死亡牲畜保险金额 \times 免赔率$$

养鱼保险的赔款公式为:

$$实际赔款 = (承保鱼数 - 灾后实际存鱼数) \times 每尾鱼平均保额 \times 承保成数$$

第四节 农业保险经营原则与实施方式

一、农业保险经营原则

由于农业保险标的是有生命的动植物,与自然灾害有着特别紧密的联系,它的生产要受外界环境等因素的制约,因而农业保险具有地域性、季节性和连续性的特点。这些特点决定了农业保险经营的难度大,即具有危险难测定、损失难评定、业务难管理三大难点。从农业保险的特点和难点出发,农业保险经营应该遵循"收支平衡,略有节余,以备大灾之年"的原则。这个原则是根据农业保险的特点、难点、农民经济负担(支付保险费)能力、农村科学技术水平、农村保险从业人员的技术力量等条件为客观依据提出的。

二、农业保险实施方式

根据农业保险经营原则,借鉴国外农业保险的经验,结合我国特点,在经营农业保险时,可选用不同的实施方式。

1. 法定(强制)保险方式

法定保险是国家(政府)对一定的对象,以法律、法令或条例规定某些标的必须投保的保险。法定保险可以是全国性的,也可以是地方性的。对某些灾害发生频繁、受灾面积大、损失后果严重(给广大农业生产者带来极大的不安定,可能影响农业生产持续进行,国民经济的发展也会受到一定影响)的种植业和养殖业,可实行法定保险。例如,国家为保障城乡食用肉的生产,规定郊区生猪必须参加保险等。在强制保险时,国际上许多国家由政府补贴农民一定的保险费,以减轻农民负担。

2. 自愿保险方式

自愿保险是由投保人与保险人双方协商,自愿签订保险合同的一种保险方式,投保人有投保的自由,也有不投保的自由。农业生产门类广、品种多,有些危险在某一局部发生,只造成局部性损失。在这种情况下,农业生产经营者可根据自己经营的农业产品的危险程度,自愿参加某一农业保险。

3. 合作共保方式

由于农业保险技术复杂、面广量大,可采取保险人与和农业生产有密切关系的专业单位实行共保,使一些专业单位、职能部门与保险人"利益分享、责任共担",从而共同合作、相互促进,推动农业保险健康发展。

4. 互助合作保险方式

为解决农村自然灾害多、受灾面积大、业务分散、业务量大和专业保险网点不足、服务不周的矛盾,农村集体经济单位或农民可通过互助合作办理合作保险或互助保险。当发生自然灾害或意外事故时,受灾户可通过互助合作保险的形式得到经济补偿。

案例分析

麦场夏粮火灾保险损失案

某地农民何某向某县保险支公司投保麦场夏粮火灾保险,投保面积7.38亩,预测承保亩产560斤,每斤1.00元计价,共计承保小麦4133斤,保险金额4133元。保险期限为一个月,自起保日小麦入场时起,至一个月满月日止。在保险期间,麦场如发生火灾造成保险小麦的损失,由保险人负赔偿责任。但是,由于被保险人及其家属的故意行为造成火灾,火灾以外的自然灾害和意外事故,以及被保险人违反交规在公路上碾打小麦发生火灾三种情况,造成保险小麦的损失,保险人不负赔偿责任。保险费率为保额1‰,在起保日前一次交清。几天后,何某将小麦收割入场。某日,何某到乡里值班,让其弟看守麦场。晚餐时分,何弟回家吃饭,饭后外出,此段时间麦场无人看守。晚十时许,麦场发生火灾,三垛投保的小麦除一垛外,其余两垛基本烧毁,共剩余小麦430斤。次日,何某通知县保险支公司。县保险支公司与县公安局及有关单位对火灾现场作了勘验,结论是:失火原因不明。何某要求县保险支公司对火灾损失,按保险合同规定的保险金额扣除所剩430斤小麦的折款后,全部予以赔偿。县保险支公司以何某的小麦的实际产量低于承保时的预测产量,只能按实际产量的损失赔偿为理由,拒绝按保险金额计算赔偿。何某向县法院起诉。

  县法院依法受理此案后,经调解,双方不能达成协议,遂判决:按保险合同规定的保险金额4133元减去剩余小麦430斤的折款430元,余下的3703元为火灾损失金额,由县保险支公司负责赔偿80%,何某自己负责20%。宣判后,双方均不服,向中级法院提出上诉。

  中级法院认定:一、何某与县保险支公司签订的麦场夏粮火灾保险合同合法有效。火灾是在保险期内发生的,且县保险支公司不能证明对火灾有除外责任,因此县保险支公司对火灾损失应负赔偿责任。二、合同保险金额是通过预测承保亩产量确定的,县保险支公司也按保险金额收取了保险费。承保亩产量的预测仅是估算,事实上不可能与实际产量完全一致,且事后多次调查,大体上接近承保时的预测产量;同时,在麦场上小麦已烧成灰烬的情况下,不可能对烧毁的小麦的实际数量作出准确的测定。因此,县保险支公司提出的按实际产量的损失赔偿,理由既不充分,也无可靠的证据,不予认定。赔偿金额应以合同规定的保险金额计算。三、何某在火灾发生前,虽在麦场上备了水缸,但却未装水,致使起火后未能有效地减少损失。况且火灾发生时,麦场处于无人看守状态,致使火苗未被及时发现,造成大火。何某亦应负一定责任。据此,中级法院认为:一审法院对该案的判决,认定事实清楚,适用法律正确;以保险金额计算赔偿,在减去剩余430斤小麦折款后,余下部分由县保险支公司赔偿80%,何某自己负责20%,也并无不当。中级法院判决驳回双方的上诉,维持原判。

第五节 其他国家农业保险及启示

一、美国的农业保险

  美国的农业保险主要包括以下几种:第一种是农户投保的多种风险农作物

保险。它又可分为巨灾保险和扩大保障保险。巨灾保险是提供最基本保障的一种保险,其保障水平为平均产量的50%,赔偿价格为相关机构公布的市场预测价格的55%。扩大保障保险是在巨灾保险的基础上开展的一种保险,保障程度更高。第二种是团体风险保险。该险种的保险产量与所在地该农作物的平均产量挂钩。第三种是收入保险。它又可分为团体收益保险、农作物收益保险和农场总收入保险等。此外,还有商业保险性质的冰雹险,以及针对不同农作物开办的险种,如新苗圃保险、大白菜种植收入保险等。

美国政府打算进一步推进目前的农业保险计划,并使之不断完善。在关于农业保险改革的各种方案中,有一种设想:通过精算将高风险地区和一般风险地区区别开来,设立一个特别基金,高风险地区的农业生产者由政府提供保障,而一般风险地区的农业保险则由私营公司去做。

二、日本的农业保险

日本政府为了保证农业经济可持续发展,保障农业生产经营的稳定性,以法律形式建立起农业保险制度。

1. 投保形式

日本农业保险是法定保险与自愿保险相结合。对关系到国计民生和对社会发展目标有重大影响的农、林、牧、渔等产品的生产实行强制性保险,而对其他农业产品的生产实行自愿参保制度。但是,凡是有农业信贷支持的农业保险标的,即使是属于自愿参保项目,也必须实行强制性投保方式,以确保农业信贷资金的安全性,降低农业投资风险。大部分农业保险的保费支出由政府财政补贴。

2. 组织形式

日本农业保险由区域性农业共济组合经营管理,采取强制与自愿相结合的方式开展保险业务。日本农业保险组织体系主要由三个层次构成:基层是农业互助组合,中层是农业互助组织联合会,最高层是政府农业保险机构。农业保险基金由保费和政府补贴各50%组成,是农业保险制度平稳实施的重要经济基础。

三、法国的农业保险

法国的农业保险发展概况如下:

第一,农业保险实行低费率高补贴政策,政府的补贴比例为50%—80%。

第二,在政府的支持下,建立了专门的政策性农业保险机构,由政府实行直接的财政补贴。

第三,建立了政府和社会共同联办的农作物保险集团。集团下设四个保险公司,即农业互助保险公司、非农业财产保险公司、农民寿险公司和农业再保险公司,分别承保农民的财产、疾病和意外伤害的损失,农村的手工业者、小商业者等的财产、疾病和意外伤害保险,农民的人寿和死亡保险业务,以及对内对外的分保业务。

第四,农业合作保险是农民以互助共济为原则,在自愿的基础上组织起来的民间性的农业保险合作基金组织,具有互助救济、金融和生活福利三种功能。通过其他保险筹集资金,以非农保险资金养农业保险,达到了互助、共济的目的。同时,向官方和非官方(国家保险协会)机构进行农业再保险,以分散风险。

第五,国家立法保护农业保险。政府对所有农业保险部门都实行了对其资本、存款、收入和财产免征一切赋税的政策。《农业保险法》规定,农业保险的项目由国家法律规定,保险责任、再保险、保险费率、理赔计算及许多做法也用法律或法规确定。对一些关系到国计民生的大宗产品如水稻、小麦、大麦、果树等和主要饲养动物如牛、羊、马、猪、蚕等,实行强制保险。

四、南非的农业保险

南非历史上长期实行白人庄园经济,农业经济规模相对较大,对市场化的商业保险的承受能力较强。因此,南非的保险产业比较发达,保险品种丰富,体系也十分完备,具有很强的竞争力。南非的农业保险基本上由提供短期保险的互助保险社和商业性保险公司承办。大约有一半农民为自己种植的农作物购买了农作物保险。虽然南非政府不直接参与农业保险的经营,但是对商业保险没有涵盖的一些自然灾害,一般通过利率优惠的贷款和担保的方式提供公共灾害援助金,对农场主的损失进行补偿;同时,通过特别公共援助金对由于干旱给畜牧业造成的损失进行补偿。

五、几点启示

综观以上各国的农业保险,对我国的农业保险发展有如下几点启示:

1. 建立政策性农业保险制度

建立以政策性保险为主的农业保险制度,是今后我国农业保险发展的基本方向。为此,应将农业保险纳入国家对农业的支持保护体系;充分调动地方政府的积极性,提高农民的参与程度;尽量利用现有商业性保险网络,形成健全的、规范化的政策性农业保险制度。

2. 建立政策性农业保险机制

一是采取多方面共同筹资的方式。农民承担一定的保费,地方财政给予适当的补贴,国家给予政策支持,保险公司予以一定的优惠,形成政策性保险的基本构架。政策性保险机构可在中央和省两级设立精干、高效的机构,主要研究制定方案和政策措施,业务办理则主要委托商业保险机构,这样可以降低经营成本和保险费率。二是实行优惠的税收政策。应减免农业保险的所得税、营业税等,将农业保险与信贷担保相结合,促进农村金融体制改革;同时,把农业保险作为再保险的重点对象,以分散经营风险。

3. 农村农业救灾逐步向农业保险过渡

与救济相比,农业保险能够更加有效地弥补遭灾造成的经济损失,维持农业再生产,缓解农民因灾致贫返贫的状况。因此,要将救济与保险结合起来,并加强政策引导,逐步向以政策性农业保险为主过渡,吸引更多农户参加政策性农业保险。

4. 加快政策性农业保险立法进程

应尽快制定适合我国农业保险特点的农业保险法律,将整个农业保险纳入法制化轨道,保证农业保险有法可依,指导农业保险健康发展。

思考题

1. 农业保险的定义是什么？它有什么作用？
2. 概述农业保险的分类。
3. 谈谈种植业保险的定损与理赔的方式和原则。
4. 农业保险的经营原则有哪些？
5. 农业保险的实施方式有几种？
6. 谈谈其他国家的农业保险对我国的农业保险发展的启示。

第二十六章 社会保险

☞ 学习目的

使学生掌握社会保险的概念与特点,以及社会保险与商业保险的区别;掌握我国社会养老保险制度和社会医疗保险制度的内容;了解我国失业保险制度的内容;熟悉生育保险、死亡与遗属保险的意义和作用。

第一节 社会保险概述

一、保险与社会保险

随着保险业和保险学科的发展,"保险"一词也日益具有广泛的含义。人们一般把保险区分为广义与狭义两部分。就广义而言,保险是指由多数社会成员根据合理分摊风险和灾损的原则建立后备基金,用于对少数遭遇灾害事故并造成经济损失的成员给予适当经济补偿,以保障社会生产正常进行和社会成员生活安定,最终实现社会稳定和经济繁荣的一种互助型社会经济形式。就狭义而言,保险是指由专业保险公司按商业经营原则开办的商业保险形式。

目前,保险学界关于保险的分类方法很多,从不同角度对保险活动加以区别。概括地说,广义的保险从实施形式上可分为三种类型:一是由被保险人集资合办,体现自保互助原则的合作保险。二是由金融机构或专业保险人主办的商业性自愿保险。这是一种以自愿为前提的契约行为,把对同样危险有保障需求的人集合起来,以缴纳保险费的方式筹集保险资金,对约定事故造成的经济损失进行对等性补偿。三是由国家主办的政策性强制保险,即国家为实现某种政策或保障公民利益而采取的一种经济补偿手段,通过法律或法令强制实施。这里所说的第三种保险类型就是社会保险。

社会保险属于广义保险的范畴,并构成现代社会保障体系的重要内容。

二、社会保险的概念

为保证社会生产的正常进行,保护社会劳动力的健康成长,保障社会成员生活的安定,国家有必要采取措施,通过建立相应的组织机构,用一定的途径和方式筹集备用基金,当社会成员因灾害和事故受到损失的时候,即由基金出资给予一定的经济补偿。社会保险是国家专门为受到灾害和事故、丧失劳动能力、失去工作机会的社会成员提供一定的物质生活保障的一种经济补偿手段。因此,我们可以这样表述社会保险的定义:在既定的社会政策指导下,由国家通过法律手段对全体社会公民强制征缴保险基金,用以对其中因年老、疾病、生育、伤残、死亡和失业而导致丧失劳动能力或失去工作机会的成员提供基本生活保障的一种社会保障制度。其内涵是:

首先,社会保险是一种社会政策,是在国家法律或法令保证下实施的,为达到既定社会目标服务的一种强制性措施。

其次,社会保险又是公民的一项权利。公民在履行缴纳保险金的义务之后,都有享用社会保险以保障个人及其家属的基本生活的权利。

再次,社会保险又是一种有效的经济补偿手段。它通过全体社会成员的互助共济实现对少数遇险社会成员的收入损失补偿,使遇险社会成员的经济损失降到最低程度。

最后,社会保险作为现代社会保障体系的一部分,还体现了由国家根据全体公民的共同利益,采取保险的形式对个人收入实行调节,是一种特殊性质的个人消费品的再分配形式。

三、社会保险的一般特点

1. 强制性

强制性是指凡属于法律规定范围内的成员,都必须无条件地参加社会保险,并按规定履行缴纳保险费的义务。社会保险的强制性特点一般是通过国家立法和国家征收社会保险费两种方式体现出来的。立法即社会保险法,反映国家在社会保险领域的意志必须被贯彻执行,来不得半点例外,否则便是违法。社会保险费是劳动者和工作单位必须依法缴纳的国家收入,同样来不得半点例外,否则也是违法。另外,社会保险的纳费标准和待遇项目、保险金的给付标准等均按国家和地方政府的法律、法令统一确定,被保险人一方对于是否参加社会保险、投保的项目以及待遇标准等均无权任意选择和更改。有了社会保险这一强制性特点,才能确保社会保险基金有可靠的来源,切实保障被保险人有依法获得经济补偿的权利,从而为社会保险制度得以全面彻底地贯彻落实提供法律的和经济的保障。

2. 互济性

社会保险是政府为公民提供的基本生活保障,使他们在遭受风险事故和丧失劳动能力、失去收入来源导致生计陷入困境的情况下有从社会获得物质帮助的权利。由于遭受风险事故的人在社会上分布不均匀,各地区和各单位之间在承受风险事故方面的压力也是不均等的。从被保险人的角度看,每个人一生中遇到风险的次数、损失大小是不相同的。因此,必须依靠社会力量开展社会保险。社会保险实行"一人为大家,大家为一人"的互济原则,对企业和职工双方形成保护机制。一旦企业和个人遭受风险事故陷入困境时,社会保险能从互济性出发,集中物力和财力帮助企业尽快恢复生产,使职工的基本生活得到保障。社会保险实行互助共济也是国际上通行的做法。

3. 补偿性

补偿性是社会保险最显著的一个特点,是由社会保险的本质和职能所决定的客观要求和具体反映。补偿性反映了社会保险对遭受各类灾害和意外事故而受损的投保单位和个人按照保险合同给予一定的经济补偿的契约行为。

社会保险的根本宗旨是为发展经济、安定生活提供经济保障。当被保险人因遭受灾害和事故陷入困境的时候,给予补偿就成为实现这一宗旨的最终手段。在现代社会条件下,社会保险的补偿性特点伴随其职能的日益强化而更趋明显。高科技的发展和新工艺、新设备的广泛应用不可避免地带有一定的风险。自然灾害和意外事故的发生也必然会破坏企业正常的生产经营和个人的正常生活。在这种情况下,社会保险给予经济补偿就能有效地消除或缓减灾害和事故给企业、家庭、个人乃至社会造成的损失。另外,社会保险的经营管理也体现了充分利用国家财政后备和征收保险基金进行经济补偿的特点。

4. 社会性

社会保险之所以称为"社会保险",就在于它的社会性。社会保险的社会性特点主要体现在两个方面:首先,社会保险范围广泛,对象众多,对整个社会政治、经济和日常生活的影响极大。因此,各国的社会保险历来都由代表社会利益的政府通过立法开展,以达到实现社会政策的目标。其次,社会保险是一项为公众服务的社会公益事业,其经营管理目标只能以社会效益为主,绝非营利,绝不能走商业化道路。为充分保证社会保险的社会效益,其基金管理应遵循专款专用的原则,任何机构和个人都不得挪作他用,也不得调用社会保险基金参与财政平衡。相反,当社会保险基金在特殊情况下不敷使用时,要由国家财政提供担保。国家不征收社会保险基金税。

四、社会保险与商业保险的区别

社会保险的特点还体现出它与商业保险的区别:两者在具体项目和总体目标上虽然有相似之处,但是作为两种不同类型的保险制度各有各的特点。两者的不同之处主要在于:

1. 原则和性质不同

社会保险是通过国家立法强制实行的社会保障制度的一部分,其目标是保障社会成员的基本生活,维持社会安定。被保险人有终身获得生活保障的权利。社会保险不以营利为目的,而是以社会效益为主,其运作过程具有明显的行政性特点。商业保险是人们自愿投保、自由参加的,没有任何强制性,遵循的是"谁投保谁受保,不投保不受保"的原则,是以营利为主要目的的企业经营活动。保险的项目、费用、期限、责任等权利义务关系严格按保险契约的规定实施,一旦契约履行终止,保险责任即自行消除。商业保险由专业保险人负责实施,其保险资金可用于投资增值,企业实行自负盈亏。保险公司在我国被划入金融系统,亦称"金融保险"。

2. 权利和义务的对等关系不同

社会保险强调公民必须履行法律规定的劳动义务,并由此获得享受社会保险待遇的权利。劳动贡献的大小和个人缴纳保险费的多少,与保险待遇没有严格的对等关系。保险费的征收只依据公民的收入水平而定,不依据保险项目风险的大小。因此,社会保险的双方在权利与义务之间不存在商业性的等价交换关系。商业保险实行严格的权利与义务对等关系,其商业性和营利性决定了这种权利的享受必须是以"多投多保、少投少保、不投不保"的等价交换为前提的,即被保险人享受补偿金的多少,要以是否按期、按数缴纳合同规定的保险费以及投保期限的长短为依据。保险契约一旦满期,保险责任自行终止,权利与义务的关系也不复存在。

3. 对象和职能不同

社会保险以法定的社会成员为对象,一般以社会劳动者及其供养的直系亲属为主。其主要职能是,保障劳动者在病、老、伤、残和丧失劳动能力、失去劳动机会或死亡以后其直系亲属的基本生活需要,维持社会劳动力再生产的正常进行。另外,通过对社会保险基金的征集和灾损补偿的手段,直接实施国家对社会收入的再分配干预,起到调节收入差距、实现社会公平的职能。法律对商业保险对象一般不作规定,全体公民均可自由选择、自愿参加,加入保险的唯一条件是缴纳保险费。商业保险的主要职能是,当被保险人遭遇合同所规定的灾损时给予对等性的经济补偿,与被保险人的生活水平和收入多少无关,只能部分解决其临时的、急迫的困难和弥补其部分损失,不具有调节收入差距、实现社会公平的职能。

4. 补偿标准不同

任何保险总是与一定的经济补偿相联系的,但是社会保险和商业保险在补偿标准上是不同的。社会保险的补偿是以保障劳动者及其供养的直系亲属的基本生活和实现社会安定为出发点的。其保障水平的确定既要考虑劳动者原有生活水平和社会平均消费水平,又要考虑在职职工平均工资的提高幅度、物价上涨的因素和国家在一定时期财政上的负担能力。随着社会生产力的发展,社会保险待遇的总水平也会相应提高。此外,社会保险作为特殊领域的分配调节手段,在保障水平的确定上采取的是有利于低收入劳动者的原则。商业保险的保障水平并不考虑上述因素,完全取决于投保人缴纳保险费的多少与实际受损的性质和程度。其保障水平的确定并不取决于被保险人的实际收入和生活水平,而是严格按对等原则确定的。可见,社会保险的补偿立足点是"保障",而商业保险则着眼于"偿还",两者在补偿标准上的差异是不可相提并论的。

5. 管理和立法不同

社会保险是国家领导下的以各级政府主管部门和下设的社会保险经办机构直接实施管理的社会事业。社会保险的政策性和人、财、物的统一管理性,决定了国家财政对社会保险负有最后保证的责任,一旦出现亏损,国家有义务给予弥补。社会保险的主体是劳动者,属于劳动立法的范畴。商业保险由各级保险公司自主经营,管理工作及其运作以保证保险合同的履行为内容,不涉及其他社会服务工作。商业保险在财务上实行独立核算、自负盈亏,国家财政不以任何形式负担保险费的开支需求。商业保险的双方当事人的权益受国家法律的保护。

五、社会保险的产生与发展

1. 早期家庭保险

人类社会有过一段漫长的没有任何保险的历史。在原始社会和奴隶社会,谈不上有任何意义上的保险。当人类进入封建社会,生产力水平有了较大提高,社会劳动产品有了较多剩余,主要的社会劳动者农民有了自己的相对独立性与一定的经济来源。只有当农民可能以剩余的劳动产品和经济能力补偿自然灾害和意外事故造成的损失时,保险行为才有可能出现。

封建社会的保险具有浓厚的家庭保险色彩。这是与封建社会以一家一户为主的小生产方式相联系的必然现象。当时,绝大多数社会成员都是小农经济个体生产者,自给自足,许多社会问题如养老问题、失业问题等都无从发生。由于家庭成员之间有着一种天然的血缘之间的感情纽带,彼此之间形成了祸福与共、生死相关的特殊利害关系,人们很自然地把实现和保护自身利益和需求的希望寄托在家庭关系上。家庭不仅承担着生产的职能,还担负起劳动力再生产和劳动力保护,以及为丧失劳动能力的家庭成员提供生活保障的职能。常言道"养儿防老,积谷防饥",正是封建社会家庭承担保险职能的真实写照。

家庭是社会的细胞,家庭保险是社会保险发展过程中的原始形式。

2. 社团保险

社会发展进入资本主义阶段,资本的原始积累与资本主义生产方式向农村的渗透和扩展,导致了农民破产、土地荒芜。流入城市的破产农民被迫到资本家开设的工厂做工,沦为雇佣劳动者。他们处在恶劣的劳动环境中,工伤事故频发,职业病严重,收入微薄,生活陷入困境而不能自拔。在这种情况下,传统的家庭保险无济于事。劳动者为求生存,自发地联合起来进行互助。当资本主义发展到大机器生产阶段,单凭少数人之间自发的互助已难以抵御灾害、事故和贫穷的威胁。于是,工人们组织起范围更大、人数更多的以互相保护、分担风险为目标的民间互助团体,如"预防互助会""共同救济会"等。这些团体从成员那里收取资金或募集捐款,当成员及其家庭因灾难事故陷入生活困境时,可以提取团体互助金给予资助,帮助其渡过难关,维持基本的生活保障。这些团体当年在欧美资本主义社会相当流行,很受人们欢迎。

社团保险是朝着保险社会化方向发展的重要阶段,它为最终形成现代意义上的社会保险奠定了广泛的社会群众基础。

3. 社会保险

社会保险是现代社会发展进入社会化大生产阶段的必然产物。由于劳动者和生产资料分离,家庭不再是自给自足的经济单位,绝大多数人成了雇佣劳动者,他们以工资收入维持生活,病、老、残、亡等一切问题都只能依靠雇主解决。经济不景气,企业破产,会使大批工人失去工作机会,成为没有收入保障的失业者。同时,现代医学保健事业的发展使人类平均寿命大大延长,养老问题日益突出。现代工厂制度使得工人患职业病和工伤致残或致死的可能性随之增大,劳动者病、残或死亡后,其本人和家属的生活出现困难。社会化大生产和雇佣劳动制度给人们带来的生活风险大大增加了。面对这些风险,传统家庭亲属之间的互助和民间社团保险已经力不从心。当社会上越来越多的人感到不足以依靠家庭、雇主和社团的力量解决因生、老、病、残、亡、失业等造成的生活保障问题时,社会保险作为一种动用更大范围的社会资源保障劳动者和其他社会成员的基本生活的社会保障制度就应运而生了。

社会保险是现代社会保障制度的核心部分,它反映了在社会化大生产背景下形成的保险方式社会化的要求。这就是社会保险形成和发展的社会历史根源。

第二节 养老保险

一、养老保险的定义和原则

养老保险是指劳动者在达到法定退休年龄,劳动能力不足或丧失劳动能力时,按国家规定退出工作岗位后享有社会给予的一定的物质帮助和服务的一种社会保险制度。在西方,国家基本养老保险、企业年金和个人商业养老保险统称为"养老保险计划"。本节主要讨论我国的养老保险制度。

开展养老保险,必须确定要遵循的实施原则。一般而言,养老保险必须遵循下列基本原则:

1. 享受养老保险待遇的同时解除劳动义务的原则

养老保险是以劳动者达到一定法定年龄后丧失劳动能力为依据的。人的实际劳动年龄因个体差异而会有所差别。国家规定的法定养老（退休）年龄是以劳动者的平均劳动年龄上限为依据的，它是以立法形式确定的一个全国统一的退休养老的年龄标准。劳动者到了退休年龄后，国家依据退休制度，一方面要保障他们有获得物质帮助和社会服务的权利，另一方面要妥善地安排他们退出原来从事的职业或工作，不再承担社会劳动的义务。

劳动者退休后享受一定的养老待遇，这是他们履行了一生的劳动义务后应享受的权利。为使社会劳动力不断更新，保证社会生产的正常发展，劳动者达到退休年龄后，无论其实际劳动能力是否丧失，都应按时退休。他们在享有养老保险待遇的同时，应该解除劳动义务。

根据权利与义务对等的社会保险原则，确定养老保险的条件与待遇的水平，必须以劳动者退休前为社会所做的劳动贡献的大小为依据。

2. 切实保障基本生活水平的原则

养老保险待遇（又称"养老金"）是国家为退休老人提供的主要生活来源。因此，保障老年人退休后生活的基本水平主要依靠养老金的水平。为了不使劳动者因年老退休影响基本生活保障，有必要确定与消费水平相适应的养老金水平。鉴于养老金是退休者终生享受的待遇，又是按一定周期（通常是按月）、一定数量领取的，这就产生了一个如何在长时期内保证其生活水平不致下降的问题。

退休职工的生活水平主要受养老金水平和物价水平这两个因素的影响，用公式表示就是：

$$X = \frac{Y}{Z}$$

（X—实际生活水平，Y—养老金水平，Z—物价波动指数）

显然，在养老金水平不变的情况下，物价指数向上波动将导致退休职工实际生活水平下降。一般情况下，物价指数逐期上升是难以避免的正常现象，在经济体制改革时期更是如此。如果养老金水平跟不上物价上涨指数，退休职工的实际生活水平就会随之下降。为保障退休职工的实际生活水平与整个社会消费水平相适应，抵消物价上涨给退休职工实际生活水平带来的不利影响，国家必须采取有力措施，根据物价指数的波动情况，适时调整退休职工的养老金水平，并在法律上给予保证，以确保退休职工的基本生活水平不致下降。

3. 分享社会经济发展成果的原则

养老金水平的高低是相对的，它只有在与社会平均消费水平相比时才能表现出绝对值。随着社会经济的发展，社会平均消费水平总是不断提高的，而退休职工的养老金水平相对而言却是比较固定的。即使考虑到物价水平上涨的因素,保持其实际养老金水平不变,在社会消费水平普遍提高的条件下,退休职工的实际消费水平也会出现相对下降的现象。因此,应使退休职工的养老保险待遇随社会经济发展不断提高,让退休职工能从增加养老金收入和提高其他福利待遇方面直接分享社会经济发展的成果。

需要指出的是,有人认为,给退休职工发放养老金和其他福利待遇是用在职职工创造的财富养活退休职工。这种观点是错误的,因为:(1)退休职工虽然已经退出劳动领域,但是在过去几十年劳动中为社会扩大再生产做出了相当数量的物质贡献,这些贡献正是当前国民经济继续发展的基础。在这个基础上,社会经济发展才取得了新的成果和更高的起点。所以,退休职工分享社会经济发展成果完全是理所应当的。(2)社会主义生产的目的是"充分保证社会全体成员的福利和使他们获得自由的全面发展"①。退休职工不断增长的物质和文化需求不仅理应得到满足,而且也只有通过分享社会经济发展成果的方式得到满足。(3)允许退休职工分享社会经济发展成果,可使他们感到仍然是社会主义大家庭中平等的一员,有利于激励他们发挥余热,继续为社会做贡献;同时,可在全社会范围内树立一种良好的示范效应,鼓励在职职工安心工作,多做贡献,不必为自己年老退休后的生活保障问题担心。

二、我国养老保险制度发展概况

养老保险制度是社会保险体系中的重要内容。我国历来重视养老保险工作,把做好这项工作看作体现社会主义优越性的一项重要内容。我国人口老龄化趋势的日益加剧和家庭规模小型化所带来的家庭养老职能的日益减弱,也为大力发展养老社会保险提供了前所未有的契机。

我国养老社会保险和其他社会保险项目都是在1951年开始逐步建立的。1951年通过的《劳动保险条例》第三章第15条和第四章第19条对老年社会保险作了明确的规定。该条例于1953年1月作了适当修改。1955年12月,国务院对于国家机关和事业单位干部的退休问题作了规定。1958年,国务院又把老年社会保险从《劳动保险条例》中独立出来,并把国家机关、事业单位工作人员和企业职工的养老退休办法统一起来,进行专门立法。1978年、1980年、1982年,国家又先后对该条例作了三次修订。

我国以劳动者为主体的养老保险制度自1951年建立以来,在保障退休职工生活以及促进生产、稳定社会等方面都起到了积极的作用。但是,几十年来,我国执行的养老保险制度是在传统计划经济体制的基础上建立起来的。随着时间

---

① 《列宁全集》第6卷,人民出版社1959年版,第11页。

的推移,尤其是改革开放后,养老保险制度与社会主义市场经济发展的要求日益不相适应,其弊病也不断暴露。客观形势的变化对我国养老保险制度提出了新的要求,需要进行相应的改革。

我国以计划经济体制为框架建立起来的养老保险制度,在改革开放背景下与社会主义市场经济要求不相适应的地方主要表现在:

其一,传统的单一退休制度与多种经济成分和多种用工制度的现状不相适应。传统的退休制度是以国家对企业在财政管理上统收统支、在劳动管理上统包统配为条件的,其适用范围狭窄,仅用于全民所有制单位的固定职工,反映了计划经济体制下企业生产经营和职工劳动工资都由国家集中统一管理的要求,由此决定了职工的退休养老也由国家和企业包下来并集中统一管理。这在计划经济条件下是必然的,也是可行的。然而,在经济体制改革进程中,各种类型的经济形式的出现和发展打破了过去单一公有制经济的状况。对公有制经济形式以外的社会劳动者,国家不可能也没有义务把他们的养老保险都包下来。即使公有制经济形式下的传统养老保险制度本身也面临着过去包得太多、统得过死的弊端,更不能在其他经济形式和用工制度中照搬这种已被实践证明不相适应的传统养老保险制度。

其二,"企业保险"方式与企业在经济体制改革中的任务不相适应。传统的养老保险与职工劳动就业重叠在一起,职工退休费用沿用发放工资的方法,由各单位行政开支,退休人员也由本单位管理。这种"企业保险"方式在过去可通过减少上缴利润、扩大成本开支或由国家财政补贴实施。经济体制改革后,财政体制改为以税代利,企业实行经济承包责任制,职工工资收入和福利待遇都与企业经济效益挂钩。退休费用由各单位行政开支的方式直接影响到企业经济效益,影响到在职职工的奖金水平和工资福利。由于退休费用是企业常年支付的一项经常性负担,新老企业职工队伍的年龄构成也不同,必然导致不同行业和企业之间退休费用负担畸轻畸重的局面,这就很不利于企业在公正平等的基础上参与市场经济的竞争和发展。尤其是那些退休职工较多、企业经济效益下降的单位,甚至很难保证全额发放退休职工的养老金和其他保险费。

其三,传统退休制度规定的退休条件和退休待遇中的平均主义与企业工资制度改革的现状不相适应。传统退休制度中的退休金不论退休前职工的实际劳动贡献大小,一律按退休前的标准工资的一定比例计发。在传统工资制度下,个人的标准工资与企业经济效益和个人劳动贡献逐渐失去了必然联系,把标准工资作为计发退休金的依据必然失去了与企业经济效益和个人劳动贡献的联系,不利于发挥退休金作为一种分配手段应具有的对生产的激励作用和对收入的调节作用。同样,当企业工资制度改革把职工工资与企业经济效益和个人劳动贡献挂钩的时候,职工之间的工资差距被合理地拉开了,体现了多劳多得的分配原则,而退休职工的养老金待遇却没有发生相应的变化。

其四,目前退休职工的养老金水平与在职职工的工资增长水平不相适应。传统退休制度规定,一律以职工退休前最后一个月标准工资的基数按一定比例计发退休金。在工资制度改革过程中,在职职工工资水平的增长幅度较大,其中活工资所占比重越来越大。一般估计,我国在职职工的月标准工资仅相当于全部工资收入的50%—70%。在这种情况下,如果再按老方法计发退休金(通常按标准工资75%计发),退休职工实际所得的退休金将大大低于退休前实际收入的水平。

在经济体制改革过程中,物价波动幅度很大,变动频繁,使退休职工的实际退休金水平有所降低。传统退休制度没有对物价影响实际退休金水平的因素予以考虑并作出相应的调整规定。虽然国家先后及时地以发放物价补贴和生活补贴的方式改善退休职工的生活待遇,但是由于缺乏从制度上保障退休职工的实际退休金水平不致因物价因素而下降的举措,退休职工的实际生活水平仍受到一定的影响,并且与在职职工工资水平的增长很不相称。

其五,传统养老社会保险的管理办法和条例政出多门,与社会保险制度改革的要求不相适应。现行退离休职工管理办法和养老金发放工作是多头参与、各自为政,而且各有章法、相互矛盾,常常使得退离休人员和基层单位无所适从。这种政出多门、多头管理的状况严重影响了养老保险工作的健康发展,不利于提高我国养老保险事业的社会化程度。

针对我国养老保险制度所存在的上述弊端,有关理论研究、实际工作和政府决策部门一直致力于探讨和确定改革现行养老保险制度的方向和途径。1997年,国务院颁布《关于建立统一的企业职工基本养老保险制度的决定》,开始对原有养老保险制度进行改革,并逐步建立起多层次的社会养老保险制度。

三、我国社会养老保险制度的主要内容

1. 建立了多种形式的老年社会保险制度

为适应当前多种经济形式、多种经营方式和多种用工制度并存和发展的需要,适应劳动力在不同所有制和不同企业之间合理流动的需要,我国逐步扩大了养老保险的范围,从原来的全民所有制单位的固定职工逐步扩大到城镇全体职工和个体劳动者,并建立了统一的基本养老保险制度、统一的企业和职工个人缴费比例、统一的个人账户规模、统一的基本养老金计发办法。

2. 形成了多层次的养老保险制度,逐步建立基本养老保险与企业补充养老保险和职工个人储蓄性养老保险相结合的制度

(1)基本养老保险,属养老社会保险性质,由国家立法,强制实行。基本养老保险的资金由企业和个人共同负担,实行社会统筹与个人账户相结合的模式,

按职工本人缴费工资基数的11%为职工建立基本养老保险个人账户。个人缴费全部记入个人账户,其余部分从企业缴费中划入。随着个人缴费比例的提高,企业划入的部分要逐步降至3%,个人缴费比例最终达到本人工资的8%。个人账户储存额只用于职工养老,不得提前支取。职工调动时,个人账户全部随之转移。职工或退休人员死亡,个人账户中的个人缴费部分可以继承。基本养老保险的覆盖面广,各类企业职工普遍适用,但是其待遇水平相对较低,只保障退休职工的基本生活。

(2) 企业补充养老保险,属企业保险性质,指企业在人均留利水平或企业留利水平达到一定数额时,从企业自留资金和奖励基金中开支建立的本企业职工补充养老保险。企业可根据经济效益自行规定补充养老保险的标准,根据经济能力为职工建立补充养老保险,把企业经济效益好坏与职工个人补充保险的利益紧密地结合起来,势必能增强企业的吸引力和凝聚力,调动职工关心企业、提高劳动生产率和经济效益的积极性。

(3) 个人储蓄性养老保险,属商业保险性质,由职工个人自愿向保险机构投保。随着职工收入水平的逐年提高,拿出一部分收入以储蓄积累的方式投入养老保险,已显示出越来越多的机会和可能性。与此同时,政府也支持发展商业人寿保险事业,鼓励职工购买人寿保险,作为养老保险的一种补充渠道。这三个层次的养老保险既能保证广大职工退休后的基本生活,有利于社会安定,又能适应不同经济条件的企业的需要,有利于提高企业的劳动生产率;既保证了公平,又兼顾了效率。个人缴费制度体现了职工享受养老保险待遇权利与义务的一致,推动了职工树立社会保险参与意识和自我保障意识,并且对于减轻国家和企业的负担也有着十分重要的意义。

3. 基本养老保险制度实行社会统筹与个人账户相结合

世界各国养老保险的筹资方式大致分三种:第一,现收现付式。这是根据一定时期内收支平衡的原则筹集养老基金,即本期社会养老保险的收入仅仅满足本期的支出需要,不为以后提供储备基金。第二,完全积累式。这种筹资模式是在预测未来一段时期所需的社会养老支出的基础上,确定一个可以保证在相当长的时期内收支平衡的总平均保险费率,并按照这个总平均收费率筹资。不过,这种筹资模式积累的养老保险基金由于数额较大、期限较长,所以很难保证基金的增值率高于物价增长率和工资增长率。第三,部分积累式或半积累式。这是现收现付式和完全积累式的综合,是根据分阶段收支平衡的原则确定收费率,即在满足一定时期支出需要的前提下,留有一定的储备基金,据此确定保险费率。

我国传统的筹资方式是社会统筹和现收现付式,但是面对人口老龄化的浪潮,简单的现收现付式筹集的养老保险基金的缺口很大,因此必须改革筹资方式。只有部分积累式——社会统筹与个人账户相结合最适合我国的现状。这一制度在基本养老保险基金的筹集上采用传统型的基本养老保险费用的筹集模式,即由国家、单位和个人共同负担;基本养老保险基金实行社会互济;在基本养老金的计发上采用结构式的计发办法,强调个人账户养老金的激励因素和劳动贡献差别。因此,它既吸收了传统的养老保险制度的优点,又借鉴了个人账户模式的长处;既体现了传统意义上的社会保险所具有的社会互济、分散风险、保障性强的特点,又强调了职工的自我保障意识和激励机制。

4. 建立了养老保险基金管理和营运机制

养老保险基金是社会的一种专项基金,数额巨大,对社会经济生活有深刻影响,直接关系到千百万退休人员的生活和整个社会的稳定。为充分发挥养老保险基金在社会经济活动中的作用,同时又不影响其固有的职能,对养老保险基金的管理和营运必须持积极慎重的态度,要遵循两个原则:一是安全可靠原则,避免任何有可能发生的风险;二是效益在先原则,有较高收益率,使基金尽可能增值。

5. 组建了统一的养老保险管理机构

为改变养老保险分别由劳动、民政、保险公司等多家经办,管理分散,各自为政的状况,我国于1998年成立了劳动和社会保障部,统一管理全国的社会保险事业,其下设养老保险司,主管全国的养老保险工作。养老保险司研究、制定并实施养老保险事业的发展规划;制定养老保险的基本政策,如决定费率、领取条件、待遇项目、给付标准、基金管理等;拟订养老保险社会化管理服务事业的发展规划。劳动和社会保障部还设立了社会保险经办机构,作为政府授权的非营利性事业机构,受政府委托,根据政府颁布的有关法规,依法独立行使职能,负责养老保险基金的征集、管理和发放。

组建统一的养老保险经办机构,有利于加强养老保险事业的宏观规划和管理;有利于扩大养老保险的社会覆盖面;有利于精简管理机构,节省管理费用,提高工作效率;有利于管好用好养老保险基金,使之保值增值;有利于政府有关部门(劳动和社会保障部、人事局、民政局等)在养老保险制度改革的宏观规划和政策协调下各司其职、共同参与,把养老保险事业搞好。

6. 有计划、有步骤地推行了农村养老保险

我国是一个农业大国,农村人口占80%左右,逐步建立和发展农村养老保险,解除农民养老之忧,是一个非常重要的问题。这对巩固农村劳动力、发展乡镇企业、推进计划生育都有积极意义。

长期以来,我国农村社会保险一直处在比较薄弱的状态。随着农村经济体制改革的需要,发展农村社会保险已经刻不容缓地被提上了政府的议事日程。1991年,国家制定了《县级农村社会养老保险基本方案》,逐步在全国有条件的地区推广农村养老保险制度。参加农村社会养老保险的对象是非城镇户口、不

由国家供应商品粮的农村人口,一般以村为单位确认(包括村办企业职工、私营企业职工、个体户、外出人员等);乡镇企业职工、民办教师、乡镇招聘干部、职工等,可以由乡镇企业或事业单位确认,统一组织投保。交纳保险年龄一般为20周岁至60周岁。农村社会养老保险的缴费方式十分灵活,大体分为三种:一是定期交费。在收入比较稳定或比较富裕的地区和人群中采用这种方式,如乡镇企业可按月、按季交纳保费,富裕地区的农民可按半年或按年交纳保费,其交费额既可以按收入的比例确定,也可以按一定的数额确定。二是不定期交费。这是多数地区因收入不稳定而采取的方式。丰年多交,欠年少交,灾年缓交。家庭收入好时交,不好时可不交。三是一次性交费。岁数偏大的农民根据自己年老后的保障水平将保费一次性交足,一直到60周岁以后按规定领取养老金。

农村社会养老保险的制度模式主要有以下几个特点:(1)基金筹集以个人缴费为主、集体补助为辅、国家政策扶持,明确了个人、集体和国家三者的责任,突出自我保障为主的原则,不让政府背包袱。(2)实行储备积累,建立个人账户,农民个人缴费和集体补助全部记在个人名下,属于个人所有。个人领取养老金的多少取决于个人缴费的多少和积累时间的长短。(3)对农村务农、经商等各类从业人员实行统一的社会养老保险制度,以便于农村劳动力的流动。(4)采取政府组织引导与农民自愿相结合的工作方法。这是我国农村经济发展不平衡所决定的过渡时期的工作方法。随着农村经济的发展,在有条件的地区将逐步加大政府推动的力度,以体现社会保险的特性。

我国开展农村养老保险工作的地区普遍建立了专门机构,基本形成了部、省、地、县、乡、村(乡镇企业)上下贯通的六级管理体系和服务网络。但是,农村养老保险制度的建立毕竟是一项历史性的变革,出现的问题和阻力也是十分明显的,主要有:社会化水平低,覆盖面过窄,保障水平低,缺乏法制化的管理和规范,农民的思想观念不适应,投保能力有限。因此,必须在推进和改革我国社会保险体制的过程中,不失时机地尽快把农村养老保险制度抓紧办好。

第三节 社会医疗保险

一、社会医疗保险的定义和原则

社会医疗保险又称"疾病社会保险",是指国家和企业对因病暂时丧失劳动能力的职工给予必要的物质帮助和医疗服务的一种社会保险制度。

社会医疗保险兼有社会福利和社会救济的性质,实施过程中应注意遵循下列原则:

其一,有利于职工安心养病和保障职工及其家庭基本生活的原则。职工一旦患病,暂时丧失劳动能力,会减少或断绝收入来源,本人及其家庭生活将遇到困难。为此,在职工因患病不能参加劳动期间,要给予一定的物质帮助,以保障本人及其供养家属的基本生活水平,使患者安心养病,积极配合治疗,以利于早日恢复健康。否则,患病职工迫于经济压力,为维持全家生活,不遵医嘱,抱病工作,会导致病情加重,甚至危及生命,有悖于社会医疗保险的宗旨。

其二,社会医疗保险的短期待遇要有利于生产的原则。职工患病后受到病情、体质、治疗、生活条件等因素的影响,其恢复健康的过程有长有短,患病期间的待遇应有所区别。职工患病后将暂时退出生产领域,不能为国家创造财富,会增加国家的负担。因此,在制订病假待遇时,要兼顾国家、企业和个人的利益。病假待遇应该低于职工平时的基本工资,短期病假更应该从严掌握,防止有人从中搞不正之风或钻病假待遇的空子,产生不劳而获、小病大养的不良现象,影响在生产岗位上的职工的积极性。社会医疗保险在保障患病职工的基本生活需要和身体健康的同时,还应该在病假待遇上具有调节机制,鼓励患病职工积极治疗,一旦痊愈,就上岗恢复生产劳动,实现有利于生产的目的。

其三,长病假待遇要有利于与退休制度互相衔接的原则。患有严重慢性病的职工长期不能参加工作,凡符合退休条件的应该退休,不按长病假处理;凡符合提前退休条件的,也应动员其提前退休,以利于安心养病,恢复健康。长病假待遇一般要略低于退休待遇,以使长病假职工乐意接受退休的安排。对于家庭生活确实困难的长病假退休职工,可从福利基金中给予适当的困难补助。

二、我国社会医疗保险制度发展概况

我国社会医疗保险制度的发展实践证明,它对保证患病职工的治疗、生活和尽快恢复健康起了积极作用。但是,随着经济体制改革的推进,社会医疗保险制度逐步暴露出一些问题,有待在改革中完善。我国社会医疗保险制度存在的主要问题是:(1)社会医疗保险覆盖面窄,社会化程度不高。我国现行的职工公费和劳保医疗制度仅覆盖行政机关、部分事业单位、国有企业和部分集体企业的职工,大量非国有经济劳动者都没有被纳入现行的职工医疗保险制度。劳保医疗没有体现企业之间的风险分担,经费以企业为单位提取,自行管理、使用,实际上是企业自我保险,管理和服务的社会化程度低。(2)医疗保险筹资机制不健全。一方面,公费医疗、劳保医疗经费完全由政府和企业负担,职工个人不交任何保险费,没有体现权利和义务对等原则,导致职工没有费用意识,滥用所享受的权利,过度需求和浪费现象严重。另一方面,没有科学的经费提取标准、办法和调整机制。公费医疗经费受财政状况影响较大,劳保医疗经费的提取标准和比例多年不变,致使经费严重不足,超支现象严重。(3)国家财政和单位包揽过多,缺乏对医疗机构和职工个人有效的制约机制。一方面,医疗机构受利益驱使,乱开大处方、"人情方"甚至滥检查等行为屡禁不止。另一方面,职工"一人生病,全家买药""一人公费,全家揩油"等现象普遍存在,造成医疗费用增长过快、浪费严重,国家和企业不堪重负。

针对上述问题,政府积极推进社会医疗保险制度的改革,一些地方和行业在职工医疗保险制度改革方面进行了许多有益的探索,积累了大量的经验和教训。鉴于城乡二元结构的现实,我国分别针对城镇、农村设计了医疗保险制度。1998年,国务院颁布了《关于建立城镇职工基本医疗保险制度的决定》,使我国的职工医疗保险制度的改革进入了一个崭新的阶段。2007年,国务院颁布了《关于开展城镇居民基本医疗保险试点的指导意见》,将城镇社会医疗保险的覆盖人群扩大到未纳入城镇职工基本医疗保险制度覆盖范围的城镇非职工居民。2003年,国务院办公厅转发《卫生部等部门关于建立新型农村合作医疗制度意见的通知》,开始了农村医疗保险制度的建设。

三、我国社会医疗保险制度的基本内容

1. 我国城镇职工基本医疗保险制度的基本内容

(1) 坚持"低水平、广覆盖",保障职工基本医疗需求。"低水平"是指目前我国处于社会主义初级阶段,生产力水平不高,只能从我国国情和国家财政、企业的承受能力出发,确定合理的基本医疗保障水平。因此,既要保障医疗服务的基本需要,又要合理确定个人分担比例,规定社会统筹金的起付线和最高支付额。"广覆盖"是指所有城镇用人单位及其职工,企业(国有企业、集体企业、外商投资企业、私营企业等)、机关、事业单位、社会团体、民办非企业单位及其职工,都要参加基本医疗保险,打破过去劳保医疗和公费医疗的界限,全国实行统一的医疗保险制度。乡镇企业及其职工、城镇个体经济组织的业主及其从业人员,也可以被纳入基本医疗保险体系。

(2) 实行多支柱的医疗保险体制。国家依法建立医疗保险制度的同时,允许企业在工资总额4%以内为职工建立补充医疗保险,从职工福利费中列支,不足部分经财政部核准后列入成本;超过最高支付额以上的医疗费,鼓励个人购买商业健康保险作为补充。

(3) 基本医疗费由单位和个人共同负担,形成新的筹资机制。改变过去国家财政和企业全部包揽职工医疗费的做法,实行基本医疗保险费用由用人单位和职工个人按工资收入的一定比例共同缴纳。单位缴费率为职工工资总额的6%左右,个人缴费率为其工资收入的2%左右。个人缴费机制的引进,增强了职工的节约意识和保险意识,并且有利于减轻政府和企业的负担,有利于体现公平和效率的原则。

(4) 实行社会统筹基金与个人账户相结合的制度。基本医疗保险基金由社会统筹基金与个人账户构成,企业与职工个人共同缴费,企业缴费的部分(约 30%)和个人缴费的全部记入个人账户,本息归个人所有,可以继承。社会统筹基金与个人账户要划定各自的支付范围,分别核算,不能相互挤占。个人账户主要支付门诊或小病医疗费,社会统筹基金支付住院或大病医疗费。社会统筹基金起付标准原则上控制在当地职工年平均工资的10%左右,最高支付限额原则上控制在当地职工年平均工资的4倍左右。起付线以下医疗费用由个人支付;起付线以上、最高限额以下医疗费用由社会统筹基金支付,个人也要承担一部分。

(5)加快医疗机构的改革,提高医疗服务的质量和水平。确定基本医疗服务的范围和标准;对提供基本医疗服务的医疗机构和药店实行定点管理,引进竞争机制;实行医药分开核算、分别管理的制度,合理提高医疗技术劳务价格;积极发展社区卫生服务,将社区卫生服务中的基本医疗服务项目纳入基本医疗保险范围。

(6)特殊人员的医疗待遇与基本医疗保险制度相衔接。离休人员、老红军、二等乙级以上革命伤残军人的医疗待遇不变,医疗费用按原资金渠道解决;退休人员个人不缴纳基本医疗保险费,对其个人账户的计入金额和个人负担医疗费的比例给予适当照顾;国家公务员享受医疗补助政策;国有企业的下岗职工的基本医疗保险费由再就业服务中心以当地上年度职工平均工资的60%为基数缴纳。

我国新的医疗保险制度意味着职工医疗保障从单位保障制度向社会保险型医疗制度的转轨,意味着从福利保障向互助互济、有效约束的保险机制的转换。它有助于广大职工健康水平的提高,也有利于实现我国国企改革的目标。随着各地职工基本医疗保险制度改革的深入和完善,一个新的以统账结合为特征的医疗保险制度将在我国建立起来。

2. 我国城镇居民基本医疗保险制度的基本内容

为实现基本建立覆盖城乡全体居民的医疗保障体系的目标,从2007年起,我国在一些试点城市开展城镇居民基本医疗保险。凡不属于城镇职工基本医疗保险制度覆盖范围内的中小学阶段的学生(包括职业高中、中专、技校学生)、少年儿童和其他非从业城镇居民,都可自愿参加城镇居民基本医疗保险。城镇居民基本医疗保险以家庭缴费为主,政府给予适当补助。参保居民按规定缴纳基本医疗保险费,享受相应的医疗保险待遇。有条件的用人单位可以对职工家属参保缴费给予补助。国家对个人缴费和单位补助资金制定税收鼓励政策。

城镇居民基本医疗保险筹资水平应当依据各地的经济发展水平以及成年人和未成年人等不同人群的基本医疗消费需求,并考虑当地居民家庭和财政的负担能力确定。城镇居民基本医疗保险基金重点用于参保居民的住院和门诊大病医疗支出,有条件的地区可以逐步试行门诊医疗费用统筹。城镇居民基本医疗保险基金的使用坚持以收定支、收支平衡、略有结余的原则。各试点城市根据各自经济发展水平和各方面承受能力合理制定起付标准、支付比例和最高支付限额,完善支付办法,合理控制医疗费用;探索适合困难城镇非从业居民经济承受能力的医疗服务和费用支付办法,以减轻他们的医疗费用负担。

3. 新型农村合作医疗制度的基本内容

新型农村合作医疗制度是由政府组织、引导、支持,农民自愿参加,个人、集体和政府多方筹资,以大病统筹为主的农民医疗互助共济制度。农民以家庭为单位自愿参加新型农村合作医疗,乡(镇)、村集体给予资金扶持,中央和地方各级财政每年要安排一定专项资金予以支持。

农村合作医疗基金主要补助参加新型农村合作医疗农民的大额医疗费用或住院医疗费用。有条件的地方,可实行大额医疗费用补助与小额医疗费用补助结合的办法,既提高抗风险能力,又兼顾农民受益面。对参加新型农村合作医疗的农民,年内没有动用农村合作医疗基金的,要安排进行一次常规性体检。各省、自治区、直辖市要制订农村合作医疗报销基本药物目录。各县(市)根据筹资总额,结合当地实际,科学合理地确定农村合作医疗基金的支付范围、支付标准和额度,确定常规性体检的具体检查项目和方式,防止农村合作医疗基金超支或过多结余。

目前,我国虽已基本建立城乡医疗保障体系,但仍存在两个突出问题:一是医疗保障资金的利用效率低。这主要体现在按项目付费方式、高层次医疗机构就医比例过高、淡化预防保健等方面。二是疾病的经济风险较高。人们普遍担忧因病致贫、因病返贫。同时,建设医疗保障体系还面临两个制约条件:一是我国经济还比较落后,政府财力有限。二是我国经济发展的地区性不平衡,城乡差异、东中西部差异非常明显。有鉴于此,我国医疗保障体系仍需继续改革,以使每一位国民都有健康保障制度覆盖,让每一位国民都享有基本医疗保健服务。截止到2010年,城镇居民和城镇职工基本医疗保险参保人数4.32亿,新农合参保人数8.36亿,改革初见成效。

第四节 失 业 保 险

一、失业保险的概念

失业保险是指针对劳动者失去劳动就业机会而给予基本生活保障的一种社会保险制度。失业一般是指处于法定劳动年龄的劳动者虽有劳动能力和劳动愿望,但得不到适当劳动机会的状态。虽然从事一定社会劳动,但是劳动报酬低于当地城市居民最低生活保障标准的,视同失业。失业的特征是:(1)必须是法定的劳动者;(2)必须以有劳动能力为前提;(3)要以有劳动愿望为条件;(4)处于得不到适当劳动机会的状态。据此,可以对失业社会保险下这样的定义:国家以立法形式集中建立保险基金,对因失去劳动机会导致收入中断的劳动者在一定时期提供基本生活保障的一种社会保险制度。其内涵包括保障范围、资金来源、领取条件、救济标准和管理形式五项。为了使有劳动能力和劳动愿望的劳动者尽快摆脱失业状态,失业保险的外延还包括就业安置、生产自救、转业培训和失业救济金给付等内容。

失业保险原是资本主义国家政府和社会团体对失业工人在一定期限内支付一定的生活保障费的一种社会保险制度。其目的是维持劳动者因失业而中断收入来源时的最低生活水平。失业保险也是收入分配的一种调节手段。在经济繁荣时期,政府大量收取并积累失业保险金,此间人们的收入大于支出,起到抑制生产和消费的作用。在经济危机时期,失业者增多,政府大量发放失业保险金,这时人们的支出大于收入,可维持失业者一定的购买力,以稳定社会和保护社会劳动力再生产。从这个意义上说,失业保险是现代社会一项重要的安全制度。

长期以来,我国推行"广就业、低工资"的劳动工资政策,两个人的工作三个人干,两个人的工资三个人分。广就业表面上掩盖了劳动力过剩状态,究其实质,是一种隐性失业现象。改革开放后,劳动人事分配制度改革,原先的隐性失业逐步成为显性失业。过去,对失业问题存在着认识上的误区,认为失业与社会主义制度水火不容。其实,失业并不取决于特定的社会制度,而是与社会化大生产和现代商品经济运动相联系的客观现象。既然失业是劳动者(就总体而言)不可避免的风险,那么实施失业社会保险就成为具有现实可能性与必要性的一项重要工作。做好这项工作是推进我国经济体制改革,并与之相配套的一项重要内容。

二、失业保险的特征

与社会保险的其他项目相比,失业保险特定的对象与实施目标决定了其自身的明显特征:

1. 实施保障的前提条件不同

其他社会保险项目都是以丧失劳动能力为前提,如年老、疾病、伤残、死亡等。失业保险是以失去劳动机会为前提条件,是对虽有劳动能力但没有劳动机会的人提供生活保障。因丧失劳动能力而失去劳动机会的人恰恰不在失业保险的范围之内。

2. 实施保险的对象范围不同

其他社会保险项目是以全体社会劳动者为保障对象,其中包括尚未进入劳动年龄和已经超过劳动年龄的人。例如,对劳动者供养的直系亲属保险和退休保险等。失业保险是以劳动年龄之内的社会劳动者为主要对象,不包括已经超过劳动年龄的老年人。

3. 劳动风险事故形成的原因不同

其他社会保险项目中劳动风险事故的形成均属自然原因,主要是因身体健康的损害或工作中疏忽大意、受到外界自然力的意外打击所致。失业保险针对的失业现象主要是社会经济方面的原因所导致的劳动风险事故。例如,人口、劳动力资源与经济增长的比例失调,产业结构调整,以及就业政策的变化等,都可能成为失业的原因。可见,造成失业的原因与其他社会保险项目的风险事故相比有明显的区别。

4. 保险的具体职能不同

社会保险的一般职能是为丧失劳动能力的劳动者提供基本生活保障,维持劳动力的一般再生产,使劳动者恢复健康或继续生存有一定的经济保障。但是,这种经济保障对劳动能力的恢复并不起到直接的、决定性的作用,因而被称为"被动式"的保险制度。失业保险除了为失业人员提供基本生活保障外,还负有通过转业训练、生产自救和职业介绍等途径,积极促进失业人员尽快再就业的职能。它与就业保障制度相协调,共同担负着合理配置劳动力资源、促进社会化大生产和繁荣社会经济的职责。失业保险的职能履行对劳动者摆脱失业风险事故的困扰将起到直接的作用,因而可称其为"主动式"的保险制度。

由于失业保险具有上述特征,在具体实施过程中,应该考虑与其他社会保险项目有所不同,以利于更好地发挥其作用。

三、失业保险的条件与待遇

实施失业保险,首先必须确定哪些人可享受失业保险。世界各国对失业保险的资格条件与待遇给付都有明确而严格的规定,我国也不例外。其目的是防止逆选择行为并促使失业者尽快重新就业。

1. 失业保险的资格条件

首先,必须符合法定的劳动人口年龄条件。只有在法定年龄范围内的劳动者才有可能获得失业保险待遇。

其次,必须按照规定参加失业保险。失业人员本人和原来工作的单位属于应参保对象。目前,全国统一规定的参保范围是:城镇各类企业及其职工、事业单位及其职工。

再次,必须属非自愿性失业者。只有因社会经济结构调整、企业破产等客观原因而导致劳动者被迫失去就业机会,才可获取失业保险待遇。自愿离职者、因犯罪而判刑入狱者,或由于介入劳动争议和诉讼而主动停产、罢工致本人失业者,均不能获取失业保险待遇。这样规定的目的是,防止在失业保险上的逆选择行为,避免有人利用失业保险的存在而随意停工、擅自离职,或从中达到不劳而获,骗取失业保险待遇的企图。

最后,必须是已办理失业登记并有求职要求的失业者。这主要是指:

(1)失业后必须在指定期限内到职业介绍所或失业保险主管机构进行登记并要求重新就业,或有明确表示重新工作要求的行为,如转岗培训等。

(2)失业期间应定期与失业保险主管机构和劳动服务机构保持联系并汇报个人情况。这样做有利于及时了解失业人员的生活状况和就业意愿的变化,不失时机地向失业者传递就业信息。

(3)必须接受职业训练和合理的再就业安置。失业者不接受职业训练(包括转岗培训)和合理的工作安置,说明他没有重新就业的要求,主管机构可酌情停止其享受失业保险待遇的资格。这里所指的"合理"安置,虽无法定的确认标准,但一般可从失业前后的职业相关性、劳动特点、工作技能、培训科目等方面予以综合考虑。当出现不合理安置时,失业者可提出理由,失业保险主管机构或劳动服务机构可酌情调整。

2. 失业保险的待遇给付

我国现行的失业保险制度规定,失业保险待遇有以下项目:失业保险金、失业职工医疗补助金、失业职工丧葬补助金、失业职工职业培训和职业介绍补贴、失业职工供养的配偶及直系亲属的抚恤金等。

失业保险的待遇给付主要包括两方面内容:一是给付期限,二是给付标准和计算方法。

四、我国现行失业保险制度的完善与改革

我国从1986年开始建立的待业保险制度,其实就是失业保险制度。近年来我国推行失业保险的实践表明,建立失业保险制度是完全必要的,开展失业保险工作的成绩也是不容否认的。但是,也应当看到,我国失业保险制度尚处在初创阶段,缺乏经验,还存在不少问题,主要有:社会化程度较低,覆盖面窄;基金统筹范围小;经费来源单一;基金提取比例过低;待遇给付不够科学;管理体制不顺;等等。为了解决以上问题,进一步完善我国的失业保险制度,1999年1月,国务院颁布了《失业保险条例》,对失业保险的适用范围、基金筹集、缴费比例、享受条件、失业保险给付、管理监督等方面进行了重大改革。

(1)扩大失业保险的覆盖范围。失业保险的对象从国营企业职工扩大到城镇各类企事业单位的职工。失业保险对象的扩大,有利于推动国有企业改革和建立统一的劳动市场。

(2)扩大失业保险基金的来源。用人单位缴纳的保险费从原来的本单位工资总额的0.6%扩大到2%。职工个人开始缴费,缴费比例为个人工资的1%。个人缴费一方面充分体现了国家、企业和劳动者三方利益共享、风险共担的原则,改变了单纯由国家和企业负担的局面;另一方面也有利于培养职工的劳动风险意识,在全体劳动者之间实行互助互济、分担风险。

(3) 改革失业保险基金的管理。目前,失业保险工作由劳动保障部门设立的社会保险经办机构统一管理,管理费用不再从失业保险基金中扣取,而改由国家财政拨款。这有利于控制失业保险基金的使用,保证基金的绝大部分用于失业人员的失业救济和促进再就业。

目前,我国失业保险制度所面临的主要问题是:失业保险基金的承受能力较差,远远不能适应接纳下岗人员的需要。再次提高缴费率,以增加失业保险的支付能力,在我国是不可行的。因为养老保险、医疗保险等几项社会保险的缴费率已经给企业造成很重的负担,使我国非工资性劳动力的成本迅速增大。因此,解决失业保险基金的承受力问题的出路在于,实现失业保险基金的保值增值,强化对失业保险基金合理使用的监督。基于安全性,目前我国失业保险基金的投资渠道非常单一,仅仅依靠取得银行利息增值,基金增值能力非常微弱。为实现失业保险基金的保值增值,强化失业保险基金的管理和监督,首先要强化失业保险费的征缴工作,对拖缴、欠缴行为给予有力的制裁;其次要强化基金监管制度,使失业保险基金专款专用,杜绝挪用和贪污失业保险基金的事件发生。

失业保险在我国是一项开拓性事业,实践将对搞好这项事业提出新的、更高的要求。只要我们从实际出发,解放思想,总结经验,不断完善,失业保险制度在我国社会政治经济生活中将会发挥日益重要的积极作用。

第五节 其他社会保险

一、工伤社会保险

工伤社会保险是指劳动者在工作过程中因受到外力的意外打击而受伤或致残,导致暂时或永久丧失劳动能力,从社会得到必要的物质保障的制度。"工作过程"是指劳动者所处的工作环境、工作地点和工作时间。"伤"是指劳动者在工作过程中因发生不可预料的突发事故,致使器官或生理功能受到损伤。劳动者受伤后,一般都表现为暂时地部分丧失劳动能力。"残"是指劳动者在遭遇工伤事故后,虽经治疗休养仍不能完全康复,以致身体器官或智力功能部分或全部丧失。致残表现为永久地部分丧失劳动能力或永久地全部丧失劳动能力。

职业病是工伤的特殊形式,是指职工在生产过程中,由于职业环境的侵害而引发的疾病。其特点是:病程的形成期较长,属缓发性工伤;一般多表现为以生理器官为主的生理功能性伤害;一旦受到伤害,很难痊愈,属不可逆转性伤害。

工伤社会保险对于现代化生产条件下的职工有着特别重要的作用。高新科技在生产中的应用,对人类社会的发展和促进社会经济的繁荣起着巨大的作用,同时各类工业伤害和职业病也相继大量发生。因此,建立工伤保险,给予伤残者经济补偿和提供生活保障是很有必要的。

我国早在1950年和1951年就分别制定了国家工作人员和企业职工的工伤社会保险的有关待遇规定,其待遇水平在所有社会保险待遇中是最高的。这对保护工伤职工的利益起到了切实的作用。国务院2003年颁布《工伤保险条例》,并于2010年12月重新修订,自2011年1月1日起施行。我国工伤保险待遇水平随着社会生产力的发展在不断提高。

1. 工伤社会保险待遇

根据有关条例规定,我国工伤社会保险待遇主要分为:

(1) 医疗待遇。职工住院治疗工伤的伙食补助费,以及工伤职工到统筹地区以外就医所需的交通、食宿费用,从工伤保险基金支付,基金支付的具体标准由统筹地区人民政府规定。职工因工作遭受事故伤害或者患职业病需要暂停工作接受工伤医疗的,在停工留薪期内,原工资福利待遇不变。工伤职工在停工留薪期满后仍需治疗的,继续享受工伤医疗待遇。停工留薪期一般不超过12个月。伤情严重或者情况特殊的,可以适当延长,但延长不得超过12个月。

(2) 伤残待遇。工伤职工生活护理费按照生活完全不能自理、生活大部分不能自理和生活部分不能自理3个不同等级支付,其标准分别为统筹地区上年度职工月平均工资的50%、40%和30%。职工因工致残被鉴定为一级至四级伤残的,保留劳动关系,退出工作岗位,从工伤保险基金按伤残等级支付一次性伤残补助金,标准为:一级伤残为27个月的本人工资,二级伤残为25个月的本人工资,三级伤残为23个月的本人工资,四级伤残为21个月的本人工资;从工伤保险基金按月支付伤残津贴,伤残津贴实际金额低于当地最低工资标准的,由工伤保险基金补足差额;工伤职工达到退休年龄并办理退休手续后,停发伤残津贴,享受基本养老保险待遇。用人单位和职工个人以伤残津贴为基数,缴纳基本医疗保险费。职工因工致残被鉴定为五级、六级伤残的,从工伤保险基金按伤残等级支付一次性伤残补助金,保留与用人单位的劳动关系,由用人单位安排适当工作;难以安排工作的,由用人单位按月发给伤残津贴,并由用人单位按照规定为其缴纳应缴纳的各项社会保险费;伤残津贴实际金额低于当地最低工资标准的,由用人单位补足差额。职工因工致残被鉴定为七级至十级伤残的,从工伤保险基金按伤残等级支付一次性伤残补助金;劳动、聘用合同期满终止,或者职工本人提出解除劳动、聘用合同的,由工伤保险基金支付一次性工伤医疗补助金,由用人单位支付一次性伤残就业补助金。

(3) 死亡待遇。职工因工死亡,发给丧葬补助金、供养亲属抚恤金和一次性工伤死亡补助金。

因医疗事故、参加有组织的体育比赛、职工食堂就餐时集体食物中毒、坚持原则与坏人坏事作斗争而受到谋害报复致伤致残者,一般均可参照工伤待遇办理。

2. 职业病的社会保险待遇

我国目前法定的职业病主要包括:

职业中毒类,包括铅及其化合物中毒、汞及其化合物中毒、锰及其化合物中毒、镉及其化合物中毒等60种;

尘肺类,包括矽肺、煤工尘肺、石墨尘肺等13种;

物理因素类,包括中暑、减压病、高原病等7种;

职业性传染病类,包括炭疽病、森林脑炎等5种;

职业性皮肤病类,包括接触性皮炎、光触性皮炎、电光性皮炎等9种;

职业性眼病类,包括电光性眼炎、白内障等3种;

职业性耳鼻喉病类,包括噪声聋、铬鼻病等4种;

职业性肿瘤类,包括石棉所致肺癌、联苯胺所致膀胱癌、苯所致白血病等11种;

职业性放射性疾病类,包括外照射急性放射病、外照射亚急性放射病、外照射慢性放射病等11种;

其他职业病类,包括金属烟热、滑囊炎、股静脉血栓综合症3种。

按我国有关条例规定,职业病由本单位医疗机构或所在单位指定医疗机构负责治疗的医师给予确定。如不能确定,可提交本单位的医务劳动鉴定委员会解决,也可报呈上一级医疗机构或有关鉴定机构解决。凡确定为职业病患者,应发给职业病证明书。职工调动工作时,应将有关确定职业病的证明材料(病案记录、病情诊断、鉴定证明等)一并转交新单位。如该职工调到新单位后,原患职业病未痊愈或新发现职业病,虽与新单位工作环境无关,但确定与以往工作经历有关时,新单位也应按职业病有关条例的规定处理。

患职业病的职工在治疗和休养期间,以及医疗结论确定为残障,或治疗无效死亡时,均按因工致伤、因工致残或因工死亡的待遇办理。

对矽肺病患者,能调任轻工作的,原标准工资照发。矽肺患者可自愿选择脱产休养、还乡休养和提前退休待遇,单位根据休养期长短和患病程度给予原标准工资60%—90%的生活补助费。

二、生育社会保险

生育社会保险是指国家和企业对女职工在怀孕、分娩、哺乳过程中暂时丧失劳动能力时给予必要的物质保障制度。它包括女职工生育过程中的产前产后诊断、接生等医疗保险,以及妊娠期和哺乳期的生活保障。

建立生育社会保险具有重要的意义:

首先,有利于保证女职工的身体健康和劳动力再生产的正常进行。女职工在怀孕和生育期间,体力消耗很大,需要一段时间的调理和休养。女职工在生育前后的一段时间里,由于生理和心理的某些变化,对外界环境的调整能力有所下降,容易受到病毒感染而患病。另外,女职工在生育前后的一段时间里,暂时丧失了劳动能力,不能通过劳动取得报酬以维持基本生活。有了生育保险,一方面可以保证女职工在产前产后得到及时的诊断、治疗和保健服务,有利于保护女职工的身体健康;另一方面通过生育补偿的途径,保障女职工在生育期间的基本收入,减轻由于生育所造成的生活困难,使妇女这样一支重要的参与社会生产的劳动力队伍不致因生育而萎缩,起到积极保护社会劳动力再生产的作用。

其次,有利于延续和培养下一代,保障优生优育。建立生育社会保险,对女职工在生育期间给予必要的保健服务和物质帮助,不仅可保障女职工的身体健康和生活安全,也为下一代的健康成长打下良好基础,使其有一个正常的孕育、出生和哺乳的生长环境。一般来说,母亲在生育前后的健康和生活条件是影响新生儿的体魄和智力发展的重要因素。生育保险对提高下一代人口素质、保障优生优育有促进作用。

最后,有利于贯彻执行计划生育的基本国策。为顺利推进我国的计划生育国策,可充分运用生育保险的社会福利机制,对社会人口出生率起到调控作用。对执行计划生育有关规定的女职工,在生育前后给予较优厚的生育社会保险待遇;反之,对不执行计划生育有关规定的女职工,可适当降低生育社会保险待遇。

我国历来重视生育社会保险,早在1951年企业建立劳动保险制度时,就制定了有关生育保险和妇幼保健的条款,规定了生育社会保险的内容,如公费医疗、产假、工资待遇和生育补助费等。我国进行经济体制改革以后,对生育社会保险也进行了相应改革。目前,我国女职工孕育期间享有以下权利:(1)孕产假和生育津贴。生育津贴按照上年度职工平均工资计发,由生育保险基金支付。(2)生育检查费、接生费、手术费、住院服务费和药费由生育保险基金全部支付,超出规定的医疗服务费和药费由职工个人负担。女职工生育后因生育引起的疾病,其医疗服务费由生育保险基金支付。女职工生育后因其他原因引起的疾病,按医疗保险规定处理。

我国生育社会保险目前面临的主要问题是:产假期限偏短,生育津贴计发方式不合理。我国目前的产假为98天。《女职工劳动保护特别规定》第8条第1款规定,女职工产假期间的生育津贴,对已经参加生育保险的,按照用人单位上年度职工月均工资的标准由生育保险基金支付;对未参加生育保险的,按照女职工产假前工资的标准由用人单位支付。另外,我国生育保险的保障对象偏窄,仅仅包括女性职工,不能体现男女平等就业的现状,应把其覆盖面扩大到女性职工的配偶。

随着我国社会保险制度改革的深入发展,生育社会保险将会日臻完善。

三、死亡与遗属社会保险

死亡与遗属社会保险是指劳动者因意外事故死亡或自然死亡后,由国家和社会对死者本身所需的丧葬费用以及死者遗属的基本生活需要,给予必要的物质保障的社会保险制度。

劳动者及其家庭成员中的绝大多数都是依靠工资或劳动报酬的收入维持生活所需的。一旦发生死亡事故,不但要为料理后事增加较多开支,而且死者生前供养的亲属的生活保障也会面临无以为继的困难。为妥善解决死亡职工的后事料理,减轻死者家庭的经济压力,给其家属、亲友以精神上的抚慰,并且向死者生前供养的丧失劳动能力的遗属提供基本生活保障,使他们能够正常生活,也使其中的下一代人能够健康成长,有必要建立死亡与遗属社会保险。这有助于解除劳动者的身后之忧,有利于保护社会劳动力再生产,也是社会主义人道主义原则的具体体现。

我国现行的死亡与遗属社会保险根据死者死亡原因以及其生前所在单位的性质,规定了不同的待遇给付标准。

企业职工因工死亡后,规定由企业一次性发给相当于该地区上年度职工6个月平均工资的丧葬补助金,并对生前提供主要生活来源的死者的亲属发供养亲属抚恤金,配偶按本地区上年度职工月平均工资的40%发给,其他供养亲属每人每月按30%发给,孤寡老人或孤儿每人每月在上述标准的基础上加发10%。此项抚恤费发至受供养者失去受供养条件时为止。此外,还对遗属发给一次性工亡补助金,标准为上一年度全国城镇居民人均可支配收入的20倍。企业职工非因工死亡后,由企业一次性发给该职工2个月平均工资的丧葬补助费。对死者生前供养的直系亲属,按其人数多少,一次性发给死者生前工资6—12个月的供养直系亲属救济费。其供养直系亲属一人者,发给死者生前工资6个月;二人者,发给9个月;三人或三人以上者,发给12个月。近年来,有些省还规定对上述供养直系亲属,可根据其生活困难情况,酌情给予定期或不定期的生活补助,补助一般不超过社会救济标准。

国家机关、事业单位和人民团体职工因工死亡后,由死者所在单位发给一定数额的丧葬费,因公牺牲为本人生前40个月基本工资或基本离退休费,病故为本人生前20个月基本工资或基本离退休费;如死者遗属生活仍有困难,可由死者生前所在单位酌情给予临时或定期补助。职工非因工死亡,由死者所在单位发给一定数额的丧葬费,并对其供养的直系亲属一次性发给相当于死者本人病故时 20 个月工资的抚恤金;如死者遗属生活仍有困难,可由死者生前所在单位酌情给予临时或定期补助。

革命烈士的遗属保险待遇是我国死亡与遗属社会保险中的一个特殊组成部分。根据国家规定,凡是为从事革命斗争和社会主义建设而贡献出自己生命的人,称为"革命烈士"。革命烈士死亡后,由国家为其遗留的需供养的直系亲属提供基本生活保障,发给其遗属一次性抚恤金,烈士和因公牺牲的,为上一年度全国城镇居民人均可支配收入的 20 倍加本人 40 个月的工资。此外,革命烈士的遗属可按规定条件享受定期抚恤金,其标准由各省、自治区和直辖市人民政府以不低于当地人民群众的实际生活水平,参照民政部制定的标准作出规定。

目前,我国企业职工的死亡与遗属社会保险的待遇标准偏低,保证不了遗属的基本生活需要,对此应作出必要的调整已成为人们的共识。

思考题

1. 什么是社会保险?它有什么特点?
2. 概述社会保险与商业保险的区别。
3. 养老保险必须遵循的原则是什么?
4. 概述我国养老保险制度的内容。
5. 我国失业保险制度改革的内容是什么?
6. 阐述我国现行社会医疗保险制度的主要内容。
7. 简述生育社会保险、死亡与遗属社会保险的作用。